사회학총서 3

법사회학, 법과 사회의 대화

김명숙 · 안 진 · 양현아
이상수 · 홍성수 · 황승흠

다산출판사

인사말

정진성(서울대/한국사회학회장)

사회학은 언론, 행정, 사법, 기업, 복지, 시민사회 분야 전반에 골고루 필요한 지식을 교육하여 취업 분야가 넓을 뿐만 아니라 사회과학 여러 분과학문에 가장 유용한 이론의 공급원이기도 합니다. 최근 법학전문대학원을 비롯하여 여러 새로운 형태의 대학원이 설립되면서, 학부 교육과정에서 사회학이 갖고 있는 종합성과 논리성, 이론적 강점이 새롭게 주목받기 시작했습니다. 더욱이 엄청난 속도의 과학기술 발전과 글로벌리제이션의 진전으로 사회가 더 이상 하나의 분과학문으로 설명할 수 없는 복합적 양상으로 변화하는 상황에서, 사회학의 종합성과 유연성이 학문 간의 융복합을 추동하는 역할을 할 수 있다는 점도 새롭게 조명되기 시작했습니다. 다만 실용적이고 전문화되어 가는 세태에서 '사회'라는 개념이 추상적이고 모호하게 인식되고 있기 때문에, 사회학을 공부하는 학생들에게, 그리고 일반인들에게도 사회학의 개념과 위상을 명확히 정립하여 인식하도록 할 필요가 있다는 것이 사회학총서 기획의 기본 취지입니다.

2011년 6월 사회학회 총회에서 2013년 회장이 선출되고, 곧바로 구성된 새로운 회장단은 사회학총서를 만들자는 데 뜻을 모았습니다. 2011년 회장단에서 '21세기 사회학혁신 특별위원회'를 만들어서 사회학의 영역과 커리큘럼을 조사했으며, 2012년 회장단은 일본에서 사회학총서가 두 차례에 걸쳐 발간되었고 최근 중국사회학회도 총서 발간에 관심을 기울이고 있는 것을 확인하고 한국사회학회에서도 총서작업을 시도하면 좋겠다는 의지를 보인 바 있습니다.

총서 기획은 사회학회 내에서 활동하고 있는 20여 개의 분과학회를 기반으로 이루어졌습니다. 1990년대 후반부터 사회학의 규모가 늘어나면서 여러 분과학회가 속속 만들어졌는데, 이 분과학회들이 전·후기 사회학대회의 발표 세션 구성의 주체가 되고 있습니다. 대부분의 분과학회들은 그 분야의 전반적인 내용을 체계적으로 보여주는 저술의 필요성을 인지하고 있었으며, 사회학회 차원에서 각 분야를 아우르는 총서를 기획하는 데에 매우 적극적인 의사를 표명했습니다. 이미 개설서를 출판한 문화사회학회, 비판사회학회 등을 제외한 16개 분과학회가 2012년 11월에 1차 기획회의를 가지고 총서의 기본적인 가이드라인을 결정했습니다. 총서는 각 사회학 영역의 내용과 방법론 등을 포괄하며 사회학 학부 고학년과 대학원 신입생 수준의 학생들이 그 분야 사회학에 대해 전문지식을 습득할 수 있는 수준과 방식으로 집필하는 것으로 의견을 모았습니다.

총서작업 과정에서 사회학회는 전 분과학회가 참여하는 학술회의를 열었습니다. 모든 분과학회가 발표와 토론에 참여하여 총서 추진과정에서 실제로 집필의 한 부분이 이루어지고 집필의 추진력도 받을 수 있도록 한 것입니다. 4월에 '복지'를 주제로 하여 8개의 학회가 참여하는 심포지엄을 개최했고, 5월에는 '경제민주화' 대토론회를 7개 학회의 참여로 진행했습니다. 각 분과학회들은 매우 성실하고 진지하게 발표원고를 준비하여, 복지와 경제민주화와 같은 사회 전체에 큰 영향을 미치는 문제에 대해서 기존의 좁은 학문의 울타리를 넘어 융복합의 분석을 주도할 수 있는 사회학의 강점을 최대한으로 발휘했습니다.

사회학총서는 사회학의 학문적 특성과 내용을 확실히 할 뿐만 아니라, 각 분과학회가 총서작업을 통해 학문적 수준과 결속력을 높일 것으로 기대합니다. 나아가 분과학회 상호 간의 학문적 교류와 신뢰를 강화하여 한국사회학회 전체의 정체성과 참여도를 높이고 결과적으로 한국사회학 전체의 수준을 높일 것이라고 믿습니다. 특히 서구의 학문적 업적에 기대온 과거의 관행에서 크게 벗어나 한국사회의 맥락에서 학자들의 문제의식과 시각, 문제해결의 방식을 정립할 수 있는 효과적인 계기가 될 것으로 생각됩니다.

그간에 각 학회장들의 회합이 계속 이어졌고, 6월 전기사회학대회에서는 총서 집필 현황을 서로 점검하는 공동 세션이 열렸으며, 이제 12월 사회학대회에서는 출판기념회를 계획하고 있습니다. 현재, 함께 시작한 16개 학회(몇 개는 개인들의 집필로 이루어지고 있음) 전체가 실제로 12월 사회학회에서 출판된 책을 가질 수 있기를 기대합니다만, 혹시 미처 끝내지 못한 학회는 다음 해를 기약하면 될 것입니다. 또 여러 다른 분과학회나 개인 학자들이 속속 총서 작업에 합류하여 사회학총서가 점점 더 완성된 모습을 갖추게 되기를 기원합니다.

집필에 참여하신 사회학회 여러분들께 감사드리며, 총서의 기획으로부터 실무에 이르는 전체 과정을 책임져 주신 강정한 교수와 총서의 출판을 선뜻 맡아주신 다산출판사 분들께 진심으로 고마움을 전합니다.

아무쪼록 수준 높은 책들이 출판되어, 한국사회학의 발전에 큰 기여를 하게 되기를 기대합니다.

발간사

송호근(사회학총서 발간위원장)

한국사회학회에서 처음 시도하는 총서 발간을 진심으로 환영하고 축하한다. 그동안 학회 차원에서, 그리고 뜻있는 사회학자들 간에 총서 발간의 필요성이 심심치 않게 제기된 바 있고, 영역별로 총서 형태의 연구서를 이미 발행한 분과학회가 더러 있지만, 사회학회 차원에서 총서 발간이라는 대사업을 시작한 것은 처음 있는 일이다. 그런 의미에서 조금 늦은 감이 없지 않지만, 20세기 한국사회의 발전상을 바탕으로 21세기 세계화와 더불어 진행되는 한국사회의 변화상을 각 분과별로 정리, 조망해 보는 일은 그야말로 한국사회학의 토대를 다지는 기초 작업이다. 21세기 한국사회는 더 이상 일국경계에 한정된 사회가 아니라 전 지구적 차원의 변화와 맞물린 다국적 · 혼합적 변동의 중심에 놓여 있으며, 그에 따라 20세기 사회학 패러다임으로는 포착되지 않는 신종의 변동 요인들이 대거 집중되거나 자체 생산되고 있다고 봐도 과언이 아니다. 신종 요인들의 유입과 동화과정, 자체 생산되는 신요인들의 본질을 파악하려면 새로운 이론과 분석방법이 필요하다. 고전사회학의 기본 원리와 20세기 사회학 패러다임을 기초로 하되 구본신참, 신구절충의 정신으로 글로벌화의 와중에 있는 한국사회의 변동원리를 포착하고 정립하는 것이 절실한 과제이다. 총서 발간의 가장 중요한 의미는 바로 여기에 있다.

돌이켜보건대, 한국사회학은 사회변동의 척후역할을 담당하던 '호황의 시대'를 지나 사회적 수요가 현격히 줄어든 '위축의 시대'를 맞고 있다. 누구나 사회학적 지혜를 필요로 했던 '격동의 시대'에 오늘날의 수요위기를 예측하고 적절한 대비책을 준비해야 했다는 뒤늦은 반성이 총서를 발간하게 된 주요한 계기일 것이다. 사회학은 수요 위기와 함께 정체성 위기라는 이중적 위기에 당면하고 있다. 인접학문으로 주제와 쟁점이 이관되는 자연스런 학문분화, 산업화와 민주화가 어느 정도 정착함에 따라 변동론적 비전이 상대적으로 설득력을 잃는 현상, 그리고 무엇보다 사회학 내부에서 진행된 과잉전문화로 연구자와 대중이 분리되는 현상 등이 대중독자와 지지기반을 약화시킨 요인들로 보인다. 이는 사회과학 전반에서 목격되는 일반적 모습인데 사회학에서 그 중첩효과가 극대화되었다. 아카데미아에서 사회학의 위상을 회복하는 일, 대중독자들로부터 사랑과 신뢰를 회복하는 일이 무엇보다 절실한 요즘, '풍요한 사회'의 내부 역학을 파헤치고 시민과 시민사회, 그리고 국가권력의 양지와 음지를 날카로운 분석기제와 생생한 언어로 조명하는 것은 사회학의 정체성을 살려내고자 하는 이 시대 사회학자들의 가장 중대한 과제라고 생각한다.

총서발간이 바로 그 작업의 기초를 마련할 것으로 기대한다. 21세기 한국사회의 변동역학과 인과법칙, 그리고 시민생활을 관할하는 객관적 법칙을 밝혀내는 작업이야말로 미시적 지식생산에 함몰된 아카데미아의 근시안적 연구경향을 극복하고 시민사회를 이끌 집단적 지혜와 교양을 증진하는 지름길이기 때문이다. 21세기 사회학이 바로 그 일을 담당해야 한다. 이는 정체성 위기에 처한 사회과학 일반의 지식저변을 넓혀 그 기초를 다지는 공동체적 과업의 첫걸음이라 할 수 있다. 이런 의미에서 총서 발간에 참여하는 집필진들은 사회과학의 공익함양과 공공성 증대라는 시대적 요구를 실천하는 사회학 전사라 해도 과언이 아니다.

총서 발간을 통해 사회학이 새로 태어나고 현재와 미래의 연구과제와 원리를 새롭게 갱신할 수 있기를 기대한다. 21세기 한국사회는 사회학과 더불어 숨 쉬고 사회학과 더불어 진화해 나갈 것을 희망한다. 사회학은 언제나 시민들이 발 딛고 있는 삶의 현장에서 시작해서 새로운 기획을 들고 다시 현장으로 돌아오는 실천적 학문이다. 시민들의 생생한 삶을 생동력 있는 이론과 신선한 언어로 퍼 올리는 것이야말로 21세기 사회학의 정체성을 구축하는 기본 원리다. 집필진들의 열정과 헌신을 기대한다.

기획의 글

이제 또 한 권의 책이 세상에 나간다. 이 책이 처음 기획된 것은 2009년이었다. 당시 법학전문대학원의 출범과 더불어 한국연구재단은 법학전문대학원에서 사용할 교재개발사업을 실시했다. 이에 한국법사회학회(이하 법사회학회)의 몇몇 회원들이 이 사업에 참여하여 〈법사회학〉 교재를 개발하게 되었다. 6개월이란 짧은 기간 내에 연구를 종료해야 했기 때문에 최소한의 형식은 갖추었지만 완성도가 높지는 않았고 정식 출판에도 이르지 못했다. 결국 그대로 사장되는 듯했다. 그런데 올해 마침 한국사회학회에서 사회학총서 사업을 하면서 법사회학의 개론서를 포함하자는 제안이 있어, 법사회학회는 이미 작업해 놓은 것을 완성할 수 있는 절호의 기회로 보고 그것을 초고 삼아 총서발간사업에 참여하기로 했다.

이런 배경을 가지고 있기 때문에 이 책은 애당초 법학도를 위한 법사회학 개론서라는 색채를 강하게 지닌 채 시작되었고, 그러한 기조는 이 책 전반에서 유지되고 있다. 또 집필자 대부분이 현재 법학전문대학원이나 법과대학에서 법사회학 강의를 담당하고 있다는 사실도 이 책의 성격을 상당히 규정하고 있다. 말하자면 이 책은 애당초 사회학적 전문지식이 전제되지 않은 독자를 염두에 두었다는 것이다. 그렇기 때문에 사회학의 전공 배경을 가진 독자에게는 이 책의 서술방식이 생소할 수 있고 이미 익히 알고 있는 내용과 다소 중복될 수도 있을 것이며 심지어 다소 나이브해 보이는 곳도 있을 수 있다. 하지만 이 책이 법학전문대학원이나 법과대학에서 법사회학이 다루어지는 내용과 방식을 반영하고 있다는 점을 솔직담백하게 인정하고 읽는다면, 사회학도에게도 흥미로운 읽을거리가 될 것으로 믿는다. 뿐만 아니라 장차 법학을 공부하려는 예비법학도나 일반인들도 법학이나 법사회학에 입문할 때에 읽을거리로 활용할 수 있을 것이다.

이미 말했듯이 이 책은 기존 원고를 이용했지만 그것의 단순한 재활용은 아니다. 우리는 이 책이 기존 원고에 비해 법사회학회의 역량과 성과를 더욱 충실히 반영하도록 노력했다. 이를 위해서 법사회학회 차원에서 책의 전체 체제를 재검토하여 보완했고 필진도 대폭 보충했다. 그리고 원고 집필에 직접 참여하지 않은 다른 회원들이 분담하여 모두 읽고 코멘트하는 식으로 집필에 참여했다. 특히 법사회학회 이철우 회장은 원고 전체를 꼼꼼하게 읽고 개선사항을 지적하는 열의를 보여주었다. 이렇게 볼 때 이 책은 이름이 드러나 있는 필자들의 작품이라기보다 법사회학회 회원 모두의 성과물이라고 해도 과언이 아니다.

전체 체제는 법사회학에 관한 표준적인 개론서의 형태를 따랐다. 크게 보면 이론에 관한 서술과 각론적 서술로 나누어진다. 전자에는 뒤르켐, 베버, 마르크스 등 소위 고전적 법사회학 이론과 20세기의 주요 법사회학 이론이 정리되어 있으며, 후자에는 법의 분쟁해결 기능, 법의 사회통제, 법과 사회변동 등 소위 법의 기능에 따른 서술이 포함되어 있고 아울러 법문화론과 법조사회학이 이어진다. 이로써 법사회학이라는 제하에서 통상 다루어지는 주제를 거의 포괄하고 있다. 각각의 장에는 약간의 생각거리를 덧붙여 내용의 이해에 도움을 주고자 했다.

이 책의 개성 내지 성과라고 한다면 그것은 책의 체제에 있다기보다 그 내용에 있다. 기존의 법사회학 개론서가 없지 않지만, 이 책은 그와 달리 내용적으로 한국 법사회학의 새로운 세대를 대변한다고 할 수 있다. 필진 자체가 현직에서 왕성하게 활동을 하고 있는 6명의 중견 학자라는 점에서 어느 정도 나타나지만, 우리는 의식적으로 우리나라에서 이룩된 기존의 법사회학 연구성과를 최대한 반영한 책을 쓰고자 했다. 돌이켜보면 1980년대 이래 우리나라에도 젊은 법사회학자들이 다수 등장했고 수많은 연구성과물을 내었다. 우리는 이들 연구성과를 최대한 발굴하여 반영함으로써 우리나라 법사회학의 연구성과를 정리하고 후속적인 발전에 기여하고자 했다. 그 점에서 이 책은 종전의 개론서에 비해 더욱 현대화되고 한국화된 것이라고 할 수 있다. 본문의 각주에서 유난히 많은 한국문헌을 인용한 것은 한국에서의 연구성과를 취합하고 확산하려는 의식적 노력의 산물이다.

하지만 이 책이 얼마나 독자들의 필요를 충족시킬지는 두려운 마음으로 기다려볼 수밖에 없다. 왕성한 연구력을 보여주고 있는 전문가들에 의한 집필이라고 자부하지만, 그것이 오히려 일관성이나 균질성을 저해함으로써 법사회학에 입문하는 독자를 불편하게 할 수도 있을 것이다. 그리고 한국적 연구성과와 상황을 반영했다고는 하지만 여전히 구체적이지 못한 부분이 적지 않을 것이다. 다만 지금으로서는 부족하나마 이 책을 통해 좀 더 많은 사람이 법사회학에 관심을 가지게 되고 또 더 나은 후속 연구와 저술을 위한 발판이 되기를 기대해 볼 뿐이다.

다소간의 우여곡절에도 불구하고 이 책이 출간될 수 있었던 것은 많은 분들의 도움 덕분이다. 한국연구재단이 없었으면 이 책의 기획이 시작되지 않았을 것이고, 한국사회학회(회장 정진성)의 지원이 없었다면 이 책이 단행본으로서 결실을 맺지 못했을 것이다. 두 기관과 관계자들께 우선 감사의 말씀을 드린다. 그리고 공동저자 목록에는 이름을 올리지 못했지만 원고를 읽고 검토하는 수고를 아끼지 않은 법사회학회 이철우 회장 이하 여러 회원들께도 감사를 드린다. 마지막으로 어려운 여건에서도 이 책을 출간하기로 한 다산출판사 사장님과 직원 여러분께도 깊이 감사를 드린다.

2013. 12.

집필자 일동

차 례

제1부 이 론

제2부 각 론

제 1 부

이 론

제 1 장

법사회학이란 무엇인가?

| 이상수 |

1. 도 입

법사회학은 간단히 "사회적 맥락 속에서 법현상을 사회과학적으로 이해"[1]하려는 학문이라고 정의할 수 있다. 유사한 표현이지만, "법과 사회와의 상호관계에 관한 이론적 경험과학"[2]이라고 하거나 "법에 대한 사회학적 연구"[3]라고 정의할 수도 있다. 이 세 가지 정의에서 이미 법사회학의 본질적이고 핵심적인 특징이 모두 드러나 있다고 보이지만, 본 장에서는 좀 더 상세하게 법사회학이 어떤 학문분야인지에 대해서 정리해 본다.

2. 사회학, 사회과학 그리고 법사회학

"사회적 맥락 속에서 법현상을 사회과학적으로 이해"하려는 시도를 처음 시작한 학자로는 막스 베버, 뒤르켐, 칼 마르크스 등을 든다. 이들은 사회학의 태두라고도 불리는 사람들이지만, 이들은 또한 법사회학의 3대 비조이기도 하다. 그런 점에서 법사회학은 사회학적 뿌리를 갖는다고 해도 과언이 아니다. 이들은 모두 법현상을 이해하기 위해 법사회학을 시작했다기보다 인간사회 일반을 이해한다고 하는 보다 넓은 사회학적 문제의식의 연장에서 법현상에 관심을 가지고 법사회학적 연구성과를 냈다. 이처럼 사회학의 학문적 배경을 가지고 법사회학을 하는 학자는 그 후에도 계속 이어졌다. 예컨대, 하버마스, 부르디에, 파슨스, 루만 등이 대표적이다. 이들은 모두 사회학적 문제의식에 충실한 학자들이지만 탁월한 법사회학 업적

---

1) 최대권, "법사회학이란 무엇을 어떻게 하자는 학문인가," 『법사회학의 이론과 방법』, 일신사, 1995, p.19.
2) 양건, 『법사회학』, 아르케, 2000, p.26.
3) 이영희, 『법사회학』, 법문사, 2003, p.3,

을 내었다.

한편, "사회적 맥락 속에서 법현상을 사회과학적으로 이해"하려는 시도는 사회학자에 의해서만 이루어진 것은 아니다. 예컨대 심리학 박사학위를 가지고 역사학과 철학에서 성과를 낸 푸코도 법에 대한 통찰력 있는 연구성과를 냈다.[4] 말리노프스키, 보하난, 포스피실 등 여러 인류학자들도 법현상에 대한 과학적 연구를 수행했다.[5] 영국의 역사학자인 E.P. 톰슨의 "Black Act"에 대한 연구[6]는 법사회학의 수작으로도 알려져 있다. 우리나라에서도 번역된 『미국헌법의 경제적 해석』[7]도 역사학자에 의한 법이해의 사례에 해당한다. 그 외에도 경제학, 심리학, 범죄학 등이 각각의 학문적 장점을 무기로 법현상의 과학적 이해에 기여하고 있다. 법에 대한 이러한 접근들은 반드시 '사회학적 접근'이라고 할 수는 없지만, 널리 "법현상을 사회과학적으로 이해"하려는 시도의 범주에 속한다. 이들의 학술적 경향은 법사학, 법인류학, 법경제학, 법심리학 등으로 불릴 수도 있을 것이고, 실제로도 그렇게 부르기도 한다.

그런데 통상 법사회학은 사회학뿐만 아니라 제반 사회과학적 법이해를 모두 포함하는 학문세계를 의미하는 것으로 이해한다. 그런 점에서 많은 법사회학자들은 자신의 학문세계를 법사회학이라고 부르기보다는 '법과 사회 연구(law and society studies)'라고 부르기를 선호한다. 미국의 전국적 법사회학회의 명칭은 "Law and Society Association"이고 이들이 출판하는 학술지는 "*Law & Society Review*"이다.

이렇듯 법사회학은 제반 사회과학으로부터 자양분을 흡수하면서 법을 이해하려는 모든 시도를 포함하기 때문에 그 내용이 무척 방대하다. 사회

---

4) 미셸 푸코, 오생근 역, 『감시와 처벌』, 나남, 2003.

5) 황승흠, 『분쟁과 질서의 법사회학』, 성신여자대학교 출판부, 2005, p.47 이하 참조.

6) E.P. Thompson, *Whigs and Hunters: The Origin of the Black Act* (1977 with a new postscript, Harmondsworth: Penguin ed.), London: Allen Lane, 1975.

7) 비어드, 양재열 · 정성일 역, 『미국헌법의 경제적 해석』, 지만지, 2009.

학이 처음 시작했을 때 사회과학 일반을 의미하다가, 점차 경제학 · 정치학 · 심리학 등이 분화되어 이탈하면서 현재의 사회학이 만들어졌다고 하는데, 법사회학도 향후 그러한 식으로 그 학문영역이 위축될 수도 있을 것이다. 하지만 적어도 현재로서는 법사회학이 "사회적 맥락 속에서 법현상을 사회과학적으로 이해"하려는 학문적 시도를 모두 포함한다고 이해하는 입장이 법사회학을 법에 대한 좁은 의미의 '사회학적' 연구로 이해하는 입장을 압도한다.[8]

3. 법학과 법사회학

법사회학자 중에 사회학을 위시한 여러 사회과학에서 출발하여 법사회학적 연구를 수행한 학자들을 한 축으로 한다면, 그 다른 한 축에는 법학에서 출발하여 법사회학적 연구를 수행한 학자들이 있다. 이들은 법학을 연구하는 과정에서 법학의 한계에 직면하고 이를 극복하는 과정에서 법사회학적 전향 내지 연구를 수행한 학자들이다. 그렇다면 이들이 대면한 '법학'이란 무엇인가?

대체로 법학은 실정법—즉 현실에서 효력있는 법규범—을 발견하고 체계화하는 학문이라고 할 수 있다. 그리고 근대 법학은 고도로 발전되고 역사적으로 독특한 형태의 법학을 정립시켰다. 그것은 개념법학, 순수법학, 법실증주의, 해석법학, 법형식주의, 도그마틱 등으로 불린다. 이들 표현들 간에는 약간씩의 상이점이 있겠으나, 이를 통칭하여 여기에서는 '해석법학'이라고 하자.

8) 법사회학을 "법에 관한 사회학적 연구"라고 정의한 이영희도 사회학 이외에 비교법학, 법인류학, 법사학 등이 사회과학적 법학에 해당하며 넓은 의미의 법사회학에 속한다고 밝히고 있다. 이영희, 앞의 책, p.8.

해석법학은 문자 그대로 법률 텍스트의 해석을 통해서 현실에서 효력 있는 법규범을 발견하고 체계화하려는 법학이다. 해석의 대상이 되는 법률 텍스트는 국가가 제정한 제정법이 중심이다. 영미법 체계에서는 판례의 해석이 제정법 못지않게 중시되지만, 판례도 사법부에 의한 결정이라는 의미에서 국가법의 일종이라고 할 수 있다. 국가법을 해석한다는 것은 인식대상을 국가법에 한정하고 그 국가법의 논리적 완결성을 전제로 하여 국가법의 규범내용의 논리구조를 체계화하고 재판을 통한 법의 구체적 실현을 목표로 하여 국가법의 규범으로서의 객관적 의미를 분명히 하는 것이다.[9]

근대 법해석학적 법학방법론이 갖는 현저한 특징은 그것이 도덕적(종교적) 및 정치적 영향으로부터 절연하고자 한다는 것이다. 해석법학자들은 법과 도덕을 엄밀히 구분한다. 이들은 법이 도덕질서나 자연법에 근거를 갖는 것이 아니고, 주권자의 명령이라는 사실 자체에 의해서 법으로서의 자격을 가진다고 본다. 이들은 오로지 합법적 절차에 의해서 제정된 법의 객관적 의미해석에 대해서만 관심을 가지며, 도덕적 · 종교적 가치관이 법적 판단에 개입되어서는 안 된다고 주장한다. 마찬가지로 이들은 법학이 사회의 압력이나 정치적 영향으로부터 단절될 것을 추구한다. 이러한 방법론적 엄밀성이 견지될 때 법이 가장 완전하게 그 기능을 수행할 수 있다고 보는 것이다.

근대 이래로 발전한 이러한 해석법학은 나름대로 중요한 기능을 수행했다. 무엇보다 법해석학은 객관적 법규범을 고수함으로써 권력행사자의 주관적이고 자의적인 판단을 통제했고, 사법적 측면에서는 판사의 주관적 법해석을 배제함으로써 근대자본주의의 예측가능성과 계산가능성을 높인다고 하는 사회경제적 요청에 부응했다.[10]

그러나 해석법학은 몇 가지 내재적 한계를 가지고 있다. 우선 법관의

9) 최대권, 『법사회학』, 서울대학교출판부, 1983, p.27.
10) 양건, 앞의 책, p.22.

판결을 염두에 두는 해석법학은 사회변화에 민감하게 대응하는 데 한계가 있다. 예컨대 19세기에 노동사건이나 독점 등의 새로운 형태의 사회적 문제와 분쟁이 발생했을 때 해석법학은 무력할 수밖에 없었다. 결국 급변하는 사회현실에 대응하기 위해서는 단순히 기존 국가법을 수동적으로 해석하는 이상의 법학방법론이 필요한 것이다.

또 하나 해석법학의 한계로는 국가법의 절대화 문제이다. 해석법학을 고수하는 한 법학은 오로지 주권자의 명령을 수행하는 도구에 그침으로써 법 자체를 비판할 준거를 갖지 못하게 된다. 하지만 국가법은 순기능뿐만 아니라, '억압기능'과 '정당화 기능'이라는 역기능도 그에 못지않게 수행한다는 것이 명백한 이상 국가법을 도그마틱하게 해석하기만 하는 법해석학으로는 만족할 수 없다는 것이 명백하다.[11] 다시 말해 법 자체를 비판하거나 개선해야 할 필요성이 명백한 이상, 법해석학에 안주할 수 없다는 것이다. 결국 이 점에서도 법해석학적 법학방법론 이외에 뭔가 새로운 방법론이 도출되지 않으면 안 되는 것이다.

법사회학은 법해석학의 이런 한계를 극복하는 하나의 탈출구였다. 19세기 말에 시작된 유럽의 자유법운동은 법의 과학적 탐구를 통해서 국가법에 의존하지 않는 타당한 법을 찾으려고 했다. 파운드는 법을 발견하려고 하기보다는 사회적 필요에 부합하는 법을 자유롭게 제정할 수 있다는 측면을 강조했다. 미국의 법현실주의자들은 법원의 실제 판결은 법규칙이나 법조문 이외의 요소가 강력하게 영향을 미친다고 주장하면서 해석법학자들을 비판했다. 트루벡, D. 케네디, 웅거 등은 해석법학의 접근법에 대한 전면적인 폭로와 비판을 수행했다. 이들의 노력으로 인해, 법을 국가법에 한정하는 태도, 국가법에 대한 맹신과 굴종, 고립적 법학방법론 등이 상당히 극복됐고 법학의 영역이 확장됐다. 이러한 노력은 모두 "사회적 맥락 속에

---

11) 김도현, "법실증주의 비판과 법사회학의 정립," 최대권 외, 『법사회학의 이론과 방법』, 일신사, 1995, p.44.

서 법현상을 사회과학적으로 이해"하려는 시도로서 법사회학의 영역에 포함된다.

이처럼 법학적 배경을 가진 다수의 법사회학자들이 법에 대한 이해를 확장하고 법학의 발달에 기여했다. 이들의 접근법은 사회학적 기원을 가진 법사회학자들의 그것과는 다소 차이가 있다. 사회학적 뿌리를 갖는 법사회학자들은 대체로 사회 전체에 관심을 가지고 (거시)이론적 접근에 치중하고 있는 반면, 법학적 뿌리를 갖는 법사회학자들은 대체로 법학과 법의 완성에 무게중심을 두고 있으며 실용적 관심이 좀 더 강하다고 할 수 있다.

한편 사회학적 기원을 가진 학자들 중에는 법사회학을 사회학의 한 하위분과로 보려는 경향도 있는 반면, 법학적 기원을 가진 학자들 중에는 법사회학을 법학의 한 하위분과로 보려는 경향도 있다. 코터렐은 이 두 경향에 모두 반대하여 법사회학은 어느 쪽에도 부속되지 않는 고유한 학문이라고 주장한 바 있다. 그에 의하면 법사회학은 "사회적 실천으로서의 법 또는 사회적 경험의 측면이나 장으로서의 법에 관한 체계적이고, 이론적이며, 경험적인 연구"[12]이다. 이러한 정의에는 '사회학'이나 '법학'에 대한 언급이 없다는 것이 특징이다. 하지만 법사회학이 진정으로 자립적인 학문일 수 있는지는 학문으로서의 고유한 대상과 방법론이 정립되어 있는지, 실제로 그것을 구현해 내고 있는지에 의해서 결정될 것이다. 아래에서 법사회학의 대상과 방법에 대해서 좀 더 살펴보자.

---

12) Roger Cotterrell, "Sociology of Law," in *Encyclopedia of Law and Society: American and Global Perspectives*, Thousand Oaks: SAGE, 2007.

4. 법사회학의 대상과 법사회학적 질문들

"사회적 맥락 속에서 법현상을 사회과학적으로 이해"하려는 것이 법사회학이라고 했을 때, 법사회학의 대상은 "법현상"을 정의하는 문제와 같다고 할 수 있다. 무엇을 법현상으로 볼 것인가는 연구자에 따라서 다소간 차이가 있을 수 있겠으나 법사회학에서 법현상이라고 할 때 그것은 대체로 ① 제정법과 판례 등 법규범 자체, ② 법이 어떻게 만들어지고 분쟁이 취급되는지 등 법적 절차, ③ 법원 · 검찰 · 경찰 등 법운영기구, ④ 법에 관한 사람들의 태도를 의미하는 법문화를 포함하는 것으로 본다. 법사회학은 이들 법현상을 모두 연구대상으로 한다.

법사회학이 법현상의 어떤 측면에 관심을 가지는지는 조금 다른 차원의 질문이다. 이상영 · 김도현은 이런 차원을 고려하면서, 연구대상을 거시적 차원의 법사회학 연구대상과 미시적 차원의 연구대상으로 나누었다.[13] 거시적 차원이란 법과 사회의 관계에서 법과 법제도 그리고 법기구의 생성과 그 기능을 탐구하는 것이고, 미시적 차원이란 법기구 자체의 적용과정을 탐구하는 것이다. 거시적 차원은 사회가 법에 대해서 미치는 영향을 연구하는 법발생론과 법이 사회에 대해서 미치는 영향을 탐구하는 법기능론으로 나누고, 미시적 차원은 법과정론으로서 사법과정, 입법과정 그리고 법의식을 다루는 것으로 분류하였다. 아래 표는 이러한 도식을 이용하면서, 법사회학의 연구대상을 법사회학적 질문의 방식으로 재서술해 본 것이다. 물론 여기에 있는 질문은 예시일 뿐이고 이와 다른 무수한 질문이 가능할 것이다.

13) 이상영 · 김도현, 『법과사회』, 한국방송통신대학교출판부, 2007, p.17.

〈표 1〉 법사회학의 연구대상

	가능한 질문들
법발생론 (사회→법 으로의 영향)	• 법은 어떤 식으로 분류할 수 있는가? 근대법 또는 자본주의법의 특징은 무엇인가? • 법의 본질적 속성에는 어떤 것이 있는가? • 법의 변화 내지 법의 진화에 일정한 패턴이 있는가? • 법의 생성과 변화를 추동하는 힘은 무엇인가? • 경제적 변화는 법의 변화에 어떤 영향을 미치는가? • 정치나 종교는 법에 어떤 영향을 미치는가? • 세계화시대에 법에는 어떤 변화가 생기고 있는가?
법기능론 (법→사회 로의 영향)	• 법의 사회적 기능은 무엇인가? 법은 통합의 장치인가 지배의 도구인가? • 법의 개정이나 새로운 판결은 어느 정도로 인간의 행동과 가치관에 변화를 낳는가? • 입법이 효과적으로 인간과 사회를 변화시키기 위해서는 어떤 조건이 갖추어져야 하는가? • 형벌의 강도와 범죄율 사이에는 어떤 상관관계가 있는가? • 사형제도는 살인사건을 감축시키는가? • 법이 사회적 불평등을 조장하고 더욱 강화하는 경우는 없는가? 있다면 어떤 경우이고 어느 정도로 심각한가?
법과정론	• 재판은 가장 효과적인 분쟁해결 방법인가? 비공식적 분쟁해결 방법은 재판절차에 비해 어떤 장단점이 있는가? • 법원과 검찰 등 사법기관은 다른 나라의 그것에 비해 어떤 특징이 있는가? 그러한 특징을 갖는 이유는 무엇인가? • 사법에 대한 불신의 정도는 어느 정도인가? 사법에 대한 불신의 원인은 무엇인가? • 배심재판에 대한 국민의 만족도는 어떤가? • 법률전문직으로서의 변호사직업의 특성은 무엇인가? • 입법과정에 영향을 미치는 사회적 요소는 무엇인가? • 준법에 대한 국민의 태도는 어떤가? • 법학교육제도는 어떤 방식이 이용되고 있으며, 어떤 변화를 겪고 있는가?

5. 법사회학의 방법

법사회학의 연구방법에 관한 논의는 다차원적이다. 우선 법현상에 접근하는 연구자의 태도 차원, 다시 말해 패러다임 차원에서 법사회학의 연구방법을 정의할 수 있다. 예컨대 뒤르켐처럼 사회통합적 관점에서 접근할 수도 있고, 마르크스처럼 사회갈등론의 시각에서 접근할 수도 있다. 법현상에 대한 이러한 태도는 연구의 출발점을 이루고 연구의 전반적 흐름에 영향을 미치지만, 종종 무시되거나 은폐되거나 모호한 채로 진행된다. 정합적이고 탄탄한 이론을 구성하려는 야심 있는 연구자라면 어떤 패러다임에 입각할지를 선택해야 한다. 연구자가 어떤 패러다임에 입각할 것인지는 연구대상 및 연구자의 세계관과 관련된 것이기 때문에 일률적으로 어느 것이 더 낫다고는 할 수 없다. 다만 굳이 한 입장을 고수하지 않더라도, 다양한 연구 패러다임을 검토하고 각각의 장단점을 이해하고 법현상을 관찰한다면 보다 우수한 연구결과에 이를 수 있다. 알려진 여러 패러다임을 보면, 앞서 말한 기능주의 · 갈등론 이외에, 사회진화론, 상징적 상호작용론, 구조기능주의, 페미니즘, 비판적 인종이론 등이 있다.[14] 이러한 패러다임은 법사회학 연구의 출발점이 되지만, 때로는 패러다임 자체가 연구의 결과물이 될 수도 있다.

법사회학자의 연구가 거시이론 차원의 법이론을 도모하는지 아니면 개별 사안 차원에서 법이론을 도모하는지에 따라서도 연구방법에 차이가 생긴다. 거시이론적 연구에서는 대체로 역사적 방법이 주로 활용되었다. 이는 "사실의 구성을 통한 일반화과정, 사회적 법칙성과 가설 설정을 통한 분석틀 형성, 이를 통해서 법과 사회관계에 관한 역사적 발전법칙을 정립하고 그 법칙에 입각하여 현재의 법현상을 비판적으로 분석하는 연구방

14) Earl Babbie, 고성호 등 역, 『사회조사방법론』, Cengage Learning, 2012, p.45 이하 참조.

법"[15]이라고 할 수 있으며, 베버, 뒤르켐, 마르크스 등 대가들이 이용한 방법이다. 이들은 방대한 '사료에 대한 독해'를 기반으로 거시이론 차원의 사회이론 및 법이론을 생산했다. 현대사회에서도 거시이론적 연구가 불가능한 것은 아닐 것이다. 다만 학문이 고도로 분화되어 있기 때문에, 거시이론적 연구를 수행하기 위해서는 학제적(interdisciplinary) 연구가 필수적이라고 하겠다.

이에 비해, 현실의 법사회학 학계에서 대부분의 연구는 개별적 사안 차원의 법이론을 추구했다. 이는 사회 내의 특정 법현상을 구체적으로 분석하는 것으로서 "경험주의적 방법"이라고도 불린다. 이는 "경험에 근거하여 여러 사실들을 관찰하고 관찰된 사실들을 정리, 여기에 기초하여 경험적 사실 상호 간의 관계에 관한 가설을 설정하고, 이를 경험적 사실을 통해 검증하며, 이러한 절차를 통해 다시 보편적인 경험법칙을 발견하는 것이다."[16] 즉 연구의 대상 · 범위가 협소하고 연구를 통해서 도출하려는 것도 법 일반에 대한 이론이라기보다 협소한 법현상에 한정된 법이론의 도출을 목표로 한다. 예컨대, 한국의 사법부에 대한 국민의 법의식을 조사한다거나 사법부에 대한 불신의 원인이 무엇인지에 대한 경험적 연구를 수행하는 식이다.

이러한 경험적 연구를 수행하는 데에서 필수적인 것이 법사실에 대한 자료의 수집이다. 이를 "법사실조사(rechtstatsachenforschung)"라고 한다. 법사회학이 경험적 학문, 과학적 학문을 표방하는 만큼 법사실조사를 제대로 수행하고 객관적 법사실에 입각하여 법이론을 구성하는 것은 매우 중요하다.

법사실조사는 문헌조사, 면접 · 설문지조사, 사례조사, 통계조사 등을 포함한다. 여기에서 문헌조사는 단지 선행연구를 파악하기 위한 수단은 아니고 새로운 경험적 자료를 확보하는 수단이 된다. 조사대상 문헌은 저서,

15) 이상영 · 김도현, 앞의 책, pp.23-24.
16) 양건, 앞의 책, p.191.

논문, 신문, 잡지, 소설, 수기, 일기장 등이다. 예컨대 일제시대 법규범을 연구한다면 당시의 법전, 판결문, 신문 등 각종 1차 문헌을 조사하는 것이 필수적이다. 때로는 새로운 문헌을 발굴해 냄으로써 중대한 학문적 기여를 할 수도 있다. 설문조사의 경우는 법에 대한 대중의 법감정을 살펴보는 연구 등에서 이용된다. 우리나라의 경우 국민법의식 조사가 설문지 방식으로 여러 차례 이루어진 바 있다. 사례조사는 어떤 특정 법현상을 구체적이고 심층적으로 파악하고자 할 때 이용할 만한 것으로서 면접, 질문지, 참여관찰 등의 방법으로 이루어질 수 있다. 예컨대 준법투쟁이라는 특정한 법현상에 대해서 사례조사방식으로 깊이 조사해 볼 수 있다. 그리고 참여관찰을 위주로 하는 법인류학적 연구는 사례연구의 표본을 보여준다. 사례연구는 일종의 질적 연구(qualitative research)라고 할 수 있다. 질적 연구는 구체적 사례에 영향을 미치는 다양한 변수들에 대해서 연구함으로써 그것을 깊이 있게 이해하도록 돕지만, 그 결과를 일반화하는 데는 한계를 보인다. 통계조사도 법사회학적 연구에서 아주 유용하다.[17] 통계는 현상을 기술하는(describe) 도구가 되기도 하며, 현상의 인과관계를 설명할(explain) 수도 있다. 예컨대, 통계적 기법을 이용하여 법관이나 변호사의 인구 구성상의 변화를 기술할 수 있고, 사형제도의 존부가 살인사건의 발생빈도와 유의미한 상관관계가 있는지 여부도 살펴볼 수 있다. 통계를 이용한 연구는 질적 연구에 대비해 양적 연구(quantitative research)라고 불린다. 양적 연구는 큰 흐름을 보여줄 수 있지만, 현상을 지나치게 단순화해 버리는 한계를 지닌다.

방법론과 관련하여 한 가지 더 언급하자면, 소위 "객관성과 가치"의 문제가 있다. 이는 법사회학 연구에서 가치(value)가 어떤 역할을 해야 하는지에 관한 논란이다. 블랙은 극단적인 실증주의의 입장에서 경험세계와 가

---

17) 한상희, "법사회학을 위한 통계분석기법 개요," 최대권 외, 앞의 책, p.169 이하.

치의 세계를 엄격히 구분하고자 했고, 가치중립적인 '순수법사회학(pure sociology of law)'을 정립해야 한다고 주장했다.[18] 한편, 셀즈닉은 법사회학에서 말하는 과학적 연구란 정의나 합법성(legality)과 같은 높은 가치추구를 위한 도구적 성격을 가지는 것이라고 이해했다.[19] 맹목적인 학문이 불가능하고 불필요하다고 보이기 때문에 블랙의 주장을 수용하기는 쉽지 않아 보인다. 하지만 객관성에 대한 추구야말로 법사회학의 본령임에 틀림없는 만큼 블랙의 주장을 일고의 가치도 없다는 식으로 보는 태도도 바람직해 보이지 않는다. 결국 양자 사이에는 선택의 문제라기보다 긴장과 균형의 문제가 존재하는 것으로 보인다.

6. 실용학으로서의 법사회학

법사회학이 해결하고자 하는 것과 법학이 추구하는 것은 서로 상이하다. 그런데 법사회학적 접근법이 법학에 직접 기여하는 경우가 있다. 1908년 당시 변호사였던 브랜데이스(Louis Brandeise)가 대법원에 제출한 준비서면이 이 점을 상징적으로 보여준다. 그는 여성 노동시간에 대한 주법의 규제가 합헌이라는 것을 주장하기 위해서 100여 페이지에 이르는 준비서면을 제출했는데, 그 내용의 대부분을 법률적 주장이 아니라 장기노동이 여성의 건강 · 안전 · 도덕 등에 나쁜 영향을 미친다고 주장하는 각종의 자료들로 채웠다. 이 서면은 대법원이 입장을 정하는 데 결정적인 역할을 했다. 이 서면은 사회과학의 성과를 법률문제의 해결에 이용한 대표적인 사례로 되었다. 후에 공교육에서 흑백 분리교육이 위헌이라고 주장한 변호사들은 분리교육이 흑인 어린이에 미치는 나쁜 심리적 영향을 그 근거 중의

18) 양건, 앞의 책, pp.39-40.
19) 양건, 앞의 책, pp.33-37.

하나로 제시했다. 이 또한 사회과학적 성과가 법실무에 직접 이용된 사례이다. 이후 미국에서는 이와 같이 법리논쟁에 사회과학적 증거를 제시하는 일이 적지 않게 일어났다. 말하자면 사회과학적 성과나 방법이 법현상을 이해하는 데 이용되는 것이 아니라, 법실무에 직접 복무하는 것이다.

파운드는 자신의 학문적 태도를 '사회학적 법률학'이라고 명명하고, 이는 법사회학과 다르다고 주장했다. 그는 중요한 것은 이론적 문제의 추구가 아니고 실제적이고 실용적 문제를 다루고 해결하는 것이라고 주장했다.[20] 예컨대 사회과학이 올바른 법의 집행이나 입법에 기여해야 한다는 것이다.

영국에서도 이와 유사한 흐름이 있다.[21] 이들의 입장은 '사회적 법연구(socio-legal studies)'로 불리면서 법사회학과 구분되고 있다. 이들은 사회과학적 법연구가 입법의 도구가 되는 데 관심이 많았다. 이들은 경험적 조사방법에 의하여 법과 현실의 괴리를 입증한 다음, 법의 내용에 잘못이 있으면 이를 고치고자 했으며, 법내용에 잘못이 없다면 그 시행을 위한 기구나 절차를 개혁하고자 했다. 이처럼 이들은 구체적인 법의 개혁에 관심을 둘 뿐, 법질서와 사회질서와의 일반적인 관계에 관한 이론에 대해서는 개의치 않았다.[22]

이들은 사회적 맥락 속에서 법현상을 사회과학적으로 '이해'하고 이를 '이론화'하는 데 관심이 있다기보다 사회과학적 방법과 성과를 법집행이나 입법활동에서 실용적으로 '이용'하는 데에 관심이 집중되어 있다. 그렇기 때문에 스스로를 법사회학자로 지칭하지 않으며 오히려 법사회학자가 아니라는 점을 부각한다.

하지만 이들의 기본적인 태도는 법을 고립적 사회현상으로 보지 않고

---

20) 양건, 앞의 책, pp.97-104.

21) 홍성수, "영국의 법사회학: 개념 역사 현황," 『법과사회』, 제34권, p.297.이하.

22) 양건, 앞의 책, p.29.

사회적 맥락 속에서 법현상을 파악하려고 한다는 점에서, 이들은 법사회학적 마인드로 충만한 사람이라고 할 수 있다. 그렇기 때문에 법사회학자들은 이들의 연구방법과 활동이 넓은 의미의 법사회학에 속한다고 보며, 이론법사회학에 대비되는 의미에서 '응용법사회학'이라고 부르기도 한다. 법사회학적 방법이나 성과가 이런 식으로 현실의 법률문제에 직접 개입하여 기여할 수 있는 여지는 실로 방대하며, 어쩌면 법사회학의 사회적 기여라는 측면을 고려할 때 이 영역의 중요성은 더욱 강조될 필요도 있어 보인다.

7. 결론 : 법사회학의 매력

법사회학은 "사회적 맥락 속에서 법현상을 사회과학적으로 이해하려는 학문이다"라고 하는 간단한 정의에서 시작해서 법사회학의 전체적인 윤곽을 그려보았다. 좀 더 구체적인 내용은 이하의 본문을 읽는 과정에서 드러날 것이다. 마지막으로 이상의 논의를 기초로 법사회학에 어떤 학문적 매력이 있는지를 정리하고 결론에 갈음한다.

첫째, 혹자가 말했듯이, 법은 너무나 중요하여 법률가들에게만 그것을 맡겨둘 수는 없다.[23] 이 중요한 법에 대해서 기존의 법률가와 다른 관점에서 깊이 있는 이론적 이해 그리고 거시적 이해를 도모하는 사람에게 법사회학은 유력한 대안이 될 것이다.

둘째, 실정법학의 폐쇄성을 절감하고 이를 극복하려는 사람들에게 법사회학은 하나의 대안을 제공한다. 앞서 보았듯이 법사회학은 법을 해석되어야 하는 진리(dogma)로 보지 않는다. 대신 법은 사회적 맥락 속에서 생성되고 사회적 맥락 속에서 기능을 한다고 본다. 이러한 태도는 법을 비판하

23) L.M. Friedman, "The Law and Society Movement," *Stanford Law Review* 38, 1986, p.780.

고 극복하는 계기와 방법론을 제공한다. 다시 말해 좀 더 비판적이고 개혁적인 마인드로 법을 대면하고 싶다면 법사회학에 도전할 만하다.

셋째, 법사회학이 반드시 실정법을 비판하는 데 그치는 것은 아니다. 실용학으로서의 법사회학에서 보았듯이, 법사회학은 현행 실정법을 운영하고 완성하는 데 중요한 기여를 할 도구를 제공한다. 법과 현실의 간극(gap)을 발견함으로써 법을 개선하고 정의의 구체적 내용을 확보하려고 한다면 법사회학적 접근이 필요할 것이다. 특히 서구법을 계수한 우리나라에서 한국적 토양에 맞는 '한국적 법학'을 정립해 보고자 한다면 법사회학적 접근이 필수적이라고 할 수 있다.

생각거리

1. 2013년 헌법재판소는 유신헌법하의 긴급조치(1호, 2호, 9호)에 대해서 위헌판결을 내렸다. 헌법재판소는 제1호와 제2호에 대해 "입법목적의 정당성, 방법의 적절성을 갖추지 못했고 죄형법정주의에 어긋날 뿐만 아니라 참정권, 표현의 자유, 영장주의, 신체의 자유, 법관에 의해 재판받을 권리 등 국민의 기본권을 지나치게 제한·침해한다"고 밝혔다. 왜 이런 판결이 지금에야 내려지는 것일까? 유신헌법 당시의 법률가나 법학자, 법학도는 왜 이런 판단을 하지 않았을까? 이 사안을 이용하여 해석법학의 한계에 대해서 생각해 보고 토론해 보자. 법사회학적 접근을 했다면 어떤 차이가 있었을지도 생각해 보자.
2. 1908년에 작성된 브랜데이스의 준비서면을 인터넷에서 찾아서 읽어보자. 이런 식의 준비서면은 설득력이 있다고 생각하는가? 우리나라에서도 이런 식의 사회과학적 조사를 통해서 준비서면을 작성한다면 법원에서 인용될지 토론해 보자. (http://www.law.louisville.edu/library/collections/brandeis/node/235)

제 2 장

에밀 뒤르켐(Emile Durkheim)의 사회학과 법의 접점

| 양현아 |

1. 서론 : 뒤르켐의 사회학과 법사회학

뒤르켐(1858~1917)의 법사회학에의 기여는 과소평가되어 왔는지 모른다.[1] 뒤르켐의 사회학 안에는 법사회학적 메시지가 명시적으로 담겨진 부분 이외에도 곳곳에 숨어 있기에 여전히 그 발굴을 기다리고 있는 듯하다. 서론에서는 에밀 뒤르켐의 생애와 사회학관(社會學觀)을 간단히 살펴보기로 한다.

뒤르켐은 1958년 프랑스 알자스 지방의 에삐날(Épinal)이라는 작은 마을의 유태인 집안에서 태어났다. 그의 아버지는 유태인 공동체의 지도자 랍비로서 그 지역 공동체에서 중요한 도덕적 · 정치적 영향력을 행사했으며, 그는 아들 에밀도 랍비가 되기를 바랐다고 한다. 그러나 에밀 뒤르켐은 당시의 세속화 분위기와 중학교에서 만난 교사의 영향으로 유대교를 포기하고 불가지론자가 된다. 이때 잠시 소홀해졌던 종교에 대한 관심은 19세기 말 급격한 산업화와 세속화 추세 속에서 새로운 시민정신과 협동심을 정착시키려는 노력의 일환으로 시민종교라는 문제의식으로 등장한다.[2] 아래에서 살펴볼 것처럼 그의 사회학에서 종교성은 연구의 대상으로서 혹은 개념으로서 곳곳에서 감지된다.

뒤르켐은 파리 고등사범학교를 수학하던 중인 1880년대 초 사회학의 창시자인 꽁뜨(A. Comte)를 접하고 그의 사회철학의 영향을 받게 되었다. 꽁뜨는 사회현상의 고유성과 특수성을 인정하고, 사회현상에도 자연현상과 마찬가지로 법칙이 존재하기에 이를 과학적으로 연구할 수 있도록 사회

1) Emile Durkheim은 에밀 뒤르케임, 에밀 뒤르켐, 그리고 에밀 뒤르껭 등으로 불린다. 본 장에서는 최근 널리 불려지는 바대로 에밀 뒤르켐으로 표기하기로 한다. 또한 본 장은 기딘스의 뒤르켐 해석과 표기에 크게 의존하고 있음을 밝힌다(A. 기딘스, 『자본주의와 현대사회이론』, 임영일 · 박노영 역, 한길사, 1981).

2) 민문홍, 『에밀 뒤르케임의 사회학—현대성 위기극복을 위한 새로운 패러다임을 찾아서』, 아카넷, 2001, pp.31-60.

과학을 정초하였다. 뒤르켐 사회학의 큰 두 축을 들라면 하나는 사회학 방법론에 관한 것이고, 다른 하나는 사회학의 실천적 · 교육적 관심을 들 수 있다. 뒤르켐에 따르면 인간사회란 개인에 외재(外在)하고 개인을 강제하며(특히 도덕적 강제), 개인에 선재(先在)한다. 요컨대 개개인은 이미 어떤 힘을 행사하는 사회 속에서 태어난다. 이에 따라 뒤르켐 사회학은 다른 사회학자들과 비교할 때, 인간행위라든가 의미의 측면보다는 사회에 대한 전체적 분석이나 집단적 현상에 초점을 맞추고 있다.

뒤르켐의 실천적 · 교육적 관심은 프랑스 사회의 재건을 위한 도덕적 관심에 수렴된다 할 수 있다. 도덕에 관한 실증과학적 연구를 하겠다는 그의 학문적 관심은 그의 저작 전반에 살아 있다. 그는 실천적 가치를 가지지 않는 순수 학문을 경멸했다고 평가될 정도이다.[3] 사회학자는 의사처럼 사회의 병을 진단하고 개인과 사회 사이의 관계를 개선할 수 있는 행동지침을 제시할 수 있어야 한다고 생각했다는 것이다. 그가 살던 시대의 프랑스에서 진행되었던 급격한 산업화와 도시화 현상은 필연적으로 사회분열과 가치관의 혼란을 가져왔는데, 이런 상황 속에서 뒤르켐은 국가는 강력한 통합의 역할을 해야 한다고 보았다. 뒤르켐의 생각으로는 국가는 경제적 역할뿐 아니라 도덕적 역할도 수행해야 한다. 현대가 당면하고 있는 특징적인 문제는 전통사회의 해체에서 분출된 개인의 자유와 사회의 존립 자체의 기반이 되는 도덕적 통제의 유지를 조화시키는 문제이기 때문이다.[4] 이에 따라 현대사회의 새로운 가치관 마련과 도덕성의 확립에 새로운 과학인 사회학이 기여해야 한다고 생각했다.

뒤르켐은 그의 저술 『사회분업론』(1893)에서 꽁뜨처럼 사회발전의 법칙을 밝힐 것을 시도했지만 곧 포기하고 사회제도와 규범의 변화과정을 분석하였다.[5] 그의 박사학위 논문이기도 한 『사회분업론』에서 그는 배상적

3) 민문홍, 앞의 책, p.44.
4) 기딘스, 앞의 책, 특히 pp.158-161.

성격의 (민)법과 억압적(repressive) 성격의 (형)법에서 각각 유기적 연대와 기계적 연대를 나타내는 객관적 지표를 찾아낸다.[6] 이와 같이 그의 사회학에서 법이란 사회의 지배적 관계 형태를 나타내는 객관적 지표 내지 상징의 의미를 가지고 있는 것으로 해석할 수 있다. 뒤에서 볼 것처럼 이는 그의 법사회학에서 매우 의미심장한 부분이다.

또한, 뒤르켐 사회학은 사회질서(social order)의 문제에 초점을 두고 있어서 "어떻게 사회 질서 유지가 가능할까"라는 물음이 그의 사회학을 관통하는 문제의식의 하나라 할 수 있다. 현대사회의 변화에 따른 개인주의의 출현에도 불구하고 존속하는 어떤 응집력을 가진 '사회성(sociality)'이 과연 어떤 요소로 인해 가능할 것인가. 사회질서에 대한 그의 관심에서 볼 때, 사회동학(社會動學)과 사회정학(社會靜學)으로 분류되는 사회과학의 분류방식에서 그의 사회학을 후자에 속하게 만든다. 하지만 그가 살았던 시대에 그가 직면했던 다양한 사건들과 논쟁들에[7] 참여하고 휘말려 들었던 그의 인생 역정에서 볼 때, 그의 사회학을 단순히 사회정학에 머문다고 하기에도 어려움이 있다. 어쨌든, 뒤르켐의 사회 질서에 대한 관심은 규칙, 질서, 규율과 맞물리면서 자연스럽게 법사회학적 문제의식과 만나고 있다. 법사회학자 규르비치(Gurvitch)는 뒤르켐이 사회성과 지배적 법의 유형 간의 관련성을 밝혀냈다는 점에서 체계적 법사회학(systematic legal sociology)의 발전에 공헌이 크다고 하였던바,[8] 뒤르켐에게 법사회학이란 사회

---

5) 영문판은 E. Durkheim, *The Division of Labor in Society*, W.D. Halls trans., MacMillan, 1984(1893: 여기서 괄호 안 연도는 프랑스어로 최초 출간된 해이며, 이하 마찬가지임). 한글 번역은 에밀 뒤르켐, 『사회분업론』, 민문홍 역, 아카넷, 2012 참조.

6) 분업, 사회적 연대, 법의 발달 등에 관한 뒤르켐 연구에서 현대적인 것과 전현대적인 것의 이분법이 존재한다. 즉 전현대에서 현대로의 이행에 대한 진화론적 가정을 가지고 있었음을 부정하기 어렵다. 이를 제대로 평가하기 위해서는 다윈의 진화론의 영향을 지대하게 받은 당시의 인문사회과학의 분위기를 감안해야 할 것이다.

7) 뒤르켐은 드레퓌스 사건, 교육의 세속화 운동, 사회연대회복운동, 민중교육운동, 새로운 도덕교육 프로그램, 시민종교론 등에 참여하였다(민문홍, 앞의 책, p.56).

학 내의 어떤 한 분야가 아니라 그의 사회학의 개념, 방법론, 지향성 등 전반에 펴져 있는 것처럼 보인다.

2. 집합의식, 토템 그리고 법

뒤르켐에 따르면 사회는 개인 구성원들의 속성으로 환원될 수 없는 그 자체의 독특한 특성을 가진 하나의 통일체이다. 예컨대, 수소와 산소가 결합될 때 각각의 요소와는 다른 물을 만들어 내듯이 개인과 개인이 결합할 때, '사회'를 만들어 내는데, 이때 사회는 개인 속성으로 환원되지 않는 집합성을 가진다. 여기서 그의 사회과학의 의미도 드러나는바, 그것은 개인 심리학에 의해서도, 선험적 가정(철학)에 의해서도, 자연과학적 방법에 의해서도 규명되지 않는 다른 종류의 과학이다. 사회는 개인들의 단순한 집합 이상의 어떤 '유기체'로서 그 자체의 법칙, 특성, 설명의 방식을 가진다.

뒤르켐은 다윈의 영향과 함께 19세기에 풍미했던 인간사회를 생물 유기체의 기관이나 조직과 비교하는 유추론적 사회분석에 대해서 관심을 가졌다.[9] 뒤르켐은 이러한 유추론을 하나의 '비유'로 이해하면서, 그러나 인간사회와 유기체의 중요한 차이점을 지적했다. 동물유기체의 생명이 '기계적으로' 지배되는 데 비해, 사회는 물질적 관계가 아니라 '관념적 유대'에 의해 구속되기 때문이다. 이렇게 사회의 생명은 그 관념적 유대에 있다고 본 뒤르켐의 사회관은 마르크스나 베버의 그것과는 사뭇 다른 것이다.

---

8) Georges Gurvitch, *Sociology of Law*(Transaction, 2001), p.106.

9) 19세기를 마무리 짓는 마지막 10년간 다윈의 생물진화론의 출간이 사회사상에 미쳤던 특이한 영향을 현대적 시각으로 재현한다는 것은 어려운 일이라고 기딘스는 지적한다. 19세기 전반을 통하여 현미경의 발달, 세포의 속성 분석, 세포구조의 판명 등 생물학이 크게 진전되었는데, 다윈의 저술은 이러한 개념들을 이론적 문맥 속에 위치시켰다. 다윈 시대의 사람들의 상상력을 자극하는 데 있어서 실증주의와 진화적 진보관을 강력하게 결합시킨 다윈의 사상만큼 확고한 영향력을 가진 것은 없었다는 것이다(기딘스, 앞의 책, p.115).

마르크스의 상하부구조론이나 베버가 가졌던 경제관계, 의미연관성, 그리고 정신성이 상호 연관된 사회에 대한 생각과는 달리 뒤르켐 사회학의 핵심은 집합적 정신적 실체로서의 사회에 관한 사고에 있다고 보인다.

이 점은 뒤르켐의 인간관과도 연결된다. 뒤르켐은 자연상태에 있는 가설적인 '고립된 개인'이 사회에 구속되어 있을 때의 개인보다 자유롭고 행복하다고 보는, 루소에 의해 개진된 개인과 사회의 개념을 배격한다. 반대로 인간생활을 동물적 존재의 수준보다 고차적인 것으로 만들어 주는 것은 모두 사회가 가지고 있는 축적된 문화적 · 기술적 부(富)로부터 연원한다고 본다. 이 부가 인간으로부터 떨어져 나간다면, "사람들은 또한 우리를 진정으로 인간답게 만들어 주는 모든 것을 잃게 될 것이다."[10] 이렇게 사회구성원들의 문화적 유산을 구성하는 이상과 감성은 '비인간적'인 것이다. 즉 이것은 사회적으로 진화해 온 것이고 어떤 특정 개인의 소산이나 재산이 아니다. 그 예로서 언어를 살펴보면 '우리는 모두 자신이 만들어 낸 것이 아닌 언어를 사용한다.'

이렇게 사회는 개인구성원들의 속성으로부터 추론될 수 없는 그 자체의 독특한 특성을 가진 하나의 통일체이다. 사회에 있어서 '하나의 전체는 그 부분의 합과 같다'는 가정은 틀린 것이다.[11] 사회를 결속시키는 관념 역시 개인의식으로 환원되지 않는 집합의식(collective consciousness)이다. 집합의식은 그의 사회학의 핵심 중 하나이다. 그에 따르면 의식은 단순히 개인들의 심성을 그 구성요소로 하는 것을 넘어선 관념적 구성체이고 모든 인간사회에는 집합의식을 나타내는 각종의 집합표상(collective representation)이 존재한다. 뒤르켐은 사회적 현상으로서의 종교의 중요성을 인식하였고, 인류학에 영감을 얻었으나 근본적으로 사회학적이다. 『종

10) Durkheim, "Review of Albert Schäffle," 1885, pp. 84-101. 기딘스, 앞의 책, p.116에서 재인용.

11) 기딘스, 앞의 책, p.118.

교생활의 기본형태』[12]는 오늘날 알려져 있는 가장 단순하고 가장 원시적인 종교라고 말해지는 호주의 토테미즘(totemism)에 대한 면밀한 검토에 기초한 뒤르켐의 저술이다. 뒤르켐은 이 책에서 참신한 종교사회학의 해석을 전개하였던바, 먼저 종교의 개념을 정립함에 있어 '신성한 것(the sacred)' 과 '세속적인 것(the profane)' 의 유형 분류를 따른다. 이 분류에서 토템은 바로 '신성한 것들의 원형' 이자 해당 부족의 집합표상이자 개개인에 대한 사회의 우월성과 부족집단의 통일성을 상징한다.[13] 예컨대, 한 부족집단이 숭배하는 '곰' 의 특성은 곰의 성격이라기보다 그 부족집단이 곰에게 부여하고자 하는 성격이라는 점에서 바로 부족의 가치이자 신성성이다. 이 점에서 그 토템은 바로 '부족 자신' 을 표상한다. 신성성은 이렇게 부족의 집합의식을 통해 형성 · 전수되기 때문에, 집합의식의 훼손과 위반은 집합체로부터 강력한 분노를 사게 된다. 성스러운 것의 독특한 특징은 그것이 세속적인 것과의 근본적인 분리를 강요하는 의식(儀式)상의 규정과 금제(禁制)들에 둘러싸여 있다는 사실에서 분명하게 드러난다.[14]

그런데 이와 같은 종교와 도덕성은 우리의 주제인 법과 어떻게 만날 수 있을까? 뒤르켐은 과학적 기초 위에 윤리학을 정립하고자 하는 노력의 예를 바그너와 슈몰러와 같은 경제학자와 법학자들에게서 찾았다.[15] 슈몰러는 고전경제학 이론 식으로 경제적 현상들이 마치 사회 속의 개인들의 생활을 지배하는 도덕규범과 신념들과는 무관한 듯이 취급해서는 그것을 적절하게 탐구할 수 없음을 보여주었다고 뒤르켐은 기술한다. 한 사회의 도덕률은 몇 개의 선험적 원리들로 환원될 수 없는, '엄청난 복합체' 이다. 그

---

12) Emile Durkheim, *Elementary Forms of the Religious Life*, Joseph Ward Swain trans. Free Press, 1965(1912). 한국어 번역본은 에밀 뒤르케임, 『종교 생활의 원초적 형태』, 노치준 · 민혜숙 역, 민영사, 1992가 있음.

13) Durkeim, *ibid*. p.140, p.167.

14) 기딘스, 앞의 책, pp.170-174.

15) 아돌프 바그너와 구스타프 슈몰러는 사회정책협회(Verein für Sozialpolitik)의 창립멤버의 일원이었으며 막스 베버 역시 저명한 멤버 중 하나였다.

것은 신념 · 관습 · 법조문 등으로 점점 복잡하게 늘어나서, 그 다양성은 분석하기 까다로운 것이다. 오로지 사회학자만이 관찰과 묘사를 통해서 그것을 분류하고 해석하기를 기대할 수 있다는 것이다.[16] 그의 『사회분업론』에서 전개되고 있는 주명제는 현대의 복잡한 사회가, 전통적인 도덕적 신념의 중요성이 줄어듦에도 불구하고 반드시 해체되는 경향을 보이지 않는다는 것이다. 강력하게 규정된 도덕적 합의가 사회질서를 항속적으로 유지시켜 가는 데 매우 중요하다.

이런 맥락에서 볼 때, 뒤르켐에게 '법' 이란 실정법학에 국한하지 않는, 넓은 의미의 도덕의 일종이다. 도덕 중에서도 명확하고 조직화된 제재가 예정된 경우가 바로 법이다. 그런 의미에서 법과 도덕을 구분하는 현대의 법실증주의와는 입장을 달리한다.[17] 나아가 행위규칙인 법도 한 집단 안에서 지켜져야 할 가치와 도덕 등을 추상화했다는 의미에서 집합의지의 표상이다.[18] 뒤르켐은 현대사회에 부상하는 개인주의를 목도하면서 그것이 이기주의와 구분되는 도덕적 개인주의로 나아갈 것으로 전망하였고, 현대법의 '도덕성' 은 사회적인 공익과 공동체성이라는 사회적 지평 위에서 찾고

16) 기딘스, 앞의 책, p.119.

17) 김도현, "법의 도덕성: 에밀 뒤르켐의 법사회학," 『법과사회』, 제43호, 2012, p.256. 계속해서 김도현은 법실증주의와 입장을 달리한다고 해서, 뒤르켐이 법이 초월적 가치에 의해 정당화된다는 자연법론도 아닌 제3의 길, 즉 사회가 법을 정당화한다는 관점을 제시한다고 해석한다(김도현, 위의 논문).

18) 한편, 법사회학자 코터렐은 뒤르켐이 법을 집합의식과 동일시했다고 해석하는 것은 잘못된 것이라고 지적한다. 법이 집합의식이 될 수 있었던 것은 단순한 전산업사회의 기계적 연대에 해당한다. 이러한 사회에서 집합의식은 모든 것을 포괄하며 형법과 형법적 제재는 도덕적 코드를 제공하지만, 분업이 발달되는 근대사회로 오면서 이는 더 이상 사회적 유대(social bond)의 주된 구성요소가 되지 못한다. 근대사회에서 형법은 사회연대의 기제를 직접적으로 표현하고 충족한다기보다는 노동분업으로부터 나오는 유기적 연대에 기초한 도덕적 질서의 기초를 제공한다. 이 점에서 복합 산업사회에서 법과 집합의식의 직접적 관계는 작아졌다는 것이다. 연대의 성격에 대해서는 후술 참고(Roger B.M. Cotterrell, "Durkheim on Legal Development and Social Solidarity," *British Journal of Law and Society*, 1977, p.4, p.292).

있다.[19] 이상과 같은 뒤르켐의 관점에서 보면 우리는 법에서 현대사회의 또 하나의 종교성—신성성과 세속성이라는 두 겹을 가진—을 발견할 수 있을지 모른다. 그의 방법론을 논의한 뒤 법에 대한 논의를 좀 더 살펴보기로 한다.

3. 사회적 사실과 방법론

1) "사회적 사실"을 통한 사회현상의 접근

뒤르켐의 방법론은 그의 사회관(社會觀)과 연속선상에 있는, 매우 주목되는 측면이다. 뒤르켐은 사회를 하나의 사물로 취급한다는 실증과학으로서의 사회학 방법론을 정립하는 데 주력했다. "사회적 사실(social facts)을 사물(things)로 취급하라"는 그의 방법론적 태도는 널리 알려져 있다. 뒤르켐은 사회적 사실을 다룸에 있어서, 선입견을 배제하는, 자연적 사실연구와 동일한 정신태도가 요청된다고 보았다.

다소 단순화해 본다면, 뒤르켐이 바라본 '사회적 사실'은 생물학적이지도 심리적이지도 않은 것으로서, '외재성'과 '강제성'으로 특징지어진다.[20] 사회적 사실은 개인에 대하여 외재적인데, 그것은 첫째, 모든 사람은 이미 특정의 조직이나 구조를 가지고 자신의 퍼스낼리티를 조건지우는, 전부터 움직여 오는 사회 속에서 태어난다. 사회적 신념이나 관행이 자신이 태어나기 전부터 존재했다는 사실은 그것이 자기에 대해 외재함을 뜻한다. 둘째, 어떤 개인이든 간에 사회를 구성하는 총체적 관계 속에서 하나의 단일요소에 불과하다는 점에서 사회적 사실은 외재한다. 여기서, 외재성은

---

19) 같은 취지로 김도현, 앞의 논문을 참고할 수 있다.
20) 기딘스, 앞의 책, pp.141-145.

경험할 수 있는 차원의 것이 아니다.

이와 비교하여, 강제성은 경험적 차원의 것이라고 한다. 뒤르켐은 '부성애'의 예를 들어, 부자관계가 생물학에 기초하고 있을지라도, 부자관계는 사회적 현상이라고 한다. 아버지의 자식에 대한 행위양식은 자신이 만들어 낸 것이 아니라, '다른 사람들과 함께 얽혀 있는' 도덕적 의무체계인 것이다. 하지만, 대부분의 사회인들은 이에 대해 강제성도 느끼지 않을 정도로 그 도덕을 내면화하고 있다. 진심으로 도덕과 법에 순응할 때, 대부분의 상황에서 그 정당성을 받아들이면 강제성을 느낀다 해도 아주 미약하게만 느낀다. 그러나 내가 그것에 저항하려 들면 이내 도덕적 의무는 스스로의 모습을 드러낸다는 것이다. 그럼에도 그 바탕에 있는 이상을 미미하나마 받아들인다는 점에서 도덕적 의무에는 언제나 자발성과 강제성의 두 측면이 존재한다.

2) 『자살론』의 방법론적 함의

뒤르켐 방법론의 그 대표적 연구는 『자살론』에서 찾을 수 있다.[21] 1897년을 전후하여 뒤르켐은 자살의 문제에 깊은 관심을 가지고 있었는데, 첫눈에는 전적으로 개인적인 현상으로 보일 수 있는 것들을 사회학적 방법으로 설명하고자 했던 것이다. 동시에 '자살률의 증가가 사회의 유기체적 조건에 심각한 이상이 있음을 입증한다'는 앞서 본 도덕적 합의라는, 실체적인 연구관심도 가지고 있었다. 물론 양 관심사는 상호 연관되어 있다.

'사회적 사실을 사물로 취급하라'는 명제에 대해서 뒤르켐은 사회과학

21) 그의 방법론적 태도를 잘 보여주는 연구로는 다음과 같은 연구들이 있다. Emile Durkheim, *Suicide: A Study in Sociology*, John Spaulding & George Simpson trans. London: Paul, 1979(1897). 한글번역본은 뒤르켐, 『자살론』, 황보종우 역, 청아, 2008이 있다. 이외에 Steven Lucks(ed.), *Durkheim-The Rules of Sociological Method and Selected Texts on Sociology and Its Method*, New York: Free Press, 1982를 참고할 것.

에서는 연구대상이 인간활동 그 자체와 관련되어 있기에, 사회현상들을 실체적 내용이 결여된 것(개인의지의 소산으로)이거나 또는 그 반대로 이미 완전히 알고 있는 경향으로 보는 것에 대항하여 제시된 것이라고 설명한다. 사회적 사실들은 자연계의 대상들처럼 직접적인 직관을 통해서 그 속성을 바로 알아낼 수도 없고 개인들의 자의적인 의지에 따라 어떻게 되는 것도 아니라는 의미에 있어서만, 사회적 사실들을 실체의 세계로 끌어들일 수 있는 것이다. 즉, '사물' 의 가장 중요한 특징은 단순히 의지만으로 그것을 변형시킬 수 없다는 것이다. 연구자는 그가 연구하기로 한 대상에 대해 감정중립적 태도를 취해야만 한다.[22] 하지만 이러한 "즉각적으로 감지되기에 충분할 만큼 외재적인 속성"들로 개념화하는 절차에서 연구가 종결되는 것은 아니다. 예를 들면 『사회분업론』에서 뒤르켐은 범죄의 구성요건을 처벌적 제재의 개입이라는 외재적 특성에 한정시키면서 처벌을 야기하는 모든 행위를 범죄로 본다. 그러나 이것은 보다 만족스러운 범죄의 개념, 즉 범죄는 집합체가 숭상하는 신념과 감정을 위반하는 행위라는 개념을 만들어내기 위한 수단이다.[23]

뒤르켐은 자살률의 설명을 위해서는 사회적 요인들을 보아야 함을 분명히 하였다. 서유럽 각국의 자살의 분포를 보면, 자살률과 종교교파 사이에 밀접한 관계가 있음을 알 수 있다. 가톨릭이 압도적인 나라는 어디서든 개신교가 지배적인 나라들보다 낮은 자살률을 보여준다. 이 일관성 있는 자살률의 차이는 두 교파의 교리가 자살을 저주하는 정도의 차이에 의해서는 도저히 설명할 수 없다. 두 교파는 똑같이 자살을 엄하게 금하기 때문이다. 이에 대한 설명은 두 교회의 사회적 조직 속에 보다 근원적으로 뿌리박은 차이점에서 찾아져야 한다. 뒤르켐에 의하면 양자 간의 가장 뚜렷한 차

---

22) Emile Durkheim, *The Rules of Sociological Method*, Sarah A. Solovay & John H. Mueller trans., New York : Free Press, 1950, pp.28-29를 기딘스, 앞의 책, pp.146-147에서 재인용함.

23) 기딘스, 앞의 책, p.127.

이점은 개신교가 자유로운 탐구정신의 증진을 그 바탕으로 삼고 있다는 점이다. 신과의 관계를 매개하는 사도의 위계적 질서가 존재하는 가톨릭과 달리, 개신교 신도는 신 앞에 홀로 선다. 뒤르켐의 표현대로 하면, 개신교는 천주교보다 '덜 강하게 통합된' 교파이다. 이러한 사회통합의 요소는 반드시 종교적 요소일 필요는 없다. 일반적으로 미혼자는 동년배의 기혼자보다 높은 자살률을 보이며, 자살과 부부중심 가족의 크기 사이에는 반비례관계가 있어서 자녀수가 많을수록 자살률이 낮다. 또한 국가가 정치적 위기에 처하거나 전시에는 군인들뿐 아니라 민간인 사이에서도 남녀 모두 자살률이 떨어진다. 통념과 달리, 자살에 작동하는 요인이 개인적 비관이나 불행이 아닌, 집합적 힘(규범, 규범상실 등과 같은)이라는 것을 규명하였다. 이와 같이 뒤르켐의 자살 연구는 통계적 · 객관적 · 집합적 자료를 통해 개인 행위를 예측하고 설명하는 사회학 방법론의 귀중한 모델이 되었다.

한편, 뒤르켐은 자살의 종류를 이기적 자살, 이타적 자살, 그리고 아노미적 자살로 분류하였던바, 앞서 본 '자살은 사회의 통합 정도에 반비례한다' 는 의미에서의 자살은 '이기적 자살' 로 불릴 수 있다. 그것은 개인적 자아가 사회적 자아 앞에 과도하게 내세우는 상황에서 나오는 결과이다. 혹은 개인이 사회(공동체)에 지나치게 통합되지 못한 결과에 의해 발생한다. 이기적 자살은 현대사회에서 특징적으로 나타나는 현상이다.[24]

다른 한편, 뒤르켐이 『사회분업론』에서 가장 많이 다룬 자살의 형태는 아노미적 상태로부터 발생하는 '아노미적 자살' 이다. 도덕적 규범력의 부재 상태인 아노미(anomie)는 개인의 심성이 아닌, 사회변화 상태의 반영이라는 점에서 뒤르켐의 법/사회학의 문제의식을 드러낸다. 뒤르켐은 농업보

---

24) 뒤르켐은 이기적 자살을 현대사회의 '개인예찬' 의 증대와 명백하게 연결시킨다. 개인예찬은 개인주의와 혼용되기도 하는데, 현대사회에 부상한 도덕이자 집합의지로 이해했다. 뒤르켐은 개신교는 완전히 세속화되어 버린 근대적인 도덕적 개인주의의 종교계에서의 선구자이자 으뜸 근원이라고 하였다. '인간이 인류의 신이다' 라는 말이 통용되는 곳에서 이기주의가 어느 정도의 신장세를 보이는 것은 불가피하다.

다는 공업과 상업에 속하는 직업 부문에서 자살률이 높게 나타나고, 비농업 부문에서도 오랫동안 가난하게 살아온 사람들 사이에서 자살률은 가장 낮게, 부자와 자유직 종사자들에게서 가장 높게 나타남으로써 사회경제적 수준과 반비례함을 지적한다. 그런데 경제적 불황기뿐 아니라 번창기에도 자살률이 현저히 높아지는데, 양자의 공통점은 모두 익숙해진 생활양식을 교란시키는 효과를 가진다는 점이다. 물질적 조건이 급격하게 좋거나 나빠지는 사태를 겪는 사람들은 그들의 습관적인 기대가 긴장을 겪게 되는 상황에 놓이는데, 그 결과 도덕적 규제력의 부재라는 아노미 상태가 된다. 아노미는 이기심과 마찬가지로 '현대사회에서 나타나는 자살의 항구적이고 특수한 한 요인'이라고 지적한다.[25]

이외에도 전통사회에서는 개인이 죽는 것이 의무이기에 행해지는 자살이 있다. 어떤 특정 상황에서 스스로의 목숨을 끊는 것이 의무가 된다. 이것이 '강제적 이타적 자살(obligatory altruistic suicide)'이다. 또한 특정 의무는 수반되지 않지만, 자살행위가 명예와 특전에 관한 특정의 계율을 조장하는 것과 관련된 '선택적 이타적 자살'이 있다. 방법론적 차원에서 볼 때, 자살률의 설명은 '자살행위' 그 자체의 개인적이고 심리적인 동기를 설명하지는 못한다. 단지 사회현상 내지 집단현상으로서의 자살률의 증감에 대해 설명하며 집합적 힘이 개인행위에 작용한다는 것을 보여주었다. 이상의 점에서 뒤르켐의 『자살론』에서 다음과 같은 점을 읽을 수 있을 것이다.

먼저, 사회적 사실은 객관적이다. 사회적 자살률이란 사회학적으로만 설명될 수 있다는 것이다. 어느 한 시기에 그 사회의 정신적 상태가 일시적인 자살의 빈도를 결정한다.

둘째, 각 사회는 그 국민을 자살로 이끄는 일정한 양의 에너지로 이루

25) Durkheim, *Suicide*, p.258 등.

어진 집단적인 힘을 가지고 있다. 자살자들의 행동은 얼핏 보기엔 개인적인 기질을 나타내지만 실은 그들이 외적으로 표출하는 사회적 조건의 보완이며 연장인 것이다.

셋째, 군대의 인원이 완전히 바뀌는 데는 불과 몇 년이면 충분하지만, 한 나라에서 자살한 군인의 총수는 별로 크게 바뀌지 않는다. 특정한 사회, 특정한 지역의 자살 경향을 결정하는 원인은 개인과는 무관하다.

넷째, 도덕성은 체험의 세계에는 존재하지 않는 곳에서 유래하거나, 또는 사회로부터 나온다. 도덕성은 의식으로만 존재할 수 있다. 따라서 도덕성이 개인적 의식이 아니라면 집합의식일 수밖에 없다. 만일 그렇다면 집합의식은 평균적인 의식과 혼동되어서는 안 되며, 언제나 그것을 초월하는 것이라야 한다.

4. 근대성과 사회적 연대와 법

1) 분업과 사회적 연대의 변화

뒤르켐은 근대로의 사회변화의 핵심이 분업의 양상에서 나타나는 것으로 분석하였다. 그리고 분업은 사회적 연대의 방식을 변화시킨다. 그것이 널리 알려진 기계적 연대(mechanical solidarity)에서 유기적 연대(organic solidarity)의 사회로의 변화이다. 여기서, 기계적 연대의 특징은 아래와 같다. i) 내부적 조직이 매우 유사하여 집단들이 병렬적으로 이어져 있고, ii) 주로 가족집단들(씨족집단들)로 구성되며, iii) 하나의 문화적 공동체로서 공통의 신념과 감정에 바탕하고 있고, iv) 사회분업의 수준이 낮은 사회적 연대이다(모두 사냥이나 농사를 한다든지, 동일한 작물을 경작하는 등). v) 집합의식이 개인의식을 완전히 포괄하거나 개인차가 없거나 없는 것으로 간주된다.

기계적 연대의 경우, 공동체의 전 성원이 공유하는 감정과 신념이 사회를 지배하기 때문에 결과적으로 개인들 사이의 분화의 여지가 없다. 각 개인이 모두 전체사회 속의 소우주들이다. 뒤르켐은 집합체적 인격이 유일한 인격으로 존재하는 곳이라면 재산 역시 집합체적일 수밖에 없다고 한다.[26] 이런 기계적 연대의 사회에서는 억압적 법률(repressive law; 주로 penal law)이 지배적 법률 형태가 되어 사회를 통제하는 기능을 한다.

한편, 근대적 사회변화는 유기적 연대의 성장을 가져오는데, 유기적 연대의 사회의 특징은 i) 단순히 공통의 신념과 감정을 받아들이는 데서가 아니라, 한 사람은 구두를 만들면, 다른 이는 못을 만들고, 또 다른 이는 가죽을 만드는 식의 분업체계 속에서 기능적 상호의존성으로부터 연대가 생겨난다. ii) 내부조직이 상이한 단위 간의 연대 혹은 차이에 바탕한 연대이며, iii) 분화된 전문적 기능들이 '한정적인 관계들'로 결합되어 있다. iv) 유기적 연대는 사회분업의 수준이 높은 사회의 연대를 뜻한다. 이와 같이 유기적 연대의 성장과 분업의 확산은 개인주의의 증대와 관련되어 있다.

유기적 연대의 성장은 필연적으로 집합의식의 비중을 감소시키고, 그 지배적 법률의 양식은 복원적 법률(restitutive law; 주로 civil law)이다.[27] 뒤르켐에 따르면 복원적 법률이란 훼손된 관계(disturbed relationships)를 정상관계로 바꾸어 놓는 기능을 가진다고 한다. 뒤르켐은 분업의 확대에 대한 설명을 함에 있어서 서로 다른 생활양식이나 신념들의 접촉에도 주목하였다. 이전에는 아무런 관계도 존재치 않던 곳에 많은 관계들이 형성되고 이질적인 생활양식과 관념들이 서로 접촉하면서 경제적 · 문화적 교류가 일어나도록 자극을 받는다. 뒤르켐은 이러한 접촉의 빈도는 도덕적 밀도(moral density) 혹은 역동적 밀도라고 표현한 바 있다.[28]

---

26) 기딘스, 앞의 책, p.128.

27) 여기서 'restitutive law'는 복원적 법, 복구적 법, 배상적 법, 보상적 법 등으로 번역될 수 있을 것인데, 필자는 뒤르켐이 생각했던 사회관계의 회복 내지 손해의 원상회복이라는 두 가지 의미를 고려해서 '복원적 법'이라는 용어를 사용하고자 한다.

이상과 같이 뒤르켐은 근대사회에서 분업은 사회의 규모와 밀도에 정비례하여 확대되며, 이에 따라 도덕적 신념과 사회적 연대의 성격이 변화하고 지배적 법의 형태와 기능이 달라진다는 점을 정리하였다. 이와 같이 근대사회 변화에 따른 경제관계, 사회통제와 도덕적 관계의 변화라는 복합적 측면을 개념적으로 정리한 뒤르켐 법사회학의 탁월함을 발견할 수 있다. 특히 그의 『사회분업론』에 따르면 "사회 연대성의 가시적 상징이 바로 법이다(the visible symbol of social solidarity is the law)"라고 하였다는 점이 주목된다.[29] 우리는 법을 통해 법에 반영되어 있다는 사회적 연대의 본질적인 성격을 발견할 수 있다는 것이다. 이상의 논의를 아래의 표와 같이 정리할 수 있다.

	전근대사회	근대사회
사회분업 양식	대다수 사회구성원이 동일한 노동, 분업 정도가 낮음	대다수 성원이 이질적 노동 전문화와 분업 정도가 높음
도덕과 신념	신념과 규범이 동질성 강함	가치관과 규범의 다양성, 개인주의 경향이 강함
사회적 연대	기계적 연대	유기적 연대
지배적 법	억압적 법-징벌이 중요함	복원적 법-합의와 의무이행이 중요

2) 사회관계와 법의 지배적 성격 변화

앞서 본 대로, 근대사회에서는 도덕적 모호성이 증가되고 이에 따라 아노미가 증대되며, 집합의식이 고도로 일반화되고 불명확해진다.[30] 이에 따

28) 기딘스, 앞의 책, p.131.

29) Gurvitch, *op. cit.*, p.106.

30) 뒤르켐의 사회적 연대(관계성)의 변화에 따른 법적 제재의 성격 변화에 대한 논의를 보려면 주로 그의 『분업론』(앞에서 제시한 E. Durkheim, *The Division of Labor in Society*, pp.31-77)을 참고할 것.

라 집합체적 열정이 사라지고, 개개인들의 도덕적 단절의 체험 가능성이 높아진다. 자살은 개인의 분절화의 하나의 상징이다. 이리하여 근대사회에서의 법의 지배는 더 이상 억압적 법률로써 그 기능을 다하지 못한다. 억압적 법률이란, "보편적으로 지지되는" 감정을 침해하는 행위로서의 범죄에 대한 처벌 기능을 가진 법으로서 형법이 그 대표적 법률이다. 범죄에 대한 사람들의 반발은 심원하고 강경한 것이다. 그것은 공동체의 증오와 불명예 감정을 불러일으키고, 공동체가 가지고 있는 집합의지에 위반하는 행위가 되기 때문이다. 따라서 이런 행위에 대한 처벌은 그 범죄자에 대한 처벌에 그치는 것이 아니라, 모든 공동체 성원에 대한 집합의지의 확인이라는 점에서 일종의 제례(ritual)이다. 앞서 토테미즘 논의에서 살펴본 대로, 전근대사회에서 처벌이란 집합의식의 신성함을 확인하고 보호하는 기능을 가지고 있었으며, 처벌을 통한 속죄의 개념이 사회통제의 중심 메커니즘이다.

그러나 근대사회에서의 법의 기능은 '억압적 법률'에서 '복원적 법률'로 그 무게중심이 옮겨진다. 이를 증명하기 위해 뒤르켐은 유대의 모세오경, 인도의 마누법전, 로마의 12표법, 게르만의 살리아법전, 부르군드법전, 서고트법전을 두루 인용하면서 고대법에서 형법이 지배적 지위를 차지하고 있었다고 역설한다.[31] 하지만 동질성이 아니라 이질성(dissimilarity)을 특징으로 하는 유기적 연대의 사회는 가족, 계약, 상법, 절차법, 행정법, 헌법 등을 통한 분산된 통제(diffused sanction)에 의해 구현된다. 하지만 근대사회라고 해서 공통적 신념과 감정들이 완전히 사라져버리는 것은 아니며, 계약관계의 결성이 도덕과는 전혀 무관하게 단순히 개인들의 '자기 이익의 극대화' 추구의 결과 이루어지는 것도 아니라고 한다.[32] 계약관계의 확

31) 김도현, 앞의 논문, p.253.

32) 뒤르켐은 복원적 법률을 다시 계약법과 계약을 넘어서는 가족법, 노동조합법, 헌법 등으로 분류하였다. 그는 "계약의 모든 요소들이 계약적인 것은 아니다," "우리의 자발적 행동은 우리가 진정 원하지 않는 의무를 생성시킨다"는 점에 주목하였다. 또한 복원적 법률에

대는 계약을 관할하는 규범의 발달을 전제조건으로 한다는 것이다. '계약' 관행들이 원만하게 이루어지려면 개인 간 계약을 규율하는 더 큰 테두리의 규범적 틀이 존재해야 한다. 뒤르켐의 '계약의 비계약적 전제' 라는 테제에 따르면, 계약법이 존재하지 않고는 계약관계가 실효성을 가질 수 없는 것이지만, 약속은 지켜져야 한다는 사회적 힘이 작용하지 않으면 계약은 계약이기를 그친다는 것이다. 즉, 이렇게 계약은 개인의식의 결합만으로 이루어지는 것이 아니며 오히려 집합의식에 기초한 사회적 규제를 전제로 한다.[33]

한편, 이와 같은 억압적 제재에서 복원적 제재로의 전환이라는 뒤르켐의 설명을 근대법 발달에 대한 지나친 단순화로 채용되는 것을 경계해야 한다는 주장이 있다.[34] 코터렐은 뒤르켐의 이러한 설명은 법률의 변화 자체보다는 '사회적 연대' 를 설명하기 위한 목적을 위하여 조성된 개념으로 보아야 한다고 한다. 또한 앞서 지적한 대로 뒤르켐의 법 개념 역시 법과 도덕 간 관계가 상당히 흐려져 있다는 점에 유념해야 한다.[35] 또한 복원적 법률에서도 다시 두 가지로 세분하는데, 연대를 적극적으로 창출하지 못하는 소극적 연대(negative solidarity)만 가능하게 하는 법으로 물권법이나 불법행위법을 말한다. 다른 하나는 계약법, 가족법, 행정법, 헌법처럼 사람들로 하여금 공통의 목적을 위해 적극적으로 협력하게 하는 협동적 법(co-operative law)이다. 양자 가운데 뒤르켐은 후자에 방점을 찍고 있는데, 타인의 권리를 존중하기 위해서는 타인을 사랑하고 서로 의지하여 공동체를 이루고 있다는 사실을 인식해야 하기 때문이다. 그는 정의도 궁극적으로 박애에 기초하는 것으로 보았다.

도 "순수하게 부정적 성격의 법이 포함되어 있다"는 점도 염두에 두었다(Gurvich, *op. cit.*, pp.108-109).

33) 김도현, 앞의 논문, p.253 참조.

34) Cotterrell, *op. cit.*, pp.241-252.

35) Cotterrell, *ibid.*, p.301.

관련하여, 뒤르켐의 법 분석의 근본적 측면은 근대사회에서 복원적 법의 중요성을 강조했다는 것뿐 아니라 복원적 법 개념이 그가 부여하는 국가의 문제와 긴밀하게 연결되어 있다는 것이다. 형법을 집행하는 국가는 개개인의 양심에 직접적으로 반영되는 집합의식을 표출하는 것으로 이해되기에, 국가는 개인이나 집단에 멀리 떨어져 있지는 않다. 하지만 복원적 법은 분업으로부터 출현하였고 공통신념이 아니라 사회조직의 특정한 형태를 반영한다. 복원적 법률들은 개개인의 인식의 수준에서 정서에 대응하는 것이 아니라, 한 사회 내의 다양성, 셀 수 없이 기능적으로 분화된 집단과 단위들을 규율하는 규칙들의 정립이라고 한다. 이런 의미에서 뒤르켐은 법에 반영되어 있는 '정부의 의식(governmental consciousness)' 이란 표현을 사용하기도 했다.[36]

복원적 법률이란 단지 분쟁에 대한 중재만을 의미하지는 않으며, 오히려 개인의 이해나 정서의 차이에 대한 인정에 기반한다. 뒤르켐은 개인숭배라는 현대사회의 집합의식이 이기주의로 빠지지 않으면서 도덕적 연대를 유지하기 위해서는 국가의 역할이 중요하다고 보았으나, 어떤 국가도 전적으로 시민권 보증인이자 관리자로만 작용하지는 않을 것이라고 한다. 뒤르켐은 국가는 국민에 대한 공통의 신념(애국주의나 민족주의와 같은)을 자극해 왔고, 이러한 민족적 이상이 인류애라는 이상을 조장하는 데 이용될 가능성도 배제하지는 않았다. 하지만 현대사회에서 성장하는 개인과 국가 사이에서 직업적 결사체, 다양한 직업집단들에게서 양자의 조정 역할을 기대하였다.[37] 이상과 같이 뒤르켐의 법적 제재에 대한 관심은 도덕과 집합의식, 그리고 개인과 국가 간의 역동적 관계와 같은 복합적인 현상 속에 깊숙이 자리 잡고 있다.

36) 기딘스, 앞의 책, pp.158-161.
37) 기딘스, 위의 책, pp.161-162.

5. 범죄와 형벌

뒤르켐의 법사회학에서는 범죄와 형벌의 문제가 중요한 지위를 차지한다. 법이 가지는 도덕과 집합의식과의 연관성이 주요 관심사 중 하나였기 때문이다. 범죄와 형벌에 관한 뒤르켐 이론의 출발점은, 집합의식 속에 간직되어 있는 사회적 가치와 범죄와의 관련성을 밝힌 부분이다. 앞서 살펴본 대로, 기계적 연대가 지배적인 전근대사회에서 범죄에 대한 제재는 집합의식을 확인하는 제례이자 처벌이라는 의미에서 사회통합의 기능을 강하게 가진다. 어떤 행위가 범죄적이기 때문에 공동의 의식에 충격을 주는 것이 아니라 그 행위가 공동의 의식에 충격을 주기 때문에 범죄가 된다는 것이다.[38] 하지만 앞서 본 대로 오늘날 법의 지배적 형식이 복원적 법률로 바뀌고 형사법들의 의미가 변화됨에 따라 범죄와 형벌이 기계적 연대의 사회에서처럼 강한 의미를 가지지 못할지 모른다. 그럼에도 뒤르켐의 법사회학은 각종 범죄에 대한 처벌은 단지 범죄자 개인에 대한 처벌이나 교정의 의미에 그치지 않는다는 것을 분명히 해 준다. 그것이 과거에서부터 가지고 있던 역사적인 집합의식에 대한 것이든, 혹은 현재의 다원화된 사회에서 미약하게 견지하고 있는 집합정서에 관한 것이든, 아니면 국가에 의해 암암리에 주입된 의식이든 간에, 형사적 제재가 개인이 아니라 사회 전체에 메시지를 던진다는 점은 부정하기 어렵다. 즉 범죄자를 처벌함으로써 전체성원을 규율한다는 일벌백계(一罰百戒)의 기능을 수행한다. 이러한 형법의 기능을 일반적으로 예방적 · 교육적 기능이라고 부른다.

뒤르켐에 따르면 모든 사회에서 범죄인이란 두 가지 범주가 있다.[39] 하나는 집합적 사물(이념적인 것이든 물질적인 것이든)에 대한 것인데 대표적으로 공적 권위, 대표자, 도덕(mores), 전통이나 종교에 반하는 행위이고, 다

38) 양건, 『법사회학』, 아카넷, 2000, pp.87-88.
39) Durkheim, "Two Laws of Penal Evolution," *Economy and Society* 2, 1973, p.300.

른 하나는 단지 개인(살인, 모든 종류의 폭력이나 사기 등)을 침해하는 행위이다. 전자는 '종교적 범죄성(religious criminality)' 을 가졌다고 할 수 있다면, 후자는 '인간적 범죄성(human criminality)' 을 가진 행위이다. 두 종류의 범죄가 범하는 집합적 정서의 성격이 다른 것이기에, 그 범죄성이나 그에 대한 제재도 다르다고 뒤르켐은 설명한다. 원시사회에서는 전자의 범죄가 범죄의 대부분을 이루었는데, 이 범죄는 집단구성원 대다수의 양심에 내재해 있다는 점에서 이때 '집합성' 은 하나의 주체이면서 동시에 집합적 사물이 개별 구성원 서클의 바깥에 존재한다는 점에서 구성원들의 입장에서 하나의 객체이다. 이렇게 집합정서란 이중적 의미를 지닌다. 인간들이 도덕성을 부여한 대상이 신이든지 조상이든지 간에 그것은 평범한 인간을 넘어선 초월적 존재였다. 이 점에서 이러한 규칙을 범한 범죄는 신이나 초월적인 존재에 대한 것이기에, 이러한 반역행위는 공동체의 집합심성에 대한 반역이다. 이러한 반역에 대한 공포, 두려움, 분노를 잠재우기 위해서는 그 행위에 대한 처벌 역시 폭력적인 것일 수밖에 없었다. 태워서 죽인다든가, 코끼리들의 발로 짖이긴다든가, 물에 빠뜨린다든지, 귀나 입 안에 끓는 기름이나 물을 붓는다든지, 개에 의해 몸을 찢는다든지, 톱으로 사지를 절단하는 등이 그 예이다.[40]

뒤르켐은 근대로 넘어오면서 발견되는 형벌의 온건화 현상에 대하여 주목하면서 이에 대해 사회학적 설명을 제공한다.[41] 나와 마찬가지인 '동류 인간' 의 탈선으로서 범죄를 바라본다는, 개인주의적 혹은 개인 예찬의 관점에서 근대의 범죄와 처벌을 해석한다. 개인이 다른 개인에게 행한 공격행위는 신성에 대한 것과 같은 경외적 공포(reverential fear)를 불러일으키지는 않을 것이다. 이 경우 우리나는 집합 정서란 개인을 객체로서 바라본다. 왜냐하면 우리 모두는 하나의 개인이기 때문이다. 결과적으로 우리

40) Durkheim, *ibid.*, p.289.

41) Durkheim, *ibid.*, p.323.

는 인간의 위엄성을 보호하고픈 정서를 가슴에 품게 된다. 우리가 인간성(humanity)에 대해 가지는 존경을 설명하기 위해, 인간성보다 우월한 그리고 인간 외재적인 힘의 주입에 대해 가정할 필요는 없을 것이다. 우리는 이러한 범죄에서 '신성에 못 미치는 것(less divinity)' 이 아니라 단지 '인간성에 못 미치는 것' 을 볼 뿐이다. 이 결과, 이러한 범죄에 대한 형벌 역시 첫 번째와는 다르다. 가해자와 피해자 간은 거의 같은 수준에 있다. 집합 심성에의 종교성이 약화되면서, 시간이 흐르면서 범죄는 점점 더 개인에 대한 공격으로 축소될 것이다. 근대의 형사 제재에서는 피해자의 인간 존엄성에 대한 공격을 복수하기 위해 가해자에게 폭력을 가해야 한다는 데에 놓인 진정하고 치유하기 어려운 모순이 존재한다. 이러한 어려움을 경감시키기 위한 유일한 방법은 처벌을 최대한 가볍게 하는 것이다.[42] 뒤르켐은 사회 진화의 과정에서 감옥이 점점 더 유일한 형사적 제재수단이 될 것으로 예측하였다. 절단, 고문과 같은 표현적 제재가 사라지고 감옥이 형사적 제재의 초점으로 격상될 것이다. 감옥은 점점 더 비난이나 저주가 아니라 방해적인 사회요소를 일시적으로 추출해 내고 그의 개선을 시도하는, 사회 조화를 관리하는 제도가 될 것이다. 이 점에서 감옥은 표현적 제재가 아니라 계산적 제재의 수단이다. 이상과 같은 범죄와 형벌에 대한 뒤르켐의 논의를 정리하면 다음과 같다.[43]

첫째, 산업화된 사회의 법적 제재는 복원적 법률로 중심이 이동되고 복원적 법들이 점점 더 법을 지배하게 된다.

둘째, 비산업사회들에서는 형법적 제재가 중심이 되며 이러한 제재는 노동분업의 정도를 더 낮추며 사회의 규모를 작게 만들었다.

셋째, 한 사회의 분업의 규모나 복합성의 진전과 함께 형벌이 덜 가혹

42) Durkheim, *ibid*., p.303.

43) 이에 대해서는 다음 논문도 참고할 수 있다. Michael Clark, "Durkheim's Sociology of Law," *British Journal of Law and Society* 3, 1976, pp.246-255.

해진다.

넷째, 이상의 경향에 대한 예외로써 정치적 절대체제(political absolutism)를 들 수 있다. 정치적 절대체제에서는 관료를 사회 전체와 동일시하는 경향과 강한 집합의식 때문에 가혹한 형벌이 존재한다.

다섯째, 뒤르켐의 범죄학에서 특히 주목되는 것은 근대적 형사 제재가 점점 덜 가혹해지며 감옥이 그 유일한 수단이 될 것이며 이마저도 교정의 목적을 가질 것이라는 예측이다.

이상과 같은 형벌의 인간화는 그가 진단하는, 근대사회의 개인주의화 현상과 관련이 깊다. 하지만 '인간성(humanity)' 이라는 말의 모호한 아우라와 함께 인간의 존엄과 가치를 숭상한다는 점에서,[44] 현대 형사정책에 '신성성' 의 그림자가 숨어 있는지 모른다. 뒤르켐의 사회학에서는 세속적인 것을 넘어선 숭고함의 차원이 늘 자리하고 있기 때문이다. 종교적인 집합의식이 무너진 자리에 현대의 법률이 세속화와 함께 숭고함(신성성)도 계승한 것인가? 뒤르켐 사회학의 법학과의 접점은 문화연구로서의 법사회학의 단초도 제공하고 있다. 또한 뒤르켐 사회학에는 언어, 상징, 표상과 같은 개념을 통해 사회를 분석함으로써 이후 부상하는 구조주의적 문화연구의 사고의 단초들이 풍부하게 내장되어 있다.

6. 뒤르켐의 한계와 유산

이상과 같이 살펴본 뒤르켐 사회학과 법사회학에서 몇 가지 한계점을 짚어볼 수 있다. 첫째, 그의 사회학에서 사회변동에 대한 이론은 다소 미약한 것으로 보인다. 마르크스나 베버에게서 보이듯이, 생산력이라든가 합리

44) 한편, 뒤르켐이 말하는 현대사회의 개인주의 예찬을 '인권' 의 관점에서 바라보는 해석에 대해서는 김도현, 앞의 논문, p.262 참고.

성의 증대와 같은 변화의 동인에 대한 관심이나 이론이 부족하다. 그의 분업론이나 국가론에서 볼 때, 현대로의 변화를 전제로 하여 논의를 전개한 듯하다. 이로써 그의 이론에서는 변화된 사회에 대한 적응이 있을 뿐, 사회변화의 동인(動因)들을 추출해 내기 어렵다. 뒤르켐의 사회학에서 경제관계(분업), 연대관계, 법과 도덕 간에 존재하는 인과관계를 밝혀내기는 곤란하다.

둘째, 뒤르켐이 바라본 근대사회란 이질적 집합체로 구성되었다고 할지라도 그것은 고립되고, 등가적인 개인들로 구성되어 있는 듯하다. 집합을 집합으로서 봉합하기 위한 이데올로기 문제는 '도덕적인 것'으로만 축소되어 있다. 마르크스와 같은 사회변동 이론가에 따르면, 사회구성체는 계급이라는 구조화된 관계로 구성되어 있다. 뒤르켐은 근대사회의 분업의 결과에 따른 개인과 집단의 다양성에 대해서는 깊이 사색하고 있지만 그 다양성이 가지는 구조적 불평등과 같은 권력 문제에 대해서는 그리 천착하지 않은 듯하다.

셋째, 기계적 연대가 지배하는 사회와 달리, 현재 법은 단순히 집합의지의 표상이라고 하기 어렵다면, 현대 법은 집합의식과의 관련성은 어떤 것인지 다소 불분명하다. 어떤 집합의식은 법에 의해 대변되고, 어떤 것은 대변되지 않는다면 그 불균등성은 어떻게 설명할 것인가? 또한, 과연 기계적 연대의 사회에서는 일반 백성들은 지배자들을 법과 단순히 동일시하는 집합의식을 가졌을까? 현대의 법과 집합의식 간의 관련성, 나아가 전근대법에서도 생각해 볼 수 있는 법의 정치적 차원에 대한 설명이 다소 부족하다.

그럼에도 불구하고 이 장에서 본 것처럼 뒤르켐의 사회학은 사회관계의 변화와 성격 규명, 그것과 법적 제재 간의 관련성을 구명하였고, 집합의식의 표상 내지 집합의식을 확인하기 위한 도구로서 법과 규칙이라는 새로운 지평을 열었다고 평가할 수 있다. 또한 뒤르켐의 법사회학에 대한 정열은 과거의 도덕적 질서에 대한 동경뿐 아니라 그가 살았던 사회의 도덕적 무질서에 대한 우려에서부터 샘솟았던 것 같다. 이 점에서 우리는 뒤르켐에게서 도리어 실천적인 (법)사회과학자의 모습을 발견할 수 있다. 또한 우리는 뒤르켐에게서 가장 사회학적 버전의 법사회학을 발견할 수 있을지 모른다. 그는 현대법 속에서도 살아남아 있는 종교적이고 매직(magic)한 요소들을 감지하게 만들기 때문이다. 이 점에서 뒤르켐의 법사회학의 영감은 사회학의 한 하위 분야를 넘어서서 사회를 진단하고 이해하는 하나의 통론으로서의 법사회학, 즉 법을 통해 사회를 '읽는' 방법으로 다가온다.

생각거리

1. 뒤르켐의 '법' 개념에 대해 생각해 본다. 그것은 국가법, 성문법, 도덕과 종교가 모두 포함된 개념인가? 그 관계에 대해 생각해 본다.
2. 뒤르켐에 따르면 집합적 도덕이 약화되고 대규모화되는 현대사회에서 형사법의 처벌의 근거는 어디에서 찾을 수 있을까? 뒤르켐 이론이 '형사법의 탈도덕화'란 테제와 충돌하지는 않는가?
3. 뒤르켐의 현대사회의 개인주의와 그리고 협동적 법과 정의 개념은 어떤 것인지 더 살펴본다.
4. 뒤르켐의 사회학적 설명과 방법론이 법사회학의 경험적 연구에 어떻게 활용될 수 있을지 생각해 본다.

제 3 장

막스 베버(Max Weber)의 법사회학 : 서구 합리적 근대법과 근대문화 이해

| 김명숙 |

1. 경험적 · 통합적 학자로서의 막스 베버와 법분석

근대화 과정을 거치면서 전문성은 강해졌지만 소통력은 약해진 전문과학들은, 오늘날 발생하는 탈근대의 복잡한 문제들을 이해하는 데 한계를 드러내고 있다. 사람들의 실제 생활이 통합적으로 일어나고 사회문제의 근원이 중첩되어 있다는 것이 오늘날만의 현상은 아니지만, 학문의 과도한 분과성은 빠른 문제해결에 장애가 된다. 연구대상과 방법론을 달리하는 학문들이 논점과 접근방식을 공유한다면, 같은 문제를 다르게 보는 다양한 인식의 출발점을 확인할 수 있으며, 풍부한 진단을 통해 보다 충실한 대안을 찾아낼 수 있다. 이런 의미에서 법학과 사회학이 만나는 것은 해석학적 법학의 지평을 넓힘과 동시에, 사회갈등 해결의 핵심수단으로 법을 다루기 힘든 사회학이 자기 능력을 키우는 데 큰 도움이 된다.

고전 법사회학 이론가인 베버의 분석은 법사회적 현상들에 대한 경험적 · 통합적 접근의 전형을 보여준다. 법 현상에 대한 경험적 분석기반을 중요하게 여기는 그의 법사회학은 역사학이나 경제학적 분석을, 또는 정치학적 접근을 두루 이용하면서, 사람들이 법적으로 그렇게 행위하는 구체적인 이유를 살펴본다. 법사회학 분석에서 가장 중요한 것은 사람들이 법에 관련짓는 살아있는 행위의미를 아는 것이기 때문이다.

본 장은 법사회학자로서의 막스 베버의 진면목을 학문세계를 통해 개괄하고, 방법론과 구체적인 분석을 통해 법이론을 살펴본 후, 오늘날 요구되는 법사회학 과제에 비추어 보았을 때 베버의 법분석이 지니는 의미와 한계를 진단하고자 한다.

1) 법사회학자로서의 막스 베버의 관심과 저술에 대한 소개

사회학자 또는 경제학자 등으로 잘 알려져 있는 막스 베버가 베를린 대학에서 로마물권법과 보험법을 가르치는 사강사[1]로서 첫 직업을 시작하였으며, 학문적 출발 역시 법학에서 시작하였다는 사실은 잘 알려져 있지 않다.[2] 1882년, 18세 때 하이델베르크 대학에 진학하여 처음 시작한 공부가 바로 법학이었으며, 1886년에는 괴팅겐 대학교에서 법학과 졸업시험에 해당하는 국가시험을 치르고 법조인으로서의 공식적 자격을 취득하였다. 1899년 통과된 박사학위 논문인 "중세 이탈리아 도시의 무역회사에 관한 역사"[3]는 중세의 무역관계를 지배하였던 법규정들을 다루는 논문이었다. 이 논문에서 베버는 제노아나 피사와 같은 이탈리아의 상업도시에서 발견되었던 상업자본주의가 한 사업체 안에 근무하는 동료들 간의 위험부담과 이윤배분 방식을 규제하는 법의 원칙들을 낳도록 하였음을 분석하고 있다. 1891년에 발표된 두 번째 저작인 "국가법과 사법에 대한 로마 농업사의 중요성"[4]은 로마 토지소유권의 기원을 치밀하게 밝히고, 그것이 법적 · 정치적 변동과 맺는 관계를 분석한 논문[5]으로, 이를 통해 교수 자격을 얻게 된다. 학문적 여정의 초기에 출간된 두 논문들은 독일 지성계의 역사주의적 전통을 배경으로 하여, 법을 수용한 사람들의 구체적인 이해관계를 이론과

---

1) 1892년 베를린 대학의 여름학기에 시작된 베버의 법강의는 1893년 부교수로서 로마법, 독일법 그리고 상법을 강의하는 과정을 거쳐 1894년 겨울학기 프라이부르크 대학의 경제학 및 재정학 정교수로 초빙되어 일반경제학 강의로 전환되기 전까지 지속된다. 이에 대한 자세한 소개는 김덕영, 『막스 베버, 이 사람을 보라』, 인물과 사상사, 2008, pp.28-31, 그리고 『막스 베버』, 길, 2012, pp.118-119 참조.

2) Dilcher Gerhard, "From the History of Law to Sociology: Max Weber's Engagement with the Historical School of Law," 『MWS』 8.2, 2008, pp.163-165.

3) Max Weber, "Zur Geschite der Handelsgesellschaften im Mittelater," *Gesammelte Aufsätze zur Sozial und Wirtschaftgeschichte*, Tübingen, 1924.

4) Max Weber, "Die römische Agrargeschichte in ihrer Bedeutung für des Staats-und Privatrecht, Stuttgart," 1891.

5) A. Giddens, 『자본주의와 현대사회 이론』, 한길사, 1981, pp.188-189.

분석의 핵심에 두었다[6]는 점에서 법사회학적 분석의 출발선에 해당한다.

그 후 1894년 프라이부르크 대학, 1897년에는 하이델베르크 대학의 경제학 및 재정학 교수로 그리고 1919년 뮌헨 대학의 사회과학, 경제사 및 경제학 교수로 초빙되면서 법학에 대한 관심은 경제학 및 사회과학 일반으로 확대되기에 이른다. 이와 같은 관심의 확장이 가능할 수 있었던 것은 다양한 학문적 관심을 충족시킬 수 있는 독일의 대학전통 덕분이기도 하지만,[7] 한편으로는 초기연구의 기반이 법률학이라는 좁은 영역에만 국한된 것이 아니었기 때문이기도 하다. 법에 대한 이와 같은 포괄적 관심은 1913년경 완성된 〈경제와 법〉 논의 속에서 다양한 분석과 이론으로 종합된다.

법과 관련된 베버의 주요 저서 중 법사회학의 이론적 지평이 마련된 것은 1907년에 쓰인 것으로, 과학론[8]에 수록되어 있는 슈탐러(R. Stammler)에 대한 비판 논문[9]이다. 이 저술에서 베버는 법의 경험적 근거를 공준(Maxime)으로 규정하며 법률 해석적 접근방식과 구분하고 있다. 또한 과학론의 541-581쪽에 이르는 〈사회학의 기초개념〉[10]에서 이해사회학의 카테고리를 밝히는 작업을 통해 법해석학을 거부하고 사회학적 법 개념을 명확하게 하고 있다.

본격적인 베버 법사회학의 저서는 막스 베버 전집(MWG) I, 22권의 분책 3[11]의 191-247쪽에 이르는 〈경제와 질서〉 그리고 1911~13년 사이에

---

6) 김덕영, 앞의 책, 2012, pp.126-141.

7) 김덕영, 앞의 책, 2008, p.28.

8) Max Weber, *Gesammelte Aufsätze zur Wissenschaftslehre*, J.C.B. Mohr, Paul Siebeck, Tübingen,1982. 다음 인용부터는 GAW로 표기한다.

9) Max Weber, "R. Stammlers Überwindung der materialistischen Geschichtsauffassung," (in) GAW, 1907, pp.291-359.

10) MaxWeber, "Soziologische Grundbegriffe," (in) GAW 1921, pp.541-581.

11) Max Weber, "Die Wirtschaft und die Ordnungen," (in) 『*Wirtschaft und Gesellschaft*, 3권, Recht, Max Weber Gesamtausgabe, Herausgegeben von W. Gephart und S. Hermes』, J.C.B. Mohr, Paul Siebeck, Tübingen, 2010. 다음 인용부터는 MWG I/22-3으로 표기한다.

저술된 것으로 추정되는[12] 〈법의 발전조건들〉(MWG I/22-3: 274-639) 즉 〈법사회학〉[13]이다. 〈경제와 질서〉에서는 법질서와 경제적 질서, 법과 인습, 관습 등을 다루고 있으며, 〈법의 발전조건들〉에서는 서구 근대문명의 합리화과정의 일환으로 서구법의 역사적 변동과정을 분석하는 시도로 출발하여, 서구 근대법의 고유한 특성과 형성원인, 발생결과와 한계들을 밝힌다.

2) 막스 베버의 통합적 학문세계와 현실과학으로서의 법분석

베버가 법사회학을 통해 추구하는 인식관심은 무엇일까? 베버가 살던 당시 독일은, 귀족계급인 융커를 통한 산업화와, 비스마르크를 중심으로 관료와 군부에 의한 정치적 통일이라는 '위로부터의 개혁' 과정을 거치면서, 봉건주의적 · 귀족주의적 · 반민주주의적 사회가 형성되는 '불균형의 상태'에 있었다. 이 중심에 살았던 베버가 가장 의구심을 가졌던 문제는 다른 지역과 시대와 비교했을 때 서구 근대문화를 만들어 낸 고유한 특성은 무엇이며, 그것이 현실 지배력을 확보했을 때 나타날 수 있는 한계는 무엇인가 하는 것이었다. 이에 대해 해답을 얻기 위해 종합사회과학적 지식을 총망라하여 연구를 추진하였고 법사회학 연구도 같은 목적을 지녔다.

서구법의 합리화과정 분석에는 다양한 시대의 역사적 자료들이 동원되는데, 예를 들면 형식 합리적 법에 대비되는 실질법으로 이슬람의 사리아법, 인도법 등 다양한 종교법이 분석된다. 동양문화와 관료제, 가부장제가 법과 맺는 관련성을 통해 동서양의 법적 차이가 비교되고 있고, 고도의 합

---

12) Karl Engisch, "Max Weber als Rechtsphilosoph und Rechtssoziologe," 『Max Weber, Gedächtnisschrift der Ludwig-Maximilian-Universität München, zur 100. Wiederkehr seines Geburtstag. 1968』, Duncker & Humbolt, Berlin, 1966, p.68.

13) Max Weber, *Wirtschaft und Gesellschaft*, J.C.B. Mohr, Paul Siebeck, Tübingen, 1956, pp.387-513. 다음 인용부터는 WUG로 표기한다.

리적 성격을 지닌 법이 왜 서구 근대에서만 그것도 유럽에서만 발생할 수 있었는가를 추적하면서, 법률가 양성 교육제도와 법률 실무과정의 특수성이 부각되고 영국법이 분석된다. 그리고 정치사회학에서는 법과 지배와 행정의 합리화와 근대법의 형성, 국가의 문제 등이 다루어지고 있다.

이런 점에서 베버의 법사회학은 인간의 행위근거로 법을 중심에 두고 중층적이고 종합적이며 다양한 자료들을 총동원하여, 그 시대의 사람들이 그렇게 법행위를 하였던 근거에 대해 치밀하게 추적하는 종합학문이다.[14] 법학적 고찰방식이 타당하고 규범적 의미를 지닌 올바른 법에 대해 고민한다면, 사회학적 고찰은 규범이 타당하다고 사람들이 주관적으로 생각한다는 것 때문에 사회 안에서 실제로 어떤 일들이 일어나는가(MWG I/22-3: 191)에 관심을 둔다. 법률조항이나 법조문 자체가 아니라 사람들의 행위에 구체적으로 천착하는 법사회학을 의도한다면 통합적 시각이 필요하다. 왜냐하면 사람들의 행위의미는 마치 거미줄처럼 복잡하면서도 정교하며 주관적이면서도 가치판단적으로 얽혀 있기 때문이다. 이런 의미에서 베버의 법사회학은 철저하게 실재(Wirklichkeit)의 고유성을 밝히려는 현실과학(Wirklichkeits-Wissenschaft)[15]의 논리를 법에 적용한 연구결과물이다.

---

14) 베버의 사회학적 사고와 구도가 가진 포괄성과 복합성은 이념적 · 이론적 차이를 뛰어넘는 범학제 간 대화의 가능성을 내포하고 있다(전성우, 『막스 베버 사회학』, 나남, 2013, p.21).

15) 법칙과학은 현상들 중 공통적인 요소들을 모아 일률적인 법칙을 통해 현실분석을 추구하는 과학이고, 현실과학은 현상들 중 고유하고 개성적인 부분들을 부각시켜 그 고유한 의미와 중요성을 분석하는 과학이다. 이에 대해서는 M. Weber, “Roscher' s historische Mothode,” 1903-1906, (in) GAW : 3-5 참조.

2. 서구 근대인의 법문화에 대한 이해사회학적 조망을 위한 방법론적 전제들

베버 법사회학의 핵심을 밝히는 본 장은 법사회학이라고 이름 붙여진[16] 저술을 소개하기에 앞서, 법 연구를 위한 기본관점과 방법론을 확인하고자 한다. 베버가 가지고 있던 인식관심[17]과 인식대상은 무엇이며 그 특성은 무엇인가? 어떤 방법론을 통해 특수성에 대해 알 수 있을 것인가? 법의 각론들이 이 인식전제들을 지평으로 하기 때문에 먼저 확인할 필요가 있다.

1) 법 개념

베버 법사회학에서 법학을 포용하면서도 법사회학으로 분석의 가능성을 넓혀주는 중요한 출발전제는 바로 '법 개념' 이다. 베버는 우선 습관, 인습과 관습을 서로 구분하고, 인습으로부터 유형적으로 구분하는 방식으로 고유한 법 개념을 규정한다. 일상적으로 되풀이되는 생각 없는 행동들을 '습관' 이라 한다면, '관습' 은 그것이 굳어져 정형화된 것으로, 모방의 대상은 되지만 사회적으로 강요되지는 않는 행동들을 말한다. 반대로 주변사람들이 시인을 하거나 부인을 하면서 행위에 영향력을 발휘하게 되면 그것은 '인습' 이 된다(MWG I/22-3: 210-212). '법' 역시 행위자에게 강제적

16) 베버의 법분석에 〈법사회학〉이라는 제목은 베버 사후에 발견된, 미간행이자 제목이 없는 원고꾸러미들 중에서 법관련 문건들을 발견한 부인 마리안느 베버가, 이미 베버가 조판에 넘긴 경제와 사회의 첫 번째 분책에 같은 이름으로 나오는 것을 참조하여 붙인 것이다. 2010년 발간된 MWG I/22-3에서는 〈법의 발전조건들〉이라는 표제로 바꾸어 달았다. 그 이유는 베버가 1914년 "사회경제학의 토대"에 기고하고자 만든 계획안에 의하면 제7번째에 정치적 단체들과 관련하여 "법의 발전조건들"에 대해 계획하고 있었다는 점에 근거한 것이다. 이에 대해서는 MWG I/22-3: 249-250 참조.

17) '인식관심' 이란 연구자가 '알 가치가 있다(wissenswert)' 고 보아 연구대상으로 조명하는 것을 의미한다.

인 행위의 조건이 된다는 점에서는 인습과 같지만, "인습은 추종을 강제하는 일정기관을 갖추고 있지 않지만, 법에는 강제기제가 존재한다는 사실에 대해 보증이 따른다는 점, 따라서 특히 강제기제(법강제)를 통해 질서를 관철시킬 것을 목적으로 준비된 한 사람, 또는 많은 사람들(예를 들자면 판사, 검사, 변호사)이 있다(MWG I/22-3: 195)"는 점이 다르다.

이때 작용하는 강제기제는 정신적·신체적 형태일 수 있으며, 직접 또는 간접 작용할 수도 있다. 일정한 제도를 갖추고 강제력을 행사하는 사람들, 기관들이 등장한다는 점에서 법은 관습과 다르며, 관습법도 인습과 다르다. 관습법이 타당하다는 것은 규약을 통해서가 아니라 합의를 통해 타당하게 여겨진 규범을 실현하기 위해 강제기제가 행사될 가능성(Chance)이 있다는 것을 의미하기 때문이다(MWG I/22-3: 195).

이렇게 본다면 베버 법사회학에서 분석대상은 국가법에만 한정되지 않는다. 오늘날 법적 강제력의 대부분을 국가가 독점하고는 있지만, 법 개념을 충족시키기만 한다면 국가법뿐만 아니라 교회법, 가족법, 노동단체법, 운동단체법 등 사회적 관계를 형성하고 있는 공동체 안에서 통용되며, 강제기제를 수반한 법을 모두 포괄하여 분석대상으로 삼는다. 베버는 "정치적 강제력의 보장에 의해 법적 강제가 행사되는 곳에서만 법질서에 대해 언급한다는 것에 대해 명백히 거부한다"(MWG I/22-3: 204).[18]

2) 공준으로서의 법 관점

두 번째 중요 전제는 경험사회학적 분석을 분명히 하기 위해 〈규칙들〉(Regeln)의 개념을 정밀하게 분석하면서 도출해 낸 공준(Maxime)으로, 법

18) 김도현 교수는 한국 법사회학의 동향을 개괄하는 글에서 고전 법사회학 연구의 불충분함을 지적하며 그중 하나의 질문으로 베버는 과연 국가법주의자였는가를 묻는다. 이에 대해 법사회학의 출발점으로 법 개념을 확정하는 베버의 이 입장으로 충분한 답이 된다고 본다(김도현, 『한국의 소송과 법조』, 동국대학교 출판부, 2007, pp.277-288).

에 접근한다는 것이다. 공준이란 "〈규범〉에 대해 행위자들이 가지는 관념"을 말하는 것(GAW: 329)으로 "한 사회관계가 지속적으로 구성하는 의미내용을 통해 형성(GAW: 569)"되어진다. 법이 사회학의 분석대상이 된다는 것은 법률조항의 해석적 의미와 현실 적용의 논리적 의미가 아니라, 법을 근거로 실제 행위를 꾸려가는 사람들이 현실적으로 부여한, 살아있는 의미가 어떻게 만들어지고 어떻게 작용하는지를 보아야 한다는 것을 의미하며, 이와 같은 경험사회과학적 기본입장이 공준으로서의 법 관점 속에 담겨 있다.[19]

3) 베버 법사회학의 연구범주와 이해사회학으로서의 법사회학

세 번째 중요한 법사회학 분석전제는 베버가 관심을 두고 있는 분석대상이 법 전체가 아니라 "경제적으로 의미를 지니는 사법"으로 한정된다는 점이다. 법사회학 첫 부분에서 공법과 사법의 다양한 구분방식이 논란거리가 되고 있는 현실을 밝히면서, 자신의 법사회학 분석은 "사법(私法), 그중에서도 경제적으로 중요성을 지니는 법"을 연구대상으로 함을 분명히 한다(MWG I/22-3: 301).[20]

따라서 베버가 알고 싶어했던 것은 근대에 중요한 의미를 지니고 등장

---

19) 사람들이 자신들의 행위에 부여하는 의미는 복합적이면서도 다양해서 계급이나, 신분 또는 정치적 입장 어느 하나로 정리되기는 힘들다. 이것은 법행위에 있어서도 마찬가지이다. 법의 특성인 제도화된 강제성에도 행위자들은 다양한 의미를 부여하여 수용한다. 구체적인 역사적 상황의 복잡한 행위의미를 법사회학과 법사학, 그리고 인류학의 연결고리 속에서 잘 분석하고 있는 글로는 이철우, "인류학과 사회사의 접점에서 본 법." 『법사회학의 이론과 방법』, 일신사, 1995, pp.63-148 참조.

20) 그렇다고 공법의 중요성과 의미에 대해 완전히 무시하는 것은 아니다. 이에 대한 논의로는 김명숙, 『막스 베버의 법사회학』, 한울, 2003, p.30과 최대권, "우리나라 공법사 이해의 한 시도-막스 베버의 임페리움 및 공법 개념을 중심으로-," 『법학』, 17권 1호, 서울대학교 법학연구소, 1976, pp.91-122 참조.

하는 법들 중 사법을 둘러싸고 전개되는 다양한 법행위의 의미이며, 특히 법을 만들고(창조), 법을 집행하는(발견) 행위들이 지니게 되는 핵심가치와 문화의의[21]에 대해 이해하는 작업이다. 베버의 사회학을 이해사회학이라고 부르는 것은 행위자들이 행위에 부여한 구체적인 의미를 밝히고, 다양한 인과관계 속에서 경험적으로 확인한다는 것을 의미한다. 법분석에서 이것은 행위의 중요한 토대로, 법을 받아들인 사람들의 구체적인 행위의미를 역사적 연결고리 속에서 찾아내는 작업으로 나타난다. 베버의 법사회학은 곧 법 이해사회학이다.

4) 서구 근대법의 고유성을 밝히는 개념장치 : Idealtypus 구성

네 번째 방법론적 틀은 서구 근대법만이 가지는 고유한 특성을 찾아내기 위한 개념화의 작업 즉 Idealtypus[22](이데알텁스) 구성이며, 이것을 표현과 분석 수단으로 이용하여 행위의 인과의미를 추적하는 사유실험인 '객관적 가능성 판단' 을 하고, 이 과정에서 다양한 사회적 현상들이 맺는 '선택적 친화성' [23]을 확인하여 인과관계를 밝히는 작업을 수행한다.

21) 문화의의(Kulture Bedeutung)란 연구자의 인식관심에 의해 선택된 연구대상이 지니는 삶의 근거로서의 의미와 중요성에 대한 규정을 의미한다. 베버 방법론에서 가치관련의 상대성과 가치분석, 문화의의의 규정 그리고 이것이 인과분석으로 연결되어 과학적 인식의 객관성을 밝히는 과정에 대한 논리적 문헌으로는 이순구, 『막스 베버의 연구』, 진명출판사, 1989, pp.11-102 ; 김덕영, 2012, pp.427-553 참조.

22) Idealtypus(이데알텁스)에 대해 학자들마다 번역이 다르다. 혹자는 이념형이라 하고 혹자는 이상형이라 한다. 그런데 이념형은 절대적인 생각이라는 편견을 불러올 수 있고, 이상형은 이상향과 같은 뉘앙스를 풍긴다. 그래서 논자는 원어 그대로 쓰되 의미는 "연구자가 연구수행을 위해 논리적으로 모순이 없게 구성한 사유구성물"로 이해한다.

23) 선택적 친화성이란 어떤 두 개 혹은 그보다 많은 현상들이 공통의 어떤 성질을 가지고 있는 상태를 말하며, 베버 이해논리의 축약물이다. Treiber는 이를 "본질의 친화성"이라고 말한다(H. Treiber, "Elective Affinities between Weber's Sociology of Religion and Sociologie of Law," *Max Weber, Critical Assesment*, ed, by Peter Hamilton, 1991, p.30). 선택적 친화성의 정도는 두 요소 간의 가능한 연계의 총수에 대한 내적 친화의 상

Idealtypus란 연구자가 보고자 하는 바를 가장 잘 드러내기 위해 대상이 가진 고유한 특성을 중심으로 논리적으로 모순 없이 만든 개념장치이다. 서구 근대법의 문화적 고유성으로 베버가 인식관심을 둔 영역은 합리성이고, 그 합리성의 특성이 서구법의 경우에는 형식성에서 발원한다는 것에 기초하여 베버는 형식적 합리성을 중심으로 삼고, 이것에 논리적으로 대척점을 형성하는 실질적 합리성, 그리고 그 각각에 논리적 대립물인 실질적 비합리성, 형식적 비합리성이라는 개념쌍, 즉 Idealtypus를 만들어낸다. 이를 토대로 서구법의 역사적 합리화과정을 추론하며,[24] 그와 같은 고유한 특성들이 형성되어진 원인과 그로부터 일어난 결과를 분석한다.

이때 베버가 논의하는 합리성은 서구 근대 유럽에서 진행된 '고유한 합리성'이고, 근대 유럽인들의 삶 속에 등장하는 다양한 현상들 사이에 맺어지는 선택적 친화관계의 공통핵심이자 공통분모로서 탈주술화, 일관성, 계산가능성, 생활의 자기 통제성, 예측가능성이라는 내용으로 구체화된다.

서구 역사 흐름의 한 축을 담당하는 법의 합리성 역시 "일정한 원칙을 준수한다"(MWG I/22-3: 563)는 의미로 재해석되며, 법을 만들고 적용하는 행위와 관련시켜 구체화시켜 보면, 법이 만들어지고 적용되는 과정 속에 구현되는 '일반화'와 '체계화' 속의 계산가능성으로 나타난다. 일반화란 개별 경우들을 결정할 때 중요한 근거가 되는 것들을 하나 또는 다수의 '원리(들)'에로 환원하는 것을 의미(MWG I/22-3: 301-302)하며, 체계화란 분석에 의해 형성된 '법적 구성물들'을 종합하는 작업(MWG I/22-3: 302)

태에 있는 연계의 수의 비율을 의미한다(김창록, "Max Weber의 법사상에 관한 연구－법과 자본주의를 중심으로－," 서울대학교 석사학위논문, 1987, pp.22-24). 이 논리에는 법칙성과 인과성을 동일하게 생각하는 입장을 반대하고, 인과의 의미를 개연성(蓋然性)으로 정립하고자 한 베버 과학론이 반영되어 있다(Howe Richard Hebert, "Max Weber's Elective Affinities: Sociology within the Bounds of Pure Reason," 『AJS』, vol. 84, no. 2, 1978, p.367).

24) 김명숙, "서구법의 합리화과정과 이해지향에 대한 Max Weber의 분석," 『한국사회학』, 35집, 5호, 2001 참조.

을 말한다. 즉, 일반화란 법적 명제들을 만드는 과정이고, 체계화란 그렇게 만들어진 법적 명제들을 논리적으로 명확하고 모순 없으며 원리적으로 결함이 없는 규칙의 체계 속으로 결합시키는 것이다(MWG I/22-3: 303). 이것은 법이 적용되는 사실들에 대해 모호하지 않은 일반적 판단기준과 명확한 일반적 원칙들을 만들고, 그것을 넘어서서 그 두 가지를 명확하게 적용하는 것을 목표로 한다.[25]

이를 통해 본다면 우선 합리적이지 않은, 즉 비합리적인 법이란 법창조(법제정)와 법발견(법적용) 과정이 일반화와 체계화의 논리와는 거리가 먼, 그래서 예측가능한 행위지침이 될 수 없는 법이다. 근대법의 시대를 거쳐온 현대법의 수용자들의 입장에서 본다면 그것도 법이라 할 수 있을까 하는 의구심이 들 수도 있지만, 엄연히 강제기관을 통해 종용되는 통제장치라는 점에서 그 시대의 중요한 법이다. 이때, 비합리성의 원천이 형식성[26]에 있을 경우는 형식적 비합리성이, 그리고 법적 정당성의 근원이 법 외부의 가치로부터 충원되고 영향받아 구성원들에게 영향을 미치지만 행위계산은 불가능할 경우에는 실질적 비합리성을 지닌 법이 개념화된다. 형식적 비합리적인 법의 경우 형식주의는 주술의 절차 때문에, 비합리성은 계시의 속성 때문에 생겨난 것이다(MWG I/22-3: 618). 반면에 실질적 비합리성에서 실질성은 윤리적 · 정치적 · 감정적인 법 외부의 가치들이 법에 영향을 미치기 때문에, 비합리성은 그렇게 적용되는 법창조와 법적용 과정이 일관된 틀을 가지는 것이 아니라, 그때그때 경우에 따라 달라지기 때문에 나타나게 된 행위의미이다.

반면 합리적인 법이란 일반화와 체계화의 과정을 거쳐 법창조와 법발

25) W. Schluchter, *The Rise of Western Rationalism: Max Weber's Developmental History*, tr. Gunter Roth, Univ. of California Press, 1981, p.91.

26) 베버는 이를 절차성(formell)이라고 표현하여 형식성(formal)과는 구분한다. 절차성이란 엄정한 순서에 따른 법집행을 의미하며, 신탁과 같은 대부분의 원시법이 이렇게 집행되면서 정당성을 확보하였다(MWG I/22-3: 303).

견의 과정이 계산할 수 있는 행위지침으로 사람들에게 받아들여지는 법을 말한다. 이 합리성의 원천이 법 내부의 형식논리에 따라 진행될 경우에는 형식적 합리성[27]을, 법 외부의 가치가 법에 꾸준히 영향을 미치지만 사람들로 하여금 계산할 수 있는 행위지침이 될 경우 실질적 합리성을 지닌 법이 된다.

역사적으로 생성된 현실법 중에서 네 유형에 근사한 예로 베버가 제시한 것을 보면, 형식 합리적 법의 예로는 서구의 근대법을, 실질 합리적 법의 예로는 가부장적 가산 군주의 사법체계나 솔로몬 판결의 카디사법을, 형식적 비합리성을 지닌 법으로는 모하메드의 코란이나 여호와의 신탁을, 실질적 비합리성을 지닌 법으로는 이슬람 사리아 법원의 카디사법과 아테네의 직접민주제에서의 민중재판을 든다(MWG I/22-3: 305, 563). 그러나 꼭 적합한 유형이라기보다는 상대적인 정도에 있어 가장 근접한 사례들을 제시한 것이다.

3. 서구 근대법의 형식 합리성에 이르는 법의 탈주술화 : 근대 이전의 법 합리화의 역사

합리화란 신이나 자연조건으로부터 벗어나 인간이 삶의 주도권을 가질 수 있는 가능성이 증대되는 과정을 의미한다. 오늘날 자동차를 운전하는 사람이 차에 대해 모든 것을 다 알 필요는 없지만 알고자 한다면 구조와 논

27) 이 대목에서 베버는 직관적 형식 합리성과 논리적 형식 합리성을 구분한다. 전자는 어떤 특정한 단어나 서명, 단언할 수 있는 상징적 행위와 같은 외적 특징들에 의존해서 이루어지는 형식성을 의미하며, 후자는 법적으로 중요한 특징들이 논리적 의미해석을 통해 형성되고 그로부터 확고한 법 개념들이 엄격하게 추상적인 규칙의 형태로 구성되고 이용되는 형식성을 의미한다(MWG I/22-3: 304). 서구 근대법의 형식주의는 논리적 형식성의 전형으로 취급된다.

리에 대해 알지 못할 바가 없다. 그러나 원시인이 처한 삶의 조건은 독립적인 힘으로 다가온다. 그는 그 힘을 경외하거나 숭배할 수는 있어도 구성원리를 꿰뚫어볼 수 없고 지배한다는 것은 더 힘들다. 법 합리화도 같다. 원시시대에 던져진 주술적인 판결들은 인간의 지적 통제에 종속되지 않는다. 신의 판결이나 계시는 받아들여야 할 운명적 교리일 뿐, 이유를 알 수 있다거나 이해할 수 있는 것은 아니었다.[28] 공동체를 구성하고, 전쟁을 통해 권력구도가 변화하는 등 삶의 조건이 바뀌면서, 신탁이라는 법형식을 빌려 등장하는 판결들에 대해 이유를 묻기 시작하고, 법적 판결을 인간의 조형물로 만들고자 하는 노력이 진행되면서 법이 점차 인간의 손 안으로 들어오게 된다. 법의 합리화란 이해할 수 없는 권력의 선포로 법질서를 수동적으로 받아들이는 것이 아니라, 목적을 달성하기 위해 중요한 '인간의 수단'으로 법을 만드는 역사적 과정을 의미한다.

베버는 합리성을 중심으로 구성한 법 Idealtypus를 분석도구로 하여 서구법의 역사를 정리하고 근대법의 인과고리를 밝혀낸다. 비합리적 원시법이 합리적인 근대법으로 진행하는 역사적 과정은 형식성과 실질성이 교차하며 다음과 같이 진행된다(MWG I/22-3: 443-573).

원시적 법질서에서는 절대적으로 신성한 법에 대한 해석이 노인들, 씨족 장로, 주술사, 제사장 등에게 맡겨져 있으며, 이들이 지니는 카리스마적 권력에 의해 계시의 형태로 법이 집행된다. 이 단계의 법은 절차가 강조되는 주술적 성격이 강하며 신의 의지에 의해 좌우되는 만큼 예측하기 어렵다. 입법과 판결도 미분화된 상태로 절차적(형식적, formell) 비합리성의 극단을 보이며, 근대법과 가장 대립되는 모습을 보인다.

점차 씨족사회에서 정치적 · 경제적 정치공동체나 회합이 결성되어 권위자들의 영역이 강화되는 단계에 이르면, 이 집단들이 행정이나 사적 협

28) A.T. Kronman, *Max Weber*, Standford Univ. Press, 1983, pp.168-169.

정부터 규범에 대한 해석에 이르기까지 영향력을 확대하려는 경향을 보인다. 이 단계에 이르면 법의 계시가 이들 집단들 간의 합의로 대체된다. 원래는 계시에 의해 가능했던 법영역이 결집한 권위자들의 소유물이 되는 것이다. 이들 권위자들이 법적 권력을 확대할 수 있게 되는 극적 계기는 대부분 전쟁이라는 권력 재편성의 기회이다. 전쟁이라는 위기가 닥치면 신성함과 전통이 의미를 잃고 공동체의 안전을 지켜야 한다는 절대명령에 따라 대권[29]과 군사적 정치공동체의 영향력이 확대되면서 법 합리화를 향한 압력이 가중되기 때문이다. 이 과정에서 회합을 통해 세속화된 법명사들과 법전문가들이 출현함으로써 법의 합리화와 체계화가 비약적으로 진행된다. 그러나 아직은 절차적 비합리적인 단계이다. 왜냐하면 카리스마적 법계시를 위반하는 정도를 약하게 하기 위해 안정된, 정형화된, 경험적 법규범을 만들라는 요구는 여전하기 때문이다. 이 단계를 거치면서 법정립의 세속화가 진행되어 카리스마적 신성함으로서가 아니라 선례로서의 권위만을 지닌 법선언이 등장한다.

세 번째 단계에서는 군주, 정무관, 관료들이 지닌 대권이 발동되거나, 종교적 권력자들이 법명사들의 경험적 법창조, 법발견을 제거하고 자신들의 전능함을 증명하기 위해 법을 직접 운용하는 단계로, 가산적인 또는 신정적인 법이 형성되는 단계이다.

종교적 권력이 법을 수중에 두고 자신의 정당성을 확보하기 위한 도구로 쓰이는 경우에는 법이 실질화된다. 한편, 가산적인 법의 경우에는 가산군주의 정치적 입지[30]에 따라 법의 모습이 이원화된다. 우선, 가산군주의

29) 대권(大權, Imperium)이란 가부장권을 제외한 원시적인 강제권, 명령권을 총괄하는 개념이다(WUG: 393).

30) 가산제란 베버의 지배유형 중 전통적 지배에 속하는 것으로 지배자가 개인적인 행정간부를 두고 국정을 운영하는 방식을 말하며, 지배자가 행정수단을 완전히 소유할 경우에는 가부장적 가산제이며 그 극단은 군주제이고, 행정수단의 전부 혹은 주요 부분이 행정간부에 의해 점유될 경우는 신분적 가산제로, 그 극단의 사례는 봉건제를 들 수 있다(박성환, "한국의 가산제 지배구조와 그 문화적 의의," 『막스 베버와 동양사회』, 나남, 1992, p.365).

재판이 신분적 유형일 경우에는 법적 권리가 개인의 재산처럼 양도대상이 되고 특권층의 주관적 권리를 법이 보증하는 방식으로 이루어지면서 직관적 형식적인 법이 만들어진다. 그런데 이 단계에서는 전통을 준수하는 구체적이고 경험적 법해석이 발전하여, 계산 불가능하고 비합리적인 성격이 강한 법이 형성된다. 그렇지만 가산군주 재판이 가부장적 성격을 지니는 사회일 경우에는 군주가 가장과 같은 역할을 하며, 정치적 · 복지적 · 공리적 사회질서를 법을 통해 구현하고자 하여 실질적인 성격이 강한 그리고 확고한 원칙이 준수된다는 의미에서 합리적인 법원칙이 지배적인 단계가 된다.

첫째 유형에 해당하는 신분제적 가산제가 가장 중심적으로 발전된 예가 중세 서구이며 베버는 "서구만이 가산제의 신분적 고정을 알았다"(MWG I/22-3: 619)는 말로 이를 표현한다. 여기에 서구 근대법이 비록 직관적인 형태이지만 형식성을 가지게 된 중요 근원이 마련되며, 군주와 관료, 그리고 경제적 권력들의 다툼을 통해 법이 합리화로 지향하게 될 세력 근원이 마련된다. 또한 서구 중세시대에 인법(세속법)과 신법(크리스트교 교회법)이 이원화되어 서로의 고유영역을 유지하였다는 점은 서구 근대법이 실질적 성격이 아니라 형식 합리적 성격을 형성하는 또 다른 중요 근원으로 작용하였다.

4. 서구 근대법의 형식 합리적 특성을 형성한 정치적 · 경제적 · 법적 권력구도와 법내적 원인들

논리적 형식 합리성을 만족시키는 법이 근대의 행위중심에 들어서기 위해서는 직관적이고 비합리적인 법을 지향하는 신분제적 가산제의 권력들이 통제될 필요가 있게 된다. 이 역할을 수행한 근대의 행위주역들은 절대군주와 부르주아 그리고 행정관료였고, 형식 합리적 법을 둘러싼 이들의 이해관계는 다음과 같이 잘 부합하였다.

우선 절대군주는 관료를 통해 행정적 지배의 합리성을 확보하고, 재판과 행정에서 신분 세력, 토지귀족이 가지는 특권을 제거하며, 부르주아를 통해 국가재정을 튼튼하게 하려는 이해관계가 있었고, 이를 위해 형식적 합리적인 법이 필요하였다. 행정관료들 역시 객관적 · 형식적 규범을 통해 그들의 행정지배력을 증대하려는 목적을 가지고 있었고 이런 면에서 절대군주와 이해관계를 같이하였다. 부르주아 계급은 군주권력과 동맹을 맺어 신분적 권력을 견제할 필요가 있었고, 경제적 영역에서 행위자의 주관적 권리를 인정하고, 계약의 법적 안정성을 인정받을 수 있는 행위근거가 필요했고, 이런 면에서 객관적 사법(私法)에 대한 이해가 있었다. 이들의 이해와 욕구는 신분제에 기반을 둔 가산제적 법이라는 직관적 · 비합리적 법으로는 달성하기 어려운 것이었다. 고정자본과 합리적인 자유로운 노동조직을 갖추고 사적 소비자의 행위를 지향하는 영리적 기업은 사법과 행정 그리고 세금부과에 있어서 계산가능성을 교란하는 비합리성에 대해 극히 민감하게 반응할 수밖에 없기 때문이다.

이처럼 군주와 부르주아의 이해동맹은 서구 근대법의 법 합리화를 촉진시킨 중요한 추진력이었다. 봉건 토지귀족의 저항을 배제하고 중앙집권화를 추진하려는 군주의 이해관심과 사법의 영역에서 봉건적 · 신분적 특권을 제거하고자 하는 초기 부르주아의 영리적 이해관심은, 재정적 기반의 합리화와 세제를 통일적으로 정비하려는 가산관료층의 합리적 행정장치를 통해 구체화되고, 이들 세력 간에 견제와 균형이 잘 이루어진 결과, 법의 논리성, 예측가능성, 규칙성이 촉진될 수 있었다.[31]

31) 경제적으로 강력한 자본가의 이해관심과 사회적으로 강력한 법률가 신분이 관료제와 균형을 유지하지 않는 곳에서는 관료제가 법을 실질적으로 합리화시키는 세력으로 등장한다고 베버는 분석한다. 왜냐하면 관료제가 단독으로 우월한 지위를 지니고 있는 곳에서는 관료제는 내재적인 고유의 윤리를 지향하게 되고 실질적 정의를 추진하는 세력이 되기 때

그러나 계산가능하고 예측할 수 있는 법의 안정적 형식에 대해 이해관계를 공유한 이러한 세력들이 형식 논리적이며 합리적인 법을 직접 만들어낼 수는 없었다. 사회적 명예와 특권의 분배방식을 통해 생활태도와 생활양식을 공유하는 "신분집단이며 특유한 전문가"라고 베버가 표현한(GAR: 437-438),[32] 전문법률가들의 발명과 협력을 거쳐야만 비로소 가능했다.[33] 이들 법전문가들은 로마법의 계수과정을 거치면서 대학에서 문필적 교육을 받고 박사학위를 취득하여 육성된 법학자들이었다(MWG I/22-3: 581). 형식 합리적 법을 형성하는 데 이들의 역할은 다음과 같다.

> "의식적 판결원칙의 복합체로서 절차상 (어떤 양식으로든) 발전된 법은, 훈련받은 법 전문가의 결정적 협력이 없다면 결코 성립할 수 없고, 어디에도 존재할 수 없었다.…… 재판에서 경험과 전문지식에 대한 요구가 증대됨에 따라, 법 이해 관련자들의 사적(私的) 조언자와 대리인(대변인과 변호사)이 권리의 창출을 통해 법 형성에 큰 영향력을 행사하는 광범위한 법 실무자들 범주로서 자리를 차지하게 되었다"(MWG I/22-3: 474).

법전문가들이 주도적 역할을 하게 되었다는 것은, 법이념이 자율적으로 성장하고, 사회분쟁 해결의 자율적 기술로서 법이 정립될 수 있게 되었음을 의미하는 것[34]이며, 또한 법적용이 법 외부의 세력이나 가치들로부터 분리되어 독립적으로 작용할 수 있게 되었음(MWG I/22-3: 485)을 뜻하는 것이다. 근대법은 법전문가들의 주도 아래 법사상을 논리적으로 순화시킴

문이다(Max Weber, *Gesammelte Aufsätze zur Religionssoziologie* I, J.C.B. Mohr, Paul Siebeck, Tübingen, 1947, p.438, 이하의 논의에서는 GAR로 약식 표기한다).

32) D.M. Trubeck, "Max Weber on Law and the Rise of Capitalism," *Max Weber*(1) vol. III, ed. by Peter Hamilton, Routledge, 1991, p.139.

33) 베버에 의하면 신분이란 사회적 명예와 특권의 분배방식을 통해 생활태도와 생활방식을 공유함으로써 이루어지는 공동체(GAW: 535)를 의미하는 것으로, 베버 권력론 분석에서 중요한 축을 이루는 집단이다. 이에 대해 자세한 논의는 김명숙, "막스 베버의 권력론," 고려대학교 석사학위 논문, 1987 참조.

34) Trubeck, 앞의 글, pp.138-140.

으로써, 행위자들의 구체적인 삶 자체의 내용과 실질적 가치들에 대해서는 고려하지 않고, 행위의 가능한 반경만을 모순 없이 제시하고자 하였다. 즉, 논리적 형식성을 최고도로 추구하고자 하였는데, 이러한 형식 합리적 법논리의 전형을 독일 판텍텐 법학에서 발견할 수 있다.[35]

그렇다면 근대법의 형식적 합리성의 기본 틀을 앞서서 마련한 법전문가들은 어떻게 배출된 것일까? 어떤 교육과정을 거쳐 양성된 것일까? 베버가 볼 때 근대 유럽의 법전문가들이 가진 형식적 합리성의 가장 중요 원천은 대륙법이 로마법을 계수했다는 것이다. 시민법을 만민법으로 발전시키면서 논리적 추상의 수준을 확대하고 논리적으로 정당하고도 형식적인 법을 추구한 로마법을 계수하면서 새로운 법명사 계급, 즉 문필적 법학교육을 받고 대학에서 박사학위를 취득한 법학자들이 창조되었다(WUG: 492). 그 당시 영국과는 달리 대륙에는 조직화된 국민적 법조계급이 마련되어 있지 않았기 때문에(MWG I/22-3: 457), 새로운 세력을 형성한 법조계급들이 주역으로서의 역할을 자임할 수 있었다. 또한 서구 가산군주들의 재판이 가부장적 복지나 실질 합리적인 성격을 띤 것이 아니라 직관적이나마 형식적 성격을 지녔고, 가산군주의 법전편찬이 로마법이나 로마 교육에 대한 존경에 의해 지배되었다(MWG I/22-3: 581)는 점으로부터도 로마법 계수과정이 형식 합리적 법을 형성하게 된 중요한 배경이 되었음을 짐작할 수 있다. 이와 같은 과정을 가치면서 “대륙에서 자격을 갖춘 전문가의 판정은 의심스러운 법률사건을 결정하는 궁극적인 권위를 지녔고, 대학에서 교육받은 재판관, 공증인, 변호사가 법명사의 전형적 유형이 되었다”(MWG I/22-3: 583).

이들 대륙의 법전문가들은, 선례와 경험에 의존하는 연역적인 영국의 법조계급 양성제도와는 달리, 엄격히 형식적이고 합리적으로 논리적 의미

35) 김명숙, 2001, p.53.

해석을 통해 구성되고 서로 간에 한계가 명확히 설정되는 추상적 규범을 대학이 독점하여 학습시키는 법학교육 과정을 통해 양성되었다. 이들이 법 이해관련자들의 직접적인 욕구들로부터 해방되고 법의 합리적 체계적인 성격을 독자적으로 구축하면서 자립적인 법조계급이자 관료 그리고 법전 편찬의 주역(MWG I/22-3: 573-574)이 되었고, 서구 근대법의 형식적 합리적인 법을 이끄는 제일 중요한 추동력으로 자리매김하였다.

이에 덧붙여 서구 중세 교회법이 어떤 다른 신법보다도 본질적으로 합리적이고 형식적인 성격이 강했고, 중세 서구의 대학교육은 속세법에 대한 교육과 교회법에 대한 교육을 분리하여 실시하였다는 점과 그리스도 교회법은 세속법에 대해 명백한 이원론적 입장을 견지하였기 때문에 실질적인 성격을 견제해 낼 수 있었다는 점도 중요한 요소이다(MWG I/22-3: 544-549).

또한 근대로 들어서면서 법에 대해 초월적 정당성을 부여할 수 있었던 자연법이 그 당시 점차 지배적인 사조로 자리를 잡아가던 실증주의적 사고방식과 진화론적 사고방식에 의해 회의의 대상이 되면서 점차 상대화되고 신뢰를 잃어버리게 되었다(MWG I/22-3: 607-610). 자연법의 해체와 쇠퇴 현상은 법에 실증성을 뛰어넘어 타당한 근거를 부여할 수 있는 가능성을 해체해 버렸으며, 법실증주의가 확산되는 데 저항할 세력을 제거해 버린 것과도 같다. 이제 법규정들은 이익조정의 결과물이자 이익을 다루는 기술적 수단에 지나지 않게 된 것이다.

정리해 본다면, 서구 유럽이 로마법을 계수하는 과정을 거치면서 형식 합리적인 법의 기본틀을 받아들일 수 있었으며, 그 과정을 통해 논리적 법 훈련을 학습한 법전문가들이 생산되었고, 자연법이 여러 가지 이유로 힘을 상실하였으며, 교회법이 세속법에 대해 엄격한 이원론적 입장을 견지했다는 배경을 기반으로 형식 합리적 법이 형성되었고, 절대국가와 행정관료 그리고 신흥 부르주아 권력들이 정치적, 경제적, 그리고 행정적 이해관심에 따라 이를 발전시키면서, 서구 근대의 형식 합리적 법은 기틀을 굳건히 하게 된 것이다.

5. 영국법과 영국 자본주의의 관계 논의를 통한 서구 근대법과 서구 근대 자본주의의 관계성 이해

논리적 형식 합리성을 핵심으로 하는 서구 근대법의 발전은 근대국가의 합리적 · 법적 지배의 틀을 마련하였으며, 합리적인 관료행정의 발전을 도모하였다. 그리고 무엇보다도 경제적 거래에서 중요하게 작용하는 형식 합리적 근대 사법은 서구 근대 자본주의를 발흥시킨 중요한 기제로 작용하였다. 시장에서의 이윤추구 방식이 다른 지역, 다른 시대와 다르게 최대한의 형식 합리성을 보이는 경제체제(WUG: 96)이며, 이런 점에서 서구 특유의 역사적 조건과 배경을 전제로 해서만 논의될 수 있는 특수한 상황[36]으로서의 근대 자본주의에서, 경제적 행위의 계산가능성과 예견가능성은 안정적 거래를 이끌어가는 핵심요소이다(GAR: 11). 이와 같은 근대 자본주의의 핵심기제인 보편적 시장은 합리적 규칙에 따라 예견할 수 있는 기능을 하는 법체계를 전제로 한다(WUG: 385).

이에 대해 서구 근대법은 법 외부의 가치로부터 자유롭고, 법 내부의 논리를 통해 운용된다는 점에서 행위의 예측가능성을 높이고, 상업적 거래를 맺는 데 안정된 규칙으로 작용하였다. 그리고 노동자와 자본자를 주관적 권리를 가진 대등한 인격체로 법적으로 취급함으로써 법적 계약의 동등성을 부여하였고, 법인과 같은 자본주의적 기업행위 주체를 법적 실체로서

---

36) 전성우, "막스 베버의 근대 자본주의 발생론 I－서구 중세도시 시민 계급의 형성을 중심으로－," 『한국사회학』, 20집, 1986, p.5.

인정함으로써 경영상의 이점을 제공하였다. 무엇보다도 개별적인 경제적 행위자들의 이해관심으로부터 자율성을 확보한 법전문가들이 경제적 거래를 안정시키는 법적 주체로서 활동하였다는 점이 자본주의를 발전시키는 데 긍정적으로 작용하였다. 따라서 서구 근대 자본주의의 행위 합리성을 진척시키는 데 형식 합리적 법은 중요한 조건이었다.

그렇다면 영국의 경우는 어떻게 이해해야 할까? 영국의 관습법은 형식 합리적인 법의 전형에 적합하지 않다. 베버의 규정에 의하면, 영국의 관습법은 물론 로마법과 교회법에 의해 법사유 방식이 영향을 받은 측면이 있어서 형식적인 법이기는 하지만, 엄격한 법 논리는 부족한 비체계적인 법, 때에 따라서는 실질 합리성도 지니는 법이며 변호사 계급이 창조한 법으로서, 경제적 권력을 가진 사람들의 자율권을 잘 보호하는 법(GAR: 438)이다. 이렇게 형식 합리적인 법이 아님에도 불구하고 영국은 서구 근대 어느 지역보다도 더 빨리 그리고 더 성숙된 근대 합리적인 자본주의를 발달시킬 수 있었다. 그렇다면 이것은 어떻게 가능한 일인가를 분석하면서 베버는 서구 근대법이 자본주의 발달을 위해 필요 충분한 도구라고 보는 법칙론적 논의에 대해 간접적으로 비판한다.

영국법이 형식 합리적인 법이 아님에도 불구하고 합리적인 자본주의가 영국에서 발달할 수 있었던 법적 배경에 대해 베버는, 영국 법률가들이 양성되는 과정의 특수성과 영국 법체계가 적용되는 이원적인 방식이 부르주아들의 이해관심을 적절하게 달성하는 데 성공적이었기 때문이라고 분석한다. 영국의 법률가들은 부르주아 계급에서 일어나는 경제적인 문제들을 법적인 측면에서 해결해 줌으로써 생계를 유지하는 사람들이었다. 따라서 이들은 전형적으로 반복되는 그들의 개별 요구들에 대해 실용적으로 적용될 수 있는 계약과 소송도식을 추구했고(MWG I/22-3: 480), 따라서 법이론을 경험적으로 취급하였으며, 개별적인 것에서 개별적인 것을 추론하여 선례의 구속을 받는 양식으로 법을 취급하였다. 그리고 이들이 법훈련 주역이었고, 길드를 조직하여 법실무를 독점하였으며, 이들 중에서 판사가 충원되었다는 점으로부터도 영국법이 체계화뿐만 아니라 독일대학에서와 같은 합리적 법학교육을 지향할 수 없었던 근거를 찾는다. 한편으로는 그렇기 때문에 영국법이 자본가들에게 실용적인 문제해결책을 민감하고 적절하게 제시할 수 있었고, 이것이 자본주의 발달에 중요하게 작용하기도 한 것이다.

또 다른 중요 요인은 영국의 재판체계가 노동자와 자본가에게 이원적으로 적용되었다는 점이다. 대부분 제국법원에서 행해지는 부르주아와 지배계급들의 내부충돌에 대해서는 엄격하게 형식적으로 재판하고, 대중들의 일상적인 소송과 범행을 다루는 치안판사의 재판은 상당이 비형식적이고 실질적이며 비합리적인 카디사법적 성격을 지녔다는 점이다. 게다가 변호사를 고용하는 데 드는 비용이 워낙 고가이다 보니 가난한 사람들은 재판을 스스로 거부하게 되는 사태가 빈번하였고 이것이 자본가 계층의 부를 증진시키는 데 일면 도움이 되는 측면도 있었다(MWG I/22-3: 518-519).

따라서 영국 관습법의 관철과 운용 방식의 주도권을 쥐고 있는 변호사들에 의해 자본가들의 문제가 적절하게 목적-수단의 합리성에 준하는 방식으로 경험적으로 해결됨으로써, 그때그때 적절하게 부를 창출할 수 있는 기반을 마련할 수 있었고 영국 자본주의의 성숙에 도움을 줄 수 있었다.

이처럼 영국법과 영국 자본주의의 관계에 대한 논의를 통해 볼 때, 서구 근대법이 서구 근대 자본주의의 발흥과 맺는 선택적 친화관계를 하나의 법칙으로 고정화시키는 것이 무의미하다는 것을 알 수 있다. 베버의 이해사회학은 현실이 놓여 있는 특수한 의미와 인과관계를 해명하는 작업이고, 법사회학 역시 그에 속한다고 할 때, 중요한 것은 결정론적 법칙을 만들어 그것을 현상 전체에 적용시키는 것이 아니다. 오히려 법합리성에 대한 네 가지 범주를 Idealtypus로 이용하여 서구 근대법의 특수성과 자본주의와의 관련성을 밝히는 데 집중했던 것과 같은 논리로, 다시 서구 근대법과 서구 근대 자본주의의 관련성에 대한 논의를 Idealtypus로 도구화하여 영국법과 영국 자본주의의 특수성을 분석하는 데 집중하였으며, 그럼으로써 대륙법과 관습법이 놓인 지평을 차별적으로 비교분석하고 양자의 특성을 더 명확하게 이해할 수 있었다. 베버가 영국문제를 논의하며 주안점을 둔 것은 "본성으로 볼 때 경제적으로 동일한 현상들도 법적인 측면에서 본다면 아주 다른 규범과 법제도들을 기반으로 하여 형성된 경우들도 있음"(MWG I/22-3: 632, 635)에 대한 예시로 보는 것이 적절하다. 어떤 법이 그 나라의 경제적 조건과 친화성을 맺는가 하는 문제는 정치적 · 경제적 특수한 상황에 따라 다를 수밖에 없으며,[37] 형식 합리적 법과 근대 자본주의 발전론 간의 법칙 만들기로 베버 논의를 해석하여 무리하게 현실에 적용하거나 경제발전의 도구로 근대법의 필연성을 강론하기 위한 추론근거로 삼는 것은, 현실이 놓인 다양성에 눈감게 할 뿐만 아니라 적절한 대안제시를 어렵게 한다.

6. 서구 근대법의 쇠우리(Iron Cage)와 극복을 추구하는 권력들

1) 서구 근대법의 가장 큰 문제점

한국의 법사회학 동향을 정리하는 한 글은 다음과 같이 질문하고 있다. "베버는 과연 형식적 · 합리적 법을 최고의 발달단계로 보았을까?"[38] 베버의 방법론적 틀에 의한다면 사회의 발달단계를 법칙으로 제시하는 것은 불가능하며, 법분석에서도 형식 합리적 법이 드러내는 한계가 명백하게 제시

37) 김명숙, 2003, pp.130-131.
38) 김도현, 앞의 책, p.277.

되고 있다는 점에서 최고의 법 발달단계를 말한다는 것은 의미가 없다.[39] 서구 근대법은 형식성의 차원에서 고도의 합리성을 발전시킨 법이지만, 그 속성 자체 때문에 가장 발달한 법은 될 수 없었던 쇠우리(Iron Cage)였고, 그래서 사람들은 그 법 때문에 불편했다.

그렇다면 서구 근대법의 형식 합리성이 노출시킨 가장 큰 문제점은 무엇이었을까? 그것은 법의 합리성이 형식성의 차원에서 고도화되면서 사람들에게 현실 통제력을 주지 못하고, 합리화의 본래 목적이었던 법을 통한 행위의 예측가능성을 제공하지 못하게 되었다는 것이다.

2) 문제점의 원인들

그렇다면 논리적 의미해석을 통해 일반화와 체계화를 추구함으로써 법 밖에서 주어지는 가치들로부터 자유로운 행위근거를 제공하여 계산가능성을 높이고자 하였던 서구 근대의 형식 합리적인 법이, 오히려 사람들에게 예측가능성을 가지지 못하게 한 이유는 무엇인가? 첫째는 법의 일반화와 체계성을 통한 전문성이 고도로 진행되었기 때문이고, 둘째는 그 과정을 거치면서 형식 합리적 법이 현실과 점차 유리되어 현실의 문제점을 외면하는 결과를 낳았기 때문이다. 전문가들만이 알 수 있는 법으로부터 법을 잘 모르는 사람들은 점차 소외되면서 자신들이 해야 할 법행위의 계산가능성을 전문가들에게 위탁하는 결과에 이르렀다. 법전문가들 역시 다양한 조건들에 대한 심정적 고려 없이 위로부터 사건과 비용을 넣으면 밑으로 판결이 도출되는 법판결 기계의 역할을 맡게 되는 것에 대해 열등하다고 보

---

39) H. Treiber는 베버의 법분석을 MWG I/22-3의 새로운 틀로 재편성하면서 Gephart와 Hermes가 제시하고 있는 역사 발전론적 분석틀에 대해 의의를 인정하면서도 상대적으로 위축되어진, 비교 문화적 법사회학 논의에 대해 아쉬움을 표하고 있다(H. Treiber, "On Max Weber' s Sociology of Law, now known as the Developmental Conditions of the Law, A Review Essay on MWG I/22-3: Recht. 『MWS』 12.1," 2012, pp.121-138).

았다.

또한 계약의 자유와 예측가능성을 보장하여 경제적 거래를 활성화하고자 하였지만, 현실적인 경제적 불평등에 형식 합리적 법이 눈감음으로써 오히려 사용자들만 이롭게 하는 딜레마에 처하게 되었다. 형식법적으로는 평등하였지만 실제에 있어서 그들이 가진 권력차이를 법이 조정하지 못함으로써 불평등과 부자유를 확대하기에 이른 것이다. 따라서 형식 합리적 법이 오히려 사람들을 불편하게 하고 자신들의 행위를 계산할 수 없게 하였다는 것은 형식 합리성의 정도가 낮았기 때문이 아니고 추상성과 일반성의 정도를 높이면서 형식 합리성이 고도화되었기 때문이며, 현실적 변화와 복잡한 가치들에 둔감했기 때문이다.

3) 근대법의 한계를 극복하기 위한 노력들과 방향

그렇다면 형식 합리적 법의 한계와 딜레마를 극복하기 위한 시도들은 어떤 집단들에 의해 어떤 방향으로 나타났을까? 그것은 형식 합리적 법으로는 자신들의 이해관계를 관철시키는 데 불이익을 절감한 세력들, 즉 형식 합리적 법의 문제점을 절실히 느낀 법이데올로기스트들과 노동자들이 중심이 되었다. 이들은 공평한 분배나 노동의 평등가치 실현, 인간의 존엄과 형제애 등 실질적 정의(MWG I/22-3: 624)를 법이 수용하여 보다 현실에 적합한 입법과 판결들이 내려질 것을 요구하였다. 이것은 실질 합리적 법, 곧 사회법에 대한 요구로 나타났고, '법 앞의 평등'이나 '계산할 수 있는 판결' 같은 형식 합리적 법으로는 자신들의 이해관계를 관철시키는 데 불이익을 느낀 집단들의 '운동'의 형식으로 진행되었다.

또한 법률 자동기계의 역할을 하는 것에 대해 비판적 생각을 가진 법률가들이 중심이 되어, 재판관 역시 법창조 활동을 할 것에 대한 요구가 자유법운동 등으로 법실무자 내부에서도 제기되었다. 이것은 개념법학에서 추구되는 법질서의 흠결 없음이나 체계적 완결성의 한계를 인정하고, 법발견이 단순히 형식적 규범을 적용한 것이 아니라 다양한 가치들을 고려하여 이루어진 것이며, 법명제 자체가 법률가들의 활동의 결과물이라는 점을 지적한 것이다(MWG I/22-3: 624).

여기에 정치적 정당성을 확보하고, 독재적인 또는 민주적인 지배형식에 적합한 법을 만들고자 하는 정치적인 목적까지 결부되어진다면, 법의 반형식적 경향은 증대되고 실질합리적인 법을 향한 추동력은 증대된다.[40] 베버는 형식 합리적 법에 대항하는 이 세력들의 움직임을 '운동(die Bewegung)' 이라고 표현한다(MWG I/22-3: 638). 물론 법조계급의 내부적 이데올로기적 요구에 의해 추진되는 비형식성이 노동자들이 요구하는 실질 합리적 법에 대한 요구와 일치하는가에 대해서는 베버도 회의하고 있다(MWG I/22-3: 637). 그렇지만 현실에 보다 적합하고 법전문가가 아니어도 법의 목적에 대해 쉽게 동의할 수 있으며, 구체적이고 그때그때의 상황에 적합하게 대응하여 법관에 의해서도 주체적으로 발견되어질 수 있는 현실법이 시장에서 불리한 노동자들에게 더 가깝게 다가갈 수 있다는 것은 분명하다. 이렇게 본다면 형식 합리적 법이 처한 딜레마의 근원은 근대 법학이 우둔해서가 아니라(MWG, I/22-3: 622), 목적을 잃어버린 법의 '전문가주의' 와 '합리주의' 에 있고, 이로 인해 역설적으로 행위자들이 법에 대한 통제력을 상실하게 된 데 있다.[41]

---

40) 한국의 입법사에서는 국민들로부터 정치적 정당성을 확보하지 못한 다수의 독재정권들이 정치적 목적을 위해 복지입법을 남발함으로써 형식 합리적 근대법이 법의 틀로서 자리를 잡기도 전에 실질 합리적 법인 사회법이 과도하게 성장하는 모습을 확인할 수 있다. 이에 대해서는 김인재, "사회법제의 변천,"『법제연구』, 제15호, 1998, p.12 ; 박병호, "현대법제의 형성과 법제의 발전과정,"『법제연구』, 제8호, 1995, p.6 ; 이상영, "해방 후 한국법제의 변천사,"『법제연구』, 제4호, 1998, p.6 참조.

41) Kronman, 앞의 책, pp.173-175.

7. 막스 베버 법사회학의 현대적 의미 분석

베버 학문이 가진 의미를 총괄하여 강상중 교수는 합리화로 대변되는 근대 서구사회에서 인간사회가 해체되고 개인이 등장해서 가치관과 지식의 모습이 분화해 가는 과정 속에서 파고를 견디고 이겨내며 '고민하는 힘'을 보여주는 전형적인 예라고 본다.[42] 또한 근대문화에 결정적 영향을 끼친 근대 자본주의와 여러 사회적 질서들 사이의 역동적 관계 속에서 인간의 운명을 성찰해 보고자 하였다는 평가[43]도 적절하다. 이처럼 자신이 살던 시대정신을 철저히 비판적으로 사유하며 의미를 분석하고자 한 시도는 법분석에도 적용된다. 과학이 경험을 벗어나 사변에 머무르는 것을 Idealtypus, 객관적 가능성 판단을 통한 선택적 친화성 분석 등 다양한 방법론적 장치들로 경계하며, 비교분석과 복합적 인과분석을 통해 근대법의 특수성을 명확히 하고, 동시에 서구 근대문화의 한계와 가능성을 진단하여 법변동의 방향을 예측할 수 있게 한다.

거의 100년 전에 서술된 베버의 법이론이 현대 한국사회의 법연구에 대해 지닐 수 있는 의미를 가늠해 본다면, 경험사회과학적 법분석의 전형을 보여주고 있다는 점과 서구 근대법의 특수성과 한계, 그리고 발전방향에 대한 엄정한 이해를 제시한다는 점이다. 베버의 구체적인 분석과정을 연구함으로써 현대 한국사회와 법의 분석을 위한 개념적 방법론적 도구를 차용할 수 있으며, 근대법에 대한 이해를 하나의 Idealtypus로 삼아 한국법의 역사적 형성의 특수성과 현실성, 그리고 고유한 변동과정을 식별할 수 있다.[44] 베버의 논의가 한국법 현실에 그대로 적용될 수는 없지만 특수

42) 강상중, 『고민하는 힘』, 이경덕 역, 사계절, 2009, p.21.
43) 박성환, 『경제와 사회 I, 공동체들』, 나남, 2009, p.7.
44) 이상돈, 『기초법학』, 제2판, 법문사, 2010, p.274 ; 이상돈 · 홍성수, 『법사회학』, 박영사, 2000, pp.3-8.

성을 드러내는 분석의 기준이 될 수 있고, 이를 통해 한국법의 현실을 더 잘 이해할 수 있다. 이런 점에서 베버의 법사회학은 현대 한국의 법현실 이해에도 의미가 있다.

막스 베버 원전 참고문헌

1903∼1906, Roscher und Knies und die logische Probleme der historischen Nationalökonomie, (in) GAW pp.1-145.

1907, R. Stammlers 〉〉Überwindung〈〈 der materialistischen Geschichts-auffassung, (in) GAW pp. 291-359.

1911∼1913(추정), Wirtschaft und Recht (Rechtssoziologie), (in) WUG pp. 387-513.

1913, Über einige Kategorien der verstehenden Soziologie, (in) GAW pp.427-474.

1921, Soziologische Grundbegriffe, (in) GAW ss.541-581. Die Wirtschaft und die gesellschaftlichen Ordungen in ihrer prinzipiellen Beziehung, (in) WUG, pp.181-198.

GAW: Gesammelte Aufsätze zur Wissenschaftslehre, J.C.B. Mohr, Paul Siebeck, Tübingen, 1982.

WUG: Wirtschaft und Gesellschaft, J.C.B. Mohr, Paul Siebeck, Tübingen, 1956, 1972.

GAR: Gesammelte Aufsätze zur Religionssoziologie, I, J.C.B. Mohr, Paul Siebeck, Tübingen, 1947.

MWG I/22-3: Die Wirtschaft und die ordnungen, (in) Wirtschaft und Gesellschaft, 3권, Recht, Max Weber Gesamtausgabe, Herausgegeben von W. Gephart und S. Hermes, J.C.B. Mohr, Paul Siebeck, Tübingen, 2010.

생각거리

1. 베버 논의 이후 전개된 현대법의 변화과정을 살펴보고, 베버 논의에 비추어 보았을 때 한국법은 어떤 특수성이 있는가를 토의해 보자.
2. 형식 합리적 법의 자기한계가 불러온 실제적인 사회적 · 법적 문제들은 무엇이며 실질 합리적 법은 형식 합리적 법의 문제점을 적절히 극복할 수 있는가를 한국의 정치적 현실과 복지입법의 관련성을 중심으로 분석해 보자.

제 4 장

칼 마르크스(Karl Marx) : 법의 사회이론

| 안진 |

마르크스(Karl Marx, 1818~1883)의 생애와 저서

-1818년 독일 트리에르(Trier)에서 유태인계 변호사 가정에서 출생.

-이웃집에 사는 프러시아 고위 정부관료인 베스트팔렌(Ludwig von Westphalen)의 자유주의, 계몽주의 사상의 영향 속에서 성장.

-1836년 본 대학 법학부에서 베를린 대학으로 옮김. 동시대인인 헤겔좌파(청년헤겔주의자)의 막대한 영향 속에서 법학을 버리고 철학에 몰두함.

-1841년 23세에 예나 대학에서 학위논문으로 "데모크리투스와 에피쿠로스의 자연철학의 차이점에 대하여" 제출.

-1843년 결혼 6개월여 후에 파리에 정착. 계몽주의 사상에 관한 서적을 독파하고 사회주의 혁명운동의 지지자들을 만남.

-1843년 〈헤겔 법철학 비판 서설〉(헤겔 국가철학 비판) 저술함.

-1844년 엥겔스의 파리체류로 평생 동안의 지적 · 혁명적 동지인 엥겔스(Friedrich Engels, 1820～1895)를 만남.

-1844년 〈경제철학 手稿〉(마르크스 생전에는 출판되지 않음) 저술함.

-1845년 〈신성가족〉(청년헤겔주의자들과의 결별) 저술함.

-1845년 엥겔스(F. Engels)와 함께 〈독일 이데올로기〉(*The German Ideology*) 저술함.

-1845년 〈포이에르바하에 관한 테제〉(1888년 출간) 저술함.

-1847년 〈철학의 빈곤〉 저술함.

-1848년 〈공산당선언〉(*Communist Manifesto*) 발표.

-1849년 파리에서 시위운동으로 추방되어 런던으로 옴.

-1850년 "프랑스에서의 계급투쟁"

-1852년 "루이 보나파르트의 브뤼메르 18일"(The Eighteenth Brumaire of Louis Bonaparte) 저술함.

-1859년 〈정치경제학 비판을 위하여〉(*A Contribution to the Critique of Political Economy*) 저술함.

-1863～1876년 제1인터내셔널 활동.

-1867년 〈자본론〉 1권(*Das Kapital* I) 출간.

-1871년 "프랑스 내전" 저술함.

1. 마르크스의 사회관과 헤겔의 국가철학 비판

마르크스는 법이론을 체계화한 것은 아니지만 법을 자기완결적인 규범체계로 보지 않고 사회적 사실로서 분석했기 때문에 그의 법에 대한 이론은 법사회학에서 중요한 위치를 차지한다. 마르크스의 방대한 저작들은 18세기 말인 1789년 프랑스혁명 전후의 급격한 사회적 · 정치적 변화에 기원을 두고 있으며, 19세기 후반기의 유럽의 노동운동과 계급투쟁에 대한 분석을 거쳐, 프랑스혁명으로부터 거의 130여 년 후인 러시아혁명까지 포괄하는 등 세 세기를 가로지르고 있다.

마르크스에 의하면 인간은 고정적이고 불변적인 욕구를 가지고 있는 동물과 달리 무한한 욕구를 가지고 있으며, 그것을 충족하기 위해 자연환경을 창조적으로 변형하는 노동을 한다. 생산은 최초의 역사적 행위이며, 인간은 삶을 유지하기 위해 어느 시대 어느 사회에서나 물질적 생활조건의 생산을 수행해야 한다(GI, p.31, p.39). 마르크스에게서 사회발전은 인간과 자연 간의 끊임없는 상호작용의 결과이다. 마르크스에게서 역사란 인간욕구의 끊임없는 창조와 만족, 그리고 재창조의 과정이다.

마르크스에게서 사회변동과 역사발전의 원동력은 인간이성의 능력이나 신념, 초월적인 힘이 아니라 인간이 처한 물질적 상황과 그 속에서 인간들이 자신의 곤경을 해결하려는 노력들, 즉 물질적 이해관계를 둘러싼 사회계급들의 갈등과 모순이다. 마르크스의 사회관의 핵심은 인간의 노동, 즉 생산활동을 인간사회의 기초로 보았다는 점에 있다. 이 점에서 마르크스의 사회이론을 사변적 형이상학이나 관념론과 대비하여 역사적 유물론(the historical materialism)이라 부르며, 그의 철학 혹은 과학방법론을 형식논리학과 실증주의와 차원이 다른 변증법이라고 부른다. 역사적 유물론은 사회체계가 작동하는 방식과 각 사회에서 변혁이 일어나는 원인에 대한 설명체계이다. 역사적 유물론은 마르크스의 생전에는 출판되지 않았지만, 『독일 이데올로기』(*The German Ideology*: GI로 약함)에서 구상되었으며 『정치경제학 비판을 위하여』(*A Contribution to the Critique of Political Economy*)의 서문에서 정식화되었다.

마르크스의 역사적 유물론이 정식화된 것은 『독일 이데올로기』(GI)에서 정식화되었다고 일반적으로 말하지만, 법사회학의 관점에서 보면 이미 그 이전에 써진 『헤겔 법철학 비판 서설』에서 유물론적 법이론의 초기개념이 나타난다. 헤겔은 국가의 정치적 · 법률적 구조 외부에 있는 모든 경제적 · 가족적 관계를 포함하는 시민사회를 본질적으로 무제한적인 이기주의의 영역으로 보았다. 헤겔에게서 국가와 법은 시민사회에서 이기주의적 이해관계를 가로지르는 보편적인 영역이며, 인간은 국가의 내재적 질서를 받아들이는 한에서 이성적이고 질서적인 존재이다. 헤겔에게서 국가는 시민사회에서의 개인생활과 엄격히 분리되어 나타날 뿐만 아니라 논리적으로 개인에 선행하여 나타난다. 헤겔은 대의제도의 정치적 권리들이 시민사회의 이기적 개인주의와 국가의 보편주의를 매개한다고 보았다.

이에 대해 마르크스는 현존국가들에 있어서 정치생활에의 일반적인 참여란 이상에 불과하며 분파적인 계급적 이익의 추구가 현실이라고 보았다. 인간이 현실에서는 고통과 비참의 세계에 살면서 종교 속에서는 비현실적이고 환상적인 만족의 세계에 다양하게 참여하고 있는 것처럼, 계급사회에서 국가는 이상화된 종교세계만큼이나 허구적인 권리들을 구현하고 있는 정치적인 소외의 형태이다. 마르크스는 헤겔이 이성적 국가 안에 구현된 이념 속에서 찾고자 했던 보편적 성격을 자본주의 사회의 생산대중인 프롤레타리아 속에서 찾는다. 자본주의 사회의 생산대중인 프롤레타리아는 그들의 사회적 지위로 인하여, 또 그들이 겪는 보편적 고통 때문에 보편성을 가지며 착취를 종식시키고 전체사회의 해방을 가져올 수 있는 실천적 잠재력을 가진 피지배계급이다. 자본주의 사회는 지금까지의 계급사회 가운데

전례 없이 생산력이 발전한 사회일 뿐만 아니라 계급착취를 종식시킬 수 있는 잠재력을 가진 사회이다. 마르크스에게서 진정한 민주주의의 실현은 착취를 종식시키고 개인과 정치공동체 간의 소외를 극복하는 것이다. 이는 나중에 마르크스의 국가소멸론과 법소멸론을 이해하는 관건이기도 하다.

마르크스의 사회관에서 핵심은 사회를 이루는 제 구조들 중 경제구조에 우월적 지위를 부여한다는 점이다. 인간의 활동 가운데 가장 기초가 되는 것은 종교, 문화, 정치 등 다른 활동 이전에 의식주 등 생물학적 욕구를 해결하는 경제활동이다. 마르크스와 엥겔스는 이를 건축학적 은유(metaphor)를 빌려 사회의 토대(혹은 하부구조, base, substructure)와 상부구조(superstructure)라고 개념화했다. 마르크스는 사회의 토대인 경제활동을 둘러싼 사회관계를 생산관계, 생산을 가능하게 하는 생산자원과 생산기술을 생산력이라 정의했다. 마르크스에게는 생산력과 생산관계에 의해 구성되는 생산양식(the mode of production)의 유형이 사회를 구분하는 중요 개념이다. 토대-상부구조란 은유는 법에 대해서 뿐만 아니라 마르크스주의 사회이론 전체에서 핵심이다. 그러나 많은 논평자들이 지적한 바와 같이 마르크스가 경제적 '토대' 라고 부르는 것과 이데올로기적 · 정치적 상부구조라고 부르는 것 사이의 관계에 대한 가장 중요한 언급은 조심스럽고 조건적이다.

마르크스가 법률관계의 기초로 보았던 사회관계의 개념을 이해하기 위해 생산력, 생산관계, 계급의 개념에 대해 더 살펴보기로 하자. 인간의 생산활동은 개별자로서 수행하는 것이 아니라 특정한 경제제도 속에서 생산과정에 편입된 개인들 간의 사회적 관계를 반드시 수반한다. 어떤 형태의 사회에서도 과거로부터 전수된 개인과 자연의 관계, 개인과 개인의 관계가 존재한다. 마르크스는 이것을 생산력과 생산관계로 개념화하였다.

> "인간은 그들의 생활을 사회적으로 생산하는 데 있어서 필연적이면서도 그들의 의지로부터 독립된 일정한 관계들을 맺게 된다. 즉, 그들의 물질

적 생산력의 특정한 발전단계에 조응하는 생산관계를 맺게 된다. 이들 생산관계의 총체는 사회의 경제적 구조로서 사회의 현실적 토대(base, foundation) 혹은 하부구조(substructure)를 형성하며, 이 위에 하나의 법적 · 정치적 상부구조가 세워지고, 또 이 토대에 일정한 사회적 의식형태가 조응한다. 물질적 생활의 생산양식은 사회적 · 정치적 · 정신적 생활과정 일반을 제약한다.

인간의 의식이 그들의 존재를 규정하는 것이 아니라, 역으로 그들의 사회적 존재가 그들의 의식을 규정하는 것이다. 사회의 물질적 생산력은 일정한 단계까지 발전하게 되면 그때까지 그 내부에서 운동해 온 기존의 생산관계, 혹은 그것의 법적 표현에 지나지 않는 소유관계와 모순을 일으키게 된다. 이들 관계는 생산력의 발전의 형태로부터 그 질곡으로 전환하게 된다. 그때부터 사회혁명의 시기가 시작된다. 경제적 토대의 변화와 더불어 거대한 상부구조 전체가 천천히 혹은 급격하게 변혁된다."(K. 마르크스, 『정치경제학 비판을 위하여』 서문, p.7; 『마르크스 선집』 1, pp.503-504)

마르크스에 의하면 생산관계가 수반하는 분업이 소수집단에 의해 착취될 수 있는 잉여의 축적을 가능하게 해 주며, 그 집단이 생산대중에 대한 착취관계에 서게 될 때 계급[1]이 출현한다. 마르크스에게서 핵심적인 고민은 계급착취를 종식시킬 사회적 조건의 분석과 정치적 실천이었으며 따라서 국가나 법에 대한 관심은 부차적이었다. 마르크스의 법이론이 체계화된 형태로 별개로 존재하는 것이 아니기 때문에 마르크스의 법사회학은 그의 사회이론체계라 할 수 있는 역사적 유물론 안에서 법의 위상을 분석하고,

1) 마르크스는 계급에 대해 명확한 개념정의를 내린 적은 없지만 근본적으로 경제적 생산관계에서 파생한 지배-피지배집단을 의미한다. 레닌은 마르크스의 계급개념을 이해하여 다음과 같이 정의하였다. "계급이란 역사적으로 규정된 사회적 생산의 체계 속에서 그들이 차지하는 위치에 의해, 생산수단에 대한 그들의 관계(대부분 법률에 의해 고정되고 공식화된)에 의해, 사회적 노동조직에서 하는 역할, 그리고 결과적으로 사회적 부에서 그들이 차지하는 몫의 크기와 그것을 획득하는 방식에 의해서, 서로 구별되는 커다란 집단이다. 계급이란 일정한 사회 경제적 제도 속에서 차지하는 서로 다른 위치로 말미암아 그중 한 쪽이 다른 쪽의 노동을 착취할 수 있는 인간집단을 말한다."

그가 자본주의 사회 분석이나 이데올로기 비판에서 단편적으로 법에 대해 언급한 것들을 재구성함으로써 정립될 수 있을 것이다.

2. 마르크스 법이론은 과연 존재하는가?

마르크스에게서 법은 자본주의 경제나 사회계급만큼 중요한 분석개념이 아니지만 그는 근대국가의 법체계의 본질과 법치주의 현상을 비판적으로 이해하고자 했다. 마르크스의 법이론을 계승한 연구로 레너(K. Renner)의 『사법제도와 그 사회적 기능』(1904), 파슈카니스(E.B. Pashukanis)의 『법의 일반이론과 마르크스주의』(*The General Theory of Law and Marxism*) 등이 있지만 법제도들 자체의 성격에 대한 연구는 여전히 마르크스주의 학문 내에서 미개척의 영역으로 남아 있다.

법의 일반이론을 정립한 파슈카니스와 같은 유일한 예외를 제외하고 마르크스뿐만 아니라 마르크스 이후 마르크스주의자들 대부분이 법에 대한 체계적인 접근을 발전시키지 않은 이유는 마르크스주의 법학의 빈곤의 이유와 동일하다. 유물론의 관점에서 법의 일반이론을 구성하는 것은 쉽지 않은 일일 뿐만 아니라, 마르크스주의자들이 비판하는 자유주의 법철학자들과 마찬가지로 법물신주의에 빠질 위험을 감수해야 하기 때문이다. 마르크스주의 안에서 법이론이 빈약하다는 점을 전제로 하고, 역사적 유물론 체계 안에서 마르크스의 법이론을 추출하자면 아래와 같이 세 가지로 요약해 볼 수 있겠다.

첫째, 마르크스 혹은 마르크스주의 법이론은 역사적 유물론에 입각한 자본주의 사회의 부르주아 법의 본질에 관한 이론이다. 이들이 법을 이해하는 방식은 관념론, 형이상학, 기계적 유물론(경제결정론, 환원론)과 구분되는 것으로 유물론적이며 변증법적이다. 자유주의 법철학의 공통점은 법이 없이는 사회질서가 불가능하다는 생각이다. 자유주의 법철학은 법을 사회경제적 · 역사적 조건으로부터 분리시키고 사회발전에서의 법의 역할을 절대적인 것으로 보지만, 그에 반해 마르크스의 역사적 유물론에 의하면 법은 상부구조적이다. 따라서 법체계는 사회의 경제적 토대, 즉 생산관계로부터 발생하고 그 관계에서의 변동에 따라 변화한다. 이에 대해서는 법과 경제에 관한 논의에서 더 살펴보기로 한다.

둘째, 법적 상부구조는 이에 의하여 사람들이 계급이익의 충돌을 결말짓는 수단이다. 따라서 마르크스의 법이론은 상이한 역사발전 단계에서 국가와 법의 출현 및 그 변화를 가져오는 원인과 합법칙성을 연구하는 한편 역으로 국가와 법이 계급투쟁의 수단이 될 수 있다고 본다.

셋째, 법적 상부구조는 그 속에 사는 사람들이 계급 및 생산관계를 이해하고 경험하는 이데올로기적 형태의 하나이다.

위에서 살펴본 둘째, 셋째의 요소 때문에 마르크스는 법을 이해하는 데 있어 이론과 실천의 관계를 강조한다. 마르크스는 국가와 법의 본질과 역할을 설명하는 데 그치지 않고, 정치적 · 법률적 상부구조를 변화시키는 실천에 개입할 것을 중요시했다. 마르크스는 자유주의 정치철학과 부르주아법의 핵심 이데올로기인 법치주의(legalism) 혹은 법의 지배(the rule of law) 원칙을 이데올로기 비판의 관점에서 분석함으로써 자본주의 사회의 지배구조를 폭로하고 혁명적 사회변혁에 실천적으로 기여하고자 했다.

3. 법과 경제 : 상부구조로서 법의 상대적 자율성

마르크스는 사회를 그것을 구성하고 있는 제 요소들이나 제 구조들의 총체로 이해했다. 마르크스주의 법이론과 관련하여 역사적 유물론의 명제

가운데 중요한 것은 사회구성체론에 들어 있는 토대-상부구조론이다. 역사적 유물론의 핵심은 경제구조 또는 경제적 토대가 법적 · 정치적 상부구조를 발생시키는 현실적 기초라고 본 것이다. 마르크스의 『정치경제학 비판을 위하여』 서문의 토대-상부구조의 비유에 나타난 바와 같이 법이란 경제적 토대에서의 변화의 산물 혹은 반영으로 설명되고 이해될 수 있다. 마르크스가 강조한 것은 사회생활의 물질적 조건이 정치권력과 법의 외관, 유형, 성격을 결정한다는 점이다. 『정치경제학 비판을 위하여』(*A Contribution to the Critique of Political Economy*) 서문에서 마르크스는 그가 "국가의 형태는 물론 법률관계도 그 자체로서 혹은 인간정신의 일반적인 발전으로부터 파악되어야 할 것이 아니다. 그것은 오히려 물질적인 생활조건에 뿌리를 둔 것이다"는 결론에 이르게 된 것은 다름 아닌 헤겔 국가철학에 대한 분석이었다고 쓰고 있다.

마르크스의 이러한 주장을 단순하게 해석하면 토대 혹은 경제가 상부구조를 결정하므로 상부구조에 대한 모든 인식은 토대로 환원되거나 토대로부터 도출될 수 있다고 곡해할 수 있다. 이것이 이른바 경제결정론 혹은 기계적 유물론의 입장이다. 환원론자들은 입법에서 일어난 어떤 변화를 설명하고자 할 때 경제적 토대의 변화를 조사하기만 하면 법의 변화를 충분히 인과적으로 설명할 수 있다고 본다. 이와 달리 마르크스의 입장은 상부구조의 변화를 설명하는 데 있어서 토대의 우위를 강조하고 토대의 변화를 상부구조의 변화와 구별하여 분석할 것을 강조하지만, 결코 상부구조의 변화를 토대의 변화로 환원시키지는 않는다. 마르크스와 엥겔스의 관점은 법을 비롯한 상부구조의 한 요소인 법이 토대 혹은 경제의 필연적인 결과 혹은 단일방향의 인과관계에 의해 결정된다고 보는 이른바 경제결정론이나 환원론과는 다르다. "법은 일반적인 경제적 조건에 상응할 뿐만 아니라, …… 그 조건의 내적으로 일관된 표현이어야 한다."[2] 법은 경제적 토대로

2) F. 엥겔스, "슈미트에게 보낸 편지", 『서한 선집』, 1890, p.396.

부터 완전한 자율성을 가질 수 없고 결정적인 영향을 받지만 경제로부터 어느 정도 독립된 자율적인 체계를 가지고 작동하며 어떤 국면에서는 역으로 경제적 토대에 영향을 미치기도 한다. 법에 의해 경제구조가 영향을 받을 수는 있지만, 생산관계를 근본적으로 바꾸는 "혁명은 법에 의해서 만들어지지 않는다."(K. 마르크스, 『자본론』 1, p.750)

> "그러한 변혁을 고찰함에 있어서 항상 자연과학적인 정확성을 갖고 결정될 수 있는 경제적 생산 제 조건의 물질적 변혁은 법적 · 정치적 · 종교적 · 예술적 혹은 철학적인—요컨대 인간이 이 모순을 의식하고 그것과 투쟁하게 되는 이데올로기적—형태들과는 구별되지 않으면 안 된다."(K. 마르크스, 『정치경제학 비판을 위하여』 서문)

> "유물론적 역사관에 따르면 역사에서 궁극적 결정요인은 현실생활의 생산과 재생산이다. 마르크스도 나도 이 이상의 것을 주장한 적은 없다. 그래서 누군가가 이것을 경제적 요인을 유일한 결정요인이라는 말로 왜곡시킨다면 그것은 그 명제를 무의미하고 추상적이며 불합리한 구절로 변형시키는 것이다. 비록 경제적 상황이 토대이긴 하지만 상부구조의 다양한 요소들—성공적 투쟁 후에 승리한 계급이 계급투쟁의 결과로 확립한 정치적 형태들, 즉 투쟁의 승리 이후 승리한 계급이 확립해 놓은 헌법 기타 법률적 형태들, 특히 참여자들의 머리 속에 담겨진 이러한 모든 투쟁물의 반영상, 즉 정치이론, 법이론, 철학이론, 종교관 그리고 이러한 이론들로부터 발전된 교의체계—또한 역사적 투쟁의 경로에 나름대로 영향력을 행사하며 많은 경우에 이러한 투쟁들의 형태를 구체적으로 결정한다."(F. 엥겔스, "Bloch에게 보내는 편지", 1890)

마르크스와 엥겔스에 따르면 경제적 토대의 변화에 따라 거대한 상부구조 전체가 서서히 또는 급격히 변혁된다. 그런데 토대가 상부구조에 일방적으로 영향을 미치는 것은 아니다. 마르크스는 토대의 상부구조에 대한 '궁극적' 결정이라는 표현을 쓰는데, 이 개념을 이해하는 데 있어 상부구조와 토대가 상호 영향을 미친다는 점과 상부구조가 토대로부터 상대적으로 자율성(the relative autonomy of law)을 갖는다는 점을 부인하는 것이 아니라는 사실을 이해하는 것이 중요하다. 또 마르크스는 사회구성체 이행의 필연성을 기계론적으로 이해하는 것이 아니라 사회구성체 이행과 계급투쟁에서 인간의 의식적 실천활동의 매개적인 역할과 변증법적 상호작용을 강조했다.

국가권력의 재편, 법의 제정이나 개정이 계급투쟁을 통해 이루어질지라도, 일단 그것이 국가의 사법기구로서 제도화되면 법은 지배계급이나 권력을 가진 자들의 요구로부터 자율적으로 움직이게 된다. 마르크스와 엥겔스가 정치적 선언문인 〈공산당선언〉에서 자본주의 국가를 '부르주아 계급의 집행위원회'라고 묘사했던 것을 강조한 강단 학자들은 그가 국가나 법을 단순히 계급억압의 도구로 보았다고 비판했다. 이러한 해석은 엥겔스 자신에 의해서도 거부되었던 관점이지만 비교적 최근까지도 마르크스주의자로 자처한 학자들에게서도 나타났다.[3]

엥겔스의 『가족, 국가, 사유재산의 기원』을 제외하고는 마르크스와 엥겔스가 국가, 법에 관한 독자적인 저작을 쓴 것은 아니지만 "루이 보나파르트의 브뤼메르 18일"[4] 등과 같은 저술에는 프랑스혁명 과정에서 국가권력을 둘러싼 계급투쟁을 분석하면서 국가, 법에 관한 언급이 여러 군데 있는데 그 내용이 함축적이어서 다양한 해석의 여지를 갖는다. 비록 함축적으로 표현했을지라도, 마르크스는 법을 단순한 정치투쟁이나 계급투쟁의 산물로 보지 않고, 그것이 궁극적으로는 물질적 토대의 영향을 가장 크게 받지만, 특정한 국면에서 상부구조인 국가나 법이 경제에 끼치는 영향을 상호 침투적인 과정으로 보았다.

---

3) 도구주의적 국가이론을 주장한 밀리밴드를 말한다. Ralph Miliband, *The State in Capitalist Society*, N.Y. : Basic Books, 1969.

4) 이 글은 1851년 루이 보나파르트의 쿠데타에 의해 수립된 보나파르트체제의 국가 자율성 문제를 논한 것이다.

마르크스 이후의 마르크스주의자들은 마르크스와 엥겔스의 만년의 서한들을 근거로 상부구조가 갖는 상대적 자율성(the relative autonomy of law)의 개념을 발전시켰다. 국가, 법, 이데올로기 등 상부구조가 토대로부터 갖는 상대적 자율성과 그것이 토대에 미치는 영향(토대와 상부구조의 상호작용)에 대한 마르크스의 함축적인 입장은 1970년대 서구에서 벌어진 네오마르크스주의(Neo-Marxism)의 국가론 논쟁을 통해 더욱 명료화되었다.[5] 밀리밴드와 풀란차스의 국가론 논쟁에서 풀란차스(Nicos Poulantzas)의 구조주의 국가이론은 자본주의국가를 지배계급의 수단으로 본 밀리밴드(Ralph Miliband)의 도구주의 국가론을 비판하고 국가의 상대적 자율성의 개념을 발전시켰다. 밀리밴드-풀란차스의 국가론 논쟁은 국가나 법이 경제구조로부터 상대적인 자율성을 갖는다는 점을 강조함으로써 마르크스가 경제결정론이나 도구주의적 입장에서 법을 바라보았다는 기계적 비판이 오류임이 드러났다.

4. 법과 정치, 그리고 국가 : 계급억압의 도구로서의 법, 억압적 지배의 강제로서의 법

국가와 법은 상호 불가분하게 연관된 현상이다. 국가는 통치를 정당화해 주고 정책을 실현하는 도구로서 법을 필요로 하고, 법은 그것을 준수하도록 강제하는 국가장치 없이는 존재할 수 없기 때문이다. 뿐만 아니라 국가와 법은 사회의 사회경제적 · 정치적 · 문화적 과정과도 관련되어 있다. 마르크스에게 있어서도 법과 경제를 관련시키는 여러 가지 매개요인들 중

5) 밀리밴드(Ralph Miliband)의 저서, *The State in Capitalist Society*, N.Y.: Basic Books(1969)와 풀란차스의 저서 *Political Power and Social Classes*, London : NLB(1973); *Classes in Contemporary Capitalism*, London : NLB(1975), *State, Power, Socialism*, London : NLB(1978) 참조.

중요한 요인들은 국가, 정치, 법의 사회적 담당자들이다.

마르크스에 의하면 계급사회에서 착취계급에 의한 경제적 · 사회적 지배는 자동적으로 확보되지 않는다. 착취계급은 항상 제도적 구조 즉 국가 혹은 지배이데올로기를 매개수단으로 하여 지배한다. 국가는 계급대립의 산물이지만, 한편 국가는 사회 위에 존재하고 공동체 전체의 이익을 구현하는 실재인 듯한 외양을 띠고 있다. 마르크스에게서 법체계는 국가의 보편적 성질을 드러내는 데 있어 중요하다. 계급사회의 법체계를 구별 짓는 특성은 그것이 지배계급의 물질적 이익을 보편적 형태로 구현한다는 사실이다. 그럼으로써 법을 공동체 전체의 이익의 구현인 양 나타낸다.

> "권리, 법 등은 단순히 국가권력이 의존하고 있는 다른 (실재하는) 관계의 징후, 표현일 뿐이다. 실제관계들은 국가권력에 의해서는 어떠한 방법으로도 창조되지 않는다. 반대로 그들이 국가권력을 창조하는 권력이다. 이러한 조건하에서 지배하는 개인들은 그들의 권력을 국가라는 형태로 조직해야 할 뿐만 아니라 이러한 명확한 조건에 의해 결정되는 그들의 의사를 국가의 의사로 즉 법이라는 보편적인 것으로 표현해야 한다." (K. Marx and F. Engels, *The German Ideology*, p.336)

마르크스에 의하면 법은 보편적 의지 혹은 일반의지의 구현체로 표상되기는 하지만 국가가 그렇듯이 법 또한 계급적대의 산물이다. 마르크스에 따르면 국가란 무엇보다도 우선 특정 계급의 지배를 유지할 수 있는 수단이다. 〈공산당선언〉의 유명한 구절을 인용하면, "근대 국가의 행정부는 전체 부르주아지의 공동업무를 처리하는 하나의 집행위원회에 불과하다." (〈공산당선언〉, 『저작선집』 제1권, p.402) "정치권력은, 정확히 말하면 단지 한 계급이 다른 계급을 억압하는 조직화된 폭력일 뿐이다."(〈공산당선언〉, 『저작선집』 제1권, p.421) 이처럼 마르크스는 〈공산당선언〉에서 국가를 부르주아지의 '집행위원회' 라는 수사학적 표현으로 묘사하기는 했지만 보편적 외양을 띠는 국가와 법의 속성 때문에 그것은 단순히 계급지배의 지배도구로 작동하는 데 그치는 것이 아니라 계급투쟁의 장이기도 하다. 지배계급의 지속적인 지배는 다른 계급들과의 일련의 타협에 의존할 수 있으며 그것은 국가권력의 조직 속에 반영될 것이다. 마르크스는 국가를 '시민사회 적대관계의 공식적 표현'(『철학의 빈곤』, CW6, p.212)이라고 하여 사회의 모든 모순이 국가 속에 반영되고 결정화된다는 것을 강조하였다. 이렇게 하여 지배계급인 부르주아지는 직접 통치하지 않고서도 지배할 수 있다.[6] 마르크스의 국가이론과 법이론은 토대와 상부구조의 관계에 대한 그의 일반적 설명과 마찬가지로 계급투쟁에 관한 한 복합적이고 섬세하다. 국가와 법은 계급투쟁의 장이기도 하기 때문에 동일한 생산관계를 가지고 있는 자본주의 사회라고 하더라도 정치적 · 이데올로기적 상부구조의 다양한 변이들이 존재할 수 있다.

마르크스에게서 법은 여러 사회집단들의 상호 역관계의 산물이지만 역으로 법 그 자체도 하나의 힘으로 사회적 역관계에 반작용한다. 적나라한 폭력, 재정정책, 도덕, 언론, 정보조작 등 법 이외에도 지배계급의 지배수단은 다양하게 존재하지만 자본주의 사회에서 지배수단으로서 법은 궁극적인 수단이다.

자본주의 사회에서 법투쟁이 특히 중요한 이유는 부르주아법 형태에 내재한 모순의 특성, 즉 보편적 외양의 형식 때문이다. 가장 중요한 모순은 지배계급이 피지배계급인 국민의 의사에 기초하고 그것에 구속된 채로 지배를 유지하지 않으면 안 된다는 점이다. 계급지배의 도구인 부르주아법이 국민 전체의 의사를 반영한 것으로 승인되어야 그 정당성이 인정되는 것이다. 법의 계급적 본질과 초계급적 법형태 사이의 모순으로 인해 피지배계급이 계급투쟁에서 법을 이용할 공간은 전자본주의 사회의 경우보다 훨씬

6) F. 엥겔스는 대표적인 예로 비스마르크 치하의 독일을 들고 있다. 독일에서는 산업 부르주아지가 국민적 통일의 주요 수혜자였지만 농촌지역의 융커계급이 실제로 통치를 계속했다. 후대의 어떤 마르크스주의자들은 부르주아지가 지배는 하지만 통치하지 않는 것이 자본주의의 일반적 특징이라고 표현했다.

더 크게 된다. 지배계급이 만들어 놓고 관철하려는 가상의 국민의사에 대항하여 진정한 국민의사를 수단으로 삼는 것은 유력한 법적 투쟁의 방법이 되는 것이다.

자본주의 사회에서 지배계급에 대한 피지배계급의 법적 투쟁은 권리와 의무를 둘러싼 투쟁으로 나타난다. 단순한 생활상의 요구나 반대 그리고 진정 등과는 달리 권리투쟁이 의미를 갖는 것은 지배계급과 피지배계급이 법 앞에 평등하고, 피지배계급이 지배계급에 대항하여 법률상 권리를 주장하는 것이 자유민주주의 정치원리 속에 확립되었기 때문이다. 이러한 권리투쟁은 피지배계급의 권리의식을 향상시키는 것이고 동시에 정당한 요구에 대한 사회적 승인을 요구하는 주체적 행동양식을 체화하는 과정이라고 할 수 있다. 물론 이 경우에도 법물신주의의 함정은 있다(서경석, 2009, p.41). 계급모순 아래서 계급지배의 도구인 법의 실체는 모순이 없는 수미일관한 체계가 아님에도 불구하고 마치 아무런 모순이 없는 것처럼 기술하고 구성한 것이 부르주아법 및 부르주아법학의 특징이라면 이에 비해 마르크스 혹은 마르크스주의 법이론은 그 기술적 구성의 배후에 있는 현실의 계급관계의 실체를 분석하고자 한다. 이러한 작업들은 입법과정, 재판과정 그리고 법이론 정립과 해석과정 등에서 다양하게 적용될 수 있을 것이다.

마르크스의 '공장법' 에 대한 분석은 법과 정치, 나아가 법과 경제적 토대의 관계를 잘 드러내 주고 있다. 『자본론』 1권 10장의 '공장법' 에 대한 분석은 노동시간의 법적 통제를 위한 투쟁에서 계급세력들 간의 상호작용에 관한 고전적 연구이다. 1833년에서 1864년까지 시행된 영국의 '공장법' 은 과도한 노동착취로 자본주의적 착취 일반이 한계에 부딪히게 되자 노동시간, 휴식, 작업의 시작과 종료 등에 관한 노동일의 강제적 규제, 아동의 교대제도, 일정한 연령 미만의 아동의 고용금지 등등을 규제하였다.

마르크스에 따르면 공장법 입법은 단순히 무제한한 노동일, 야간노동 및 인간생명을 위협하는 착취를 둘러싼 자본가계급과 노동자계급 간의 계급투쟁의 직접적인 결과물만은 아니다. 공장법 통과는 노동자계급의 승리였으나 부분적인 승리에 불과하였다. 공장법은 노동자가 고용주를 위해 노동하는 조건에 대해 제한을 가했기 때문에 계약법 이데올로기 틀로부터 공격을 받았고 고용주들은 치안판사들, 재판관들과 공모하여 법조항의 효과적인 시행을 방해하기도 하였다. 그러나 모든 공업부문에 공장법의 적용이 확대되자 보다 많은 기계의 적용이 필연적으로 수반되었다. 마르크스는 공장법이 매뉴팩처제도를 공장제도로 전환시키는 데 필요한 물질적 요소를 인위적으로 급속하게 성숙시켰다고 보았다(K. 마르크스, 『자본론』 1권, 상, 10장).

요컨대, 이해집단들의 다양한 대립에도 불구하고 공장법은 노동일을 제한함으로써 한계에 부딪힌 절대적 잉여가치의 수탈을 저지하고 자본가들로 하여금 새로운 산업기술과 속도증대에 더 몰두하게 하여 매뉴팩처단계의 자본주의를 근대적 공장제 대공업 생산으로 발전하게 하였다. 마르크스에 따르면 공장입법은 근대공업의 필연적 산물이다.

5. 이데올로기로서의 법

1) 마르크스의 이데올로기론과 계약법의 법 이데올로기

마르크스의 법연구의 목적은 자유주의 정치철학과 자유주의 법철학이 법의 지배 혹은 법치주의를 확립하는 것과 대조적으로 자본주의 지배체제를 비판하고 변화시키는 데 있다. 자본주의 지배구조를 유지하는 이데올로기, 신념, 가치체계를 전복시키려는 관심 속에서 법에 관심을 가지거나 법의 본질을 탐구하는 것도 자본주의 사회의 이데올로기인 '법의 지배'를 비판, 해체하기 위해서였다.

마르크스에 따르면 법은 억압적 측면을 가질 뿐만 아니라 이데올로기적 성격도 갖는다. 마르크스는 부르주아법체계가 노동계급을 억압하는 데 일상적으로 사용되는 것은 아니라고 했는데 이는 법의 억압적 측면에 국한된 설명이다. 이데올로기를 통한 지배는 사람들의 의식을 통해 일상적으로 자발적 동의에 의한 복종을 이끌어 낸다. 법적 상부구조는 앞에서 살펴보았듯이 경제적 토대 즉 생산관계로부터 발생하고, 사람들의 계급이익의 충돌을 결말짓는 투쟁의 수단이 된다. 마르크스의 법이론이 여기에 더하여 강조하고 있는 점은 법적 상부구조는 그 속에 사는 사람들이 계급 및 생산관계를 이해하고 경험하는 이데올로기적 형태라는 점이다.

이데올로기로서의 법이 무엇을 의미하는가를 살펴보기에 앞서 마르크스의 이데올로기 이론에 대해 먼저 살펴보기로 하자. 마르크스에 의하면 생산관계의 총체는 사회의 경제적 구조로서 사회의 현실적 토대를 형성하며, 이 위에 하나의 법적 또는 정치적 상부구조가 세워지고, 또 이 토대에 일정한 사회적 의식형태가 조응한다. 인간의 의식이 그들의 존재를 규정하는 것이 아니라, 역으로 그들의 사회적 존재가 그들의 의식을 규정하는 것이다(『정치경제학 비판을 위하여』, SW 1, pp.503-504). 여기서 말하는 세계에 대한 '의식' 혹은 관념이 이데올로기이다.

이와 같이 마르크스는 의식이 '물질적 생활의 모순'으로부터 독립되어 있다는 것을 부정한다. 사회적 존재가 의식을 결정하는 것이지 그 반대가 아니다. 마르크스에 의하면 의식은 인간의 사회적 실천 속에 뿌리박고 있으며 "의식이 인간존재를 규정하는 것이 아니라 인간의 사회적 존재가 그 의식을 규정한다." 그렇다면 '사회적 존재가 의식을 결정한다'는 것이 의미하는 바는 무엇인가? 무엇보다도 먼저 그것은 사람들이 가지고 있는 신념은 그들이 살고 있는 물질적 · 사회적 상황의 압력에 의해 형성된다는 것을 의미한다. 인간 존재는 육체에서 분리되어 순수이성의 영역에서 사는 영혼이 아니다. 인간은 대부분 최소한의 생존 이상의 것을 용인하지 않는 조건 속에서 생존하기 위해 투쟁하는 사람들이다.

따라서 마르크스에게서 이데올로기—세계에 관한 체계적인 지식—는 계급투쟁에서 수행하는 역할이라는 관점에서 제대로 이해될 수 있다. 달리 말하면 이데올로기는 지배적인 생산관계를 유지하는 데 기여하는가 아니면 해체시키는 데 기여하는가 하는 점에서 분석되어야 한다.

마르크스는 이데올로기란 피착취자들이 사회에서 차지하는 자신들의 지위를 오해하게 함으로써 계급사회를 지탱하는 버팀목이라고 생각했다. 즉, 이데올로기로 인하여 주어진 계급사회의 사회적 관계가 인간역사에서 특정한 한 단계에 불과할 뿐이라는 사실이 은폐되고, 그것이 자연적이고 불가피한 관계이며 폐지될 수 없는 것으로 보이게 된다. 그 결과 특정한 계급의 이해관계가 마치 인간의 보편적 이해관계인 것처럼 보이게 되는 것이다. 이데올로기는 사람들에게 사회의 본질에 대한 잘못된 관점을 가지도록 설득함으로써 기존 생산관계가 잘 유지되도록 하는 것이다.

모든 계급사회에서 지배계급은 자기지배를 정당화해 주는 이데올로기적 형태들을 발전시켜 나간다. 마르크스에 의하면 '물질적' 생산수단을 장악하고 있는 계급은 동시에 '지적' 생산수단에 대한 통제력도 장악하는 반면에 지적 생산수단을 결여하고 있는 자들의 관념은 이에 종속된다(GI, p.42). 지배계급의 이데올로기는 이 계급의 경제적 · 정치적 권력으로 말미암아 대중들 사이에 지배적인 것이 된다고 마르크스는 생각했다. 마르크스에 의하면 지배계급의 이데올로기적 권력은 그들의 경제적 · 정치적 권력으로부터 분리될 수 없다. 경제적으로 주도적인 계급은 동시에 정치적 · 이념적으로 지배계급이기도 하다. 즉, 생산수단을 통제하는 계급은 또한 국가도 통제한다. "어떠한 시대에서도 지배계급의 사상이 지배적인 사상이 된다. 즉, 사회의 물질적인 힘을 지배하는 계급은 동시에 사회의 정신적인 힘도 지배한다"(『독일 이데올로기 I』, CW 5, p.59). 지배계급은 생산수단의 통제권과 국가의 통제권을 사용하여, 사람들의 신념을 형성시킬 수 있는 다양한 제도들을 창출하고 유지한다. 중세에는 이러한 제도들 중에서 가장 중요한 것이 교회였다. 오늘날에는 가장 중요한 것으로 교육제도, 대중매체 등 다양한 제도들이 여기에 추가되었다.

자본주의의 발생과 재생산의 측면에서 법의 이데올로기적 측면은 두 개의 범주, 즉 도구적 측면과 상대적 자율성의 측면으로 나누어 살펴볼 수 있는데 마르크스가 더 강조한 것은 후자이다. 전자는 지배계급 혹은 대항계급이 활용하는 정치적 도구로서의 법 이데올로기를 말하는 것으로 특정한 사회집단의 열망, 가치체계에 대한 진술을 포함한다. 후자는 계급통제로부터 상대적인 자율성을 갖는 제도화된 법률체계가 특정 계급의 특수한 이익, 영향과 무관하게 법장치의 일반적인 이데올로기적 효과를 가져오는 것을 말한다.

마르크스에 의하면 부르주아 법 이데올로기의 핵심요소는 '법의 지배'의 원리로 부르주아 민주주의 국가를 정당화하는 근본적 구성요소이다. '법의 지배'의 원리는 피지배자와 지배자 모두 똑같이 법체계에 복종하므로 '법' 그 자체가 고유의 합리성을 갖는 것으로 계급이익과 무관한 것으로 인식된다. 예컨대, 스포츠에서 운동선수들이 동일한 게임의 규칙을 지키는 것처럼 사회생활의 규칙들의 집대성 혹은 법전편찬은 그것이 사회생활을 더욱 확실하게 하고 예측가능하게 한다는 점에서 사회적으로 바람직하다는 생각이 들 수 있다.

마르크스에 따르면 자본주의 생산관계는 개별화된 시민이라는 법적인 외양을 취함으로써 생산관계에서의 불평등을 사상시키고 평등한 법적 주체의 계약이라는 부르주아 법 이데올로기를 통해 재생산된다(A. Hunt, p.107).

엥겔스 또한 18세기 계몽주의자들과 자유주의자들이 가졌던 자유롭고 평등한 시민이라는 이상과 자본주의 사회의 현실 사이에는 큰 괴리가 있다고 강조했다.

> "오늘날 우리는 이 이성의 왕국이 단지 이상화된 부르주아 왕국 이외의 아무것도 아님을 알고 있다. 이 영원한 권리는 부르주아적 정의에서 그 실현을 보았다. 이 평등은 자신을 부르주아적인 법 앞에서의 평등으로 축소시켰다. 부르주아적 소유권은 인간의 기본적 권리들 중 하나로 선언되었다"(F. 엥겔스, 『반듀링론』).

자본주의 사회에서 법 이데올로기로 가장 영향력이 큰 것으로 마르크스가 강조했던 것은 계약법의 법이론이다. 자본주의사회에서는 공동체사회의 붕괴, 그리고 그것을 야기시킨 사유재산의 확장이 민법의 배경이 되었다. 민법의 성문화는 로마에서 시작되었으나 로마사회의 수공업 및 상업의 내부적인 해체로 그것은 지속적인 영향력을 상실하였다. 로마법은 근대 자본주의의 등장과 함께 유럽 자본주의 초기중심지로 전수되어 민법의 토대를 마련해 주었다. 민법은 전통적 공동체 사회에서처럼 종교적 법규에 권위의 기반을 두기보다는 합리화된 규범에 그 토대를 두고 있다. 마르크스에 의하면 근대적인 계약법체계와 사법(私法)제도는 부르주아 국가에 대한 주된 이데올로기적 뒷받침이 되고 있다.

마르크스와 엥겔스에 따르면 부르주아 이데올로기 가운데 많은 관념들이 자본주의 생산양식의 중요한 구성부분을 이루고 있다. 이데올로기가 현실관계를 흐리게 하는 것은 이데올로기의 상대적 자율성 때문이다. 마르크스는 자본주의 사회에서 고용계약이라는 법적 형태는 불평등한 자본가-노동자의 관계를 은폐하고 잉여노동의 존재를 신비화시킨다고 지적하였다. 엥겔스 또한 부르주아 혼인의 법적 형태가 이 제도 안에서 남성과 여성 간의 현실적 불평등을 신비화시킨다고 보았다.

계급사회에서 계약법이라는 특정 형태의 법 이데올로기가 수행하는 역할에 대한 마르크스의 개념은 의식이 인간의 사회적 활동에 의해 지배된다는 일반적 주장에서 나온다. 부르주아 사회에서 전면에 대두되는 자유 및 평등의 관념은 사회적 현실을 직접적으로 종합하고 있는 것이다. 부르주아 사회에서 법적 자유란 임노동자가 자본소유자에 비해 불리한 입장에 처하도록 하는 계약적 의무를 정당화하는 데 실제적으로 공헌한다. 이처럼 법 이데올로기는 그것이 속해 있는 사회적 관계들과의 관련 속에서 연구되어야 한다. 관념은 그 스스로 출현하는 것이 아니라 사회 속에서 생활하는 인간이 갖는 의식의 한 요소로서 나타나는 것이다.

마르크스에게서 존재와 의식의 관계, 생산관계와 법적 · 정치적 상부구조의 관계는 어느 한쪽이 일방적으로 다른 한쪽을 결정하는 관계가 아니라 지속적으로 상호작용하는 변증법적 관계이다. 사회적 실천에 의해 의식이 형성되는 과정도 마찬가지이다. 생산관계는 계급체계의 매개를 통하여 법적 · 정치적 상부구조를 구성한다. 상부구조의 초점은 그것이 생산관계와 달리 관념을 구현하고 있다는 점에 있는 것이 아니라 계급지배의 체계를 질서지우고 제한하는 사회관계의 체계(특히 정치, 법, 종교의 형태)로 구성된다는 점에 있다. 모든 지배계급은 자신의 지배지위를 정당화해 주는 이데올로기를 보편적인 것이라 주장한다. 지배적 관념들은 계급지배의 구조에 의하여 한편으로는 지배에 대한 세련화나 의식을, 또 한편으로는 그 지배의 도덕적 수단을 포함하고 있다.

비교적 안정적인 사회에서는 지배 이데올로기도 안정적이다. 안정적인 사회에서는 생산양식과 그 생산양식의 필수요소인 사회적 관계, 그리고 계급지배를 매개로 하여 그와 결부되어 있는 상부구조의 삼자 사이에 균형이 존재한다. 그러나 생산활동의 분야에서 점진적인 변화가 발생하면 새로운 생산력과 현존하는 생산관계 사이에 긴장이 발생한다. 이 모순은 공공연한 계급갈등으로 표현되게 되고 그것은 결국 이데올로기적으로는 상쟁적인 원칙들 간의 충돌로 드러나게 되며 결국 국가나 정치적 영역에서 혁명적 투쟁으로 귀결된다.

국가는 자본주의적 재생산의 존립조건 및 재생산과정을 구성하는 경제적 관계의 정형을 법적 규범으로서 공인하고 그것을 바로 법적 규범이라는 이름으로 강제한다. 공적으로 승인된 법규범은 법적 관계 당사자의 내적 강제를 외적 강제에 의해 뒷받침한다. 또한 계급적 생산관계의 매개형태라는 의미에서의 법적 관계의 계급성도 계급적 권력을 매개로 하여 보다 구체적인 차원으로 이행된다. 법과 경제에 관한 논의에서 살펴보았듯이 생산력과 생산관계에서 일어나는 일이 상부구조의 발전에 제약을 가하지만 반대로 정치적 · 이데올로기적 요인은 그들 자신의 리듬에 따라 발전하며 경제에 반작용하는 상당한 정도의 여지를 가지게 된다.

2) 법률형태와 상품형태의 상동성

법률체계가 궁극적으로 자본주의 체제를 재생산하고 지배계급의 이해를 실현하는 데 기여한다 할지라도 법률체계는 생산관계나 생산양식의 단순한 반영만은 아니다. 상대적으로 자율성을 갖는 법률체계의 내적 조직의 어떠한 측면이 결과적으로 그러한 역할을 수행하게 하는가의 문제는 마르크스 사후 현대 마르크스주의 이론가들에 의해 이루어졌다. 지배계급의 직접적인 통제로부터 상대적으로 자유로운 법체계가 어떻게 자본주의 체제의 유지에 기여하는가?

마르크스는 자본주의 사회의 지배구조를 분석하기 위해 법규범들을 사회생활의 물질적인 조건의 재생산 혹은 자본의 생산의 틀 내에서 검토하는 데 그쳤지만 자본주의 사회의 법체계에 대한 일반이론의 정립은 마르크스주의 이론 내에서 국가론 등 상부구조에 대한 분석의 중요성이 제기된 20세기 후반에 파슈카니스(E.B. Pashukanis) 같은 학자들에 의해 이루어졌다.

마르크스 이후 마르크스주의 법이론을 체계화한 대표자는 파슈카니스(E.B. Pashukanis)이다. 그는『법의 일반이론과 마르크스주의』(*The General Theory of Law and Marxism*, 이하 GTLM으로 약함)에서 법은 이데올로기의 안개 속에 사회적 현실을 감추어버린다고 표현하면서 법을 규범의 체계로 정의하는 규범적 법이론 이른바 순수법학을 부르주아 법이론이라고 비판하였다. 그는 마르크스와 마찬가지로 법을 규범의 체계라고 하는 정의를 '이데올로기적' 이라고 비판하고 법을 하나의 사회적 실재로서 파악하고자 한다. 파슈카니스는 법을 사회관계의 체계로서 이해한다. 법의 초석은 규범 자체가 아니라 사회에서 작용하는, 객관적으로 규제하는 힘이다. 따라서 법이론에서 중요한 것은 사회관계가 어떻게 법률제도로 되는가이다. 법률관계(주체들 사이의 관계)는 사회관계의 외부에 존재하는 규범적 질서 속에 있는 것이 아니므로 사회관계에 내재하는 기준을 발견해야 한다. 파슈카니스는 자본주의 사회에서 법관계는 '상품소유자' 의 관계이며 '상품생산사회의 사회관계' 이다. 법적인 주체는 실제로 상품소유자에 불과하다.

> 법률관계는 인류의 물질적 생산관계에 의하여 직접 산출된다. 법관계의 분석은 권력에 의한 외부적인 명령으로서 규범의 개념에서 출발할 필요가 없다(E.B. Pashukanis, GTLM, p.143).

파슈카니스처럼 마르크스의 이데올로기 비판에 입각하여 러시아혁명 이후 소비에트 사회주의 사회의 건설과정에서 법의 일반이론을 정립한 것과 별도로 현대에 들어와 서구사회에서 비판적인 법학자들이 법은 사회관계의 반영이라는 마르크스의 법이론을 정교화시켰다. 현대사회의 마르크스주의 법이론가들은 구조주의 마르크스주의 국가론자인 풀란차스의 영향을 받았다.[7] 풀란차스는 일반적으로 자본주의 국가는 민주주의와 사법제도를 통해 그 자체를 보편적 이해의 대변자로 나타내는 동시에 노동계급의 정치적 이해를 침식하면서 그들을 개별화시킨다고 보았다. 현대의 마르크

---

7) 현대 마르크스주의 법이론가들 중 대표적인 학자들로는 헌트(A. Hunt)와 밸부스(I. D. Balbus)를 들 수 있다. I.D. Balbus, "Commodity Form and Legal Form," *Law and Society Review*, vol.11(1977) 참조; M. Cain & A. Hunt, *Marx & Engels on Law*, London : Academic Press, 1979 참조.

스주의 법이론가들에 의하면 자본주의 사회의 법은 지배계급이 사법기구를 직접적으로 통제하지 못함에도 불구하고 궁극적으로 자본주의 생산양식의 유지와 전체자본가계급의 이해의 실현에 기여하게 되며 결코 완전한 자율성을 갖지 못한다. 현대의 마르크스주의 법이론가들에 의하면 자본주의 사회의 정의가 계급정의(class justice)인 것은 도구주의자들이 주장한 것처럼 법의 특별한 내용이나 집행 때문이 아니라 법의 형식 때문이다. 자본주의 사회의 사법기구는 지배계급의 직접적인 조작으로부터 자율적이지만 자본주의 국가의 법률형태(legal form)와 자본주의 생산양식의 상품형태(commodity form) 간의 상동성(homology) 혹은 동일성(identity)으로 인해 궁극적으로 자본주의 체제의 재생산에 기여하게 된다.

마르크스주의 법이론가들은 법물신주의에 대한 설명 또한 상품물신주의에서 도출한다. 자본주의 생산양식에서 상품은 노동자의 구체적 노동에 의해 사용가치로서 생산된다. 즉, 상품은 본래 그것을 생산한 불균등한 노동에 따라 불균등한 사용가치를 갖는다. 그러나 개개의 상품은 시장에서 다른 상품과 교환되기 위해 화폐라는 보편적 척도에 의해 교환가치로 전환됨으로써, 구체적인 인간의 욕구와 불균등한 사용가치로부터 추상된 형식적 속성을 부여받게 된다. 이와 같이 상품형태(commodity form)의 논리는 구체적인 것에서 추상적인 것으로, 또 내용으로부터 형식으로의 전환에 있다(I.D. Balbus, 1977, p.574). 이러한 논리에 의해 상품은 원래의 본질, 즉 구체적인 인간의 욕구와 사용가치를 은폐하게 되며, 생산주체의 의지로부터 독립적으로 존재하게 된다. 이것은 곧 상품물신주의(commodity fetishism)를 말한다.

자본주의 경제체제에서 상품형태가 개별적인 사용가치의 차이를 없애버린 것과 똑같이 국가의 사법체계는 법형식에 의해 노동자들을 원자화된 시민으로 변형시킨다. 화폐가 보편적인 경제적 등가물(economic equivalent)이며 상품의 교환을 촉진하는 것처럼 법은 보편적인 정치적 등가물

(political equivalent)로서 명백하게 불평등한 개인들을 동등하게 보이도록 한다. 자본주의 생산양식하에서 생산물이 보편적이고 개별적인 상품(individual commodity)의 형태로 존재하는 것과 마찬가지로 사람들은 개별적인 시민(individual citizen)으로서 존재한다. 사회관계에서의 위치와 욕구 및 이해가 상이한 개인들은, 법적 주체로서 추상화됨으로써 정치적인 교환에 필요한 형식적인 평등권을 획득하게 된다. 자본주의 사회에서 법률형태로서의 개개 시민은 상품형태가 실제적인 생산물의 추상인 것과 마찬가지로 실제 존재하는 인간의 추상에 지나지 않는다.

또 법 혹은 법적 시민권은 경제적 교환에서 화폐와 같은 역할을 수행함으로써 불평등한 개인들 간의 정치적 교환을 가능하게 해 준다. 상품형태가 화폐를 통해 사용가치와 구체적 노동을 은폐하는 것과 마찬가지로 법률형태는 '의지'와 '권리'라는 추상적 · 법적 개념을 통해 실제 인간의 불평등과 이해의 다양성을 은폐해 버린다. 이렇게 하여 상이한 개인들은 법적 주체라는 추상성 속에 융해되어 버린다. 그런데 법률형태로서 정립된 평등권은 자본주의 계급사회의 실제적 · 사회적 불평등으로부터의 추상에 불과한 것이기 때문에 순전히 형식적이며, 환상적이라는 것이다. 법형식은 계급적 차이에 뿌리를 둔 사회적 불평등을 무시함으로써 본질적으로 자본주의 사회를 유지시키는 데 기능한다. 마르크스주의 법이론가들은 "토대(경제체계)에서 사회적 · 경제적인 평등이 실현되지 않고서 어떻게 사법적 정의(legal justice)가 있을 수 있는가?"라고 질문하며, 체계적으로 불평등한 개인들에게 동일한 척도를 체계적으로 적용하는 것은 필연적으로 체계적인 불평등을 강화하게 된다고 본다.(I.D. Balbus, 1977, p.577)

요컨대 마르크스주의 법이론가들에 의하면, 법률형태(legal form)는 상품형태(commodity form)와 마찬가지로 사회적 행위자들의 의지와 독립적으로 작용하는 한편, 그러한 사회적 행위자들이 참여하고 있는 자본주의 체계의 재생산에 기능한다. 다시 말하면, 법은 개개의 행위자나 개인자본가들로부터 독립적인 체계와 제도로서 존재하지만, 법률형태의 논리, 즉 법률형태(legal form)와 상품형태(commodity form) 간의 상동성(homology)을 통해 궁극적으로 전반적인 자본주의의 재생산에 기여하게 된다. 따라서 자본주의 사회에서 법은 자유주의 법철학자들이 말하는 것처럼 완전한 자율성을 갖는 것이 아니라 상대적 자율성(the relative autonomy of the law)을 가질 수밖에 없다.

자본주의 생산양식하에서 생산물이 보편적이고 개별적인 상품의 형태로 존재하는 것과 마찬가지로, 자본주의 사회의 법률체계 안에서 유적(類的) 존재인 개인이 법적 주체로 개별화됨으로써 계급관계는 은폐된다.

3) 법물신주의

마르크스가 가장 경계했던 것은 법물신주의(法物神主義, the fetishism of law)였다. 법물신주의는 법체계들이 사회질서와 문명의 본질적 구성부분이라고 믿는 것을 말한다. 법물신주의는 재산소유권을 규율하고 물리적 폭력행사의 금지를 강제할 최소한의 법, 즉 권리, 자격을 규정하는 규범들의 준수를 보장할 법이 없으면 문명사회는 존립할 수 없다는 관념을 의미한다. 법물신주의는 다음의 두 가지 생각으로 구성된다.

첫째, 사회질서 유지에 법이 필수적이라는 믿음이다.

둘째, 법의 지배(the rule of law)라는 이상을 추구한다. '법의 지배'를 믿는 사람들은 입법 · 사법의 권력분립과 함께 정치권력행사 이전에 합의된 규범, 즉 법규범에 의해 권력이 작동함으로써 권력의 자의적 행사를 방지할 수 있다는 이상을 갖는다. 이러한 생각은 피통치자뿐 아니라 권력자도 적법절차에 구속된다고 믿음으로써 정치적 지배를 정당화해 줄 뿐만 아니라 법체계를 정당화해 주는 기능을 한다. 마르크스주의자들에 의하면, 주류법학은 법의 본질에 대한 이와 같은 믿음을 바탕으로 하여 법의 일반이론이 구성한다고 본다.

법물신주의는 종교적 소외, 정치적 소외와 마찬가지로 법적인 소외를 의미한다. 자본주의 사회의 법률형태에서는 법을 만든 인간주체가 법의 객체로 화하게 됨으로써, 법이 마치 내적 체계와 논리에 의해 독립적 · 자율적으로 움직이는 것처럼 보이며, 사회의 존립 자체가 거기에 의존하고 있는 것처럼 여겨지게 된다. 즉, 법이 사회의 산물이라기보다는 사회질서가 법의 산물인 것처럼 간주된다. 이러한 추상과 물상화에 의해 국가(legal state)는 개인으로부터 독립하여 존재하는 초월적 권력으로 부각된다. 그것은 개인들의 외부에 존재하는 소외된 힘으로 나타나며, 개인들은 그것을 통제할 수 없게 된다.

자유주의 정치철학과 자유주의 법철학이 법의 지배 혹은 법치주의를 확립하는 데 관심을 가지고 있는데 비해 마르크스의 법연구의 목적은 자본주의 지배체제를 비판하고 변화시키는 데 있다. 자본주의 지배구조를 유지하는 이데올로기, 신념, 가치체계를 전복시키려는 관심 속에서 법에 관심을 갖는 것이다. 마르크스가 법의 본질을 탐구하는 것도 자본주의 사회의 정당화 이데올로기인 '법의 지배' 를 비판, 해체하기 위해서였다.

6. 혁명과 법 : 공산주의 사회에서 법의 미래

마르크스의 법이론에서 가장 논란이 되는 것은 국가이론에서 국가소멸론을 주장하는 것과 마찬가지로 공산주의 사회에서 법은 사라진다고 보았다는 점이다. 마르크스가 자본주의 국가를 부르주아 독재 혹은 부르주아의 집행위원회라고 수사학적으로 표현했던 것처럼 '법의 소멸' (법고사론)의 의미는 함축적이다. 마르크스의 '법의 소멸' 의 개념은 그의 역사적 유물론 체계 내에서 이해되어야 한다. 현실 공산주의 국가의 사법제도, 방대한 법률체계를 마르크스주의 법이론의 비판과 결부시키는 것은 부적절하다.

앞에서 살펴보았듯이 마르크스에게서 법의 내용은 사회적 관계의 본질의 표현이다. 국가기관도 법도 계급이익을 표현하지만 계급분화된 적대적인 사회에서는 그것은 사회적 이익, 공적 이익으로 위장되어 나타난다. 그러나 적대적 계급이 사라지는 사회주의 사회에 이르러 법은 일반의지, 사회적 이익의 표현이 된다.

마르크스가 1843년 『헤겔 법철학 비판 서설』을 썼을 때 이미 그는 근대국가는 그것이 시민사회로부터 분리되고, 경제적 · 사회적 생활로부터 분리되어 있는 것이 특징이라고 주장했다. 그 후 그와 엥겔스는 이러한 분리는 단지 계급적대의 불가피한 결과로서만 이해될 수 있다는 것을 보여주었다. 엥겔스는 국가의 출현이 사회가 계급으로 분화하는 것과 불가분의 관계에 있다고 주장했다.

마르크스와 엥겔스는 국가와 마찬가지로 사유재산과 계급이 존재하지 않았던 원시공동체 사회에서는 법이 존재하지 않았다고 본다. 씨족 혹은 부족 사회는 공동생산, 공동소비하는 사회였을 뿐 아니라 씨족 혹은 부족의 관습이 씨족 · 부족집단의 공동의 이해를 표현하였고 사회관계를 규율하였다. 관습은 특별한 집행기관의 강제력에 의해 힘이 발휘되는 것이 아니라 사회구성원들의 습관과 전통, 씨족집단 성원의 도덕적 · 종교적 견해와 불가분의 관계를 갖고 있었다. 그에 비해 근대법체계는 관습적 규범이 아닌 성문법으로 형식화되고 그 해석과 집행을 전담할 사법기관과 전문집단을 구비하게 되었다. 마르크스는 이것이 자본주의적 생산관계의 반영이라고 보았다.

마르크스의 법소멸론을 제대로 이해하기 위해서는 국가이론에서 프롤레타리아트 독재에 대한 이해가 선행되어야 한다.[8] 마르크스는 국가가 계

---

8) 마르크스는 1848년 혁명 이후 프롤레타리아 독재 개념의 대강을 발전시켰지만, 그것은 다소 추상적이었다. 마르크스의 노동자 권력 개념이 확정적이고 구체적인 형태를 띠게 된 것

급적대의 산물이며, 계급지배의 도구라고 생각했다. "본래의 의미에서 정치권력은 한 계급이 다른 계급을 억압하기 위한 조직화된 폭력일 뿐이다"(〈공산당선언〉, 『저작선집』 제1권, p.421). 따라서 노동자계급은 자본주의 국가를 전복해야만 승리할 수 있다. 마르크스는 노동자계급의 투쟁은 국가권력의 장악을 자기 목적으로 하는 정치적 운동으로 점차 전환된다고 생각했다. 마르크스는 "노동자계급에 의한 혁명의 제1단계는 프롤레타리아트를 지배계급의 지위로 올려놓는 것이 되어야만 한다"고 보았다(〈공산당선언〉, 『저작선집』 제1권, p.420]).

마르크스는 이러한 변화가 평화적으로 이루어질 수 없으며, 기존 국가기구의 파괴를 요청한다는 점을 처음부터 분명히 했다. 마르크스국가론에 관한 대표적인 저술인 "루이 보나파르트의 브뤼메르 18일"에서 마르크스는 프랑스에서 근대 자본주의 국가의 전개를 추적했다. 마르크스는 "방대한 관료적 · 군사적 기구와 복잡다기한 정교한 국가기구, 50만 명가량의 관리들과 또 50만 명의 군대를 갖춘 이 가공할 기생기구"의 승리를 나폴레옹 3세가 체현하고 있다고 보았다("루이 보나파르트의 브뤼메르 18일", CW 11, p.185). 마르크스는 "여태까지의 모든 혁명들은 이 기구를 분쇄하는 것이 아니라 완성시켰다. 지배권을 다투던 당파들은 차례로 이 거대한 국가구조물을 승리자의 주요한 전리품으로 간주했다"("루이 보나파르트의 브뤼메르 18일", CW 11, p.186). 하지만 노동자 혁명은 "자기의 파괴력을 모두 국가를 파괴하는 데 집중한다"("루이 보나파르트의 브뤼메르 18일", CW 11, p.185).

그러나 마르크스에게서 프롤레타리아트의 독재는 과거의 계급독재들과 역사적 역할과 성격이 다르다. 마르크스는 "프랑스에서의 계급투쟁"에서, 자본주의 국가의 잔해 위에 "계급차별 일반의 철폐로 향하는 필수적

은 이론적 분석을 통해서가 아니라, 1871년 파리 코뮌의 역사적 경험과 노동자들의 행동을 통해서였다.

경과점으로서 프롤레타리아트의 계급독재"가 세워질 것이라고 썼다(K. 마르크스, "프랑스에서의 계급투쟁", CW 10, p.127). 마르크스의 독재의 개념은 통치방식을 의미하는 것이 아니라 권력의 소유를 의미한다.[9] 마르크스는 실제로 프롤레타리아트의 독재를 일시적인 것으로, 즉 자본주의와 무계급 공산주의 사회 사이의 '필수적 경과점'이라고 생각했다. 프롤레타리아 독재의 주요한 특징은 그것이 다름이 아니라 "지배계급으로 조직된 프롤레타리아트"(〈공산당선언〉, 『저작선집』 제1권, p.420)라는 데 있다. 마르크스에 의하면 역사상 최초로 직접 생산자인 보통의 인민 대중이 국가를 통제하게 된다. 물론 그것은 여전히 국가이다. 하지만 이 국가는 더 이상 소수의 착취자가 다수의 피착취자를 지배하는 수단이 아니다. 그것은 소수에 대한 다수의 독재인 것이다.

마르크스와 엥겔스는 국가가 최초의 그리고 최고의 강제수단이라고 생각했다. 이러한 점에서는 프롤레타리아 독재도 이전의 국가형태와 다르지 않다. 왜냐하면 이들은 모두 강제에 기초하고 있으며, 선행한 국가형태들보다 반드시 더 전횡적이거나 억압적인 것이 아니다.

마르크스와 엥겔스는 국가란 "무장된 힘으로 스스로를 조직한 인민과 더 이상 직접 일치하지 않는 공권력의 확립"을 수반했다고 생각했다(F. 엥겔스, 『가족, 사유재산 및 국가의 기원』, p.192). 마르크스가 국가소멸이나 법의 소멸을 구상하고 이상적인 정치형태로 보았던 것은 1871년 파리 코뮌이었다. 마르크스는 코뮌이 취한 조치들의 전체적인 핵심을 국가와 인민대중 간의 분리를 없애고, 국가를 인민의 통제에 복속시키는 것이라고 보았다. 이러한 의미에서 프롤레타리아 독재는 부르주아 사회에서 발견되는 것보다 고차적인 형태의 민주주의이다. 마르크스는 "자유는 사회 위에 군림

---

9) 19세기에 '독재'라는 용어는 비밀경찰이나 강제수용소의 이미지와 결부되지 않았다. 독재자(dictator)란 원래 비상시에 6개월이라는 제한된 기간 동안 통치하도록 임명된 고대 로마 공화국의 관리였다.

하는 국가를 사회에 완전히 종속된 국가로 전환시킴으로써 성취된다."고 썼다(K. 마르크스, "고타강령비판", SW 3, p.25). 이렇게 하여 정치적 소외, 법적 소외는 지양되고 엥겔스가 표현했던 바의 계몽주의자들의 이상도 실현되는 것이다.

요컨대, 마르크스에 의하면 국가는 계급적대의 산물이며, 따라서 계급적대와 함께 소멸한다. 그와 같은 '국가사멸'의 가능성은 프롤레타리아 독재 속에 처음부터 존재한다. 엥겔스는 사회주의 혁명이 국가에 대해 가져올 귀결을 다음과 같이 분석했다. 법의 소멸 또한 같은 맥락에서 이해되어야 할 것이다.

> 프롤레타리아트는 정치권력을 장악하여 우선 생산수단을 국유로 전환시킨다. 그러나 그렇게 함으로써 프롤레타리아트는 프롤레타리아트로서 자신을 지양하고 모든 계급구별과 계급적대를 지양하며, 또한 국가로서 국가를 지양한다. 계급적대에 기초한 이제까지의 사회는 국가를 필요로 했다. 즉, 각 시대마다 착취계급은 자기 계급의 조직—외적인 생산조건을 유지하고, 따라서 특히 피착취계급을 기존의 생산양식에 조응하는 억압조건(노예, 농노, 임금노동자) 속에 강압적으로 가두어 두기 위한 조직—을 필요로 했다. …… 종속당할 계급이 더 이상 존재하지 않게 되자마자, 계급지배와 그리고 이제까지 생산의 무정부성에 기초한 개인의 생존투쟁이 이들로부터 발생하는 충돌 및 난포한 행동과 함께 제거되자마자, 더 이상 억압되어야 할 어떤 것도 남아 있지 않게 되고, 특별한 억압권력인 국가도 더 이상 필요하지 않게 된다. 국가가 진정으로 사회 전체의 대표자로서 등장하여 수행한 최초의 행동—사회의 이름으로 생산수단을 장악하는 것—은 동시에 국가가 독자적으로 수행한 최후의 행동이다. 사회관계에 대한 국가의 간섭은 한 영역에서 다른 영역으로 차례로 불필요하게 되고, 이윽고 스스로 사멸해 간다. 인간에 대한 지배를 대신하여 사물에 대한 관리와 생산과정에 대한 지도가 나타난다. 국가는 '폐지'되는 것이 아니다. 그것은 사멸해 간다(F. 엥겔스, 『반듀링론』, pp.300-301).

마르크스주의적 인식의 실천적 의미는 소련에서 사회구성체의 이행과 관련하여 법의 기능과 역할이 무엇인지에 대한 지속적인 논의 속에서 나타났다(조국, 1991, pp.22-26). 마르크스와 마르크스주의 법이론은 법을 사회 속에서 총체적으로 고찰하였다는 강점이 있지만 다른 한편으로는 사적유물론이 경제 및 그에 상응하는 사회계급들의 권력관계에 주관심을 두고 법은 대체로 국가의 일부분으로 간주해 버리는 한계를 가지고 있다. 마르크스의 법사회학과 그의 사후에 소련을 중심으로 발전된 마르크스주의 법이론은 법해석학과 법치주의 이데올로기에 대한 통찰력을 제공해 주었지만 경제적 토대가 법의 형식과 내용을 결정하는 메커니즘과 역으로 법이 토대에 작용하는 메커니즘, 상부구조 내에서 법과 다른 상부구조 간의 상호관계, 법현상의 개별요소인 법규범, 사법제도, 법의식 등의 기능과 상호관계, 법규범과 도덕, 관습 등 여타의 사회규범과의 상호관계, 상이한 법형태의 존재와 원인 등에 대한 깊이 있는 연구로 나아가지 못했다(서경석, 2009).

마르크스의 법에 관한 사회이론은 자본주의 사회의 국가와 '법의 지배'를 비판적으로 볼 수 있는 지적 통찰력을 제공해 주었을 뿐 아니라, 현대의 여러 학자들에 의해 개별 법률이나 입법, 사회통제, 형사정책 등을 유물론적으로 분석하는 방법론적 도구를 개발하는 데 기여하였다. 영국의 마르크시스트 사회사가인 에드워드 톰슨(Edward P. Thompson)은 영국에서 1723년 제정된 공포의 블랙법(Black Act)을 둘러싼 정치권력과 사회계급의 관계를 마르크스의 방법으로 탁월하게 분석하였다.[10] 이외에도 법률체계를 비판적으로 분석한 미국의 범죄학자 퀴니(Richard Quinney)[11]와 감옥제도의 출현을 유물론적으로 분석한 루쉐(George Rusche)[12]와 같은 이들은

---

10) E.P. Thompson, *Whigs and Hunters: the Origin of the Black Act*, N.Y.: Pantheon Books, 1975 참조.

11) Richard Quinney, *Critique of Legal Order : Crime Control in Capitalist Society*, Boston : Little, Brown & Co., 1973.

12) George Rusche and Otto Kirchheimer, *Punishment and Social Structure*, N.Y.: Russell and Russell, 1968(초판은 1939) 참조.

마르크스의 분석방법을 적용한 대표적인 학자들이다.

생각거리

1. 법현상을 규범의 체계로 보는 것과 마르크스와 같이 사회적 실재(social reality)로 보는 것이 반드시 대립하는 것인가?
2. 법적 관계는 규범체계에 의해 결정되는가, 사회관계에 의해 결정되는가?
3. 마르크스가 상상했던 바와 같이 계급착취가 사라진 미래의 사회에서 계급억압의 수단으로서 국가와 법이 사라진다고 가정한다면, 공동체의 대안적인 규범은 어떤 형태를 띠게 될 것인가?

제 5 장

법형식주의에 대한 비판과 극복 : 법현실주의, 법과사회운동, 비판법학

| 이상수 |

1. 법형식주의

1) 법형식주의의 대두

법형식주의(legal formalism)는 기계론적 법학, 고전적 법사상, 분석법학, 실증주의법학, 해석법학 등으로 불리는 법학방법으로서 19세기 말에 번성했으며 지금도 여전히 강력하게 작동하고 있는 법학방법론이다.[1] 사실 미국 법사회학은 상당 정도 법형식주의에 대한 비판과 대안의 모색에 다름 아니라고 할 수 있다.

법형식주의의 기본가설은 법은 사회나 도덕적 고려로부터 분리된 자족적 체계라는 것이다. 오스틴(John Austin)이 법을 주권자의 명령이라고 정의하고 법과 도덕의 엄격한 분리를 주장한 것이 바로 법형식주의적 사고이다. 마찬가지로 켈젠(Hans Kelsen)이 법의 유효성을 판단할 때 도덕적 · 정치적 고려를 철저히 배제해야 한다고 하면서 이른바 '순수법학'을 주장한 것도 같은 맥락이다. 미국에서도 19세기 말에 이러한 의미의 법형식주의적 사고가 크게 대두되었다. 당시 미국의 법형식주의자들은 법적인 판단을 함에 있어서는 법외적인 요소를 가급적 배제하고 오로지 법 내재적 논리에 따른 논리적 판단을 하고자 했다. 그 대표적인 사례를 랑델에서 발견할 수 있다. 랑델의 법학방법론은 미국의 법학교육에 크게 영향을 미쳤으며, 지금까지도 그러하다는 점에서 특별히 주목할 만하다.

2) 랑델과 법학교육 개혁

로스쿨로 대표되는 미국식 법학교육의 원조는 랑델(Christopher

---

1) 법형식주의는 이 책의 p.4 이하에서 말하는 '해석법학'의 미국식 표현이다.

Columbus Langdell, 1826~1906)까지 거슬러 올라간다. 그는 1870년 하버드 로스쿨의 초대학장으로 취임하여 1895년까지 재임하면서 법학교육을 대대적으로 개혁했다. 그는 도제식의 법조인 양성제도를 비판하고 그 대안으로 대학원 과정의 로스쿨제도를 도입했다. 그는 법학을 공부하기 위한 전제로서 학부교육의 수료를 요구했고 엄격한 입학자격요건을 갖춘 사람을 상대로 법학교육을 실시해야 한다고 생각했다. 입학 후에 정기적인 시험을 치르게 한 것도 그의 아이디어였다. 법학교육 방법에서도 큰 변화를 낳았다. 그는 도제식의 법학교육 대신에 소크라테스식 방법과 사례중심 방법(case method)을 도입했다. 처음에 이러한 접근법은 많은 저항과 비판을 받았지만 점차 다른 로스쿨로 확산되었으며 오늘날 미국 로스쿨의 가장 중요한 교육방법이 됐다. 그렇다면 랑델은 어떤 이유로 그러한 변화를 도모하게 되었는가? 또 그러한 시도는 어떤 의미에서 위에서 살펴본 법형식주의와 연관성을 갖는가?

랑델은 우선 법리학(jurisprudence)과는 구분되는 법학을 해야 한다고 생각했다. 그가 의미한바 법리학은 있어야 할 법을 연구하는 것인 반면에, 법학은 있는 법에 대해서 연구하는 것이다. 랑델은 법학교육의 핵심은 후자이며 법실무가는 그것을 아는 것이 중요하다고 보았다. 랑델의 법사상과 방법론은 랑델의 계약법 교재 서문에 압축적으로 나타나 있다.

> 과학으로 여겨질 때 법은 일정한 원칙들과 원리들로 구성되어 있다. 복잡다단한 인간사에 손쉽고도 확실하게 그 원리원칙들을 적용할 수 있게끔 통달하는 것이 진정한 법률가의 길이다. 이것들은 오랜 기간을 거쳐 서서히 오늘날의 상태에 이르렀다. 이러한 성장은 판례들이 쌓이고 쌓여 이룩된 결과이다. 비록 유일한 길은 아니겠지만 이러한 원리를 익히는 가장 빠르고 좋은 길은 그 원리가 체화된 판례들을 공부하는 것이다. 그러나 대부분의 판례는 쓸모없으며 심지어 수준 이하이다. 오로지 소수의 판례만이 원리를 익히는 체계적인 공부에 도움이 되며 필수불가결하다고 말할 수 있다. 그리고 기본적인 법원리들은 일반적으로 생각하는 것만큼 많지도 않

다. 하나의 원리가 외관상 다르게 나타나기도 하고 법학교재들은 여기저기서 같은 원리를 반복하여 다루기도 한다. 이것이 바로 오해의 요인인 것이다. 이들 원리들이 잘 분류되고 정리된다면 각 원리들은 제자리를 잡을 것이며 수적으로 그리 많다고 여겨지지 않을 것이다.[2]

위에서 보듯이 랑델은 법을 하나의 과학(science)이라고 보았다. 이 말의 의미는 다층적이다. 우선 법이 하나의 과학이라는 의미는 법은 지속성이 있는 원칙들(principles)로 이루어져 있다는 의미를 담고 있다. 랑델은 자연과학이 대상으로 하는 자연의 세계가 자연법칙에 따라서 움직이듯이, 법의 세계도 마찬가지로 법칙적이라고 생각했다. 법은 일관성(coherence)이 있으며 그것은 소수의 원리에 의해서 작동한다고 보았다. 그에 따라 법은 어떤 불변적인 속성을 지니는 것이라고 본다. 크론만(Kronman)은 랑델이 법학은 과학이라고 할 때 그 과학의 모형은 기하학이라고 정리했다.[3] 마치 기하학이 얼마 안 되는 공리로부터 시작하여 정리를 만들어 내고 그에 기초하여 복잡한 문제를 풀어나가듯이, 법도 원리원칙으로부터 시작하여 복잡한 일상사의 문제를 풀어나간다는 것이다. 판사가 선거에 의해서 선출되지 않았음에도 불구하고 권위를 가지는 것은 그러한 법원리에 의해서 제약되기 때문이라고 보았다. 랑델에 의하면 법학은 과학적인 방식으로 법원리를 찾아내야 하며 그 원리로부터 법규칙을 도출해야 한다. 그리고 그러한 규칙에 따라서 현실을 규율하는 것이 법학이 해야 할 일이다.

여기에서 과학적인 방법이란 경험적(empirical) 방법이 동원된다는 것도 아울러 의미한다. 자연과학이 경험적 소재를 대상으로 해서 귀납적으로 자

2) Christopher Langdell, *A Selection of Cases on the Law of Contract*, preface, p.viii(1871); 최봉철, "법현실주의," 미국학연구소 편, 『미국사회의 지적흐름』, 서울대학교 출판부, 1999, pp.29-30에서 재인용.

3) Anthony T. Kronman, "Langdell's Geometry of Law," *The Lost Lawyer–Failing Ideals of Legal Profession*, The Belknap Press of Harvard University Press, 1993, p.170 이하 참조.

연법칙을 발견하듯이 법학도 그와 같은 방법론에 입각해야 한다는 것이다. 랑델은 법학이 경험적 소재로 삼아야 할 것은 보통법, 즉 판례라고 보았다. 자연과학이 구체적 자연을 연구함으로써 보편적 자연법칙을 찾아내듯이, 랑델은 개별 판례를 조사함으로써 (보통)법 속에 담겨 있는 법원리를 찾아낼 수 있다고 보았다. 말하자면 보통법은 법에 관한 과학적 연구의 소재이며 법원리의 저장고인 것이다. 랑델은 그러한 법원리가 당시대에 충분히 드러나 있다고 생각하지는 않았다. 법학자의 과제는 그러한 법원리를 찾아내서 법을 보다 일관되게 만드는 것이고, 그 방법론으로 보통법(판례)을 연구하는 것이다. 그가 볼 때 과학자로서 법학자의 실험실은 바로 도서관이 된다.[4]

법을 파악하거나 교육하는 것도 과학으로서의 법학에 걸맞게 이루어져야 한다고 보았다. 랑델은 법학교육은 단순히 도제적인 방식으로 전수될 성격이 아니고, 과학자를 양성하는 것과 같은 방식으로 이루어져야 한다고 보았다. 법학은 기술이라기보다 과학과 같은 학문이기 때문에 대학(원)에서 교육할 수밖에 없다고 했다. 그리고 대학(원)에서 교육할 때는 사례를 이용하는 것이 가장 유익하다고 보았다. 식물에 대해서 알기 위해서는 구체적인 식물에 대해서 연구하는 것이 필요하듯이, 구체적인 판례를 통해서 법원리를 파악하는 훈련을 시키는 것이 필요하다는 것이다. 이처럼 가공되지 않은 1차 자료를 이용하여 소크라테스식으로 교육을 할 때 학생들은 가장 적합하게 과학자에 근접한 법률가로 성장할 수 있다고 보았다. 이때 예비법조인인 로스쿨 학생들에게 그러한 훈련을 시키기에 가장 적절한 과목은 사법(私法)이라고 보았다.

오늘날 랑델의 흔적을 찾는 것은 어렵지 않다. 앞서 지적했듯이 오늘날 미국 로스쿨에서의 교육체제나 방법론의 많은 것이 랑델에서 기원한다. 사

---

4) C. Langdell, "Harvard Celebration Speech," *Law Quarterly Review*, Vol.3, 1887, pp.123-124.

법 위주로 교육하는 것도 랑델의 영향이라고 할 수 있다. 랑델의 법사상은 법 외적인 영향을 철저히 배제하고 오로지 법 내부의 형식논리적 포섭논리를 추구한 점에서 법형식주의라고 불리기도 하고 유클리드적 법사고라고 불리기도 한다. 그리고 법학을 법규정의 기계적 적용의 문제로 환원한다는 점에서 기계론적 법학으로 불리기도 한다.

무엇보다도 여기에서 지적하고자 하는 것은 랑델이 법을 자기 완결적인 구조로 이해했다는 점이다. 다시 말해 법은 사회적 영향이나 도덕으로부터 분리되어 자체적으로 논리적 완결성을 갖는 것으로 보았다는 것이다. 따라서 그의 입장에서 법학은 법 외적 요소를 최소화하는 것이 중요하고, 법학을 교육함에 있어서도 법 외적 고려를 할 필요가 없었다. 이러한 관점은 지속적으로 비판을 받게 된다. 처음으로 포문을 연 사람은 홈즈였다. 이어 파운드, 르웰린, 프랑크 등이 뒤를 이었다. 법현실주의의 경계획정과 관련하여 약간의 논란이 있을 수 있지만, 여기에서는 이들을 모두 통칭하여 법현실주의자라고 한다.

2. 법현실주의

법현실주의(legal realism)는 1920년대와 1930년대 미국 법조계와 법학계에 선풍을 일으켰던 하나의 큰 흐름이다.[5] 르웰린은 그러한 흐름을 통칭하여 '법현실주의'라고 칭하고, 그 흐름에 동참한 학자들은 공통적으로 다음과 같은 이론적 출발점을 갖는다고 정리했다.[6]

5) 주요 문헌으로, 최봉철, 앞의 글, p.3 이하; 양승두, "법사회학 연구동향에 관한 고찰: 특히 미국의 법현실주의와 개량법학을 중심으로," 한양대학교 법학연구소, 『법학논총』, 제1호, 1984.2.; Wouter de Been, *Legal Realism Regained–Saving Realism from Critical Acclaim*, Standford University Press, 2008; William W. Fisher *et al.*(eds.), *American Legal Realism*, Oxford University Press, 1993 등이 참고할 만하다.

6) Karl N. Llewellyn, "Some Realism About Realism–Responding to Dean Pound,"

① 법은 유동적이다. 사법(司法)도 법을 창조(judicial creation of law) 한다.
② 법은 그 자체가 목적이 아니고 사회적 목표를 위한 수단이다. 따라서 법은 도달하려는 목표와 효과에 비추어 지속적으로 평가될 필요가 있다.
③ 사회는 변화하며 대체로 법보다 빨리 변화한다. 따라서 법이 사회에 대해 얼마나 적합성이 있는지에 대해서 결정하기 위한 지속적인 재검토가 요구된다.
④ 객관적 법의 과학을 위해서는 존재와 당위는 일시적으로 분리해서 생각해야 한다. 목표를 설정하기 위해서는 가치판단이 필요하지만, 존재에 대해서 탐구할 때는 가능한 한 관찰자의 욕구로부터 영향을 받지 말아야 한다.
⑤ 전통적 법규칙이나 법개념이 법원과 사람들의 실제 모습을 보여준다는 데 대해서 동의하지 않는다. 규칙은 법원이 무엇을 할 것인지에 대한 일반화된 예측임을 강조한다.
⑥ 마찬가지로 규칙이 법원의 판결을 결정하는 중요한 작동요소라는 이론에 대해서도 부인한다.
⑦ 단순한 규칙에 대해서는 불신하고, 법률적 상황을 종전보다 더 협소한 범주로 나누는 것에 대해서 지지하는 입장이다.
⑧ 효과의 측면에서 법을 평가하고자 한다.
⑨ 법의 문제점에 대해 지속적이고 체계적으로 공격하고자 한다.

법현실주의에 대한 르웰린의 요약에 대해서 다소간의 이론이 있을 수 있겠지만, 대체로 법현실주의의 특징을 잘 표현한 것으로 인정되고 있다. 위에서 보듯이 법현실주의자들이 공유하는 문제의식은 법과 현실의 괴리였다. 당시의 법은 현실의 변화를 반영하지 못하고 있다는 것이며, 법원이 삼단논법의 추론과정을 통해서 판결을 내린다는 형식주의적 사고를 거부

Harvard Law Review, 44(8), 1931, pp.1236-1237. 르웰린은 법현실주의자라고 생각되는 사람 20명의 목록을 만든 후 이들의 공통점을 추출하는 식으로 법현실주의의 특징을 도출했다.

했다. 이들은 사회학 · 심리학 · 문화인류학 등의 성과를 원용하면서 법형식주의에 대한 맹렬한 비판을 수행했고, 법관의 판결과정에 영향을 미치는 법 외적 요소들을 정교하게 탐구했다.

1) 홈즈 : 경험으로서의 법

홈즈(Oliver Wendell Holmes, Jr., 1841~1935)는 보스톤에서 출생하여 하버드 대학을 졸업했다. 하버드 로스쿨 교수와 매사추세츠 주 대법관을 잠시 역임한 후, 1902년부터 1932년까지 무려 30년간 미국 연방대법관을 역임했다. 홈즈는 미국 대법원에서 지속적인 영향력을 행사했고, 미국 대법원 판결에서 가장 많이 인용되는 사람 중의 한 사람이 됐다. 특히 Schenck v. United States(1919)에서 그가 제창한 "명백하고 현존하는 위험"의 법리는 지금까지도 생생하게 이용되고 있다. 저서로는 『보통법』(*The Common Law*, 1881), 『법의 길』(*The Path of the Law*, 1897) 등이 있다.

홈즈는 랑델과 동시대인이었음에도 불구하고 법에 대해서는 아주 다르게 접근했다. 이러한 차이는 1881년의 『보통법』(*The Common Law*)에 잘 나타나 있다.

> 법의 생명은 논리가 아니고 경험이다. 사람들을 규제하는 규칙을 결정함에 있어서 자각된 시대적 요청, 지배적인 도덕이론 및 정치이론, 공공연하든 무의식적이든 공공정책적 직관, 그리고 심지어 동료들과 공유하는 법관의 편견들이 삼단논법보다 더 많이 관련을 맺는다. 법은 수세기에 걸친 민족의 발전사를 담고 있으며, 공리나 정리만 담고 있는 수학책처럼 취급되어서는 안 된다. 법이 무엇인지 알기 위해서 우리는 법의 과거와 미래를 알아야 한다. 우리는 역사와 현재의 입법이론을 교대로 참고해야만 하는 것이다. 그러나 가장 힘든 작업은 각 단계에서 그 둘이 결합하여 새로운 산출물이 만들어지는 것을 이해하는 것이다.[7]

---

7) Oliver Wendell Holmes, Jr., *The Path of The Law and The Common Law*, Kaplan Publishing, 2009, pp.31-32.

이 짧은 글에 홈즈 사상의 많은 것이 압축적으로 나타나 있다. 무엇보다 홈즈는 법이 논리의 문제가 아님을 주장하고 있다. 이는 랑델과는 대극점에 있는 관점이다. 법을 결정하는 것은 법 내적 논리보다는 법 외적인 것이 더 결정적이라고 본 것이다. 거기에는 시대적 요청, 정책적 고려가 포함되고, 그 시대의 이론 그리고 심지어 법관의 개인적 편견 등이 포함되는 것으로 설명한다. 법은 내적인 논리가 없고 법 외적인 특히 사회적인 요청이 반영되어 있다는 것이다. 법에 반영된 사회적인 요청이란 과거에 법에 대해서 요구되었던 것과 입법자가 법을 통해서 미래에 구현하려고 하는 것이 혼재되어 있다. 그렇기 때문에 현재의 법을 알기 위해서는 법에 대해서 무엇이 요구되는지를 알아야 한다. 그러한 것을 알지 않고서는 법의 내용을 알 수 없는 것이다. 또 법의 역사를 보면 그 민족의 사회적 요청이 어떻게 변화해 왔는지를 알 수 있다고 했다. 이처럼 홈즈는 논리로서의 법을 부인하고 사회적 요청으로서의 법을 주장했다. 그는 심지어 "법은 사실상 그 사회에서 최고권력의 의지"[8]라고 했다. 따라서 법은 여러 가치들 간의 대결에서 살아남은 가치를 반영하고 있다.

그렇다면 법관은 어떤 식으로 판결을 하는가? 홈즈는 같은 책에서 법관들은 사실에 기초하여 판결을 내리고, 그 후에 그 판결을 정당화하는 의견을 쓴다는 입장을 개진했다. 법관들은 서로 대립하는 법이론들 사이에서 선택을 해야만 하며 판결의 진정한 기초는 법의 외부에 존재한다고 보았다. 결국 법관은 그 사회의 지배집단의 의지를 발견하고 관철하는 역할을 하는 것이다. 지배집단의 의지는 입법으로 드러나는 것이기 때문에, 홈즈는 선출된 입법자들에 의한 제정법에 대해서 각별히 높은 의미를 부여했다.

법이 법 내재적 논리에 의해서 발전하는 것도 아니고, 심지어 그러한 내적 논리의 자체가 존재하지 않는다는 홈즈의 주장은 당시로서는 지극히

---

8) Oliver Wendell Holmes, Jr., "Summary of Events-The Gas Strokers' Strike," *American Law Review*, Vol.7, 1873, p.583.

이질적인 것이었다. 하지만 이러한 주장은 당시의 급변하는 사회환경에서 배타적으로 법리만을 추구하는 법형식주의와 달리 유연하고 시대적합적인 법운영을 가능케 했다.

홈즈의 법사상은 『법의 길』(1897)에서도 연속성을 가지고 나타난다. 여기서 그는 법의 현실적인 모습을 묘사한다. 법을 공부한다는 것은 어떤 신비한 것을 공부하는 것이 아니고, 잘 알려진 직업에 대해서 공부하는 것이다. 법은 현실적인 필요가 있을 때 참조하는 것이기 때문에 그것은 하나의 사업(business)이 되는 것이고, 법을 공부하는 이유는 예측(prediction)을 위한 것이다. 심지어 그는 법이 무엇인지를 알기 위해서는 단지 물질적인 이득에만 관심을 가지는 악인(bad man)의 관점을 가져야 한다고 한다. 법은 어차피 도덕을 문제삼을 수 없고 외부적으로 드러난 행동만 고려하기 때문이다. 그러한 악인은 법형식주의가 말하는 법원리나 공리에 관심을 가지지 않는다. 그가 관심을 가지는 것은 오직 특정 법원이 어떻게 판결할 것인가에 관한 것뿐이다. 그 연장선에서 그는 다음과 같이 말한다. "내가 법이라는 말로써 의미하는 것은, 더도 아니고 덜도 아니고, 법원이 실제로 무엇을 할 것인가에 대한 예언이다."[9] 이로써 홈즈는 법원리 중심의 형식주의적 법사고와 단절하고 있다.

이러한 주장을 통해서 홈즈는 기존의 법관들이 현실의 요청을 충분히 고려하지 않는 점을 비판했다. 법관들은 형식논리를 추구하기보다는 차라리 역사를 공부하는 것이 필요하다고 했다. 그리고 통계학과 경제학을 숙달하는 것이 필요하다고도 했다. 이러한 학문을 통해 사회의 목적과 욕구를 측정할 수 있다고 보았기 때문이다. 만약 홈즈시대에 사회학이라는 용어가 있었다면 아마도 사회학도 함께 거론했을 것이다.

홈즈가 기여한 가장 현저한 측면이라고 한다면, 법형식주의에 대한 확

---

9) Holmes, 앞의 책(2009), p.6.

고한 비판을 수행했다는 점이다. 그는 형식주의를 탈피하여 현실적 요청에 부합하는 판결을 창의적으로 내림으로써 대중들과 실무가들 그리고 학자들에게 강한 인상을 남겼다. 그 이후 많은 법률가와 법학자들이 홈즈의 후계자임을 자처했다. 그의 입장은 루즈벨트 대통령에 의해서 대법관으로 지명되었을 때 의회에서 만장일치의 동의를 얻었을 만큼 대중적 지지를 받기도 했으며, 실제 실무에서도 시대적 변화를 반영한 판결을 가능하게 했다.[10]

홈즈에 대한 비판은 그의 상대주의적 사고를 향해 있다. 그는 입법에 대한 추종적 입장을 취했다. 예컨대 그는 강제적인 불임시술이 합헌이라고 주장했다(Buck v. Bell, 274 U.S. 200, 1927). 반면에 노동시간을 규제하는 입법이 연방대법원에 의해서 위헌판정이 내려졌을 때 그는 "헌법은 특정 경제이론을 의도하고 있지 않다"는 근거하에 반대의견을 내어서 진보주의자의 지지를 받기도 했다.[11] 당시는 반독점법, 연방거래위원회법(1914), 연방준비이사회법(1913) 등 많은 규제법이 등장하고 있는 시점이었는데, 홈즈는 다수가 자신의 의견을 법으로 만들 권리를 인정해야 한다고 했다. 그렇다고 홈즈가 진보적 성향을 가진 것은 아니었다. 그는 사회복지 입법의 많은 것은 무분별하거나 또는 심지어 전제적이라고 하여 강한 보수주의적 편향을 보이기도 했다. 그에게 중요한 것은 현실의 힘이 무엇을 법으로 보는가였고, 그런 점에서 언제나 보수주의에 노출되어 있었다.

---

10) 홈즈에 대한 비판도 적지 않다. 홈즈 이론의 비일관성, 홈즈의 보수성, 법과 도덕의 분리 및 악인의 이론 등이 비판의 지점들이다. 우리나라에서 번역된 『홈즈 평전』(앨버트 앨슐러, 최봉철 옮김, 청림출판, 2008)은 홈즈에 대한 비판적인 관점에서 저술된 것이다.

11) Lochner v. New York 198 U.S. 45. 이에 대한 소개는 오재형, "법적 판결과 사회과학의 문제를 중심으로 한 법현실주의 연구," 서울대학교 법학석사논문, 2007.8., p.31 이하 참조.

2) 파운드 : 사회학적 법학

> 파운드(Roscoe Pound, 1870~1964)는 네브라스카 주 출신으로서 식물학 박사학위를 가지고 있었다. 후에 하버드에서 법학을 공부했고, 1910년부터 하버드 로스쿨에서 법학을 가르치다가, 1916년부터 1936년까지 그곳의 학장으로 재직했다. 사회학적 법학의 창시자로서 형식주의적 법학을 비판했으며 초기 법현실주의를 이끌었다. 저서로는 『보통법의 정신』(*The Spirit of the Common Law*, 1921), 『법사의 해석』(*Interpretation of Legal History*, 1923), 『미국 형사소송』(*Criminal Justice in America*, 1930) 등이 있다.

파운드는 선험적인 가치로부터 논리적 연역을 통해서 법적 추론을 하는 것을 기계적 법학이라고 불렀다. 이러한 방식은 어느 정도의 논리성, 정밀성 그리고 예측가능성을 제고한다고 보았지만, 그는 그러한 방식에는 명백한 한계가 있다는 것을 지적했다. 그리고 그 한계를 극복하는 데에 매진했다. 그는 다음과 같이 말했다.

> 법은 과학 자체를 위한 과학이 아니다. 법은 목적을 향한 도구로서의 과학이기 때문에 내적 구조의 정교함이 아니고, 그것이 이루어 내는 결과에 비추어 판단되어야 한다. 법은 논리적 과정의 수려함이나 법이 기초로 삼고 있는 도그마로부터 규칙을 도출하는 엄밀성에 의해서가 아니고, 법의 목적에 부합하는 정도에 의해서 가치가 결정되어야 한다.[12]

파운드는 기계적인 법학을 넘어서 현실적이고 행동지향적인 법학을 추구하고자 했다. 그것은 목적을 중시했기 때문에 "목적법학(jurisprudence of ends)"이라고도 할 수 있다. 그에 의하면 법의 유용성이나 가치는 목적에 비추어 평가되어야 하는 것이다. 그는 법에 따라서 현실을 교정해야 한다

12) Roscoe Pound, "Mechanical Jurisprudence," *Columbia Law Review*, 8(8), 1908, p.605.

고 생각하기보다는 현실에 따라서 법이 변경되어야 한다는 입장을 취했다.

파운드는 형식적이고 고립적인 법학을 탈피하고자 했다. 대신 당시에 부상하고 있던 사회학의 성과를 받아서 사회학적 방법을 법학에 도입하고자 했다. 즉, 사회학의 방법론을 이용하여 법학을 발전시키거나 법의 실효성을 제고하고자 한 것이었다. 그래서 그는 자신의 법학을 "사회학적 법학(sociological jurisprudence)"이라고 불렀다.

하지만 파운드는 랑델이나 홈즈와는 달리, 보통법에 대해서 그리 많은 강조점을 두지는 않았다. 오히려 파운드는 입법에 무게중심을 두었다. 그는 "법은 종종 실로 죽은 자에 의한 산 자의 지배이다"[13]라고 할 정도로 과거의 법에 연연하는 태도에 대해서 경계했다. 그는 오히려 미래지향적인 법학을 수립하고자 했다. 그것은 사법보다는 입법에 더 많은 기대를 한다는 것을 의미한다. 그는 사회학적인 방법에 기초하여 사회의 여러 이익들(social interests)을 파악할 수 있다고 보았으며, 그에 기초하여 입법을 하게 된다면 바람직한 사회를 만들어 나갈 수 있다고 보았다. 그런 점에서 파운드는 "사회공학(social engineering)"으로서의 법학을 주창하게 된다.

파운드의 기여는 일찍이 법의 사회적 측면에 착안하고, 사회학과 법학을 결합하려고 한 데에 있다. 파운드는 구체적인 이론적 성과가 현저한 것은 아니지만, 하버드 법대의 학장으로서 지속적으로 법의 사회적 측면을 강조함으로써 많은 영향을 미쳤고, 홈즈와 더불어 미국 법학에서의 사회학운동의 선구자로 인식되고 있다.

그러나 파운드에 대한 비판도 없지 않다. 파운드는 기능주의 입장에 경도되어 있었기 때문에 법에 대한 비판적 입장을 견지하지는 못했다. 그리고 그의 이론은 전체적으로 보아 독창성이 결여되어 있으며 백과사전적이고 절충주의적이라는 비판을 받았다. 특히 후기로 가면 사회학적 문제의식

13) Roscoe Pound, "The Causes of Popular Dissatisfaction with the Administration of Justice," *Journal of the American Judicature Society*, 20(5), 1937(1906), p.180.

과는 상충된다고 볼 수 있는 법적 공준(legal postulate) — 즉 경험적 사실에 근거하지 않고도 자명하다고 여겨지는 법원칙이나 가치 — 이라는 개념에 크게 의존했다. 이는 그가 사회학적 법학의 창시자로서의 입장을 버리고 자연법적 편향을 갖게 되었음을 의미한다. 하지만 지금까지 그의 명성이 유지되어 온 것은 그가 법학에서 사회학적 지평을 넓히는 데에 미친 기여가 작지 않기 때문이다.

3) 르웰린 : 규칙회의주의

르웰린(Karl N. Llewellyn, 1893~1962)은 시애틀에서 태어나서 예일 대학과 예일 로스쿨에서 수학했고 한때 프랑스 소르본 대학에서 공부하기도 했다. 예일대에서는 섬너(William G. Sumner)의 사회학으로부터 영향을 받았다. 1925년에 콜롬비아 로스쿨에서 교수직을 맡았으며 법현실주의 논쟁에 적극 가담했다. 그는 미국 통일상법전의 초안 작성 책임자로 활동했다. 후에 호벨과 함께 인류학적 연구에 몰입하기도 했다. 저서로는 『장미덤불』(*The Bramble Bush: On Our Law and Its Study*, 1930), 『샤이엔족의 삶』(*The Cheyenne Way*, 1941), 『보통법전통』(*The Common Law Tradition*, 1960), 『현실주의의 이론과 실제』(*Jurisprudence: Realism in Theory and Practice*, 1962) 등이 있다.

르웰린도 홈즈와 마찬가지로 법원을 중심으로 법 개념을 정의했다. 홈즈가 예측으로서의 법을 말했다면, 르웰린은 법 개념에 대한 행태주의적 접근을 취하여 "법 관련 공직자들이 분쟁에 대해서 하는 것이 법이다"라고 했다.[14] 르웰린은 이러한 식으로 행동으로 표현된 법이야말로 "실제의 규칙(real rules)"이라고 하여, 교과서에서 법이라고 말하고 있는 "지면상의 규칙(paper rules)"과 구분했다. 르웰린은 지면상의 규칙과 실제의 규칙 간의

14) Karl N. Llewellyn, *The Bramble Bush: Our Law and Its Study*, Oceana Publication, 1930, p.20.

간극에 주목한다. 그는 지면상의 규칙을 안다고 하더라도 실제의 규칙을 알 수 없다고 한다. 그는 항소심의 사건을 연구하면서, 어떤 사건에서든지 그 사건에서 하나만의 올바른 답이 있다는 주장은 "바보 같은 가장(foolish pretense)"이라고 했다.[15] 그는 "소송을 하는 것이 무리가 아닐 정도로 충분히 의심스러운 사안에서라면 적용가능한 그럴듯한 전제가 적어도 두 개는 존재하며 그 두 가지 전제는 그 사안에서 상호 모순적으로 적용된다"고 했다.[16] 그러한 전제들 중에서 어느 것을 선택하는지는 법관에 달려 있는 것이다. 결국 동일한 법체계하에서도 거의 언제나 서로 반대되는 규칙이 도출될 수 있다는 것이다.

물론 법조문이 매우 구체적인 경우 법관은 그에 구속될 수밖에 없지만, 법조문은 대체로 그리 결정적이지 않다고 보았다. 그는 조문보다는 법관의 상황감각(sense of situation)이 중요하다고 보았다. 제정법이 있는 경우에도 법조문이 그리 구속적이지는 않다고 본다. 일단 방향이 정해지면 제정법은 신축적인 해석이 가능하기 때문에 원하는 방향대로 해석이 가능하다고 본 것이다. "제정법이 이해되려면 그 제정법은 그 목적에 비추어 읽혀야 한다. 아무런 목적이나 목표 없이 단지 규칙만을 선언하는 법이란 난센스다. 만약 제정법이 현행법 체제로 편입된다면 더군다나 법원은 새로운 제정법의 목적을 현행법 체계와의 관련하에서 파악해야 한다. 다시 말해 입법부의 정책을 법원 자신의 정책으로 대체시켜야 한다. 따라서 그 목적은 불가피하게 창조적으로 재편성되는 것이다."[17]

이처럼 르웰린은 규칙 자체가 불확정적이라는 점을 부각하면서, 법형식주의를 비판했다. 이러한 태도로 인해 그는 프랑크에 의해서 "규칙회의주의자(rule sceptics)"라고 불렸다.

---

15) 최봉철, 앞의 글, p.40.
16) Llewellyn, 앞의 글(1931), p.1222, p.1239.
17) 최봉철, 앞의 글, pp.41-42.

4) 프랑크 : 사실회의주의

프랑크(Jerome Frank, 1889~1957)는 뉴욕 출생으로서 시카고에서 로스쿨을 졸업하고 시카고와 뉴욕에서 변호사로 활동했다. 그는 41세 되던 해에 『법과 현대정신』(*Law and Modern Mind*, 1930)을 출간하여 학계에 선풍을 일으켰다. 그는 뉴딜시대에 연방정부의 각종 고문 역할을 했고 연방증권거래위원회 위원장이 되기도 했다. 1941년에는 연방판사로 취임하여 16년간 근무했다.

프랑크도 앞서의 사람들과 마찬가지로 법원을 중심으로 법을 정의했다. 그는 "법은 규칙들이 아니라 판결들로 구성되며, 판사가 사건에 대해 판결할 때마다 그 판사는 법을 만드는 것이다"고 했다.[18] 그에 의하면, 판결이 내려지기 전까지는 법은 존재하지 않는 것이며 다만 법률가들의 추측만이 존재할 뿐이다. 이는 실로 가장 법현실주의적인 법 개념이라고 할 만하다.

프랑크는 그러한 의미의 법, 즉 판결은 거의 예측불가능하다고 주장한다. 그는 현실에서 미국의 재판은 기실 이슬람의 카디(Qadi)재판[19]과 다를 것이 없다고 한다. 하지만 그 이유를 설명하는 데에서는 르웰린과 다소 다르다. 르웰린이 착안한 지점은 법규칙을 아는 것이 실제 판결을 예측하는 데 그다지 도움이 되지 않는다는 것이었다. 이에 대해 프랑크는 한편으로 그러한 측면을 인정하면서도, 판결의 예측을 불가능하게 하는 더욱 심각한 문제가 있음을 지적한다. 그는 판결의 확실성을 기대할 수 없는 이유는 사실확정의 어려움에 있다고 한다. 그는 법규칙의 의미내용이 아무리 명백하더라도, 사실관계가 달리 인식된다면 법규칙의 내용이 아무 소용없다는 점

18) Jerome Frank, *Law and Modern Mind*, 1930/1949, p.128.
19) 카디재판은 이슬람의 종교재판을 의미하는데, 여기서는 예측불가능한 재판의 상징으로 인용된 것이다.

에 착안했다. 그런 점에서 프랑크는 르웰린보다 한층 더 급진화했다고 할 수 있다. 르웰린은 "진정한 규칙(real rules)"을 발견함으로써 규칙의 모호성을 극복하려고 한 반면, 프랑크는 진정한 규칙이 발견되더라도 그것만으로는 판결의 예측성을 그다지 제고하지 않는다는 점을 지적한 것이다. 프랑크는 사실확정의 어려움을 이유로 대부분의 소송사건에서 판결을 예측할 수 없다고 주장하는 사람들 중에 자신을 포함시키고, 이들을 규칙회의주의자와 대비하여 "사실회의주의자(fact-sceptics)"라고 불렀다.

그러한 입장에서 프랑크는 사실심에 대해 연구를 집중했다. 그는 사실인정의 과정은 적용법규의 선택과정과 분리된 것도 아니고 객관적인 과정도 아니라고 한다. 사실인정의 과정에서 수많은 왜곡과 선입견들이 작동하며, 사실심에서 잘못 인식된 사실관계는 항소심에서도 교정될 수 없다는 점을 지적한다. 항소심에서는 사실심에서 확정된 사실관계를 전제로 할 뿐 달리 사실확정의 문제를 다루지 않기 때문이다. 그는 사실인정의 중요성에 비추어 볼 때 미국의 사실심은 절망적으로 구태의연하다(hopelessly antiquated)고 비판했다.

프랑크는 사정이 이러함에도 불구하고, 미국에서 법형식주의자들이 난무하는 현실에 대해서 개탄했다. 그는 법규칙의 논리적 적용을 통해서 법판단을 내린다는 법형식주의자들의 주장은 신화(myth)에 불과하다고 보았다. 프랑크는 법률가들이 법규에 대해서 과도하게 기대하는 것은 일종의 아버지 콤플렉스의 표현이라고 비하했다. 그에 의하면 아이들은 성장하면서 전지전능한 아버지에 대해 신뢰하게 되는데, 성인이 되면서 아버지의 신뢰가 무너지자 그 대체물로서 법의 확실성에 대한 환상 내지 집착을 가지게 되었다는 것이다. 이를 통해 그는 당시 주류적 법조계의 미성숙성을 지적했다고 볼 수 있다.

이러한 주장으로 인해 프랑크는 법현실주의자들 중에서 가장 급진적이고 극단적인 회의주의자로 인식되었다. 그러나 그는 자신이 무책임한 회의

주의자로 불리기를 바라지 않았다. 오히려 그는 『법과 근대정신』의 6판(1948) 서문에서 자신을 포함한 이른바 법현실주의자들을 법현실주의자라고 부르는 것은 적절하지 않다고 하고, 대신 "건설적 회의주의(constructive scepticism)"라고 부를 것을 제안했다. 다시 말해 무책임하게 비판을 일삼는 사람이 아니고, 회의적인 태도를 통해서 건설적 발전을 도모하는 사람이라는 것이다. 그는 법의 완결성이나 예측가능성에 대한 근거 없는 믿음을 갖기보다는 각 제도의 현실적 한계를 명확히 인식한 위에서 제도의 개선을 도모하는 사람으로 인정받기를 원했다.

5) 법현실주의에 대한 평가

법형식주의에 대한 강력한 비판을 하고 경험적 현실과 법학의 결합가능성에 대해서 강한 믿음을 가졌던 법현실주의는 1940년대에 급격히 퇴조했다. 이 시기에 이르면 1920년대와 1930년대에 경험주의에 열광하던 법현실주의자들이 대부분 사회과학적 연구를 포기했거나 아예 학문을 포기했거나 법학강의를 포기했다.[20] 이러한 퇴조의 원인에 대해서는 법현실주의가 갖는 폭로주의가 마침내는 아무도 지지하지 않는 윤리적 상대주의와 허무주의에 봉착했기 때문이라거나 경험주의에 대한 요란한 강조에도 불구하고 실제적인 성과가 없다는 점을 들기도 한다.[21]

그러나 법현실주의자를 자처하는 사람들이 사라졌다고 해서 그들의 성취나 문제의식마저 사라진 것은 아니었다. 오히려 여러 가지 측면에서 강력하게 그 족적을 남겼다고 보는 것이 정당한 평가일 것이다.

법현실주의는 지금까지도 법현실을 바라보는 데에 많은 영감을 제공하

---

20) 에드워드 화이트, 김건식 옮김, "법현실주의로부터 비판법학까지," 『현상과 인식』, 제39호, 1987.8., p.178.

21) 화이트, 위의 글, p.177.

고 있다. 무엇보다 법현실주의는 법이 논리적 완결성을 갖는다는 점을 비판하고 법조문과 현실 간의 괴리문제를 집요하게 지적했다. 이러한 문제의식은 오늘날도 여전히 유효하다. 판결상의 불안정성이, 조문의 모호함에 기인하든 사실관계 확정의 어려움에 기인하든 법관의 개인적 편견에 기인하든, 존재하는 것은 틀림없으며, 그것을 어떤 식으로든 극복하는 것은 중요한 일임에 틀림없다.

여러 법현실주의자들이 판결의 불안정성을 극복하는 방안으로서 경험적 연구를 끌어들였지만 결과적으로 그다지 성공적이지 못했다고 해서, 경험적 연구 자체가 문제가 있다거나 퇴조한 것도 아니다. 다만 로스쿨 내에서 경험적 연구를 수행하는 학자들이 주류적 입지를 확보하지 못했을 뿐이다. 실제로도 미국에서 법에 관한 경험적 연구는 1940년대 이후에도 지속되었을 뿐만 아니라 더욱 번성했다. 아래에서 보듯이, 이와 관련한 연구가 경제학, 사회학, 인류학계에서 대규모로 이루어져서 "법과사회운동(Law and Society Movement)"이라는 하나의 큰 흐름을 형성하기도 했다. 마찬가지로 비판법학도 법현실주의에 힘입은 것이다.

법현실주의는 미국의 법학교육에도 많은 영향을 미쳤다. 법현실주의의 대두 이래 법학교재는 사례를 중심으로 다루면서도 법 외적 요소를 고려하는 것이 당연시되었다.

당시 미국의 시대적 과제를 중심으로 보자면, 법현실주의는 나름대로 중요한 역할을 수행했다고 볼 수도 있다. 법현실주의자들은 학문적 완결성을 추구하려는 문제의식에서 출발했다기보다는 당시의 많은 판결들이 잘못된 것이라는 인식에서 출발했다.[22] 그들은 당시의 판결들이 낡은 가치와 관념을 조장하고 사회상황의 변화를 무시하는 것이라고 보았다. 법현실주의자들은 보통법 전통에 집착하며 현실개혁에 미온적인 보수주의자들을

22) 화이트, 위의 글, p.173.

비판했으며, 스스로 판사로 활동하거나 연방정부에 참여하기도 하고 통일 상법전 등 법규의 제정에도 참여했다. 실로 그들은 뉴딜시대를 법적으로 뒷받침하는 역할을 했다. 이처럼 법현실주의자들은 무책임하게 비판적이었던 것은 아니고, 현실을 개혁하려는 개량주의자들이었던 것이다. 적어도 그들은 경직된 형이상학이나 도그마를 거부하고, 법이 진정한 삶 혹은 사회적 삶과 유리되어서는 안 된다는 메시지를 강력하게 전달했다.[23] 법현실주의에서 보이는 회의주의적 태도는 이를 도모하는 하나의 접근법이라고 볼 수 있다.

3. '법과사회' 운동

1960년대는 미국 법사회학의 발달에서 중요한 획을 긋는 시기라고 할 수 있다.[24] 그것을 상징적으로 보여주는 사건이 『법과사회학회』(*Law and Society Association*)의 결성이다. 여기에는 법학교수 외에도 사회학자, 정치학자, 심리학자, 인류학자, 역사학자 등 여러 사회과학자들이 가담했다. 이들은 많은 연구비를 지원받으면서 1967년 『법과사회연구』(*Law & Society Review*)를 창간하고 또 지속적으로 학술대회를 열면서 법과 사회에 관한 지식을 심화시켰고 축적해 갔다. 1960년대 이전에도 법과 사회에 관한 연구가 없지 않았지만, 법과사회학회 설립 이래로 훨씬 대규모적이고 지속적으로 이루어지면서 하나의 큰 흐름을 형성했다. 후대에 사람들은 이 흐름을 "법과사회운동(Law & Society Movement)"이라고 불렀다.

---

23) 최봉철, "법현실주의의 이해를 위하여," 한국법철학회 편, 『현대법철학의 흐름』, 법문사, 1996, p.236.

24) 김정오, "미국의 사회적 법연구의 전개와 동향－법과 사회학회를 중심으로," 『법학논총』, 제24집 제2호, p.33 이하; 한상희, "'법과사회' 운동의 전개와 한계," 미국학연구소 편, 앞의 책 참조.

이들의 연구성향은 법현실주의와 맞닿아 있었다. 법과사회운동은 "기본적인 골격에서는 법현실주의가 취하고 있었던 법의 사회통제를 위한 도구로서의 개념규정, 가치와 사실의 이원론적 구분, 객관적이고 과학적인 방법론, 법전상의 법과 현실의 법의 구분과 그 간극 극복방안 모색, 그리고 그 내면에 있어서의 진보적 성향 등의 방향성은 여전히 전수하고 있었다."[25] 그렇기 때문에 법과사회운동을 "법현실주의의 수정판"이라고 보는 사람도 있다.

그러나 법과사회운동은 법현실주의를 단순히 반복한 것은 아니었다. 법과사회운동은 연구의 방법이나 범위에서 법현실주의를 압도하는 것이었다. 법과사회운동의 구성원에서 보듯이 이들은 기본적으로 학제적인 연구가들이었다. 이들은 여러 사회과학에서의 연구성과와 방법론을 법에 적용시키고자 했다. 특히 통계를 이용한 양적인 분석, 실험방법 등 자연과학에서 차용한 방법론을 동원하여 실증주의적 의미에서 과학주의를 도모했다. 이들은 추상적인 거대이론을 기피하고 개별적이고 구체적인 사안과 쟁점에 대해서 연구했다. 이들에게는 경험적으로 인식가능한 현상이 주된 관심사였던 것이다. 이들은 법이 추상적인 가치를 담고 있는 체계라기보다 수단적인 의미를 갖는 것으로 보았다. 그 전제에 따르면서 이들은 법이 사회 속에서 생성하고 변화해가며 법과 사회가 상호작용하는 방식들을 기술하고자 했고, 이를 통해서 법과 사회를 개선하고자 했다. 이들은 법과 사회의 간극에 관심을 가졌는데, 이러한 간극의 원인을 과학적으로 발굴하고 추적하여 그 간극을 줄이고자 했다.[26] 이런 여러 점들을 고려할 때 이들은 과학주의에 입각한 개량주의자들이었다고 할 수 있다.

이들의 연구범위는 법현상의 전반에 걸쳐 있었다. 법과 사회질서의 문

---

25) 한상희, 위의 글, p.76.

26) 이런 연구경향은 특히 초기 법과사회연구의 주류적 접근법이었고, 통칭하여 "Gap Study"로 불리기도 한다. 김정오, 앞의 글, p.39.

제, 법과 분쟁해결, 법과 사회변동 등 법사회학 교재의 각론 중 주요한 부분이 이들의 연구성과라고 해도 과언이 아니다. 이들은 법이 사회질서를 유지하는 방식과 한계에 대해서 연구했다. 이들은 단순히 형법에 한정하지 않고 널리 제재 일반에 대해서 연구했으며, 제재 외에도 내면화 등은 어떻게 작동하는지 연구했다. 분쟁해결과 관련해서도 많은 관심을 보였는데, 법이 분쟁해결과정에서 어떤 역할을 하는지, 공식적인 법원을 통한 소송 이외의 다양한 분쟁해결 방식 등을 인류학적 방법이나 통계학적 방법 등을 동원하여 연구했다. 사회변동에서 법이 어떤 역할을 하는지 입법이 실효적으로 작동하기 위한 조건은 무엇인지에 대한 연구도 이루어졌다.

1960년대 이래 법과사회운동은 법이 사회체계의 일부라는 인식을 확실히 각인시켰다. 법이 사회로부터 영향을 받는다는 인식과 사회과학적 방법으로 법을 분석하는 것이 당연시되었고, 관련 사회과학자들이 직접 전문가로서 법정진술을 하기도 했다. 대학에서 법과사회운동의 문제의식에 입각한 많은 연구소들이 정착했다.[27] 하지만 이들이 로스쿨의 교육과정에 확고하게 뿌리박았는지에 대해서는 다소간의 의문이 없지 않다. 실정법을 전수하고 실무가를 양성한다는 로스쿨에서 법과사회연구는 주변적인 위치에 머물고 있었던 것으로 보인다.

법과사회운동은 법에 대한 과학적 지식을 축적하는 데 큰 기여를 했지만, 지나치게 미시적이고 주변적인 문제에 관심을 집중했다는 비판을 받았다. 이들은 전체로서의 법질서가 정당하다는 전제하에 현실을 법에 합치시키려고 하거나 부분적인 개량에 치중했다. 그런데 1970년대 이후 미국사회에서 빈부격차의 증가, 베트남전쟁 등의 현상은 진보주의적 낙관주의를 퇴색하게 했고, 대신 비관주의적이거나 패배주의적인 흐름마저 생기게 했다. 이러한 흐름에서 법과사회운동을 보았을 때, 그것은 과도하게 낙관적

27) 예컨대, 버클리, 위스콘신, 노스웨스턴, 덴버, 예일 등에서 법과 사회의 접점을 연구하는 연구소들이 설립되었다.

이며 법 자체의 억압성을 포착하지 못한 것이었다. 후술하는 비판법학이 바로 이러한 문제의식을 반영한 연구흐름이다.[28]

4. 비판법학

1) 개요

비판법학은 1970년대 후반 이래 미국에서 등장한 하나의 법학연구의 흐름이다.[29] 이 흐름을 주도했던 당시의 젊은 학자들은 1960, 1970년대의 민권운동과 사회운동에 참여했던 세대로서 사회의 기득권과 권위에 대한 강한 비판의식을 지니고 있었다. 이들은 자신의 비판적 사회의식을 법에 적용했다. 이들은 기존의 주류적 법질서의 권위를 인정하지 않았으며, 주류적 법실천을 탈신비화하여 그에 내재한 억압성을 폭로하고자 했다.

여기서 그들이 비판하고자 한 주류적 법질서란 자유주의적 법질서에 다름 아니다. 법이 다양한 이해관계를 갖는 사회구성원들 간의 이해관계를 조정하고 분쟁을 해결한다는 전제에 대해서 의문을 제기한 것이다. 또 법이 자유주의자들이 말하듯이 법 내재적인 원리에 따라서 분쟁을 해결한다

---

28) 법과사회학회가 1970년대 활기차게 운동을 전개하였으나, 1980년대부터 불어닥친 비판법학의 강력한 비판에 의해서 다소 후퇴하는 듯했다. 하지만 1990년대 후반부터 비판법학이 서서히 힘을 상실해 나가면서 법과사회운동이 다시 활기를 띠기 시작했다. 무엇보다 이들은 법과사회학회의 국제화를 도모했고, 그 연장에서 동아시아에서는 2010년 홍콩에서 동아시아 법과사회학술대회(EALS)를 개최했고, 2011년에는 한국에서 두 번째 대회를 개최했다. 한국에서 개최된 이 대회에는 40여 국에서 150명의 국내외 학자들이 참여하여 열띤 토론을 벌였다.

29) 비판법학에 대한 연구논문으로는 다음을 참조하라. 김정오, "비판법학의 원천과 쟁점들," 한국법철학회 편, 앞의 책; 김정오, "미국비판법학의 흐름과 동향," 『법과사회』, 제10호, 1994; 이철우, "비판법학과 비판법사학," 『법과사회』 제2호, 1990; 한인섭, "비판법학," 서울대학교출판부, 앞의 책.

는 데 대해서도 의문을 제기했다. 여러 점에서 비판법학자들은 법현실주의와 유사했다.[30] 그러나 자유주의적 법질서 자체에 대해서는 확고한 믿음을 가지고 있었던 법현실주의와 달리 비판법학자들은 자유주의적 법질서 자체가 억압적 속성을 가지고 있다고 보았다. 그리고 비판법학자들은 기존의 법과사회운동을 주도한 세력들이 경험적이고 실증적인 방식으로 법과 사회 간의 연관성을 탐구한 점에 대해서 그 성과를 인정하면서도, 그들은 기본적으로 현실안주적이며 법의 억압적 속성을 포착하지 못했다고 비판했다. 비판법학자들은 법과사회운동의 주도세력들과 달리 부조리한 현실을 적극적으로 드러내고 정치적 실천을 통해서 개선하고자 했다.

비판법학을 본격적으로 시작한 사람으로는 트루벡(David Trubek)을 들 수 있다.[31] 뒤이어 호르위츠(Morton Horwitz), 케네디(Duncan Kennedy), 웅거(Roberto Unger), 터쉬넷(Mark Tushnet)이 초기의 비판법학을 주도했다. 1990년대 이후에는 비판법학이 포스트모던 법이론, 비판적 여성이론, 비판적 인종이론 등과 결합하면서 그 지평이 더욱 넓어졌다. 이리하여 비판법학은 더욱 다양한 방식으로 주류적 법과 법이론을 비판했으며 심지어는 1세대의 비판법학이 비판대상이 되기도 했다. 이처럼 비판법학은 하나의 단일한 이론축을 갖는 것이라기보다는 주류적 법질서의 문제점들을 다양한 방식으로 비판하는 다양한 흐름의 총합이라고 할 수 있다. 하지만 이들 간에 일정한 공통성이 없어진 것은 아니다. 미노우(Minow)는 비판법학의 공유점을 다음과 같이 지적했다.

> 첫째, 비판법학의 관점에서 볼 때 '법원리와 법원칙(legal principles and doctrines)'은 폐쇄된 정답을 주지 못하며 다양한 맥락에서 개방화되

---

30) 비판법학의 창시자라고 할 수 있는 트루백은 자신의 법이론은 신현실주의(new realism)라고 했다. 비판법학이 법현실주의에서 일정한 기원을 갖는다는 것은 일반적으로 인정된다. 김정오, "비판법학의 원천과 쟁점들," 한국법철학회 편, 앞의 책, p.243 이하 참조.

31) 트루백의 이론에 대한 소개는 양건, 『법사회학』, 아르케, 2000, p.178 이하를 참조하라.

어 있으며, 상호 모순적인 결과를 산출할 수 있음을 인정한다(법원칙의 불확정성), 둘째, 법적 결정은 일정하게 선택된 가정 및 가치에 대한 역사적 선호와 우연히 결합된 법문화의 내적 역학을 표현한 것이다. 비판법학자들은 역사적 · 사회경제적 혹은 법 내재적 분석을 통해 어떻게 특정의 이익집단, 계급, 경제제도 등이 법원칙의 불확정성에도 불구하고 이익을 얻는가를 규명하고자 한다(법적 결정의 우연성 및 편향성), 셋째, 비판법학은 일정한 법적 분석 및 법문화가 그 법적 결과를 정당화하면서 국외자에게 신비화하는가를 폭로하려 한다(법의 정당화 · 신비화). 넷째, 비판법학은 종래 주목받지 못했거나 선호되지 않던 사회적 비전을 새로이 조명하고 혜택받지 못한 집단의 입장과 비전을 법적 담론화함으로써 그들의 법적 · 정치적 실천을 주장한다(법학의 비판적 실천성).[32]

요컨대 20세기 말 미국에서 대두된 비판법학은 법의 자율성 테제를 부인하고, 법에 내재한 억압적 측면과 편향성을 폭로하고 극복하려는 하나의 흐름이라고 할 수 있다.

2) 케네디

케네디는 1942년생으로서 1976년에 하버드 로스쿨의 교수가 되었고 비판법학의 선구자적 지위를 인정받고 있다.[33] 그는 1976년에 발표한 논문을 통해서 비판법학의 중심적인 개념의 하나인 비결정성(indeterminacy) 개념을 제시했다. 이를 통해서 그는 어떠한 법적 판단에서도 일관성이 유지되지 않는다는 것을 지적했다.

케네디는 이를 논증하기 위하여 미국법의 사법(司法)체계에서 작동하는 논증의 구조를 분석했다. 그는 법적 논증을 형식적 차원과 실질적 차원이

32) M. Minow, “Law Turning Outward,” *Telos*, 73, 1986, p.83(한인섭, “비판법학,” 미국학연구소 편, 앞의 책, 1999, pp.146-147에서 재인용).

33) 김정오, “자유주의 법체계에 대한 구조적 분석과 비판: 던컨 케네디의 비판법담론을 중심으로,” 『연세법학연구』, 제2권 제1호, 1992.

라는 두 가지 서술양식(rhetorical mode)으로 나누어 분석했다. 형식적 차원에서 법적 논증은 규칙(rules)에 의하는 방식과 법원칙(standard)에 의하는 방식으로 나눈다. 그가 말하는 규칙은 법관에게 일반적이고 직접 행동의 지침을 제공하는 법의 양식이고, 법원칙은 추상적인 원리에 따라서 개별적으로 판단하도록 촉구하는 법의 양식이다. 전자의 양식이 법의 중립성, 획일성, 정확성, 확실성, 자율성 등과 깊은 관련을 맺는다고 한다면, 후자의 양식은 법의 유연성, 개별성, 창의성, 자발성, 참여, 공동체성 등과 관련을 맺는다. 법 속에는 이러한 두 가지 양식이 공존하지만, 두 양식이 서로 양립가능한 것은 아니고 서로 배타적이고 모순적이다. 법에 내재하는 이러한 모순의 존재가 바로 케네디가 보여주려고 한 것이다. 결국 구체적인 법적 논증에서 규칙에 의거할지 법원칙에 의거할지는 법 내재적 논리가 아니라 판사의 자의에 달려 있다는 것이다.

다른 한편, 케네디는 법은 실질적인 차원에서도 모순되는 가치를 도모하고 있다고 보았다. 하나는 개인주의이고 다른 하나는 이타주의이다. 개인주의적 가치는 자유주의적 정치이론에서 말하는 개인주의에 근접하는 것으로서, 각자는 다른 사람에게 해를 끼치지 않는 한에서 자신의 이익을 추구할 수 있으며 자신의 노력으로 성취한 성과에 대해서도 타인과 공유할 필요가 없다는 생각이다. 이에 비해 이타주의는 개인의 이익을 지나치게 우선하지 않는 것이며 성과의 공유나 희생을 요구하는 사고방식이다. 법적 논증에서 어느 가치를 더 중시하느냐에 따라서 법적 판단은 달라진다. 말하자면 서로 모순되는 가치가 서로 공존하면서 갈등을 일으키고 있는 것이다. 그런데 법 체계 내에서는 어느 가치를 더 중시할 것인가에 대한 판단의 기준을 제공하지 않는다는 것이 문제이다. 결국 법적 결정이란 법 내재적인 논리구조에 의해서 논리필연적으로 도출된다기보다, 모순되는 가치들 중에서 자의적이고도 우연적인 방식으로 결정된다.

케네디의 이러한 도식이 함의하는 것은 자유주의적 법사상이 말하듯이 법이 자율성을 가지고 법 내재적인 논리구조에 따라 형식 합리적이고 논리 필연적으로 법적 판단을 내린다는 것이 기실 허구라는 것을 밝혔다는 점이다. 즉 자유주의의 법은 구조적으로 비결정적이라는 것이다. 또 케네디는 동일한 보통법의 체계가 시대에 따라 다른 색조를 띠는 것을 제시했다. 그에 의하면 19세기 초반에는 이타주의적 가치가 존중되었던 반면, 19세기 후반과 20세기 초반에는 개인주의가 지배적인 지위를 누렸다고 진단한다. 그는 후자의 시기를 "고전적 개인주의(classic individualism)"라고 불렀다. 그런데 20세기에 넘어오면서 다시금 고전적 개인주의를 거부하는 흐름이 생기게 된다는 점을 지적한다. 이러한 변화를 서술하는 데에서 케네디가 하고자 하는 말은 이러한 변화가 법 내재적 요인에 의해서 추진되는 것이 아니라는 점이다. 법적 논증은 법 내부의 모순구조에 편승하여 어느 방향으로든 순응해 가는 것이다. 즉 법적 결정은 자의적 · 우연적이라는 것이다. 그럼에도 불구하고 자유주의적 법률가들은 법 내적인 논리에 의해서 법적인 판단을 한다고 주장하는데, 케네디는 바로 이것이야말로 법의 이데올로기적 기능을 작동시키는 것이라고 한다. 즉 그렇게 주장함으로써 법적 판단의 자의성과 억압성을 은폐하고 법적 결정의 내용을 정당화하게 되는 것이다.

케네디의 비판법학은 이처럼 법 내재적인 모순 내지 딜레마를 분석함으로써 자유주의적 법사상과 법체계의 이데올로기성을 폭로한 데 그 특징이 있다.[34] 특히 그의 비결정성의 개념은 비판법학의 중심테제 중의 하나

---

34) 케네디는 1979년에 쓴 논문에서도 법의 내적인 분석을 통해서 법체계의 내적 모순을 지적한 바 있다. 즉, 그는 "블랙스톤의 주석의 구조(The Structure of Blackstone's Commentary)"라는 논문에서 블랙스톤의 주석서를 분석하여, 자유주의적 법사고에 내재한 모순을 드러내고자 했다. 여기서 그는 법이 추구하는 자유는 고립에 의해서 달성되는 것이 아니고, 다른 사람과의 관계에서 획득된다는 점이 법에 존재하는 근본모순을 구성하며, 이로 인해 사람들은 "고통스러울 정도의 모순된 감정"을 느끼게 된다고 한다. 법은 이러한 근본모순을 해결할 수는 없고 다만 조정(mediate)하는 것에 그친다. 결국 법은 근본모순을 우연적이고 자의적인 방식으로 이를 해결할 수밖에 없다는 것이다. 그 점에서 이 글도 마찬가지로 법의 비결정성을 보여주고 있다고 하겠다.

가 되었다.

3) 호르위츠

비판법학의 주요한 접근법 중의 하나는 역사적인 접근이었다. 이는 과거의 역사에서 법의 억압적인 특성들을 발견해 냄으로써 법의 억압성을 폭로하는 방법이다. 그 대표적인 사람이 호르위츠(Mortan Horwitz, 1938~)이다. 1970년 이래로 하버드 로스쿨에서 교수직을 역임한 그는 1977년『미국법의 변용 : 1780-1860』이라는 영향력이 있는 책을 출간하여 법에 대한 새로운 관점을 도입했다.

호르위츠 이전에 미국의 법사서술을 대표한 인물은 허스트(J.W. Hurst)와 프리드만(L. Friedman)이었다. 이들은 사회의 변화와 법의 변화를 연결시키면서 미국법의 발전과정을 서술했다. 이들의 눈에 비친 미국법은 다원주의 사회에서 자원을 공정하게 배분하는 중립적인 기구였다. 프리드만은 미국법사가 "최초의 중산층 공화국, 즉 평균적인 가족이 본격적인 의미에서 정치적 · 경제적 권력을 행사하고 법체계 자체에 참여한 최초의 현대국가의 이야기"[35]라고 했다. 이처럼 이들은 법이 사회적 합의의 산물로서 다원주의 사회에 건전한 질서를 부여하는 역할을 담당하는 것으로 보았다.

이에 대해 호르위츠는 이와 같은 다원주의적 가정 또는 합의주의적 사고방식을 거부하고, 미국법이 상인자본의 이익에 봉사했다는 점을 밝히고자 했다. 그는 판결들을 분석하여 이 기간 중에 판사들이 상인자본가들과 결탁하여 이들에게 유리한 일련의 판결을 내렸다는 것을 주장했다. 예컨대 판사들은 대규모 건설이나 개발과정에서 발생하는 여러 위험들에 대해 기업의 책임을 감소시키는 판결들을 내림으로써 경제적 약자의 희생 위에 값

35) Lawrence Friedman, 서원우 · 안경환 옮김,『미국법입문』, 대한교과서주식회사, 1987, p.8 참조.

싼 개발을 가능하게 했다는 것이다. 호르위츠는 이러한 점들을 밝힘에 있어서 실증적인 자료를 이용하여 세밀하게 서술함으로써 글의 설득력을 높였다. 이 책은 법이 자원의 중립적인 배분장치라는 일반적인 통념을 뒤흔듦으로써 미국사회에 큰 충격을 주었다.

후에 그의 저술은 충분히 실증적이지 못하다거나 논거가 지나치게 편향되었다는 비판을 받기는 했지만[36] 여전히 미국법사에서 가장 중요한 텍스트의 하나로 인정되고 있다.

4) 비판여성이론과 비판인종이론

미국에서 여성주의 법학(feminist jurisprudence)이 대두한 것은 대체로 1970년대에 이르러서였다.[37] 이들은 현실사회에서 법이 여성들을 차별적으로 취급하고 있는 점에 착안하고 이를 시정하기 위해서 노력했다. 이들은 법의 제·개정을 통해서 남녀간의 차별을 시정할 수 있다고 믿었다. 동일임금법(1963), 민권법제정(1964) 등도 이러한 흐름에 있는 것이다.

여성주의 법학이 급진화한 것은 비판법학의 등장과 더불어서이다. 비판법학에 의해서 세례를 받은 여성주의는 비판여성이론으로 불린다. 이들은 자유주의적 여성주의가 기존의 자유주의적 법질서를 정당한 것으로 보고 그 체제 내에서 남성과 여성 간의 대등한 대우를 주장한 것에 불과하다고 비판했다. 이들은 현행법은 자유주의 이데올로기에 입각한 것으로서 이는 남성들의 절대적 영향력하에서 만들어졌기 때문에 본질적으로 성차별적이라고 주장했다. 이들은 법의 개정에도 불구하고 크게 개선되지 않는

36) 이철우, "비판법학과 영미 법사학－호르위츠 테제와 그 극복을 중심으로," 『법과사회』, 제2권, 1990.

37) 박은정, "여성주의와 비판적 법이론," 한국법철학회 편, 앞의 책; 오정진, "비판페미니즘 법학－미국의 경우를 중심으로," 『법과사회』, 제16권, 1999.

성차별적 현실상태에 주목하여 현행 법질서를 근본적으로 비판하고자 했다. 이들은 자유주의가 말하는 보편주의적 사고는 기실 백인, 남성, 중산층의 가치에 불과하다고 보았다. 이들은 공적·사적 관계를 근본적으로 재구성하는 등 남녀관계를 전면적으로 재배치하고자 했고, 남녀간의 형식적 평등을 추구하기보다는 여성과 남성 간의 차이를 부각하거나 권리 개념을 근본적으로 해체하거나 재구성하려고 했다. 공적·사적 관계를 분리하는 세계관은 여성의 공적 진출을 막고 사적 관계에서 여성에 대한 억압을 방치하는 이데올로기로 평가되었으며, 남녀간의 형식적 평등성을 추구하는 것은 남성적 가치에 여성을 맞추려는 기도라고 비판되었고, 권리 개념은 개인주의적 남성주의에 적합한 개념이기 때문에 관계지향적인 여성의 가치를 담을 수 없는 것으로 비판되었다. 이러한 비판을 통해 여성주의자들은 여성의 경험과 이익과 가치가 반영된 해방된 사회를 추구했다.

비판여성주의자들이 자신의 입론을 세움에 있어서 이용한 주요한 방식은 역사적인 접근이었다. 이들은 미국의 역사 속에서 흔히 보이는 많은 억압적 법률과 판례에 나타난 억압적 현실을 생생히 서술함으로써 법이 정치적일 뿐만 아니라 성차별적임을 드러냈다. 1873년의 한 판결이 여성은 본질적으로 변호사 직업에 적합하지 않다고 선언했다는 사실은 법이 얼마나 남성편향적인지를 그대로 담고 있음을 보여준다(Bradwell v. Illinois, 83 U.S. 130, 1873). 그리고 최근까지도 여성들은 단독으로 계약을 할 수도 없었고 배심원이 될 수 없었다. 비판여성주의자들은 현재도 그와 유사한 잘못된 성적 편견들과 억압적 현장들이 많다고 보고 이를 발굴하고 시정하려는 노력을 도모한다.

여성주의자들이 등장한 이래 많은 개선이 이루어진 것이 사실이다. 이들은 가족법, 이혼법, 직장에서 성차별, 성희롱, 강간, 가정폭력, 포르노그라피, 동성애 등의 문제에 많은 관심을 보였으며 실질적인 변화를 주도했다.

비판법학이론이 포착하지 않은 또 다른 지점으로는 여성문제 외에도 인종문제가 있다. 비판법학의 세례를 받은 학자 중 인종적 편견과 억압에 민감한 일군의 학자들은 비판법학을 넘어 비판인종이론(critical race theory)을 도모했다. 비판여성이론가들이 미국법이 성차별적이라고 주장한 것과 마찬가지로, 이들은 미국사회가 인종주의적이고 미국법이 인종차별을 조장하고 유지한다고 보았으며 따라서 인종적 관점을 지니지 않으면 미국법을 이해할 수 없다고 주장했다.

미국의 비판인종이론가들은 남북전쟁 이후의 시기에 대해서 많은 관심을 두었다. 이 기간의 판결들이 갖는 백인우월주의의 편향을 지적했으며, 백인혈통의 유지를 도모한 법들에 대해서 비평했다. 그리고 비판인종이론가들은 방법론에서 통계적 · 이론적인 방법과 별도로 구체적인 인종차별의 현장을 생생히 묘사하는 방식으로 미국법에 나타난 인종편견을 폭로했다. 이것이 가능했던 이유 중의 하나는 이 이론가들 스스로 유색인들이었기 때문이었다.

비판여성이론과 비판인종이론은 비판법학의 토양에서 자라났지만, 백인남성이 주도하는 비판법학을 한편으로 계승하면서도 극복해 나갔다. 이들 분야는 초기의 비판법학이 다소 잦아진 후에도 왕성한 활동을 했고, 현재도 활발한 연구와 활동을 지속하고 있다. 그런 점에서 이들은 흔히 비판법학의 제2세대라고 불린다.

5) 비판법학의 정리, 성과와 한계

비판법학은 미국의 주류적 법학흐름인 자유주의적 법질서 자체에 대해서 비판을 가하였고 실천적으로 그 한계를 극복하려고 했다는 점에서 종래의 어떤 흐름과도 다른 차별성을 지녔다. 하지만 이러한 태도는 법허무주의라는 혐의를 받기도 했다. 대안을 제시하지 못한다거나 로스쿨에서 비판법학을 교육하는 것은 법실무가를 양성하려는 로스쿨의 취지에 적합하지 않다는 비판을 받기도 했다.

그러나 사실은 비판법학이 미국의 법학을 더욱 풍성하고 건전하게 만들었다고 보는 것이 더 타당해 보인다. 비판법학은 법학의 영역을 크게 확대했다. 법이 사회로부터 단절된 자기완결적 논리체계라는 관점은 더 이상 용납되기 어렵게 되었으며, 다른 사회과학이론으로부터의 수혈을 당연한 것으로 만들었다. 비판법학으로 인해 법학이 약자와 소수자의 관점과 이익에 대해 훨씬 민감하게 반응하게 되었다. 법학의 내용과 방법론도 훨씬 다양해졌다. 현재 미국에서 비판법학이 1980년대나 1990년대와 같이 무성하지는 않지만, 이는 비판법학에서 주장된 많은 내용들이 주류법학에 수용되었기 때문이라는 측면을 도외시할 수 없다.

생각거리

1. 2009년 전국 지방법원 합의부에서 판결한 형사사건 피고인 10명 중 6명이 1심 판결에 불복해 항소했고, 항소심 피고인 10명당 4명꼴로 1심 판결이 파기되었다. 왜 이런 문제가 발생하는가? 미국의 법현실주의의 이론과 연관지어 생각해 보자.
2. 2008년 이전에 우리나라에는 호주제도가 있었다. 비록 폐지되기는 했지만 모든 제도는 우선 그것이 도입된 역사적 맥락이 있고 그에 상응하는 사회적 기능을 수행한다고 볼 수 있다. 호주제도는 과연 어떤 기능을 수행했을까? 비판법학적 관점에서 해석해 보고, 이런 접근법의 유용성 내지 한계에 대해서 토론해 보자.

제 6 장

법의 타자들 : 페미니즘, 포스트식민주의와 법의 개혁

| 양현아 |

1. 여는 말 : 법의 타자들과 법의 개혁

페미니즘(Feminism)을 정의하는 것은 쉬운 일이 아니다. 그것은 여성의 권리를 찾기 위해 서구에서 태동한 사회운동, 정치학이자 현대사회사상에서 빼놓을 수 없는 한 사상체계(system of thoughts)라 할 수 있다. 페미니즘 내부에도 여러 흐름이 있지만, 여성차별의 해소와 가부장제에 대한 재구성, 나아가 기존의 가부장제가 부여했던 성역할과 젠더 정체성을 넘어서서 새로운 젠더관계를 재구성하고자 하는 흐름에서 그 특성을 찾을 수 있을 것이다.[1] 학문적인 견지에서 볼 때 페미니즘이란 여성을 대상으로 하는 영역이라기보다 여성과 젠더관계를 '다시 바라보는' 인문, 사회과학, 자연과학의 제 영역에 펼쳐 있는 방법론, 시각 내지 연구태도라고 할 수 있다.

법학과 페미니즘의 만남의 역사가 길다고는 할 수 없지만, 한국에서는 법을 통한 그리고 법에 관한 여성주의 운동이 활발히 일어났고 이와 함께 법학교육에서도 여성주의 법학(feminist jurisprudence) 내지 법여성학(legal feminism)이 새로운 분야로 자리매김되고 있다. 여성주의 법학이 젠더관계의 현실을 법에 반영하고 법을 통해 현실을 개선하고자 한다는 점에서 법사회학의 시각과 상응한다. 뿐만 아니라, 여성주의 법학은 소수자의 목소리를 법에 불러들이는 대표적인 소수자 법학이다. 이에 본 장에서는 소수자 법학 내지 비판이론[2]의 주요 흐름으로서 여성주의 법학의 사조, 국내와 외국의 주요 판례와 사건들을 고찰해 보기로 한다.

학술적 접근으로서 페미니즘 법학은 한국에서 1990년대 이후 시작되

---

1) 페미니즘에 대한 소개글로는 다음을 참고할 것. 제인 프리드먼, 『페미니즘』, 이박혜경 역, 이후, 1998; 실비아 월비, 『가부장제 이론』, 유희정 역, 1996; 한정숙 엮음, 『여성주의 고전을 읽다』, 한길, 2012.

2) 본 장에서 다룰 페미니즘과 포스트식민주의는 서로 상이한 이론이지만 이를 통칭할 필요가 있을 때는 '비판이론' 이라고 호명할 것이다. 물론 일반적으로 '비판이론' 은 이것과 상이한 의미를 가진다. '비판법학이론' 에 대해서는 본서 제5장을 참고할 것.

었지만, 법과사회 운동의 역사는 대한민국 정부 수립 직후인 1950년대 초로 거슬러 올라간다. 남성들의 시각에 입각하여 제정된 법의 성차별적 효과에 대한 비판과 제·개정 운동은 한국에서 페미니즘 법학의 풍부한 역사적 자원이 되었다. 이러한 운동은 대표적으로 1953년부터 시작된 가족법(민법 제4편 신분과 제5편 상속) 개정운동에서 2005년의 호주제도 폐지에 이르기까지 50여 년의 역사를 가진 한국 가족법 개정운동, 주로 1990년대에 일어난 여성에 대한 폭력에 대응한 "성폭력범죄의 처벌과 피해자 보호 등에 관한 법률"(1994), "가정폭력범죄의 처벌 등에 관한 특례법"(1997), "성매매알선 등 행위의 처벌에 관한 법률"(2004)의 제정 등에서 찾아볼 수 있다.[3] 본장의 또 다른 관심사는 법에 남아 있는 식민주의 유산에 관한 것이다.

1980년대 이후 부상한 비교적 최근의 사회이론인 포스트식민주의(postcolonialism)는 식민지 이후에도 정치적 · 문화적 측면 등에서 지속되는 식민지성(coloniality)에 대한 비판이론이자 이를 극복하기 위한 인식론이다. 이 이론은 아시아, 아프리카, 중동, 남미 지역을 포함하여 지구상의 3/4에 해당하는 광범위한 지역의 사람들은 식민지 피지배를 체험했다는 점에서 식민주의를 빼놓고 근대화를 설명하기 어렵다는 문제의식에서 출발했다. 식민주의 유산에 대한 인식틀과 이론을 구성하고자 했던 이 흐름은 앞서의 페미니즘과 마찬가지로 사회과학뿐 아니라 문학비평이나 역사쓰기 문제 등을 포함하는 학제적 흐름이다.[4] 이런 견지에서 볼 때 포스트

---

3) 한국의 법 관련 여성주의 운동의 사례로서 가족법 개정운동에 관해서는 이태영, 『가족법개정운동 37년사』, 서울: 한국가정법률상담소, 1995를, 성폭력관련법에 관해서는 신혜수, "여성인권운동," 『열린희망』, 1998 참고.

4) 포스트식민주의에 대한 소개들로는 다음을 참고할 것. Ania Loomba, *Colonialism/Postcoloinialism*, Routlege, 1998; 프란츠 파농, 『검은 피부, 하얀 가면』, 이석호 역, 1995, 인간사랑, Robert J. C. Young, *Postcolonialism*, Oxford, 2003. 또한 포스트콜로니알리즘의 태동에 있어서 인도지역 지식인이 중심이 되었던 서브알턴 연구(Subaltern Studies) 시리즈를 참고할 수 있다. Ranajit Guha & Gayatri Spivak, *Selected Subaltern Studies*, Oxford University Press, 1988.

식민주의에서 '포스트(post)'란 '이후'라는 의미, 식민지성이 지속된다는 의미, 그리고 넘어선다는 의미를 동시에 지니고 있다. 식민지 지배체계가 사라졌다고 해도, 식민지 시기에 구축된 제도, 문화, 무엇보다 사람들의 인식, 가족과 젠더와 같은 사회관계의 '내용들'은 큰 변화 없이 그 자리에 그대로 남아 있게 될 때, 식민지를 탈피한 사회는 어떻게 스스로를 해방시켜야 했을까?

포스트식민주의 학자들은 서양의 눈으로 바라본 비서구 식민지 사회의 본질화된 속성—그것은 미개하고 신비화되었으며 마치 남성의 눈에 비친 '여성'처럼 성애화되어 서양의 '타자'로 존재함[5]—에 대해 비판하면서도, 다른 한편으로는 기존의 민족주의(nationalism)에 대해서도 경계한다. 민족주의는 자기 민족을 중심으로 세계와 역사를 해석하면서 "자아 대 타자(self vs. other)"와 같은 식민주의자들과의 이분법을 통해 자기 민족의 순수성, 피해자성만을 부각시키는 경향이 있다. 여기서 민족 안의 다양성, 이질성, 나아가 지배-피지배의 복잡한 관계들이 시야에서 사라지기 십상이다. 이른바 민족 내부의 부역자, 무관심한 동조자, 나아가 식민지하에서 청산되지 않은 봉건적 관계, 전통과 가부장제와 같은 내부적 문제들은 민족주의의 관심사에서 빠지게 되어 식민지 이후 사회에도 온존할 가능성을 지닌다. 즉, 이러한 식민지 내부 사회관계 난맥상이 외부로부터의 식민지 피지배와 맞물리면서 형성되었던 '식민지적 근대 사회'를 바라보는 별도의 시각과 방법론이 필요하다는 것이다. 이 점에서 서양의 역사적 체험을 중심으로 한 근대화이론으로는 피식민 역사를 가진 사회를 설명하는 데 큰 한계를 가진다. 그럼에도 우리나라의 학문과 교육에서 한국사회의 근대성을 탐구함에 있어 여전히 서구의 마르크스나 베버, 뒤르켐 등과 같은 서구의

5) 이런 시각에 대한 비판적 언설로 널리 알려진 사이드를 참고할 것. Edward Said, *Orientalism*, Vintage, 1978. 한국어 번역본으로는, Edward Said, 박홍규 역, 『오리엔탈리즘』, 서울: 교보문고, 2007.

이론가에게서 출발하는 경향을 쉽게 찾을 수 있다.

한국에서는 근대 법과 사회라는 주제를 식민주의 문제와 떨어뜨려 놓고 생각하기 어려울 것이고 한국의 법사학과 법사회학계에서 식민지 법제도의 유산은 어느 정도 중요한 문제거리가 되어 왔다. 서구의 이질적인 법체계가 식민지 조선에 유입되었을 때, 어떤 일이 벌어졌을까? 특히 일본을 통해서 유입된 서구의 법체계는 식민지 조선사회의 현실과 어떻게 맞물렸고 이에 대해 식민주의자들은 어떤 법해석과 법적용을 하였을까? 그리고 이후 탈식민지 한국에서 법에 남겨진 식민지 유산은 어떻게 해석되고 극복되었을까? 물론 본 장에서 이와 같이 광범위하고 복잡한 문제들을 모두 다루기는 어려울 것이지만, 그 일면으로 일본의 구민법이 식민지 조선의 '전통'과 '관습'에 미친 변형, 그리고 온존의 측면을 가족법의 영역을 중심으로 살펴볼 것이다.

2. 페미니즘과 비판법학의 접점

페미니즘 법학은 철학, 사회이론, 법학에서는 물론 많은 학문분야들과 접촉하고 교류하면서 발전해 왔다. 특히 북미, 유럽과 같은 서구사회에서 페미니즘 법학은 비판법학이론(critical legal theory)과 밀접한 연관을 가지고 있다. 현실적인 사회운동이자 인식론적 문제를 제기하는 페미니즘 법학은 비판법학이론뿐 아니라 법과 사회(law and society) 연구, 법사회학 운동(sociolegal movement)에서도 중요한 위치를 차지해 왔다. 또한 최근의 서구 페미니즘은 젠더관계가 제기하는 '차이'와 '정체성'에 관한 질문들을 비판인종이론(critical race theory), 퀴어이론(queer theory), 포스트식민주의(postcolonialism) 등 다른 시각과 접목시켜서 바라보는 매우 탄력적인 담론의 장이 되고 있다.[6] 페미니즘 법학의 중심적 문제의식인 '법에서의 (여)성차별'을 극복하기 위하여 그 논증방식에도 다양한 흐름이 존재한다. 앞서 언급했듯이 한국에서도 페미니즘 법학의 운동이 매우 활발하게 전개되어 왔으나, 서구의 논증과 반드시 일치하는 법과 사회적 상황을 가지고 있다고 하기는 어려울 것이다. 아래에서는 서구의 페미니즘 법학의 주요 흐름을 살펴보고 한국과 서구의 차이에 대해서도 생각해 보기로 한다.

1) 페미니즘 법학의 다양한 흐름[7)]

(1) 여성을 법 앞에서 동등한 개인으로 취급할 것

먼저, 여성을 법 안에서 남성과 동등한 개인으로 취급하라는 페미니즘 법학의 논증방식에 관해 살펴본다.

본 조류는 여성에 대한 자유주의(liberalism) 사유에 기초하여 여성을 법 앞에서 남성과 마찬가지의 사람으로 취급하라는 원칙을 가지고 있다. 이러한 원칙은 여성을 남성에 대한 법과 사회에 내재한 근거 없는 편견(stereotype) 그리고 성역할분리 등을 철폐하는 데 있어 강력한 무기가 되어 왔다. 이러한 논리에 따르면, 관련 법률이나 관련 사안이 젠더와 무관한 것임에도 성별에 따라 '다른' 대우를 한다면 부당한 것이 된다. 즉 성별과 무관한 많은 직업, 역할, 기대 등에서 성별고정관념을 타파하고 여성을 여성이 아니라 개인으로서 취급하라는 이 접근은 많은 경우 그 젠더 중립성(gender neutrallity)으로 특징지어진다. 즉 젠더를 해당 사안과 '무관하게

6) 최근 서구 페미니즘 담론의 특성에 대해서는 Nicola Lacey, *Unspeakable Subjects: Feminist Essays in Legal and Social Theory*, Hart Publishing, 1998을 참고할 것.

7) 페미니즘 법학의 다양한 이론적 흐름과 국내외 관련 판례를 보려면 다음을 참고할 수 있다. 신인령·윤후정, 『법여성학』, 이화여자대학교출판부, 2001; 김엘림, 『남녀평등과 법』, 한국방송통신대학교출판부, 2009; 양현아, "서구의 여성주의 법학-차이와 평등의 논쟁사," 『법사학연구』, 제26호, 2002.

취급하라' 고 명령하고 법정책이 가진 성별분류(gender classification)가 부당한 것이 아닌지 심사한다. 하지만 때에 따라 이 젠더중립성조차도 그 기준점은 여전히 남성에 있다는 비판도 있다. 여성을 '동등한' 개인으로 취급하라고 할 때 그 동등성의 준거점은 남성과 같이 취급하라는 의미가 될 소지가 많기 때문이다. 이런 견지에서 볼 때 여성에 대한 동등대우(equal treatment)는 여성에 대한 많은 장벽과 통념을 파기하는 데는 효과적이지만, 남성을 평등의 모델로 채용한다는 점에서 남성중심적 평등론이라는 한계점도 있다. 나아가, 동등대우론은 뒤에서 볼 것처럼 남녀의 '차이' 를 다루는 데에는 별로 효과적이지 않다.

선도적 판례

* Reed v. Reed(404 U.S. 71, 1971)

사망한 양자(養子)의 유산관리인 선임에 관하여 양모에 비해 양부를 우선하는 아이다호 해당 주법률이 미연방 수정헌법 14조의 "법 앞의 평등보호" 규정에 합치하지 않는다는 미연방 대법원 판결. 이로써 별거 중인 양부와 양모는 공동 유산관리인으로 선임되었다.

*** 한국 대법원의 전화 교환원 사건**

제1차사건 판결(대법원 1988.12.27. 선고, 85다카657): 당시 한국전기통신공사의 일반 정년연령이 55세임에도 불구하고 유독 서울시외전화국 전화 교환원의 정년 연령은 43세로 규정한 해당 인사규정에 의한 정년퇴직조치는 헌법과 근로기준법의 남녀평등 규정에 위배한다고 주장하면서 무효확인 소송을 청구함. 대법원은 당시 약 4,800명 가량의 교환직렬 직원 가운데에서 남성은 불과 3명에 머물러 있어 이를 여성 전용직종으로 볼 여지가 있으며, 이 직렬직종의 정년을 다른 일반직 직렬의 정년에 비하여 12년이 낮게 정하여진 것은 근로내용, 근로자가 갖추어야 할 능력, 근로시간, 이용자에 대한 역할, 인력수급 사정 등을 고려할 때 합리적인 이유 없이 정해진 것으로서 무효로 보아야 할 것이라고 판결하였다.[8]

---

8) 한편, 동일 원고가 53세로 퇴직하게 되자 58세로 둔 일반직원 정년연령과 비교할 때 차별적인 정년규정에 의한 부당해고라고 재차 주장하면서 서울지방노동위원회에 부당해고신

(2) 젠더차이를 법이 수용할 것

다음으로 젠더 간 차이를 법이 잘 수용했을 때, 여성이 평등한 법의 주체가 될 수 있다고 하는 논증방식에 관해 살펴본다.

이 조류는 성별을 분류하지 않는 형식적 의미의 양성평등이 여성주의 법학의 이상(理想)이 아니며, 오히려 진정한 평등을 달성하기 위해서는 여성의 '차이' 나아가 양성 간 차이를 인정해야 한다는 논리를 펼친다.[9] 이 점에서 앞서의 법 앞에서의 동등대우 그리고 젠더 중립적 태도와 차이가 있고, 페미니즘 법학은 공정성으로서의 분배적 정의와는 다른 새로운 정의론으로 나아가게 된다. 법적으로 차이론은 모성보호, 적극적 조치, 진정직업자격(BFOQ: Bona Fide Occupational Qualification)론에서 발견할 수 있다.[10] 또한, 우리나라의 근로기준법상 여성 또는 임산부 사용금지 직종은 그러한 차이 인정의 예가 된다.[11]

청을 하여 시작된 제2차 대법원 판결도 있었다(대법원 1996.8.23. 선고, 94주13589 판결). 중앙노동위원회가 본 신청에 대해 해당 퇴직조치가 무효라고 판정하자 한국전기통신공사 측이 항소하였는데, 대법원은 해당 퇴직조치가 무효라고 판단한 원심 판결(서울고등법원)을 파기하고 해당 조치가 정당하다고 판결하였다. 그 근거로는 젊은 노동력 수급의 필요성, 비용문제, 정년에 도달하는 여성수가 매우 저조하고, 더 이상 여성직종이 아니라는 점 등이 제시되었다.

9) 흔히 페미니즘의 '차이론'은 '여성의' 차이로 개념화되곤 하지만, 여성의 차이라는 것은 상대적인 개념이다. 이 글에서는 여성만이 아니라 남녀가 서로에게 차이를 가진 존재라는 의미에서 '젠더차이' 개념을 사용하면서도 '여성의 차이' 개념을 함께 사용할 것이다. 페미니즘 법학의 차이의 수용에 대해서는 Christine Littleton, "Reconstructing Sexual Equality," *California Law Review*, Vol.75, Issue 4, 1987을 참고할 것.

10) "남녀고용평등과 일 · 가정 양립지원에 관한 법률" 제2조 제1항 [차별의 예외] 조문을 참조할 것.
가. 직무의 성격에 비추어 특정 성이 불가피하게 요구되는 경우
나. 여성 근로자의 임신, 출산, 수유 등 모성보호를 위한 조치
다. 그 밖에 이 법 또는 다른 법률에 따라 적극적 고용개선조치를 하는 경우

11) 진정직업자격이란 '고용주에 의해' 특성 성, 종교, 출신국이 어떤 직무를 수행하는 데 실질적 자격이 된다는 것이 입증된 경우의 직무수행자격을 의미한다.

여기서, 여성의 차이에도 여러 종류가 있을 것이다. 먼저, 오랜 역사 동안 남성의 렌즈에 의해 왜곡, 오해, 평가절하된 가부장적 산물로서의 여성의 차이가 있을 것이다. 이때의 차이란 진정한 차이가 아니라 앞서 자유주의 법페미니즘이 문제시하는 근거 없는 통념이나 편견에 해당할 것이다. 법적으로 차이가 문제된 대표적 사안으로는 여성만이 치르는 생리, 임신, 출산에 관한 법적 대우에 관한 것이다. 흔히 '모성보호' 라고 불리는 해당 사안에 대하여 법원은 이를 '특별보호' 의 대상이라 할 것인지 아닌지에 관해 많은 심의를 해 왔다. 이러한 사안에서 보면, 남성과 관련된 사안은 '인간의 사안' 이 되어 보험 등의 수혜를 당연히 받는 대상이 되면서도 여성에 관한 사항은 '여성의 사안' 으로 특수화시키는 경향을 발견한다. 임신, 출산과 같은 신체적인 특질에 따른 차이관념에서도 사회적인 통념이 녹아들어 있다는 것이다. 요컨대 많은 경우 사회적 통념으로서의 차이와 양성 간의 신체적 차이가 서로 얽혀서 여성의 '차이론' 을 만들어 내는데 여기서 여성의 진정한 차이, 나아가 양성 간의 차이를 정당하게 평가할 수 있는 시각과 잣대가 필요해진다. 이러한 시각이 앞서 본 자유주의 페미니즘에서 오기는 어렵다고 보기에, 차이를 강조하는 별도의 페미니즘 조류가 존재하게 되었다. 이 흐름에 따르면 그간 평가절하될 가능성이 농후한 여성의 차이를 여성주의적 관점에서 재해석하고 의미를 부여해야 하는 것이다. 이러한 '차이' 의 문제를 어떻게 평등안으로 수렴시킬까라는 평등론의 새롭고도 흥미로운 과제가 존재한다. 예컨대 아래와 같은 1974년의 미 대법원의 판결에 의한 작업장에서의 모성의 보호 사안은 '동등대우' 와 '특별대우' 의 논쟁을 불러일으켰다.

모성보호 관련 판례 : Geduldig v. Aiello (417 U.S. 484, 1974)[12]

본 판결은 캘리포니아 장애 보험 프로그램이 여성의 임신 및 분만에 관해서는 일체의 보험혜택을 받지 않도록 규정되어 있어서 해당 법령이 미국 헌법상의 평등보호에 위배되는지 여부를 가리고자 했다. 해당 사건에서 미연방 대법원의 다수의견에서는 여성만이 임신한다는 것은 사실이지만, 임신에 관한 모든 법률적 분류가 젠더에 기반한 분류인 것은 아니라고 하였다. 즉 보험 프로그램은 수혜자 그룹을 임신한 여성과 임신하지 않은 사람(pregnant woman and non-pregnant persons)으로 분류할 때, 전자는 모두 여성이지만, 후자에는 양성(兩性)이 포함되므로 보험 프로그램의 재정적 · 실제적 혜택은 양성 모두에게 돌아간다는 것이다. 이렇게 볼 때 임신에 대한 보험수혜의 제외는 성차별이 아니라고 판시하였고, 보험수혜를 받는다면 결과적으로 남성에게 차별이 된다는 논변을 전개했다. 이러한 다수의견에 대해 소수의견은 해당 보험 프로그램이 남성 노동자의 장애는 '노동자의 장애'로 보편화하고 여성의 장애는 '여성의 것'으로 다루는 이중기준을 가졌다고 지적하였다. 왜냐하면 남성만이 겪는 전립선암 등은 보험의 수혜대상이었기 때문이다.

페미니스트 법학에서 차이의 문제는 분명 하나의 딜레마 또는 '아킬레스 건'이라고 할 수 있다.[13] 차이를 지나치게 강조하면 그것을 고정화하여 오히려 본질주의(essentialism)의 위험에 빠지게 될 것이고, 차이를 무시하면 남성을 기준에 놓는 남성중심적 추론이 될 소지가 있기 때문이다. 페미니즘에서 차이이론의 흐름은 크게 영미의 정신분석학과 인간발달학의 관점에서 성별의 차이를 분석하는 입장과 프로이드를 계승하고 라캉을 수용한 유럽의 정신분석학적 페미니즘의 흐름에 있다.

캐롤 길리건(Carol Gilligan), 낸시 초도로우(Nancy Chodorow) 등을 통해 알려진 전자의 흐름은 일견 '경험론적 차이론'이라 할 수 있다. 이들은

12) 작업장에서의 모성보호 법령을 둘러싸고 미국을 중심으로 벌어진 동등대우와 특별대우 간의 논쟁에 대해서는 대표적으로 Wendy Williams, "Equality's Riddle: Pregnancy and Equal Treatment/Special Treatment Debate," *NYU Review of Law and Social Change*, 325, 1984/85 참조할 것.

13) 예를 들면 다음을 참조. Martha Minow, *Making all the Difference: Inclusion, Exclusion, and American Law*, Cornell University Press, 1990.

여성성과 남성성의 차이의 근거를 주로 생물학적으로 여자인 어머니가 주로 자녀양육자가 되어 자녀를 사회화시키는 곳에서 발견하였다. 남아는 정신분석학에서 말하는 '오이디푸스 콤플렉스(Oedipus Complex)'와 같은 어머니와의 단절을 사회적으로 요구받는 반면, 여아들은 동성인 어머니와 연속적이고 관계적인 자아를 형성하게 된다는 것이다. 이러한 차이의 상황은, 오히려 기존의 시각과 달리 여성들에게 긍정적인 자아를 허락해 준다. 어머니와 분리를 체험하지 않은 여성들은 남성에 비해 훨씬 더 건강한 '원초적 기쁨(original joy)'을 가진 훼손되지 않은 자아에 가까우며 상대방을 상상하고 배려할 줄 아는 능력의 면에서도 남성보다 우월하다. 여기서 도출된 보살핌의 윤리(ethics of care)는 하나의 윤리이자 정의의 논리이다.[14] 이런 관점에 따라 그동안 평가절하된 여성의 가치 · 미덕 · 성향에 대한 긍정적 의미를 부여할 수 있게 되었고, 여성의 글쓰기와 말하기 그리고 예술 역시 새로운 의미를 가질 수 있게 되었다. 여성들이 주로 해 온 가사노동, 자녀양육도 낮은 지위의 사람들이 맡아야 할 노동이 아니라 남녀 모두 공유해야 할 보살핌의 가치로운 역할로 그 의미가 전환되었다. 그런데 이러한 설명방식은 여성들이 마치 동질적인 자아와 사고방식을 가진 것처럼 가정한다는 비판이 제기될 수도 있다.[15]

다른 한편, 주로 라깡(Lacan)의 정신분석학의 전통에 입각한 페미니즘 조류도 존재하는바, 대표적으로 루스 이리가레이(Luce Irigaray), 두실라 코넬(Drucilla Cornell) 등을 들 수 있다. 이들에서 발견되는 차이론은 인식론적 차원의 차이론이라 할 수 있다. 이 조류에 따르면 모든 언어체계는 남성 성기를 상징화한 남근(phallus)이 그 중심에 있으므로 그 언어체계에는 남

14) 대표적으로 Carol Gilligan, 허란주 역, 『다른 목소리로』, 서울: 동녘, 1997 참고.

15) 길리건과 같은 차이 페미니즘은 남성과 여성의 이분법을 스스로 공고화하는 것은 아닌지, 페미니즘이 가부장제 사회의 사회화 결과를 칭송하게 되는 결과를 가져오는 것은 아닌지 회의가 일어났다. 아래에서 볼 것처럼 여성주의 법학자 맥키논(C. MacKinnon)은 차이 페미니즘이 현상유지적 논리를 가지고 있다고 비판하였다.

성 주체와 여성 타자가 존재할 뿐이라고 본다. 그런데 여성을 타자화하고 대상화하는 대표적인 남성중심적 권력 담론으로 법을 들 수 있다. 다른 언어와 마찬가지로 여성은 법이라는 언어에 의해 만들어지는데, 법이 가진 힘이라는 속성으로 인해 다른 언어에 비해 보다 적극적으로 여성을 만들어낸다. 이런 견지에서 보면 문제는 법과 사회가 여성을 차별하는 데 있다기보다는 여성이 언어체계 내지 법체계에서 하나의 주체로서 존재하지 못한다는 점이다. 즉, 주체화가 중심 테마가 된다. 이것도 남성의 언어가 아닌 여성의 언어에 의해 여성을 주체화시켜야 한다고 할 때, 그 논리가 젠더 간의 형식적 평등을 위한 합리적 논증만으로는 태부족하다는 것을 알 수 있다. 특히 코넬은 남성만을 보편적 법의 주체로 보고 여성은 특별한 존재로 볼 것이 아니라 남성성과 여성성이라는 차이를 동등하게 수용해야 한다고 한다. '여성의 차이'와 '남성의 차이' 간의 형평(equivalency)이 달성되어야 한다는 것이다.[16] 또한 이리가레이는 여성의 입장과 경험에 주목하여 여성을 나타낼 수 있는 상징의 고안에 주목한다.[17]

다른 한편, 인간의 고통에 주목하면서 법에 있어서 공감(empathy)의 능력, 타자에 대한 상상력과 윤리에 대한 페미니즘의 감수성을 살리는 흐름도 주목된다. 대표적으로 마사 누수바움(Martha Nussbaum), 로빈 웨스트(Robin West)에게서 찾아볼 수 있다. 이런 관점에서 보면 페미니즘이란 여성차별에 대한 비판을 넘어서 법과 사회에 스며들어야 할 차이에 대한 인식론이자 감수성이 된다.

---

16) Drucilla Cornell, *Beyond Accommodation: Ethical Feminism, Deconstruction, and the Law*, Routledge, 1991.

17) 예컨대 이리가레이는 남성의 상징적 남근 'phallus'에 해당하는 여근의 용어가 없음에 주목한다. 이러한 부재는 상징질서에서의 여성의 존재 부재의 원초적 지점이 된다. 그래서 이리가레이는 여성음부의 문화적 상징으로 'two lips'를 창조하여 사용하고 있다. Luce Irigaray, *The Sex Which is Not One*, Catherine Porter, trans., Ithaca: Cornell University, 1985.

(3) 남성 지배구조를 철폐할 것

이제 여성의 법적 주체화를 남성 지배구조의 관점에서 접근하는 입장을 살펴본다.

앞서 살펴본 여성이 누려야 할 자유주의적 평등과 여성의 차이를 중시하는 입장 모두를 비판하는 대표적 저자로는 캐더린 맥키논(Catharine MacKinnon)이 있다. 그녀에 따르면 평등과 차이론의 입장은 모두 남성을 그 기준으로 삼는다. 맥키논은 이렇게 말한다. "여성이 배려적인 것은 남성이 여성의 배려를 가치롭게 여기기 때문이다. 여성이 관계를 중시하는 것은 그녀들의 존재가 남성과의 관계 속에서 규정되기 때문이다."[18]

한편, 자유주의적 평등론은 남성과 비슷한 이력서를 가진 소수의 여성들에게만 적용된다고 하면서 문제는 가부장제 사회에서 남성과 "유사한 위치에 놓인(similarly situated)" 여성 자체를 발견하기가 어려운 일이라고 일갈한다. "평등이론은 제한적인데, 왜냐하면 남성과 비교가능한 여성은 극소수이기 때문이다." 맥키논은 이렇게 젠더관계 불평등에 대한 자유주의적 보호의 한계를 드러내면서 여성이 겪는 문제를 남성 지배구조라는 사회구조적 문제로 시각을 전환시켰다.

지배이론은 특히 성성(sexuality)분야의 입법과 판례에 뚜렷한 족적을 남겼다. 이 조류에 따르면 가부장적 사회에서 사회화된 남성의 성욕은 본능적인 것이 아닌 성별 권력차이의 발현이고 여성은 피지배자로서의 그것이어서 성관계를 중심으로 하여 남성은 여성에 대한 통제와 지배를 한다는 시각을 제공하였다. 특히 맥키논은 성성에 내재한 폭력성에 대해 강한 고발을 하여 포르노그래피 조례 입법, 성희롱 기준 마련, 전시강간의 성격 규

18) "Women value care because men have valued us according to the care we gave them. Women think in relational terms because our existence is defined in relation to men," in Catharine MacKinnon, "Difference and Dominance," in *Feminism Unmodified: Discourses on Life and Law*, Harvard University Press, 1987, p.39.

명 등에 대해 크게 기여하였다. 포르노그래피에 대해서는 드워킨(Andrea Dworkin)과의 공동작업을 통해서 미네아폴리스와 인디애나폴리스 시(市)의 반(反)포르노그래피 조례를 제정하여 발의한 바 있다. 또한 맥키논은 대가형 성희롱과 적대적 성희롱으로 성희롱을 이론화하고 분류하였고 미국법원이 이러한 개념을 받아들임에 따라 하나의 보통법을 만들어 냈다.[19] 국제적 영역에서는 구유고슬라비아 내전 시 강간 피해자들이 낸 손해배상소송에서 성폭력에 관한 이론을 제공하여 원고들의 승소를 이끌어 내는 데 도움을 주었다.[20] 이외에도 여성들의 의식고양(consciousness raising)의 방법론과 국가의 가부장제 탈피를 강력히 촉구하였다. 이상과 같이 볼 때 이 접근은 성폭력이나 성희롱 행위가 성차별과 구조적으로 연결되어 있음을 규명하였고, 여성차별에 대한 사회구조적 인식을 열었음을 알 수 있다.

(4) 제3세계, 유색인종, 포스트식민 페미니즘이라는 조류

이제 서구사회를 중심으로 하여 전개된 페미니즘 법학을 넘어서서 형성된 의미심장한 페미니즘의 조류를 살펴보기로 한다.

페미니즘의 조류에서는 '젠더' 라는 하나의 범주만으로 설명되지 않는 복합적 여성문제 내지 젠더문제들을 다루는 흐름도 놓칠 수 없다. 이른바 제3세계 페미니즘, 유색인종 페미니즘, 포스트식민 페미니즘 등으로 불리

19) *Sexual Harassment of Working Women: A Case of Sex Discrimination*이라는 저술에서 맥키논은 성희롱이란 성차별의 한 형태임을 이론화하였고(*Catharine MacKinnon, Sexual Harassment of Working Women: A Case of Sex Discrimination*, Yale University Press, 1979), 이러한 이론이 미국의 민권법 제7장(Title VII of the Civil Rights Act of 1964)에 반영되었다.

20) 맥키논은 1992년 이래 세르비아인을 상대로 제기한 사건(Kadic v. Karadzic)에서 보스니아와 크로아티아 여성에 대한 745백만 불의 배심원 판정을 받아냈다. 미국의 'Alien Tort Statute' 에 의거하여 강제매춘, 강제임신을 '제노사이드(genocide)' 의 한 유형으로 정립하는 데도 기여하였다. 2001년에 맥키논은 'Lawyers Alliance for Women(LAW) Project' 의 공동대표로 임명되었다.

는 다양하고 때로는 이질적인 페미니즘(들)의 조류에서 보면 젠더관계란 인종주의나 식민주의, 혹은 신식민주의, 제국주의와 같은 다른 거시적 사회변화와 엇물려 있는 현상이기도 하다. 여성에 대한 차별은 전쟁과 독재, 혹은 인종주의와 계급문제와 같은 다른 종류의 지배문제와 착종되어 있는데, 서구 중산층 페미니즘에선 이런 문제들이 도외시되는 경향이 있다고 비판적으로 바라본다. 또한 주로 가난한 나라로부터 부유한 나라로의 인구 및 노동력의 이동과 다인종사회의 증가에 따라 인종주의와 성차별주의 간의 관련성에도 주목한다. 이와 같은 비(非)백인 페미니즘은 가부장제와 서구중심주의에 대한 이중적 비판을 추구하는 페미니즘이라고 할 수 있다. 대표적 논자들을 다 열거하기도 어렵지만, 모한티(Chandra Mohanty), 알렉산더(Jacqui Alexander), 스피박(Gayatri Spivak) 등을 찾아볼 수 있고, 법학자로는 패트리샤 윌리암스(Patricia Williams), 안젤라 해리스(Angela Harris) 등을 들 수 있다.

한편으로, 이러한 사고의 조류는 포스트모더니즘의 정신과 만나고 있다고 할 수 있는데, 왜냐하면 포스트모더니즘이 꾀하는 '차이'와 '이질성'과 '작은 담론'의 추구가 남성과 여성이라는 이분법적 사유에 내재한 위험성을 경고한다고 할 수 있기 때문이다. 계급적 · 인종적 · 역사적으로 형성된 여성 간의 차이 혹은 차별은 때로는 남녀간 차이나 차별에 못지않게 심각할 수 있음에도 기존의 페미니즘에서는 이런 문제에 대해 침묵하고 있다. 유색인종 페미니즘은 인종문제에 대해 도외시해 온 서구와 백인중심의 페미니즘에 대해 성찰을 촉구한다.[21] 법학과 관련해서도 비백인 페미니즘 법학은 모성, 성폭력, 가정폭력, 노동 등 모든 사안에 녹아 있는 인종 편견을 비판적으로 분석한다.[22]

---

21) 대표적으로 Chandra Mohanty, Ann Russo, and Lourdes Torres, *Third World Feminism and the Politics of Feminism*, Indiana University Press, 1991; Patricia William, *Alchemy and Race and Rights*, Harvard University Press, 1991.

22) Adrine Katherine Wing, *Critical Race Feminism*, New York University Press, 2003 참고.

다른 한편, 피식민 경험을 했던 사회에서 페미니즘이 가지는 독특한 성격에 대해서도 주목할 필요가 있다. 먼저, 식민주의 지배하에서 본래 사회가 가지고 있던 가부장제도와 젠더관계 역시 변형되었는데, 이에 대한 연구와 담론이 매우 부족한 현실이다. 또한 독립운동의 전개 속에서 민족주의와 페미니즘 간에도 독특한 결합과 충돌이 일어나서 때론 페미니즘이 민족주의와 결합하지만 때론 페미니즘은 민족 내부의 분열과 자기비판 담론이 되어 민족주의와 모종의 전선(戰線)을 형성하기도 하였다. 특히 식민지를 벗어난 포스트식민 사회에서 페미니즘의 민족주의에 대한 비판은 포스트식민주의의 방향성을 제시하는 데 중요한 역할을 하였다. 식민지 지배하에서 지배관료들은 식민지 사회의 봉건적 지주소작관계라든가 가족관계를 근대화하려는 관심이 부족하였고 또 이들과 결탁한 토착세력들 역시 기존 토착사회의 권력관계를 개혁할 필요성이 없었다. 여기에 민족주의적 흐름이 가세할 때 가족 가부장제는 대표적인 고유문화이자 전통으로 승인되면서 식민지를 거친 사회의 젠더관계는 카스트(caste)처럼 고정되는 경향을 보인다. 이러한 젠더와 전통 간의 교차와 같은 문제는 서구의 페미니즘에서 큰 관심을 가진 문제라고 하기 어렵다. 가부장제, 전통, 민족, 근대성, 식민주의와 같은 사회현상에 관심을 가진 포스트식민 페미니즘은 젠더관계를 통해서 자신들의 역사를 다시 보고자 했다. 이에 따라 포스트식민 페미니즘은 그 땅의 여성에 관한 것이라기보다 페미니즘으로 다시 보는 그 땅의 역사쓰기(historiography) 프로젝트라고 할 수 있다. 예컨대, 인도의 과부순장(sati)이라는 '전통' 계율을 분석한 라타 마니(Lata Mani)는 과부로 죽어가거나 죽을 수 있는 여성들은 순장의 전통을 '말할 수 있는' 주체도 객체도 아니었다고 한다.[23] 다만 그녀들은 과부순장이라는 아름답거나 미

23) Lata Mani, "Contentious Tradition: the Debate on Sati in Colonial india," in KumKum Sangari and Sudesh Veid, *Recasting Women*, New Delhi: Kali for Women, 1990, pp.88-127.

개한 전통을 말할 수 있게 하는 담론의 '장(field)' 이었다고 한다. 여성을 통해서 천년 전의 힌두교 경전을 재해석하거나 혹은 인도의 근대성을 논할 수 있는 논쟁의 장이 마련되었을 뿐, 여성은 그 논쟁에서 화자도 청자도 아니었다는 것이다. 이렇게 본다면 여성은 식민주의, 민족주의, 혹은 계급주의의 어느 틈새에서도 재현되지 못하는 존재이다. 혹은 이러한 흐름 속에서 여성의 권리나 평등을 구현하려면 단지 남녀간의 동등성 혹은 차이라는 축을 넘어서고 서구중심의 페미니즘과 인권의 시야를 넘어서는 역사적인 분석을 요한다는 엄연한 현실에 직면한다.

예컨대, 아시아에서 일본이 벌인 제국주의 전쟁 시기 발생했던 일본군 성노예제(sexual slavery)를 제대로 다루기 위해서는 '2000년 일본군 성노예전범 여성국제법정' 과 같은 민간법정에서는 식민주의에 따른 민족지배, 여성에 대한 전시 성폭력, 토착적 가부장제 등을 복합적으로 포섭하는 페미니즘 법학이 요청되었다고 하겠다. 식민지 시기 군위안부들에 대한 체계적 강간(systematic rape)은 개인에 의한 강간과 다르며, 일반적인 전시 강간과도 다르다. 대규모적이거나 정책적으로 행해진 체계적 강간과 이에 대해 어떠한 저항도 할 수 없었던 피해자 여성들의 피해에는 젠더관계에 더하여 식민주의 지배와 피지배 구조가 놓여 있다는 것이다. 그럼에도 여성인권에 관한 국제인권협약이나 규범 내지 전쟁범죄에 대한 국제인권협약이나 규범에는 제2차 세계대전 비서구사회의 식민주의와 전쟁을 다룰 만한 규정이나 선례가 발달되어 있지 못한 상황이다. 이에 따라 일본군 성노예제에 대해 책임을 져야 할 주체가 공적으로 인정되거나 처벌되지 않고 있다.

2) 법과 페미니즘 운동

이제 페미니즘 법학이 이론에 머물지 않고 구체적인 현실에 개입하는 사회운동의 차원에서 살펴보도록 한다. 전통적으로 페미니즘 법학의 역할은 법의 성차별적 효과를 분석과 비판하는 데 있을 것이다. 또한 법에 의해 보호되지 않는 영역에 대한 법의 정당한 개입을 확대하고, 사법부의 젠더 인식을 촉구하기도 한다. 한국에서 페미니즘 법학의 운동은 크게 입법운동과 공익소송운동을 통해서 살펴볼 수 있을 것이다. 아래에서는 그 대표적 사례를 살펴본다.

(1) 입법운동

먼저, 페미니즘 법학운동을 입법운동의 측면에서 살펴보기로 한다.

법의 제정과 개정을 촉구했던 한국의 대표적인 사회운동으로는 '가족법 개정운동'을 들 수 있다. 가족법 개정운동은 주체면에서는 여성단체, 법학자, 일반시민, 국회, 행정부, 법원 등 다양한 사회세력들이 참여했던 입법운동이다. 시간의 면에서도 민법제정시기인 1950년대 초부터 2005년에 이르는 반세기가 넘는 시기에 걸친 장기적인 운동이었고, 시간의 흐름 속에서 그 의제도 양성평등, 전통과 식민지성으로 전개되었던 점에서 볼 때 한국의 가족법 개정운동은 세계적으로 주목되어야 할 법 페미니즘 운동 그리고 법과사회 운동이라 하겠다.[24] 아래는 가족법 개정의 일지를 호주제도 폐지 과정과 함께 정리한 것이다.

가족법 개정과 호주제도 폐지 운동(1952~2005)[25]

- 1952년 민법 초안에 존치된 호주제도와 가부장성을 보고 이태영 변호사(한국 최초 여성 사법고시 합격)의 문제제기와 조직화가 시작됨
- 1962년 가족법 개정(법정 분가 조항 개정)
- 1977년 가족법 개정

24) 양현아, "호주제 폐지, 여성인권, 이태영 변호사가 남긴 유산(遺産)," 『공익과 인권』, 제3권 제1호, 2006.

25) 이태영 변호사가 직접 기술한 아래의 저술은 1989년 제3차 개정까지에 대한 풍부한 기록을 모아놓고 있다(이태영, 앞의 책).

- 1990년 가족법 개정(이혼 시 재산분할청구권, 자녀의 면접교섭권 등 신설, 재산상속분의 남녀차등이 폐지, 호주제도와 동성동본금혼제도는 존치)
- 1997년 7월 16일 동성동본금혼제도 헌법불합치 결정(95헌가 6등)
- 2000년 호주제도 위헌법률심판제청을 위한 신청인 모집
- 2001년 서울 서부지방법원과 북부지방법원에서 위헌법률심판제청을 결정
- 2003년 법무부 '가족법개정특별위원회'를 구성하여 호주제가 삭제된 민법개정안을 마련함
- 2005년 2월 3일 헌법재판소는 호주제도의 주요 조문에 대한 헌법불합치 결정을 내림
- 2005년 3월 4일 호주제가 삭제된 민법개정안이 국회 본회의에서 의결됨

최근의 여성주의 입법운동의 예는 '성매매특별법'[26]의 제정에서도 찾아볼 수 있다. 이 운동에서는 반성매매 그리고 성매매 여성을 지원하는 여성운동단체들이 법제정운동의 중심주체로 활약하였다. 이에 따라 현실에서 나타나는 포주와 업주 등에 대한 처벌을 강화하고 범죄를 세분화하였으며 성을 파는 여성들은 처벌에서 제외시키거나 감면할 수 있는 제도를 마련하고자 했다. 하지만 법안의 심의과정에서 성매매 여성에 대한 처벌의 원칙은 그대로 고수되어서 법의 내용이 변형될 수밖에 없었다. '성매매특별법'은 기존의 '윤락행위등방지법'을 대체하는 법률로서 제정하였는데, 역설적이게도 본 법은 그 제정 이후, 포주 · 업주뿐 아니라 성매매 여성들로부터 거센 반발을 불러일으키기도 했다. 그 주요 이유는 성매매특별법에 채택되어 있는 성매매에 대한 금지주의가 성매매 여성의 이익에 반할 수 있다는 것이다.[27] 물론 이 법으로 인해 불법적인 채무, 감금 등 인권유린으

26) 성매매특별법은 '성매매알선 등 행위의 처벌에 관한 법률'과 '성매매방지 및 피해자보호 등에 관한 법률'로 구성되어 있다.

27) 이러한 반발에는 성매매 금지주의가 가진 국가의 도덕주의, 본 법의 입법에 참여했던 엘리트 여성주의자들의 기층 성매매 여성 현실의 외면, 성매매특별법에 우호적인 탈성매매 여성들의 침묵 등 여러 문제들이 얽혀 있다. 성매매에 대한 금지주의는 모든 종류의 성매매를 기본적으로 범죄로 규정하는 원칙을 말한다. 하지만, 일각에서는 폭행과 협박이 수반되지 않은 합의에 입각한 '단순 성매매'의 경우에는 범죄로 규율하지 말자는 비범죄화의 주장도 있다.

로부터 구제된 여성들도 다수 존재할 것이다. 무엇보다 업주 · 포주와 같은 성매매 조장세력에 대한 실효성 있는 처벌과 규제가 필요하나 법의 실제 집행에서는 주로 단순 성매매 가담자인 성구매자와 성판매자에 대한 가벼운 처벌이 주를 이루고 있는 현상을 발견할 수 있다. 이러한 점에서 성매매특별법의 제정과 집행 과정에는 사회운동단체와 입법부 간의 간극, 또한 성매매에 대한 여성 간의 입장 차이, 그리고 법을 집행하는 수사 및 사법당국의 의지와 입법목적 간의 괴리와 같은 법과 사회적 문제들이 드러나고 있다.

'성매매특별법' 입법운동

2000년 9월 군산 대명동 성매매집결지 화재참사, 감금된 성매매 여성 전원 사망
2001년 1월 한국여성단체연합 성매매방지법제정 특별위원회 구성
2001년 11월 한국여성단체연합 성매매보호처벌법 입법 청원
2002년 9월 11일 조배숙 의원 등 86명 의원 성매매보호법안과 성매매처벌법안 발의함
2004년 3월 22일 성매매특별법이 국회 본회의 의결
2004년 9월 21일 군산 대명동 성매매집결지 화재사건에 대한 대법원 판결: 피해자 유족이 제기한 손해배상소송에서 업주와 국가(경찰) 책임 인정

(2) 공익 소송운동

이제 페미니즘법학의 사회운동을 공익 소송운동을 통해서 살펴본다.

여성인권을 지키기 위해 전개된 공익 소송운동도 주목할 만하다. 1990년 초 서울대학교의 한 교수와 조교 간에 발생했던 '서울대 성희롱 사건'은 성희롱에 대한 최초의 판결이었다. 또한 아직 한국에 성희롱에 대한 법규정이 마련되기도 전에 소송이 입법을 이끌었다는 점에서도 주목되는 선례이다. 달리 표현하면, 일반 언어로서 성희롱이 존재치 않을 시기에 법의 언어로서 성희롱이 먼저 등장하여 이후 교육을 통해 성희롱 개념이 일반언

어로서 자리잡았다는 점에서도 법사회학적으로 흥미롭다.[28]

서울대 성희롱 사건

제1심 서울지방법원 1994.4.18. 선고, 93가합 77804(가해자의 성희롱 행위를 인정하고 원고에게 승소 판결을 내림)
제2심 서울고등법원 1995.7.25. 선고, 94나 15358(가해자의 성희롱 행위를 인정하지 않음)
제3심 대법원 1998.2.10. 선고, 95다 39533(가해자의 성희롱 행위를 인정하여 원고 부분승소 판결을 내림. 대한민국과 서울대 총장의 책임은 인정치 않음)
환송심 서울고등법원에서 대법원에서 원심을 파기하여 환송된 사건을 최종 판결함

이외에도 여성인권의 문제를 폭로하고 구제한 여러 공익소송들이 존재한다. 1987년 부천 경찰서에서 여성 민주투사에 대한 성고문 사건을 제기하고 공론화하여 우리 사회 민주화의 한 도화선이 되었던 부천 성고문 사건(1987년), 아동시기에 당했던 성폭력의 가해자를 중년이 된 시기에 살해했던 김부남 사건(1991년), 지속적 성폭력을 자행한 계부를 남자친구와 공모하여 살해했던 김보은 · 김진관 사건(1992년) 등이 그것이다. 이러한 소송은 당시 한국사회에 존재했으나 알려지지 않았던 중대한 여성 인권문제를 널리 알렸다. 이러한 소송을 제기하고 이끌어 나가는 데에는 폭력 피해자들을 대변하고 새로운 법리를 만드는 데 활약했던 공익변호사들의 노력이 두드러졌다.[29]

---

28) 성희롱의 경우처럼 가정폭력, 성폭력, 성매매와 같이 여성인권을 옹호하는 법률들의 경우 사회 일반의 인식이나 도덕규범보다 법이 그것을 선도해야 하는 경우가 많이 있다. 여기서 소수자 인권 옹호는 다수가 가진 규범과 반드시 같지 않을 수 있다는 점에서 법사회학적으로 말할 때, 법을 사회규범의 재제도화(再制度化)로 이해하기 어려운 성격이 있다는 점이 주목된다.

29) 김부남 사건과 김보은 사건은 '성폭력범죄의 처벌 및 피해자 보호에 관한 법률'을 제정하는 데 물꼬를 튼 사건이었다.

노동분야에서는 1980년대 교통사고로 인한 미혼여성의 손해배상소송에서, 손해의 측정을 사회과학적 논증과 여성의 관점에서 논증한 소송이 있어 주목된다. 본 소송의 항소심에서는 하급심에서 통상적으로 여성노동자는 25세까지만 일하고 퇴직한다는 것을 전제로 한 일실수익의 산정이 부당하다는 점을 성공적으로 변론하였다.[30] 또한 '한국전기공사'를 상대로 하여 여성노동자는 남성과 비교하여 채용과 승진, 배치에서 차별을 받고 그 결과 정년연령에서 성차별을 받았다고 주장하여 인용되었던 사건도 주목된다.[31] 40세에 정년을 맞은 원고는 2002년 1월 서울지방노동위원회에 부당직위해제 및 해고 구제신청을 제기하였으나 기각되었고, 이에 불복하여 중앙노동위원회에 부당해고구제를 제기하여 또다시 기각되었다. 서울행정법원에 재심판정 취소를 청구하였으나 역시 기각되었고 항소하여 서울고등법원에서 승소(승진 및 정년에서의 성차별 인정)하였다. 대법원은 고등법원의 판단을 대부분 인용하였다. 이상과 같은 소송들은 해당 소송의 당사자들에게만 그 효과가 한정되지 않고, 천파만파로 우리사회의 구조를 개혁하는 파장을 만들어 냈다고 평가한다.

3) 법의 주체성 구성력

페미니즘 법학의 또 다른 기여는 법에 내재한 여성 타자에의 시선에 대한 예리한 분석이라 할 수 있다. 법이 젠더 정체성을 구성하는 데 중심적인 역할을 한다는 생각은 앞서 '차이 페미니즘'에서도 논의하였듯이 서구 페미니즘 법학의 중심적 문제의식의 하나이다. 법을 통한 여성의 주체화에 대한 논의는 젠더를 넘어서 인종, 민족, 성성, 제3세계 등 다양한 의제들과

30) 서울고등법원 1986.3.4. 선고, 85나1683 판결. 항소심 변론은 조영래 변호사가 맡았다.
31) 서울행정법원 2004.4.16. 선고, 2002구합 39750, 서울고등법원 2006.1.12. 선고, 2004누 8851, 대법원, 2006.7.28. 선고, 2006두 3476.

결합하고 서로 가로지르게 되었다. 법적 담론에 의해 만들어진 여성에 대한 분석은 동성애자나 유색인, 혹은 외국인 노동자 등으로 끊임없이 확장되고 구체화되어 왔다.

이러한 시각은 법의 차별적 효과 분석과도 연결된다. 예컨대 여성만을 강간의 대상으로 봄으로써 여성의 정절을 전제로 하는[32] 강간에 관한 법규정은 여성에 대한 선입견을 영속시키고, 여성의 성적 자유권리를 존중하지 않으며, 그런 의미에서 여성을 차별한다는 효과에서 멈추지 않는다. 이러한 강간법률은 여성을 차별하는 효과를 넘어서서 오히려 여성이라는 주체를 형성하고 기존의 여성의 성적 규범을 끊임없이 재생산하고 인정한다. 강간 법률은 여성을 '강간당할 수 있는 존재'로 만든다는 것이다.

강간을 정의함으로써 동의와 비동의가 구분되고, 증거법칙에 따라 여성의 말은 배제되거나 선별되면서 전형적인 '강간 피해자'라는 상(像)이 만들어진다. 포스트구조주의에 따르면 주체, 특히 '말할 수 있는' 주체란 일정한 담론적 배열 속에 의해 이루어지는 담론의 효과이다. 법이라는 강력한 담론배열 속에서 여성은 말할 수 있고, 담론의 배열에 따라 듣고자 하는 바대로 여성의 언어는 청취된다. 법담론의 배열이 서구 · 남성 · 백인 · 중산층의 주체를 전제로 하여 쓰여진 것이라면, 비서구 · 유색인 · 여성 · 서브알턴(Subaltern) · 장애인 · 동성애자는 법과 어떻게 만날 수 있을까? 법이 하나의 중심주체를 전제로 만들어지고 해석된다면, 법은 그 외곽에 있는 소수자들을 도와주고자 할 수는 있겠지만, 이를 통해 이들을 '타자(他者)'로 만들어 내는 데 대해서는 성찰하기 어려울 것이다.[33]

---

32) 한국 형법 제279조의 강간죄(2012.12.18. 개정 전 법률)는 '부녀'만을 강간죄의 객체로 하고, 법원의 해석론으로서 '최협의 폭행협박설'이 지배적이고 절차상 '친고죄'여서 그 보호이익이 성적 자기결정권이 아니라 여성의 정절(chastity)이라고 하는 비판론이 제기되어 왔다.

33) '법의 타자'라는 주제에 관해서는 서울대 법학전문대학원 인권법학회 · 서울대학교 공익인권법센터, 『공익과 인권』, 특집 '법과 주체의 조명,' 제12호, 2012를 참고할 수 있다.

요컨대, 법의 타자가 된다는 것은 단순히 법이 그들을 배제한다는 것을 의미하지 않는다. 법은 그들도 하나의 고려대상으로 삼긴 하지만 판단자 혹은 화자가 아니라 판단받는자 혹은 피보호자라는 의미에서 법의 타자적 주체로 호출하면서 포섭한다는 것을 의미한다. 이렇게 법은 주체를 생산하고, 분류하고, 호명한다.

한국법과 법원에서 '성별(gender)' 구성을 보여주는 사례

- 성전환 수술을 받은 트랜스젠더는 강간죄의 객체인 '부녀'에 해당하지 않는다고 한 판결에서의 '여성' 인식 : 대법원 1996.6.11. 선고 96도791.
- 트랜스젠더의 호적상 성별 정정의 기준에서 드러나는 '젠더' : 대법원 2004스42 등
- 근로기준법상 '모성' : 생물학적이며 보호의 대상으로서의 모성, 모성과 여성의 등식화

3. 식민주의, 포스트식민주의, 서브알턴과 법사회학

1) 식민주의 유산과 식민 이후의 법사회학

전 세계 지역의 약 4분의 3은 식민지화됨으로써 근대화의 여정을 겪었다는 점에 우리는 좀 더 관심을 가져야 할 것이다. 식민지화는 거의 항상 식민지 지배의 사회에 의해 외래 법률의 유입(imposition)을 가져왔는데, 주로 유럽과 북아메리카의 법제가 라틴아메리카, 아시아, 아프리카로 이동했다. 식민지 지배의 일환으로 새로운 정치와 지배의 기술들도 발달되었는데, 이 지배기술은 식민지에서뿐 아니라 본국에도 적용되게 되었다. 인종에 따라 분류된 상이한 법체계가 적용되는 인종차별적 법체계에서 식민주

의의 역사적 산물을 발견할 수 있다. 예컨대 유럽의 지배하에 있던 아프리카에서 남아프리카공화국의 경우에는 극단적인 인종분리정책(Apartheid)에 이르렀던 것이다. 근대법은 야만적이고 미개한 타자에 대한 대척점으로서 스스로를 정의하였다(Fitzpatrick, 1992; Darian-Smith and Fitzpatrick, 1999). 하지만 근대법은 식민화의 수단으로 사용되었을 뿐 아니라 영미 식민지화의 정당화 논리로 내세워져서 정복과 착취가 '문명의 확장' 으로 재해석되기도 하였다. 식민지 통치관들은 현지의 '관습' 과 본국의 법을 구분하여 후자를 합리적이고 정의로운 것으로, 전자는 비합리적이고 안정성이 없는 것으로 분류하였다. 이런 편견에 기초하여 인종적 우월성에 대한 이념과 지배의 정당화를 꾀하였던 것이다. 그럼에도 식민지 시기, 민족적·종교적으로 구분된 사람들을 위한 분리된 법체계의 존재가 널리 퍼져 있었다. 유럽에 의한 대다수 식민지 국가들에서 유럽인들은 자신들의 유럽식 법정을 이용한 반면, '토착민' 들은 자신들의 분쟁을 관습법의 법정에서 해소하였다(Roberts and Mann, 1991). 식민 이후의 국가들은 자주 이러한 이중적 법체계(dual legal system)의 유산을 유지하게 된다. 식민주의의 법적 지배의 결과로서 서로 공통되기도 하고 대립되기도 하면서 다양한 법원(法源)들이 공존하는 다원성을 형성하기도 한다. 여기서 다원성이란 그저 평면적으로 복수적이라는 의미를 넘어서 법원 간의 불일치성, 충돌, 위계관계, 혹은 모호성과 같은 문제들을 내포하고 있다. 식민지 사회에 적용되던 식민지 본국의 국가법, 식민지의 법원에서 인정되는 관습법, 식민지에서 통용되고 형성 중인 규범적 질서들을 명백히 만들고 상하질서의 시스템을 세운다는 것은 용이한 일이 아닐 것이다. 이렇게 법규들의 비체계적 상태를 그저 '법적 다원성' 이라고 부르는 것은 지나치게 중립적이어서 현실상을 제대로 묘사하기는 어렵다.[34] 예컨대 조선민사령 제11조에 따라 일본

---

34) 여기서, '법적 다원성' 은 'legal pluralism' 을 상기시킬 수 있다. Legal pluralism이란 한 사회의 법규범이란 국가가 제정한 실정법(국가법)의 형태로만 존재하는 것이 아니며, 다

의 구민법이 아니라 '조선의 관습'에 따르기로 했던 가족법 영역에서 다양한 관습 법원이 존재한다.[35] 먼저, 사법부장(司法部長), 법무국장(法務局長), 정무총감(政務總監), 중추원의장(中樞院議長)과 같은 고위관료의 통첩(通牒), 회답(回答), 훈령(訓令), 둘째 사법협회, 판례조사회, 조선호적협회, 구관습제도조사위원회와 같은 관련 위원회의 결의 및 회답, 셋째 조선 고등법원의 판결 등이 모두 관습의 근거를 제공하는 일종의 법원(法源)이었다.[36] 이때 법원 간의 상하관계마저 그리 명백하지 않았는데, 단지 관료들의 결정이 가장 상위의 관습 법원인 것으로 여겨졌다.[37] 여기서 핵심적인 문제는 이러한 법원 간의 충돌과 괴리의 문제이다.

행정부와 법원에 의해 '승인된' 법과 대중적으로 실행된 실천 간의 괴리는 어쩌면 모든 사회에 편재하는 문제인지 모른다. 그런데 이러한 문제가 단지 하나의 국가 법역(法域) 내부가 아니라 식민지 본국과 식민지 사회 간에, 그리고 양자의 문화와 역사 이해에 걸쳐 있는 것이라면, 식민주의의 영향은 식민 이후에도 지대한 영향을 미칠 것이다. 자기 땅에 사는 사람들의 삶의 모습에 소원할 뿐 아니라 지배의 도구로 시작한 체계로서의 법의 출발은 탈식민 사회의 법의 지배에도 심각한 문제로 남게 될 것이다. 본 절에서는 식민주의라는 주제에 대한 문제제기의 의미에서 그 주요 영역들과 연구관심에 대해 간략하게 고찰해 보기로 한다.

양한 영역과 수준에 따라 여러 형태의 법규범이 병존한다는 것을 일반적 전제로 한다. 그런데 본 장에서 말하는 식민지 시기 '법원의 다양성'이 legal pluralism에서 말하는 법의 다원성 개념으로 설명될 수 있는지는 별도의 논의를 요할 것이다. 다원주의에 대한 소개로는 John Griffiths, "What is Legal Pluralism," *Journal of Legal Pluralism* 24, 1986을 참조할 수 있다.

35) 조선 민사령 제11조 규정은 이후 논의를 참고.

36) 정광현, 『韓國家族法研究』, 서울대학교출판부, 1967, pp.32-33; 정긍식, 『國譯 慣習調査報告書』, 한국법제연구원, 1992, pp.24-30.

37) 정광현, 위의 책, p.24.

2) 식민지 본국법의 '차용'과 식민지의 '관습'

식민지 본국의 법이 식민지로 수입될 때, 그 법은 본국과 마찬가지로 해석될까? 달리 말해, 식민지 본국의 법이 식민지로 수출될 때, 그 고유성이 그대로 유지될 수 있었을까? 식민지 조선의 경우, 일본 민법의 체계적 적용과는 달리 '차용(借用, borrowing)' 되었다는 사실은 매우 중요하다. 일본 민법이 전체적으로 적용되는 것이 아니라 식민지 지배를 위해 편의적으로 그때그때 특정 조문들을 빌려올 수 있었는데, 식민지 지배가 깊어지면서 법적 차용의 범위도 넓어져 갔다. 이렇게 식민지 법체계가 온전한 모습을 가지지 못하고 오로지 식민지 본국법과의 관련성 속에서만 한 '부분'으로서 이루어져 있었다는 점이다. 무엇보다도 식민지에 입법의 주체가 존재하지 않기에, 토착민들은 국가법 속에서 외래법을 체험하는 소외현상을 겪어야 했을 것이다.

하지만 이러한 외래법도 제도로서 적용되고 토착민을 다스림으로써 그들의 사회관계에 영향을 미칠 수밖에 없고 식민지의 법과 문화를 수용할 수밖에 없다. 이렇게 하여 식민지 법은 단지 외생적인 산물이 아니라 식민지 내부적인 행위원리로 내면화될 것인데, 이때 내면화란 식민지 권력과 문화 속에서 새로운 사회관계가 형성되는 과정이 된다. 그것은 식민지 국가가 전파한 근대성과 식민지 지배를 관철하고자 하는 정치적 목적이 식민지의 고유한 사회관계에 침투하여 그를 변화시키는 과정일 것이다. 다른 한편, 식민지 본국의 발달되고 생소한 법과 지배에 맞닥뜨린 식민지 토착사회의 '관습' 혹은 '전통'에는 어떤 변화가 일어났을까? 식민지 관료들의 관점에서 식민지 피지배국의 관습과 전통에 대해 판단하였다면, 식민지 시기에 확립된 '관습' 및 '관습법'의 문제란 어떤 것들일까?[38)]

---

38) 일반적으로 다음을 참고할 것. Terence Ranger, "The Invention of Tradition in Colonial Africa," in Eric Hobsbawm and Terence Ranger(eds.), *The Invention of*

조선의 식민지 통치와 함께 일본 식민지 정부는「조선에 시행할 법령에 관한 건」이라는 긴급칙령을 1910년 8월 29일 공포하였다. 이 칙령은 일제 통치하의 조선의 법률은 조선총독의 명령(즉 제령)으로써 규정할 수 있다는 것과 일본의 법률 중 조선에 시행할 것은 칙령으로 정한다는 것을 선포하였다.[39] 이러한 조선 총독의 제령 중 제7호로써 1912년 3월에 선포되고 4월부터 시행된 '조선민사령'은 식민지 조선에서 민법에 관한 기본법령으로서 식민지 통치기간 내내 유효하였다. 아래는 조선민사령 제1조와 제11조이다.

> 제1조 "民事에 關한 事項은 本 朝鮮民事令이나 其他 法令에 特別한 規定이 있는 境遇를 除한 外, 다음의 法律에 衣한다."
> 제11조 "第1條의 法律 中, 能力, 親族及相續에 關한 規定은 朝鮮에는 이것을 適用하지 않는다. 朝鮮人에 對한 前項의 事項에 關하여는 慣習에 依한다."

이렇게 '관습'을 가족법의 중심적 근거로 삼은 민사령 제11조는 가족법 영역에 두고두고 깊은 영향을 남기게 된다. 조선의 '관습'의 원천은 먼저 일제 당국에 의해 행해진 조사에서 찾아진다. 일제는 법규범으로의 확립을 위해 쉬지 않고 조사를 행하였던 것 같다. 조사의 주체를 변경해 가면서 조선의 관습조사에 매진하였다. 한일합방 이전 통감부시대에 일본은 이미 한국에 시행할 민법편찬 자료로 삼기 위하여 부동산법조사회와 법전조사국을 설치하였고, 1908년 5월부터 1910년 9월까지 조선의 민사 · 상사 관습 전반에 걸쳐 전국적인 규모로 관습을 조사하여 이 조사의 결과가

Tradition, Cambridge University Press, 1983; Simon Roberts, "Introduction: Some Notes on African Customary Law," *Journal of African Law* 28, 1984.

39) 정광현, 앞의 책, p.21. 한편, 이 칙령이 나온 후 칙령으로 이런 사안을 결정할 수 없다는 지적이 있어서 1911년 법률 제30호가 다시 공포되어 이를 통해 시행법령의 형식을 정하였다. 이에 대해서는 김창록, "식민지 피지배기 법제의 기초,"『법제연구』, 제8호, 1995 ; 이철우, "일제 지배의 법적 구조,"『일제식민지시기의 통치체제형성』, 김동노 편, 서울: 혜안, 2006 참조.

1910년 『관습조사보고서』로 간행되었다. 조선총독부는 한일합방에 따라 법전조사국을 폐지하고 1910년 10월 총독부 내에 취조국(取調局)을 설치하여 그 사무를 인계하였다. 취조국은 조선 전역의 관습을 조사하고 문헌을 번역하는 작업을 하였고, 1912년 3월 조사된 관습을 정정 보충하여 다시 『관습조사보고서』를 간행하였다. 한편, 취조국은 1912년 폐지되고 참사관실(參事官室)로 대치되었고, 1913년에 1912년의 『관습조사보고서』를 재판(再版)하였다.

위의 관습조사보고서 이외에도 관습의 존부가 문제되는 경우 행정관청의 심의와 회답, 통첩 등 사안별로 결정되어 법원으로서의 효력을 가지고 있었다. 1918년에는 구관제도의 조사내용을 심사하기 위하여 중추원 내에 '구관조사위원회(舊慣調査委員會)' 를 설치하였고, 1921년에는 구래의 풍속 · 관습 등 참작하여야 할 법령과 시설에 대해 미리 그 가부를 심사하기 위하여 '구관급제도심사위원회(舊慣及制度審査委員會)' 를 설치하였다. 이렇게, 관습의 법원은 그때그때 새롭게 만들어질 수 있는 가변적인 상태에 있었으며, 관료들의 결정을 따르게 되어 있어서 자의적으로 판단될 소지가 남아 있었다.

그럼에도 식민지 시기 동안 조사되고 확립된 '관습법' 이 탈식민 한국에도 큰 문제제기 없이 관습의 법원으로서 활용되었다는 점은 주목되어야 한다. 즉 식민지 이후의 한국 정부와 그 법 엘리트들에 의해 정당성을 부여받고 연속되었다. 인용문은 1985년에 간행된 『친족상속에 관한 구관습』에 실린 법원행정처장의 서문이다.

> 日政時代의 朝鮮民事令 제11조는 親族, 相續에 관하여는 原則的으로 日本民法을 適用하지 아니하고 우리의 慣習에 의하도록 하였기 때문에 오늘날에 있어서도 [중략] 判例의 先決問題로 되는 때에는 당연히 당시의 慣習을 따를 수밖에 없을 뿐만 아니라 民法의 親族, 相續編은 과거의 우리 慣習을 바탕으로 하여 制定된 部分이 적지 않기 때문에 現行民法의 親族, 相

> 續編의 올바른 해석과 적용을 위하여도 우리의 舊慣習을 찾아내어 이해하는 일은 매우 必要하고 重要한 일이 아닐 수 없다.[40]

이러한 담화에서 '관습'의 중요성은 현행 가족법의 해석과 적용의 근거가 되는 것으로서 강조된다. 하지만 이 자료집이 기반하고 있는 18종류의 출전 중 16종의 출전이 1910년대부터 1930년대에 걸쳐 작성된 문서라는 사실에 대해서는 별다른 언급을 하지 않고 있다. 사실상, 일제시기의 관습조사와 관습의 확정이 오늘날까지 한국사회가 가지고 있는 민사상 구관습의 거의 대부분을 의미한다고 해도 지나치지 않을 것이다. 그것은 해방 이후 한국 관습에 대한 재조사가 없었기 때문이다.[41]

식민지적 시선을 통해 자신의 관습을 바라보는 문화 지체는 포스트식민주의 연구자들의 주요 연구관심이다. 그것은 마치 가부장제 속에서 남성의 인식과 요청을 거울삼아 자신을 비춰보아야 했던 여성과 유사하다. 식민주의의 타자로서의 주체성과 법문화는 식민 이후에도 오히려 '전통'과 '관습'의 이름으로 지속되는 역설과 만나게 된다. 식민지 시기 제국주의자들에 의해서도 인정된 조선왕조로부터의 가족제도는 이후에도 '전통'의 이름으로 재확인되었다. 이 과정에서 가족제도가 내장하고 있는 봉건적 신분질서 감각이 유지되고, 남성의 여성에 대한 지배체제인 가부장적 우월성 역시 전통으로 천명되었다. 식민주의가 미친 관습의 영향이 '민족의 이름으로' 옹호되는 역설을 맞닥뜨리고 자신들의 고유한 역사가 본질을 가진

40) 법원행정처, "親族相續에 관한 舊慣習," 『裁判資料』, 제29집, 1985, p.1.

41) 해방 이후 대한민국 정부가 작성한 관습보고서에는 두 종류가 있다. 하지만 어떤 것도 실제로 관습에 관한 재조사를 하였다고 보기 어렵다. 하나는 1958년 UN 사무총장의 한국의 혼인관계자료 요청에 답하기 위한 보고서이다. 다른 하나 역시 외국의 요청에 의해 작성된 것으로, 1958년 주일대표부(駐日代表府)에서 재일 한국인의 상속사건을 처리하기 위해 우리나라 현행법의 상속법 관계자료를 요청한 것에 대한 보고서이다. 이를 위해서 새로운 관습조사는 없었으며, 오히려 식민지시대의 '관습'이 '한국의 관습'으로 확인되었다고 할 수 있다. 이 보고서들은 조선민사령, 일제시기에 확립된 관습, 일본의 구민법, 그리고 1960년 1월 1일부터 시행될 한국 민법을 자료로 하여 작성되었다. 정광현, 앞의 책, pp.258-271.

것처럼 동결되게 되었다.[42] 문제는 민족주의와 다른 어떤 인식론으로 식민주의 유산을 바라보고 극복할 수 있는가일 것이다.

3) 한국의 포스트/식민주의, 법사회학의 관심

식민지 법에 대한 연구는 식민지화의 과정과 그 역사적 결과에 대한 몇 가지 중요한 시사점을 제공한다. 첫째, 식민지화 과정에서 이루어진 법의 유입을 강압적 주입과 같이 지나치게 단순화하여 보기 어렵다는 문제제기이다. 토착지의 엘리트들이 유럽과 미국의 법체계를 수정하여 그들만의 새로운 법체계를 만들어 내는 데도 적극적인 역할을 하였다는 점도 밝혀지고 있다. 둘째, 식민지 시기의 관습법이란 원시적 과거의 산물이라고 본 식민지 통치자들의 생각과는 달리, 제국주의 세력과 식민지 내부의 여러 집단 간 상호작용의 산물이라는 점이다. 식민지 내부 엘리트들이 식민지 통치관들에게 '전통법'을 설명하고 조언하는 과정에서 식민지 정책에 맞는 새 규범들이 제정되고 정비되었다. 셋째, 법을 통한 식민지 통제는 생활의 모든 영역에 있어서의 규율(discipline)이라는 견지에서 분석될 수 있다. 여기에는 소유 개념의 변화와 토지제도, 자영농민들의 임노동자화, 혼인과 가족, 제의 등 일생생활의 관습들에 대한 재해석 등이 포함된다.[43]

한국에서도 일제 식민지 시기와 해방 후의 법 현실에 대한 여러 연구들이 있다.[44] 특히 식민지 시기의 법제가 한국의 고유문화를 왜곡시켰다는

---

42) Johannes Fabian, *Time and the Other: How Anthropology Makes Its Object*, Columbia University Press, 1983.

43) Sally Engle Marry, "Colonial and Postcolonial Law," in Austin Sarat(ed.), *The Blackwell Companion to Law and Society*, Blackwell, 2004; 이철우, 앞의 글.

44) 예컨대, 정종휴,『역사 속의 민법』, 교육과학사, 1994; 한국법사학회, "법, 그 속에 잔존하는 일제유산의 극복,"『법사학연구』, 16호, 1995; 양현아, "식민지시기 한국 가족법의 관습 문제 I-시간 의식의 실종을 중심으로,"『사회와 역사』, 제58집, 한국사회사학회, 2000 등 참조.

'왜곡론' 이 지배적인데, 여기에는 조선의 '순수한 전통' 에 대한 믿음이 내재해 있는 것이 아닌가 한다. 왜곡될 수 있는 원형형태의 전통이 존재했었다는 믿음은, 식민지성의 극복은 곧 진정한 전통의 복귀로 이어질 수 있어서 문제적이다. 순수한 전통론에서 그려지는 전통이란 이론적으로 식민주의가 조성했을 본질화된 문화이해와 크게 다르지 않다. 다른 한편, 그간의 민족주의 시각에 경도된 식민지 수탈론을 넘어서서 식민지 시기의 공(公)과 과(過)를 경험적 차원에서 살펴보자는 움직임도 있다. 기존의 한국의 (법)식민주의 연구에서 민족주의적 시각이 지배적이어서, 식민주의에 발생한 실제에 접근하지 못한다는 지적은 중요하다고 본다. 하지만, 그것이 단지 좀 더 경험적으로 공과 과를 따져보자는 주장은 소박한 경험주의의 위험성을 안고 있다.

식민주의 법사회학의 보다 근본적 문제는 우리 법사학계나 법사회학계에서 식민주의에 대한 관심이 그리 강하지 않다는 데 있다. 앞서 살펴본 대로, 식민지 시기 정립된 관습에 대하여 대한민국 건국 이후 사법부의 비판의식은 부족했고, 한국법학계에서 식민지 영향에 대한 논의는 대체로 자민족중심주의에 의해 재단되었다고 평가된다. 이에 따라 식민주의 시기의 구체적 지식 형성과정에 대한 연구는 소홀했고 그것이 미치는 영향의 현재성을 밝혀내는 데에도 한계가 있다고 하겠다.[45] 특히 현재까지 한국법과 법해석에 미치는 일본법의 영향과 그 문제점에 대해서는 진솔하게 직면해야 할 것이다. 앞서 페미니즘 법학 논의에서 법이 소수자들을 구분하고 생산해 왔다고 할 때, '식민지 법학' 을 적극적으로 직면하지 않는다면 한국인들은 자신의 법체계 안에서 자신도 모르는 채 법의 타자로 살고 있는지도 모를 일이다.

45) 최태현, "국제적 보편성과 한국적 특수성 간의 상위와 그 극복-한국 국제법학의 반성과 과제," 『법과 사회』, 제8호, 1993; 김창록 · 이철우, "일제하의 법과 사회, 어떻게 볼 것인가," 교수신문(2007년 7월 9일자) 등 참조.

4) 서브알턴과 민중

사회적 지반, 기층(基層)이라는 의미에서 서브알턴(subaltern)은 마르크시즘에서의 프롤레타리아 내지 민중과 의식적인 거리를 취한다. 마르크시즘에서 노동자는 계급관계의 구현, 혁명의식의 담지자라는 점에서 그 존재는 계급관계의 발현이라 할 수 있다. 하지만 서브알턴은 계급이나 사회구조와 같은 사회의 단순한 피조물이 아니다. 이를 위해선 포스트식민주의 이론의 일단을 잠시 접할 필요가 있다.

1982년 인도 뱅골 출신의 마르크스주의 역사학자 라나지뜨 구하(Ranajit Guha)의 주도로 〈서브알턴 연구: 남아시아의 사회와 역사에 관한 글들〉의 창간호가 발간되었고, 이후 20여 년 간 구하를 비롯한 서브알턴 연구집단은 1960년대 이래 (신)식민주의 역사학과 민족주의 역사학 사이에서 전개되었던 논쟁에 개입하였다.[46]

'케임브리지학파' 로 불리는 (신)식민주의 역사학은 식민지배 과정에서 등장한 인도의 민족주의란 영국이 만들어준 식민제도에 참여하여 제한된 자치 안에서 권력을 얻고자 했던 토착 엘리트들의 경쟁을 포장하는 수사(修辭)였다고 비판한다. 오히려 인도 민족주의 역사는 인도와 영국 사이의 역사가 아니라 인도인과 인도인 사이의 경쟁의 역사였다고 주장하였다. 그러나 인도의 민족주의 역사학자들은 인도 민족주의를 식민주의라는 '병균' 으로부터 인도를 치유한 안티테제로서 인도인을 반영투쟁에 동원함으로써 '하나의 인민(people)' 을 창출한 원동력으로 해석한다.

구하는 민족주의의 성격을 둘러싸고 벌어진 이러한 논쟁은 그 차이에도 불구하고, 권력관계를 하나의 통합적인, 단일한 정치영역 안에서 취급하고 있다는 점에서 똑같다고 비판한다. 그 영역은 권력을 시민사회(civil

---

46) 김택현, "서발턴에게 역사는 있는가?" 『트랜스토리아』, 창간호, 2002.

society) = 민족(nation) = 국가(state)의 측면에서 제도화하고 표현하는 엘리트 정치의 영역이다. 권력관계를 이렇게 취급하는 것은 서구에서 부르주아 지배로 인해 시민사회의 모든 권력관계가 국가의 권력관계로 통합되면서 서구의 근대 역사학에서 하나의 상식이 되어버린 관념이라고 한다. 그러나 구하는 식민지 국가는 서구의 제국주의 국가와 근본적으로 차이가 있다고 주장한다. 서구의 근대 자본주의 국가는 강제보다 설득이 우세한 권력관계에 기초하여 권력을 행사하므로 그 성격상 동의를 얻어낸다는 의미에서 헤게모니적이지만, 식민지 국가는 그 지배구조에서 강제가 우세하기 때문에 식민지의 이른바 시민사회는 국가에 통합되지 않게 된다는 것이다. 구하는 식민지의 이러한 성격을 '헤게모니 없는 지배'라고 규정한다. 그로 인해 식민지 인도에서는 법의 지배라든가 형식적 권리의 평등, 혹은 대의제 정치 등의 보편화에 실패하였다.[47] 그 결과 중 하나로, 식민지 인도에는 부르주아 민족주의의 헤게모니에 결코 통합되지 않은 인민의 의식과 삶의 영역이 별도로 존재했고 엘리트 정치와 구별되고 엘리트 정치에 종속되지 않은 인민의 정치, 즉 서브알턴의 정치가 엘리트 정치와 공존했다는 것이다.

이런 견지에서 보면 서브알턴은 존재했으나 그 의식이나 정치영역은 시민사회에도 공식적인 법과 제도에도 표상되지 않아 왔다. 서브알턴은 한 사회와 역사의 기반이 되는 기층민들이지만, 이들의 '목소리'는 이제까지 기록되거나 들리지 않았다는 것이다. 그리고 그 이유는 서브알턴이 침묵해서가 아니라 서브알턴의 목소리를 들을 수 있는 이론이나 방법론을 식민지 사회가 가지지 못했기 때문이다.[48] 이렇게 구조적 모순의 투명한 담지로서의 목소리를 내는 프롤레타리아 혹은 민중 개념과 달리 서브알턴은 목소리를 내고 있는 경험적 주체가 아니다. 또한 이들의 목소리를 듣지 못하는 것

---

47) Ranajit Guha and Gayatri Spivak, *Selected Subaltern Studies*, Oxford University Press, 1988.

48) Guha and Spivak, *op. cit.*; 윤택림, "탈식민 역사쓰기: 비공식 역사와 다중적 주체," 『한국문화인류학』, 1995, p.71.

은 그들의 목소리 문제가 아니라 그 재현(representation)의 방법에 부족에 있다는 것이다. 서브알턴 연구는 식민 이후 오늘날 전 지구적 자본주의의 상황에서 비서구 세계의 입장을 재현해 낼 수 있는 하나의 개념 혹은 장(場)이다. 서브알턴 연구의 포스트식민적 프로젝트는 엘리트 식민담론에서 배제되거나 주변화되어 온 사람들을 자율적인 정치적 주체로 역사에서 복원하여 아직도 접촉되지 않는 '서브알턴의 역사'를 새롭게 쓰고자 한다.[49]

법사회학의 맥락에서 포스트식민주의의 문제의식을 몇 줄기로 정리해 보면 첫째, 근대법의 뿌리에 식민주의 지배관심이 있다는 점, 둘째 식민주의 시각이 단지 외재적 · 억압적인 차원이 아니라 '관습'과 '관습법'이라는 자기 문화에 대한 지식생산에 내재되어 있다는 점이며, 셋째 식민 이후의 정부나 법학계에 있어서도 이러한 관습과 관습법에 대한 재정리의 노력이 매우 부족하였고, 식민주의 법의 영향에 대한 연구관심도 강하다고 할 수 없으며 기존의 관련 연구들에는 민족주의적 시각이 우세했다는 점, 넷째 자기 민족의 순수하고 단일한 문화를 상정하는 민족주의로는 식민주의 유산을 가진 법의 틀을 넘어서는 인식론이 되기는 어렵다는 점이다. 다섯째, 그럼에도 중립적 실증주의 연구에 의해 식민주의에 대한 인식이 재정립될 수 있다는 입장에 대해서도 회의적이다. 여기서, 민족주의와 다르고 중립적인 실증주의적 연구와는 거리를 둔 포스트식민주의의 관점에 선 식민지법 연구의 필요성을 조심스럽게 제안한다. 식민지 사회 내부의 지배질서—계급, 지역, 젠더와 같은—를 해부하고, 식민지 시기에 형성된 국가와 시민의 관계, 법과 문화에 대한 지식형성 과정에 대한 더 많은 탐구가 요청된다.

49) 김택현, 앞의 글, p.19.

4. 맺음말

오늘날 전 지구화에 따른 인권, 환경, 경제적 이해관계의 연결망은 촘촘해졌으나, 그 배후에는 식민주의 제국주의의 청산되지 않은 과거가 남아 있다. 우리는 본 장에서 페미니즘과 포스트식민주의에 대해 살펴보면서 법의 타자들을 재현하기 위한 비판이론의 일부를 살펴보았다. 페미니즘 법이론이나 포스트식민주의의 법이론은 아직 더 많은 경험적 연구와 이론적 논의를 필요로 하는 형성 중에 있는 이론이며, 이를 통해 탈식민주의적이고 탈가부장적인 법체계를 전망해 볼 수 있을 것이다. 특히 서구 중심적인 법체계나 시각에 대해 이렇다 할 대안적 전망을 형성하지 못하고 있는 지적 상황에서, 민족주의나 국가주의와 같이 자민족중심주의가 아닌 다른 정체성의 이론으로 이러한 비판이론들은 풍부한 잠재력을 가지고 있다. 이러한 비판이론들이 좀 더 신선하게 문제를 포착하는 데 기여할 수 있으려면, 그러한 담론들이 또 하나의 자기 정당화 담론으로서 동결되지 않고 늘 현실 속에 살아 있는 이론이자 운동이 되어야 할 것이다.

다른 한편, 오늘날 세계는 식민주의 유산에 더해 급속한 세계화에 따라 법적 규제의 체제들과 법질서 간에 새로운 관계가 생성되고 새로운 문제를 제기하고 있다. 이슬람 세계의 여성들과 남성들의 공간분리를 가져오고 그를 표상하는 여성의 베일(히잡, 차도르, 브르카)을 어떻게 판단할 것인가? 오늘날 인권담론은 전 세계적으로 공유되고 있지만, 제1세계와 제3세계의 불균등성, 인구와 개발, 경제협력 등 모든 문제에 걸쳐 있는 입장의 차이들에 대해 어떤 논리로 개입할 것인가? 국제법의 규율범위가 통상관계에서부터 환경, 인권 등으로 확장되면서, 법적 다원성에 국내법과 국제법이라는 새로운 층위가 더해지고 있다. 앞서 제기한 바와 같이, 한국에서 법적 다원성을 말하려면, 그것은 규범의 종류(예컨대 국가법, 관습법 등)나 영역의 법규(예컨대 종교법규, 상인법규)의 다원성이라기보다는 역사적으로 형성된 법체계의 다원성을 우선 고찰해야 할 것이라고 사료된다. 그것은 한국의 고유 법규범, 식민지 시기 형성된 법규범, 그리고 서구 근대법 등과 같이 상이한 시공간 속에서 형성된 상이한 법체계와 법원리의 공존상태가 아닌가 한다. 공존이라기보다는 서로 녹아들지 못한 채 지질의 단층처럼 머물러 있는 다원적 법체계에 대한 탐구가 필요할 것이다. 본 장은 포스트식민 사회의 법사회학이 가져야 할 비판적 의식을 일깨우고자 하였다.

생각거리

1. 한국의 페미니즘 법학 운동이 가지는 독특한 성격에 대해 조사해 본다.
2. 한국의 국제결혼의 증가와 이주여성과 관련된 인권 논리의 이론적 구성에 대해 생각해 보자. 그것은 페미니즘인가, 자민족중심주의인가, 혹은 초국주의인가, 개인주의인가?
3. 전시성폭력을 처벌하는 국제인권법과 국제관습법이 존재함에도 불구하고 아시아의 일본군 '위안부'에 대한 형사처벌과 민사배상이 없었던 이유는 무엇이라고 생각하는가?
4. 한국에서 식민지 법제의 연구와 그 연구시각에 대해 좀 더 조사해 본다.

제 2 부

각 론

제 7 장 법과 분쟁

제 8 장 법과 사회통제

제 9 장 법과 사회변동

제10장 법문화와 법의식

제11장 법조사회학 : 한국의 법조

제 7 장

법과 분쟁

|황승흠|

1. 도입 : 김홍도의 「취중송사」

이 그림은 단원 김홍도가 34세(1778년) 때 그렸다고 알려진 『행려풍속도(行旅風俗圖)』 중 제2폭인 「취중송사(醉中訟事)」이다. 조선시대의 풍속화 중에서 드물게 남아 있는 재판장면에 관한 것이다. 그런데 이 그림이 묘사하는 장면은 법정에서 엄격하게 진행되는 재판이 아니다. 고을 수령이 관속을 거느리고 순행(巡行)을 마치고 돌아오는 길에 고을 백성이 소를 제기한 것이다. 아마도 고을 수령은 그 자리에서 즉석으로 판결을 하는 것으로 보인다. 이 그림의 화평(畵評)은 강세황이 썼는데, "촌민이 와 소를 제기하고 형리가 판결문을 쓰는데, 취한 채로 말하는 것을 받아 적으니 잘못된 판결이나 없을는지(村氓來訴, 形吏題牒, 乘醉呼寫, 能無誤決)"라 하여 당시의 시대상을 적었다. 화평은 취한 채로 재판을 하는 고을 수령을 비판의 눈길로 보고 있지만, 우리의 관심은 순행길을 나간 고을 수령을 일부러 찾아가 소를 제기하는 촌민의 절박함에 있다. 당시의 공식 법정은 수령의 집무처인 동헌(東軒)이었다. 그러면 공식 법정에 정식으로 소를 제기하는 길이 막혔기 때문이었을까? 아니면 분쟁이 격화되어 동헌으로 가는 시간을 기다릴 수 없었기 때문이었을까? 주목되는 것은 촌민이라 짐작되는 그림 왼쪽의 맨 아래쪽에 있는 두 사람이다. 이 두 사람은 분쟁의 양 당사자일 것이다. 공손히 앉아 있지만 서로를 부라리고 있다. 순행길에 나선 고을 수령을 찾아간 것으로 보아 이 둘은 전부터 알고 있던 사이였을 가능성이 높다. 고을 수령의 판결로 이 두 사람의 분쟁이 해결되는 것일까? 이 둘은 분쟁이 없었던 이전의 관계로 되돌아갈 수 있을까? 화평을 쓴 강세황은 취한 채로 판결을 내리는 수령에 대해서 비판적인 시선으로 보고 있지만 고을 수령이 어렵게 찾아온 촌민에게 동헌으로 다시 찾아오라며 되돌려 보냈다면 어떠했을까? 즉결하는 것이 더 좋을 것인지 아니면 뒤로 미루어 판결하는 것이 더 좋을 지는 이 그림만으로는 알 수 없다. 촌민들이 순행길에 나선 고을 수령을 일부러 찾아가야 했을 정도로 당시의 공식 법정에 대한 접근이 쉽지 않았다. 그런 의미에서는 비록 술이 취했다고는 하지만 그 자리에서 판결을 해 주는 고을 수령을 화평과는 다른 시각에서 볼 수 있을지도 모르겠다.

2. 분쟁과 분쟁처리[1]

1) 분쟁연구의 두 갈래

갈등이나 분쟁이 없는 사회가 인간의 이상향으로 거론되지만 현실의 세계에서는 갈등이나 분쟁이 끊이지 않는다. 법의 핵심적인 사회기능 중의 하나가 분쟁을 처리하는 것이다. 법사회학에서도 '법과 분쟁'에 대한 연구는 고전적인 주제의 하나이다. 분쟁에 대한 연구는, 다른 문화를 기술하는 데 분쟁과 분쟁해결을 가장 중요한 요소의 하나로 다루었던 문화인류학자들의 연구전통에서 출발하였다.

초기의 (법)인류학자들이 분쟁해결 문제를 다룬 것은 분쟁 자체를 연구하기보다는 분쟁해결을 위해 적용되는 규칙을 통해서 그 사회의 '법'을 발견하기 위해서였다. 이들의 주된 관심은 법 · 규칙이었고, 법전이나 법원이

1) 이 절은 황승흠, 『분쟁과 질서의 법사회학』, 성신여자대학교출판부, 2005, 제2장 분쟁과 분쟁처리기제, pp.47~92의 내용을 요약한 것이다. 요약과정에서 용어나 표현이 다소 수정된 부분이 있다.

없는 사회에서 보편적인 법 개념을 끌어내려고 노력하였지만, 생산적인 결론에 이르지는 못하였다.[2] 법의 정의(定義)에 대한 소모적인 논쟁에서 벗어난 (법)인류학자들은 분쟁 자체로 관심을 돌렸다. 분쟁연구자들의 초점은 '질서 있는 사회생활' 이었다. 이들은 규칙뿐만 아니라 분쟁의 절차, 분쟁당사자의 전략과 상호작용의 과정에 관심을 기울였고, 법정과 같은 공식적인 제도뿐만 아니라 다양한 비공식적 분쟁해결제도에 대해서도 연구하였다. 분쟁연구는 비록 '법' 자체에 대한 질문을 하지 않는다 해도, 분쟁상황을 둘러싼 질서의 논리 안에서 분쟁당사자들이 서로 상호작용하며, 심지어는 규칙과 상호작용하는 과정에 대한 설명을 하려고 노력하였다.

2) 분쟁연구 패러다임의 전환

분쟁연구는 갈등과정에 있는 사회관계에 관심을 기울이면서 분쟁과정에 대한 연구로 발전한다. 이 연구에서는 분쟁에서 전개되는 상호작용을 탐구함으로써 분쟁을 통해서 그 사회의 질서가 어떻게 형성되는가에 대한 이론적인 접근을 한다. 분쟁과정 연구의 목적은 분쟁과 질서에 대한 과학적 인식이다. (법)인류학자들의 관심이 법·규칙에서 분쟁으로, 분쟁의 처리에서 과정으로 옮겨가는 것을 하나의 "패러다임의 전환"으로 평가할 수 있다. 카마로프와 로버츠는 (법)인류학자들이 분쟁에 접근하는 태도를 '규칙중심의 패러다임'과 '과정중심의 패러다임'으로 구분하였다. 규칙중심의 패러다임에서 핵심 개념은 규칙에 의해 지배받는 사회생활과 확립된 규범적 지침에 대한 복종의 결과로서의 규범적 행동이다. 결과적으로 분쟁은 병리적인 성격을 띤다. 그것은 일탈이나 기능장애를 의미하며, 사회통제를

---

2) 클라우스 프리드리히 코치는 한 사회가 화폐도 은행도 없는데 경제를 가질 수 있다면, 법전과 법정이 없더라도 얼마든지 법을 가질 수 있다고 하였다. Klaus-Friedrich Koch, "Law and Anthropology: Notes on Interdisciplinary Research," *Law & Society Review*, Vol.4, No.1, 1969, p.12.

위한 각종 제도적인 장치에 의해 교정되어야 할 것으로 파악된다. 이러한 입장에 서 있었던 (법)인류학자들은 법전이 없는 사회의 규칙을 집대성하는 데 관심을 기울였다. 이에 반하여 과정중심의 패러다임은 인간 행위자를 끊임없이 자신의 이익을 추구하는 존재로 보고 그가 다른 구성원들과 협력하는 것을 인간의 이기주의적인 성향의 표현으로 파악하고 있다. 물론 기존의 사회적인 규범은 그들의 행위에 지침이 된다. 그러나 자신의 이익을 극대화하는 데 아무런 도움이 되지 않는다고 판단하는 경우에는 그런 규범은 무시되며, 사회관계와 호혜성의 그물 내에 있는 타인의 행동에 의해 개인적인 계획이 일차적으로 통제된다. 이러한 분석은 사회과정 그 자체 내에 있는 질서의 역학을 추구하고 제도보다는 일상생활의 맥락에서 살아가는 인간의 상호작용에 초점을 맞춘다. 과정중심의 패러다임에서는 분쟁을 병리적이나 기능장애로 보기보다는 일상적이고 정상적인 것으로 본다.[3]

카마로프와 로버츠는 새로운 패러다임을 구성하는 요소를 네 가지로 정리하고 있다. 첫째, 갈등은 사회생활의 고유의 모습으로 취급되어진다. 둘째, 이와 같은 갈등의 사회학적 의미는 확장된 사회과정의 맥락에서 그것을 분석하는 방법론에 의해서만 드러난다. 그러므로 분쟁에 대한 적절한 설명은 그것의 완전한 사회적 맥락, 즉 분쟁의 기원, 분쟁을 해결하고자 하는 계속적인 노력, 분쟁해결 이후의 당사자 관계의 역사에 대한 기술이 요구된다. 셋째, 이러한 상대적으로 넓어진 시각은 분쟁해결의 성격과 기능에 대한 설명의 초점이 판사(그리고 판결) 중심에서 분쟁당사자의 입장으로 옮겨가게 한다. 분쟁해결 과정의 형식과 내용이 설명되려면 분쟁당사자가 싸움을 벌이는 동기, 지지자를 끌어들이는 방법, 사건의 과정에 영향을 미치려는 당사자들의 전략적인 노력 등이 설명되어야 한다. 넷째, 기존의 규

---

3) John L. Comaroff and Simon Roberts, *Rules and Processes: The Cultural Logic of Dispute in an African Context*, Chicago: The University of Chicago Press, 1981, p.5.

칙이 선험적으로 분쟁의 결론을 결정하는 '법'으로 간주되지 않는다. 규칙은 협상의 대상일 수 있고, 때로는 유리한 방향으로 관리되는 자원일 수 있다.[4]

3) 분쟁의 과정

분쟁과정에 대한 연구에서 말하는 분쟁의 '과정'은 어떻게 전개되는가? 분쟁에 대한 과학적 인식을 위해서는 표면에 드러난 현상만을 볼 것이 아니라, 분쟁의 '생애'에 대한 검토가 필요하다. 리처드 에이블은 분쟁의 과정을 어떤 사회관계가 거쳐가는 단계의 발전으로 설명하고 있다.

> 분쟁은 연대기적인 기원을 가지고 있다. 분쟁이 되기 위해서는 양 당사자 간에 먼저 물리적 접촉이 있어야 하고, 이 접촉은 중요한 상호작용으로 발전해야 한다. 이러한 상호작용은 갈등의 요소를 가지고 있어야 한다. 갈등은 '불일치'를 의미하지만, 단순한 사실의 불일치는 갈등이 아니다. 갈등이 되기 위해서는 당사자의 사실에 대한 주장과 함께 규범적 지지와 같은 지적 우월에 대한 승인이 있어야 한다. 다른 사람의 요구를 부정하는 것에서 갈등이 시작된다. 갈등 역시 사회관계의 발전단계이므로 결코 일탈이 아니다. 일치하지 않는 요구가 "공적으로 주장될 때" 갈등은 분쟁으로 발전한다. 분쟁이 갈등을 전제로 하고, 갈등이 상호작용을 가정한다고 해도 연대기적인 진행은 피할 수 있고 역전될 수도 있다. 접촉은 중요한 상호작용으로 이끌리지 않을 수 있고, 상호작용은 갈등을 만들지 않을 수 있다. 물론, 갈등이 분쟁으로 발전하지 않을 수도 있다. 또한 발전적인 진행은 거꾸로 일어날 수 있다. 당사자의 하나가 그의 요구를 더 이상 공적으로 주장하지 않는다면, 분쟁은 갈등으로 가라앉는다. 당사자가 더 이상 요구하지 않는다면 상호작용에서 갈등은 사라진다. 그러면 중요한 상호작용은 단순한 물리적 접촉으로 가라앉고, 접촉 자체도 중지될 수 있다.[5]

---

4) Comaroff and Roberts, *ibid*, 1981, pp.13-14.

5) Richard Abel, "A Comparative Theory of Dispute Institutions in Society," *Law & Society Review*, Vol.8, Winter, 1973, pp.227-228.

리처드 에이블의 논의에서 가장 중요한 대목은 갈등에서 분쟁으로 넘어가는 것이다. 분쟁의 계기는 '공적 주장'이다. 공적으로 주장한다는 것은 당사자들의 주장이 (분쟁당사자의 사회관계의) 외부로 표출된다는 것을 의미하는데, 반드시 특정한 외부인에게 직접적으로 주장할 것을 뜻하는 것은 아니다. 외부라는 개념도 갈등의 정도에 따라 상대적으로 이해되어야 한다. 공적 주장의 사회적 기능은 분쟁당사자 간의 사회관계를 전체 사회관계로 확대시키는 것이다. 그러므로 갈등이 공적으로 주장된다는 것은 분쟁이 전체 사회관계와 밀접한 관련 속에서 해결되고, 분쟁당사자 사이의 비공식적인 논리보다는 전체 사회의 공식논리, 즉 법 · 규범이 더 중시된다는 것을 의미한다. 법 · 규범이 중시된다는 것은 객관적 질서 또는 그러한 질서를 대변하는 외부인에 의해 분쟁이 해결될 수 있다는 것이다. 그러므로 공적 주장의 의미에는 제삼자의 개입가능성이 전제되어 있다. 반드시 제삼자가 개입하지 않더라도 제삼자의 개입을 전제로 하는 주장을 한다면 공적 주장으로 볼 수 있다. 예를 들어, 법원의 판결이나 행정관청의 처분 등으로 확정된 법적 권리는 국가의 강제력에 의해 보장받기 때문에 이러한 권리를 주장하는 것은 국가와 같은 제삼자의 개입가능성이 전제되어 있는 공적 주장이라 할 수 있다.

이와 같은 논의는 분쟁을 고립적인 사건으로 이해하는 것이 아니라 역동적인 사회관계 속에서 파악해야 한다는 것을 보여준다. 분쟁이란 돌발적으로 나타나는 것이 아니라 '경력'과 '생애'를 가지고 있으며, 그것을 둘러싼 외적인 사회환경 속에서 생성 · 발전하거나 소멸하는 것이다. 그러나 어떤 불만이 갈등으로 발전하고 그 갈등이 분쟁으로 표출되는 것은 그 사회의 사회적 · 문화적 맥락의 제약을 받는다. 똑같은 갈등양상이라 할지라도 모든 사회에서 똑같이 분쟁으로 비화되지 않는다. 특히, '공적 주장'의 의미는 각각의 사회나 한 사회 내에서도 사회조직에서도 다르게 나타난다. 어떤 갈등이 한 사회에서는 심각하게 받아들여진다 할지라도 다른 사회에서는 갈등으로 취급되지 않을 수 있다. 그러므로 분쟁의 '과정'에 대한 연구는 비교문화적 접근이 반드시 필요하다.

분쟁을 사회관계의 발전단계로 본다면, 분쟁이 '해결' 되었다 해도 이미 변화된 그 사회관계가 처음으로 복귀할 수 있는 것은 아니다. 우리가 분쟁 '해결' 이라 부르는 현상은 분쟁이 종국적으로 해결되고 사회관계가 다시 균형상태로 되돌아간다는 것이 아니라, 분쟁으로 깨어진 사회관계가 다른 형태로 재형성되는 것을 의미한다. 따라서 분쟁의 '해결' 도 사회관계의 발전단계로 파악해야 한다. 분쟁 '해결' 에는 어떤 형태이건 간에 결과가 뒤따르게 된다. 이것이 명확한 결정일 수도 있지만 반드시 그러할 필요는 없으며, 명시적일 것이나 직접적일 것을 요하는 것도 아니다. 사실상 분쟁은 '해결' 된 것이 아니라 일시적으로 유예되거나, 당사자가 포기하거나, 상위의 권위에 복종한 것일 수도 있다. 결과가 분쟁을 종결시키는 것이 아니라, 다른 형태의 분쟁으로 지속되는 경우도 많다. 분쟁상태 자체는 해소될 수 있는 것이지만, 그것은 갈등상태로 잠복한 것이며 얼마든지 다시 표면으로 떠오를 수 있다. 이런 의미에서 분쟁은 기나긴 '생애' 를 살아간다.

4) 분쟁처리의 기제와 과정

분쟁의 '과정' 에서 중요한 문제는 개개의 분쟁이 어떻게 사회적으로 '처리' 또는 '관리' 되느냐이다. 동적인 역동성 가운데에서도 사회질서가 유지되고 있다는 것은 분쟁의 사회적인 관리가 적절하게 이루어진다는 것을 의미한다. 분쟁을 사회관계의 발전단계로 본다면, 분쟁의 처리도 분쟁의 '과정' 의 한 요소로 이해되어야 한다. 분쟁처리에 대해서는 대개가 법원에서 이루어지는 소송과 같은 사후적인 분쟁처리만을 생각하기 쉽다. 그러나 일단 분쟁이 발생한 다음에 당사자의 '요구' 에 의해서 법원이 분쟁에 개입하는 경우는 전체 분쟁처리의 일부분에 불과하다. 주의할 것은 분쟁처리는 본격적인 분쟁단계로 진입한 이후에나 시작되는 것이 아니라는 점이다. 분쟁처리는 분쟁의 연대기적인 기원인 불만의 발생에서부터 갈등을 거쳐 분쟁에 이르기까지 전 과정에 걸쳐 작동한다.

분쟁처리는 분쟁의 시작, 즉 불만의 생성에서부터 시작된다. 분쟁이 발생하려면, 어떠한 자원에 대해서 상대방의 주장과 일치하지 않는 요구가 있어야 한다. 자원에 대한 사회적 정의(定義)와 희소성이 갈등을 규정한다. 희소성은 경제적인 희소성을 포함하기는 하지만 그것에 국한되지는 않는다. 가령, 명예나 위신 같은 것도 갈등을 불러일으키는 중요한 사회적 자원이다. 그러나 사회적으로 또는 문화적으로 희소하다고 여겨지지 않는 것은 갈등을 불러일으키지 않는다. 희소성에 대한 사회적 정의는 갈등을 통제하는 처리기제로 작동한다. 또한 갈등의 발생은 심리적 요소에 의해 제한을 받는다. 즉 사회 속의 개인은 갈등에 대한 두려움 때문에 그들의 욕망을 억제한다. 개인이 심리적 억제를 넘어서서 갈등을 인식한다고 할지라도, 그것을 공적으로 주장하여 분쟁화하는 것을 자제할 수도 있다. 모든 사회에는 여러 가지의 갈등의 대체수단을 제공한다. 가령, 더 이상의 불화를 피하기 위해서 이주해 버리거나, 좀 더 적당한 때를 기다리기 위해서 원한을 드러내는 것을 연기하거나 또는 다음 '생'에 바로 잡히리라는 희망 속에서 체념하는 것 등을 갈등의 대체수단으로 볼 수 있다.

산업화된 도시사회에서는 사회구성원 간의 긴밀한 접촉관계가 이루어지지 않고, 분쟁화하여 공식절차로 끌고 가면 시간과 비용이 많이 든다. 펠스티너는 이와 같은 사회환경에서 분쟁당사자는 "분쟁이 표출되지 않도록 상대방 당사자와의 관계를 제한 또는 단절시키는 '회피'의 방법에 더 의존하게 된다."[6]고 한다. 회피는 분쟁당사자가 분쟁해결을 위해 더 이상 '돈과 시간'을 낭비할 필요가 없다고 판단했을 때, 분쟁관계에서 빠져 나오는

6) W. Felstiner, "Influences of Social Organization on Dispute Processing," *Law & Society Review*, Vol. 9, 1974, p.70.

방식으로 분쟁을 처리하는 것을 말한다. 현대 산업사회에서 회피의 방법이 선호되는 것은 본질적인 사회관계에 위협을 주지 않고 적은 대가로 가능하기 때문이다. 회피가 이루어지면 적어도 앞으로 분쟁으로 발전할 소지가 일시에 제거되는 효과가 있는 것은 분명하다. 분쟁당사자의 회피는 분쟁과정에 일어날 수도 있고, 분쟁이 본격적으로 발생되기 이전에도 일어날 수 있다. 회피는 분쟁의 표출을 억제하는 기능을 한다. 회피는 분쟁당사자 간의 사회관계가 밀접하거나 또는 지나치게 먼 거리에 있을 때 일어날 수 있다. 집단 내부의 갈등이 분쟁으로 표출되는 정도가 낮은 것은 회피 때문이다. 때로는 그냥 스쳐 지나가는 관계에서 발생한 분쟁도 회피될 수 있다. 분쟁의 처리과정에서 지나치게 많은 비용이 든다면 분쟁당사자는 회피를 선택할 수 있다. 또한 분쟁당사자 간의 사회적 힘이 지나치게 불균형한 경우에 약한 쪽의 분쟁당사자는 회피를 선택하는 경향이 있다.

매우 극단적인 예이기는 하지만 분쟁당사자가 공식적 분쟁처리 기제를 신뢰하지 못하는 경우도 있다. 다시 말해서 법을 통한 분쟁처리를 신뢰하지 못하는 경우이다. 이때의 분쟁당사자는 실력행사 또는 자력구제 수단을 선택할 수밖에 없다. 분쟁당사자들이 실력행사를 선택한다면, (그것도 넓은 의미에서는 분쟁처리의 기제의 하나라고 볼 수도 있지만) 공식적인 분쟁처리 기제는 작동하지 않고 사회적 힘과 힘이 부딪히는 가장 원시적인 분쟁처리 과정이 진행된다. 실력행사나 자력구제는 적어도 현대 법질서의 관점에서 볼 때 '불법' 행위이므로 이를 선택한 분쟁당사자는 법적 처벌을 감수해야 하며, 이 경우 분쟁은 전혀 다른 방향으로 진행될 수 있다. 거칠게 보면, 분쟁당사자는 회피와 실력행사라는 양 극단 가운데 있는 여러 가지 분쟁처리 기제 가운데에서 사회적 여건이나 분쟁의 과정에 따라 적절한 기제를 선택한다.

일단 분쟁이 발생한다면 분쟁당사자는 어떤 방식을 먼저 취하게 될까? 가장 기본적인 방식은 분쟁의 양 당사자 간에 이루어지는 이면구조(dyad)

의 '교섭'이다. 이 교섭의 모티브는 분쟁처리의 전 과정에서 관철되고 있다. 제삼자가 개입한다 할지라도 교섭의 본질은 훼손되지 않는다. 심지어 분쟁당사자가 실력행사라는 극단적인 수단을 선택한다고 해도 당사자 사이의 교섭은 그대로 진행된다. 경우에 따라서는 실력행사가 분쟁당사자 간의 교섭에 영향을 끼칠 수 있다. 이러한 의미에서는 교섭은 분쟁처리 과정의 가장 원시적인 모습이자 기본적인 형태이다. 그러나 교섭과정이 정당하게, 분쟁이 말 그대로 '해결'되려면 양 당사자의 사회적 힘의 균형이 무엇보다도 중요하다. 사회적 힘의 균형이 보장되지 않는다면 공식적인 분쟁처리 기제, 즉 제삼자를 개입시키는 수밖에 없다.

흔히 '법적 해결'이라 불리는 권위적인 제삼자[법관]에 의해서 내려지는 삼면구조(triad)의 '심판'은 강제적이자 종국적인 분쟁처리 기제이다. 따라서 신중한 결론을 가져오기 위해서 상당한 시간과 비용이 수반되는 절차의 '형식성(formality)'이 요청된다. 이 때문에 모든 분쟁이 이와 같은 방식으로 처리될 수도 없고 그럴 필요도 없다. 법원에서 진행되는 소송에서 축적된 선례는 다른 유사한 분쟁에 보편적으로 적용된다면, 이후의 분쟁은 이를 전제로 분쟁처리 과정이 진행될 수 있다. 즉 소송으로 갔을 때 예측되는 결론이 법정 밖에서의 분쟁처리 과정에서 결정적인 기준으로 작용한다. 소송절차에 내재하는 권위는 다른 분쟁처리 방식에 하나의 사회적 힘으로서 작용한다. 다시 말해서, 법원에서 패소판결을 받는 경우의 위험부담과 비용을 고려한 상태에서 분쟁당사자 간의 교섭이나 비공식적 제삼자의 조정이 받아들여지는 것이다. 이러한 의미에서 마틴 샤피로는 "대부분의 [교섭이나] 조정은 생각보다는 훨씬 덜 합의적이다. [왜냐하면] 그것의 뒤에는 소송에 대한 두려움이 있기 때문"이라고 하였다.[7] 법원의 판례[선례] 형성은 협상이나 조정 · 중재와 같은 법정 밖의 분쟁처리 방식이 제대로 기능을

7) Martin Shapiro, *Courts: A Comparative and Political Analysis*, The University of Chicago Press, 1981, p.16.

발휘하기 위한 전제조건이 된다. 협상이나 조정 · 중재는 분쟁 자체의 '해결'을 목적으로 하는 것이지 규범이나 준칙을 형성하는 것을 목표로 하지 않기 때문이다. 이렇게 본다면 일련의 분쟁처리 기제들은 분리되고 단절되어 있는 것이 아니라 서로 연결되어 영향을 주고받는 관계를 맺고 있다. 제삼자의 개입은 사회적 힘의 불균형을 시정하는 작용을 한다. 이를 통해 사회적 힘의 균형을 이루게 할수록 비용은 증가한다. 분쟁처리 과정은 사회적 힘의 역학과 비용의 경제학, 이를 조절하는 법적 형식이 서로 교차되는 사회적 공간이다.

3. 학동종회 분쟁사례의 분석

분쟁과 분쟁처리에 대한 이론적 접근은 구체적인 분쟁사례의 분석을 통하여만 비로소 그것의 실질적인 의미가 드러난다. 분쟁연구란 분쟁사례의 분석을 바탕으로 일반적 수준의 이론을 정립해 가는 것이다. 제2절에서 논의한 일반적 수준의 설명을 한국사회에서 발생한 구체적인 분쟁사례에 적용해 보기로 한다. 분쟁사례의 분석을 위해서는 먼저 한 분쟁의 기나긴 생애를 서술해야 한다.

1) 명의신탁된 종토를 둘러싼 종중 내의 분쟁사례[8)]

영천 최씨 충절공파 학동종회는 최립의 손자이자 시조의 16세손인 최훈의 후손들 중 의성시 감면 학동에 거주한 적이 있는 사람이나 그 후손들로 이루어진 단체이다. 대표자는 최정한이고 총무는 최정필이며, 1993년

8) 이 분쟁은 1994년에 시작되어 현재까지 진행되고 있다. 사례에 등장하는 지명과 인명은 모두 필자가 임의로 붙인 것이다.

경 종중 등록을 하였다. 최철운은 족보상 최립의 손자이자 시조 최한의 16세손인 최현(최훈과는 형제관계)의 후손으로서, 그 5대조 최순은 본래 최훈의 후손이었으나 최현의 후손인 22세손 최보의 양자로 입적했다. 최순의 자손들은 최철운의 아버지인 최석의 유년기에 이르기까지 모두 학동에 거주하였다. 최철운과 학동종회는 최철운 등의 명의로 등기된 의성시 감면 일대의 토지에 대하여 1994년부터 현재까지 소유권이전등기청구 1건, 소유권이전등기소송 2건(항소심 포함), 형사재판 1건, 손해배상소송 1건(항소심 포함), 공유물분할소송 1건(항소심 및 상고심 포함), 그리고 또 다른 소유권이전등기소송 1건(항소심 포함)과 또 다른 공유물분할소송 1건 등을 치렀거나 진행하고 있다.

[그림 1] 학동종회 가계도

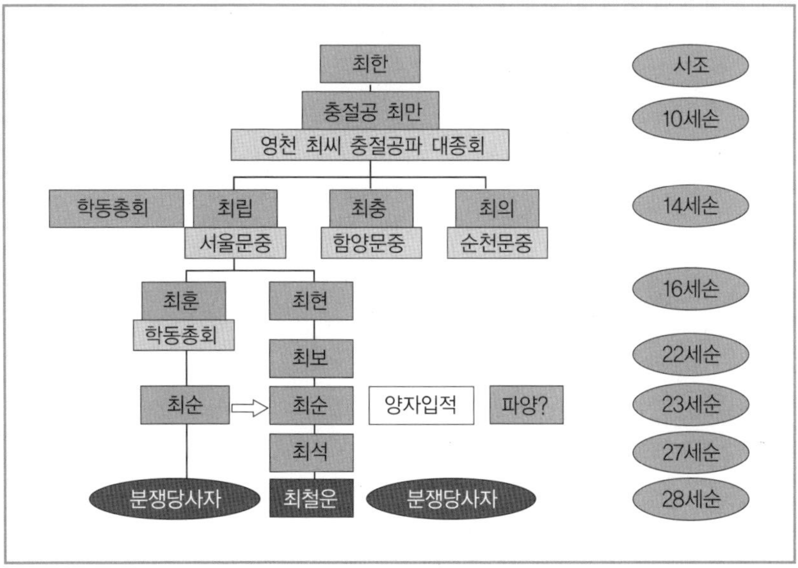

(1) 분쟁의 생애 : 등기관계

1910년경 「임야조사령」에 의하여 의성시 감면 당리의 임야에 대해 최병진, 최병학, 최일석, 최정훈 등의 단독명의 또는 공동명의로 사정이 이루어졌다. 1970~71년 최철운을 포함한 5~6명의 명의로 소유권이전등기 또는 소유권보존등기가 되었다. 1994년 11월경 학동종회는 의성시 감면 일대 토지에 관하여 각 소유명의자로부터 증여받았다는 내용의 보증서와 확인서를 발급받은 후, 「부동산소유권이전등기 등에 관한 특별조치법」에 의하여 소유권이전등기 절차를 마치려 했으나, 최철운의 이의신청으로 무산되었다.

(2) 분쟁의 생애 : 소유권이전등기청구소송

1996년 5월, 학동종회는 최철운 등을 피고로 하여 대구지방법원에 명의신탁 해지를 원인으로 하는 2건의 소유권이전등기청구소송을 제기하였다. 학동종회는 "위 각 토지는 원래 학동종회의 소유인데 그 종원인 최철운 외 5~6명, 최석 외 2명에게 각각 명의신탁을 하여 둔 것"이라고 주장하였다. 이에 대하여 최철운은, 자신은 "최현의 후손이므로 최훈 후손의 모임인 학동종회의 종원이 아니며, 위 각 토지는 원래 최현 집안의 재산인데 최석 유년기에 최훈 집안사람들에게 빼앗겨 공동명의로 등기된 것일 뿐 명의신탁을 받은 일이 없다"고 주장하며 맞섰다. 학동종회는 이 소송에서 '학동종회는 최립을 공동선조로 하는 종중' 이라고 (거짓) 주장을 하고, 총무인 최정필은 '학동종회의 공동선조는 최립' 이라고 (거짓) 증언을 하였으며, 종원인 최정민은 '서울문중은 친목단체이며 최립을 공동선조로 하는 종중은 학동종회 하나뿐' 이라는 취지의 (거짓) 인증서를 작성하여 증거로 제출하였다. 위 각 소송의 제1심에서 최훈 집안의 후손인 등기명의자들은 모두 자백간주로 종결되었을 뿐 아니라 위 각 토지는 학동종회 소유로서 자신들이 명의신탁자가 맞는다는 내용의 확인서까지 작성하여 법원에 제출하였다. 위 각 소송의 제1심 법원은 1997년 2월, 합의사건 및 단독사건에서 학동종회의 청구를 모두 받아들였다.

두 소송의 선정당사자인 피고 최철운은 경제적 사정 등으로 변호사를 선임하지 못한 채 본인소송으로 항소심을 수행하였다. 서울에 소재한 직장에 다니면서 혼자서 많은 증거를 수집하여 제출하였다. 서울에서 대구지방법원과 대구고등법원에 오랜 기간 동안 여러 차례 재판을 받으러 다니느라 많은 시간과 비용을 들인 끝에 결국 직장에서 명예퇴직하였다. 하지만 그는 항소심에서 정반대의 결론을 이끌어냈다. 대구고등법원은 1999년 6월에, 그리고 대구지방법원 항소부는 1999년 7월에, "학동종회는 시조 최한의 16세손인 최훈을 공동선조로 하는 소종중 또는 그 후손의 일부로 구성된 종중 유사의 단체"라는 이유로 원심판결을 취소하고 소 각하 판결을 선고하였다. 학동종회 분쟁의 첫 번째 소송은 이로써 확정되었다.

(3) 분쟁의 생애 : 형사소송과 손해배상소송

소유권이전등기소송이 확정된 후에, 최철운은 최정한 등을 형사 고소했는데, 최정한 · 최정민 · 최정필은 소송사기미수 및 위증 등의 혐의로 2000년 7월에 기소되어 대구지방법원에서 형사재판을 받았다. 2001년 3월, 최정한은 사기미수죄 등으로 징역 1년에 집행유예 2년을, 최정민은 사기미수죄로 징역 8월에 집행유예 2년을, 최정필은 사기미수 및 위증죄 등으로 징역 1년에 집행유예 2년의 각 형을 선고받아 그 즈음 확정되었다.

2001년 10월, 최철운이 학동종회와 최정한, 최정민, 최정필을 상대로 대구지방법원에 5,000만 원의 손해배상청구소송을 제기하였다. 2002년 7월, 제1심에서 1,500만 원의 원고일부 승소판결이 선고되었다. 2003년 4월, 항소심에서 쌍방항소가 모두 기각되어 그대로 확정되었다.

(4) 분쟁의 생애 : 공유물분할 청구소송

공동명의의 토지소유 관계가 그대로 유지됨으로써, 아무도 원하는 대로 그 토지를 처분 · 사용하지 못하는 상태가 지속되었다. 2008년 5월, 최철운은 대구지방법원에 관련 토지 전부에 관하여 다른 등기부상 소유명의자 및 그 상속인들 전원을 상대로 공유물분할 청구소송을 제기하였다. 변호사가 선임되어 있지 않고 당사자가 많은 관계로 청구취지 변경 및 당사자 추가를 거듭한 데다 송달에 많은 시간이 소요되어 제1심의 진행에 상당한 시일이 소요되었다. 최종적으로 확정된 피고는 69명이었다. 2010년 8월, 최철운이 제1심에서 승소하였으나 2012년 8월에 내려진 항소심에서는 최철운이 일부 승소판결을 받았다. 2013년 2월, 대법원이 상고를 기각함으로써 이 사건은 확정되었다. 최철운은 2013년 3월에 앞의 공유물분할 청구소송의 피고를 일부 포함하여 44명을 대상으로 공유물분할 청구소송을 재차 제기하였다.

(5) 분쟁의 생애 : 소유권이전등기 청구소송

2009년 4월 9일 학동종회는 최철운이 제기한 공유물분할 청구소송에 맞대응하여 대구지방법원에 최철운을 상대로 재차 소유권이전등기 청구소송을 제기하였다. 이번에는 중시조가 20세손 최평이며, 최순은 파양되었으므로 그 후손인 최철운도 학동종회 회원이라고 주장하였다. 2010년 4월, 원고인 학동종회는 패소판결을 받았다. 2011년 2월 25일 대구고등법원의 항소심에서도 학동종회가 패소함으로써 사건은 확정되었다.

2) 분쟁의 사회적 배경

(1) 공식법과 전통관습의 갈등

학동종회 분쟁에서는 적어도 두 개의 법체계가 갈등하고 있다. 하나는 서구에서 도입한 공식법(formal law)이고 다른 하나는 전통에서 유래한 관습(informal law)이다. 이 둘은 갈등하고 부딪히고 있으며 분쟁이 지속되고 격화되는 한 요인으로 작용하고 있다.[9] 개인소유 · 등기 · 재판이 공식법의 표징이라면 공유 · 명의신탁 · 종중은 전통관습 또는 비공식적 법의 표징이다. 공식법은 전통관습을 적절히 흡수하지 못했다. 불완전한 권리인 명의신탁과 불안정한 공동체인 종중으로 나타나는 전통관습은 공식법과 부딪히면서 명확한 실효성을 확보하지 못하고 있다. 전통관습은 서구 공식법이라는 새로운 사회변화에 적응하지 못하기는 하지만 자신의 고유한 영역에서 규범으로 여전히 작동한다. 분쟁당사자들의 행위규범은 다층화 또는 다원화되어 있어 그들의 행위는 다중적인 의미를 갖는다. 적어도 학동종회 분쟁 사례에서는 공식법과 전통관습 모두 행위의 규준기능이 약화되어 있는 것으로 보인다.

명의신탁은 그러한 갈등을 극적으로 보여준다. 관습으로서 명의신탁은 불안정하고 불명확한 소유관계를 보여줄 뿐이다. 그럼에도 사회규범으로서 전적으로 무시되지 않는다. 그래서 공적 장부이며 법적으로 보장받는 등기부의 기재내용이 현실을 반영하지 못한다는 아이러니가 발생하는 것이다. 명의신탁을 통한 불안정한 권리관계를 국가법 질서가 용인하기는 어렵다. 국가는 법제도에 의해 소유관계를 강제적으로 안정화시키려 시도한

9) 복수의 법체계에 대한 논의는 황승흠, 앞의 책, 2005, 제1장 법과 사회질서, pp.19~29 참조. 최대권은 한국사회의 법규범에 대해 "잘 조화가 되지 아니하고, 경우에 따라 상충하는 (두) 가치체제 · 규범체제가 서로 경쟁하면서 나란히 존재"하고 있다고 하였다. 최대권, 『법과 사회』, 서울대학교출판부, 1992, p.103.

다. 「부동산소유권이전등기 등에 관한 특별조치법」이라는 또 다른 공식법이 그러한 목적으로 시행되었다.[10] 하지만 학동종회 분쟁사례에서 볼 때, 특별조치법의 목적은 제대로 실현되지 못한 것으로 보인다. 미시적인 국면에서 분쟁당사자들이 자신의 목적에 맞게 이 법의 시행과정을 조정하고 조작하였기 때문이다.[11] 공식법은 거시적 사회질서에서는 여전히 효력을 갖고 있지만 미시적인 분쟁국면에서는 얼마든지 무력화될 수 있다.

(2) 종중 사회관계의 변화

학동종회 분쟁사례에서 또 하나의 주인공이라 할 수 있는 종중이라는 단체는 퇴색한 옛 그림자이거나 껍데기만 남아 있고 속은 비어 있는 상자와 같은 모습을 보여준다. 등록된 종중이라는 것은 모호하기 그지없다. 종중등록은 법인등기제도와 차원이 다르다.[12] 등록은 자유로이 이루어질 수 있어서 어디까지가 실질적인 종중관계인지가 모호하다.

대법원은 종원의 자격을 성인남자로 제한하는 관습법의 효력을 부인한 전원합의체 판결에서 "사회환경이 전반적으로 변화하였고, 이에 따라 가

10) 「부동산소유권이전등기 등에 관한 특별조치법」은 미등기 또는 명의신탁 부동산을 간소한 절차에 의해 등기할 수 있게 하기 위해 제정된 법률이다. 이 법에서는 미등기 또는 명의신탁 부동산에 대한 소유권보존등기 또는 소유권이전등기를 신청하는 경우 시 · 구 · 읍 · 면장이 10년 이상 거주하고 신망이 있는 자 중에서 보증인으로 위촉한 3인 이상이 작성한 보증서를 첨부하여 대장 소관관청에 서면으로 확인서를 신청하여 발급받은 후, 이를 첨부하여 등기를 신청하면 확인서로 등기원인을 증명하는 서면에 갈음하고 등기필증을 제출하지 아니하도록 하였다. 특별조치법은 한시법으로 1978~84년, 1993~94년, 2006~07년 등 세 차례 시행되었다.

11) 샐리 포크 무어는 이를 규칙에 대한 행위자의 '상황적 적응의 과정'으로 설명한다. Sally Falk Moore, *Law as Process*, Routledge & Kegan Paul, 1978, p.39.

12) 「부동산등기법」에서는 종중과 같은 법인 아닌 사단이나 재단도 등기를 할 수 있도록 하는데, 이 경우 권리자의 부동산등기용 등록번호를 함께 기재하도록 하고 있다. 법인 아닌 사단이나 재단의 부동산등기용 등록번호는 시 · 군 · 구청장이 부여한다. 종중등록이란 부동산등기용 등록번호를 부여받기 위해서 시 · 군 · 구청장에 신청하면, 해당 관청은 신청사항을 확인한 후 등록번호를 부여하고 등록번호 순으로 그 사실을 등록번호 파일에 등록 · 처리하는 것을 의미한다.

족생활과 제사문화 등에 있어서도 커다란 변화가 있게 되었다"고 전제하고, "국토의 효율적인 이용을 위한 국토이용계획의 수립과 묘지제도의 변화로 화장이 확산됨에 따라 조상의 분묘수호를 주된 목적의 하나로 하는 종중의 존립기반이 동요될 수 있는 요인이 생겼고, 개인주의의 발달과 함께 조상숭배 관념이 약화됨으로써 종중에 대하여 무관심한 현상이 일부 나타나고 있기도 하며, [⋯] 종중의 구성원에 대한 국민의 인식에도 적지 않은 변화를 가져오게 되었"다고 하였다.[13] 학동종회 분쟁사례에서 보이는 종중은 사실상 실체가 없다. 이전투구와 같은 개인들 간에서 벌어지는 이익의 각축만이 있을 뿐이다. 개인들은 자신들의 이익을 극대화하기 위해서 종중이라는 퇴색한 옛그림자를 다시 포장할 뿐이다.

종토라는 것도 더 이상 신성한 종교적 의미를 가지고 있지 않다. "국토의 효율적인 이용을 위한 국토이용계획의 수립"과 개발에 따른 토지가격 급등은 종중관계의 실질적 붕괴와 함께 종토의 의미를 완전히 변화시켜 버렸다. 이제 종토는 실질적으로 재산의 의미를 갖게 되었으며, 누군가 개인에 의해 소유되어야 할 대상이 되었다. 종중의 사회적 의미도 함께 변화하였다. 개인주의화에 따른 친목의 의미가 보다 강화되었고, 일종의 경제적 이익을 도모하는 단체로서 성격이 부각되었다.

(3) 분쟁당사자의 문제

학동종회 분쟁의 출발점인 종토에 대해서 보면 그것의 소유관계 자체가 모호하다. 최철운은 명의신탁자인가 아니면 진정한 소유자인가? 종토의 소유관계에 대한 소송도 그러하지만 형사소송과 손해배상소송 등 징벌적 성격의 소송제기로 인해 분쟁당사자 간의 사회관계는 완전히 단절되었다고 볼 수 있다. 분쟁이 진행되면서 분쟁당사자의 관계는 갈등을 해결해

13) 대법원 2005.7.21. 선고 2002다1178 전원합의체 판결 [종회회원 확인].

갈 수 있는 협상파트너가 아니라 서로가 서로를 잡아먹는 '이리'의 관계로 점점 바뀌어 갔다.

학동종회 분쟁은 법적 쟁점이 복잡하게 얽혀 있는 어려운 사안이다. 그런데 분쟁의 핵심 당사자인 최철운에게는 불충분하고 불균형한 법률서비스만이 공급되었다. 최철운은 소유권이전등기청구소송 제1심에서 변호사 대리를 하였으나 이 변호사는 소송을 지연시키기만 할 뿐 제대로 소송을 진행시키지 못했으며 패소원인도 의뢰인이 자료를 잘못 주었기 때문이라고 책임전가에 급급하였다. 최철운은 항소심에서 소송대리인 없는 본인소송으로 진행하게 된다. 최철운은 더 이상의 법률서비스를 받지 못할 뿐 아니라 오히려 법률서비스를 받는 것을 거부하기에 이른다. 전문가에 대한 불신으로 최철운은 본인소송을 진행하게 되는데 이 분쟁에 그의 삶의 대부분이 바쳐진다.[14]

(4) 비공식적 분쟁해결 시스템의 부재

이 분쟁이 백년쯤 전에 학동에서 일어났다면 어떻게 되었을까? 아마도 종회는 영천 최씨의 집성촌인 학동을 실질적으로 지배하는 조직이었을 것이고 학동종회 안에 일어난 갈등은 학동이라는 마을 공동체의 관계에서 해결되었을 것이다. 그보다는 아예 이와 같은 분쟁이 표출되지 않았을 가능

14) 20여 년간 진행된 분쟁은 최철운 인생의 절정기를 앗아간 셈이었다. 이제 은퇴자일 뿐인 최철운은 여전히 분쟁을 진행하고 있다. 로버트 키더는 인도 반가롤(Bangalore)에서 일어난 25년간 지속된 분쟁을 소개하였다. "2명의 이웃사람을 25년간에 걸쳐 휘말리게 한 유명한 사건이 있었다. 이 2명은 두 집 사이에 있는 3피드 넓이의 보잘 것 없는 좁은 땅에 대해서 서로 다툰 것이다. 25년이라는 숫자도 이상하지 않은 것 같았다. 차용금 변제를 둘러싼 소송이 8년간 연장되었다고 하는 어떤 노인의 말을 듣고 내가 놀라움을 나타냈을 때 그는 1921년에 시작된 사건에 아직도 휘말려 있다는 것을 가르쳐 주었다. 그 85세의 늙은 소송꾼(court bird)은 당초에 상대도 그의 변호사도 모두 살아 있지 않다는 것을 기쁜 듯이 말하고 있는 것 같았다." Robert L. Kidder, "Courts and Conflict in an Indian City: A Study in Legal Impact," *Journal of Commonwealth Political Studies*, Vol.11, No.2, 1973, pp.121-128.

성이 더 크다. 그러나 지금의 학동과 학동종회는 그러하지 않다. 마을 공동체에서의 비공식적 분쟁해결 시스템은 전혀 작동하지 않았다. 그보다는 사람들이 하나 둘 학동을 떠난 이후로 이 마을 공동체의 분쟁해결 시스템은 이미 붕괴되어 버렸을 것이다. 조선시대였다면 이 분쟁은 마을 또는 학동종회의 어른들에 의해 해결될 수 있었을 것이며 그것이 오히려 적절한 분쟁처리 기제였을 것이다. 아마도 학동의 어른들은 종토에 관련된 모든 이야기를 알고 있었을 것이다. 그 이야기 자체가 그들의 삶이었을 것이다. 학동의 어른들은 종토문제뿐만 아니라 이 분쟁과 관련된 학동종회의 여러 문제들을 함께 해결하려고 했을 것이다. 누가 보아도 종토문제가 종토에만 국한된 것이라 보지는 않았을 것이다.

정약용은 고을 수령을 의미하는 목민관을 위한 지침서로 『목민심서(牧民心書)』를 저술하였다. 목민관의 주요 업무 중의 하나가 재판이기 때문에 이 책은 재판관을 위한 지침서로도 볼 수 있다. 정약용은 「부임육조(赴任六條) 이사(莅事)」에서 "지주가 경작권을 빼앗아 전객(佃客)이 와서 소송한 경우이면 예제에 「지주가 다른 사람의 청탁을 받았는가, 전객이 농사에 게으르기 때문인가를 그 마을의 여러 상호(上戶)들이 공평하게 의논하고 결정하여 다시는 소송하는 일이 없게 하라」고 하"였다.[15] 분쟁이 관아[東軒]에 제기되면 목민관은 분쟁에 개입하기에 앞서 그 마을의 여러 상호들이 공평하게 의논하여 결정하는 것을 먼저 하게 하라는 것이다. 상호라는 것을 마을 유력자 혹은 어른으로 이해할 수 있을 것이다. 적어도 정약용의 시대에는 마을에서의 비공식적 분쟁해결 시스템이 작동하고 있었음을 알 수 있다. 마을의 비공식적 분쟁해결 시스템을 활용할 수 없는 현대의 법관은 조선시대의 목민관보다 더 불리한 위치에 있다고 말할 수 있다. 정약용이 말한 바와 같이 그 마을 사람들이 그 분쟁의 전말을 가장 잘 알고 있으며 해

15) 정약용, 다산연구회 譯註, 『역주 목민심서 Ⅰ』, 창작과 비평사, 1978, p.64.

결책에 대한 이해도 가장 높을 것이다. 목민관은 이를 먼저 활용하고 그 다음에 분쟁에 개입하라는 것이다. 하지만 학동종회 분쟁에서 법관은 그러하지 못했다. 정확히 말하면 그러할 수가 없었다. 분쟁해결의 모든 부담이 법원에 집중된다. 그런데 이러한 상황은 학동종회 분쟁사례에 특수하게 나타나는 것이 아니라 현대사회에 일반적인 현상이라고 볼 수 있다.

(5) 법원 분쟁처리 방식의 한계

조선시대의 비공식적 제삼자였던 마을의 어른들[16]과 달리 현대의 공식적 제삼자인 법원의 법관은 분쟁에 대한 충분한 정보를 갖지 못한다. 이 사건을 담당한 법관은 법정에서 처음으로 이 분쟁에 대해서 들었을 뿐이다. 더욱이 그들은 한 소송에서 주어진 법적 쟁점에 대해서만 판단할 수밖에 없다. 법원이 분쟁을 다루는 방식은 제기된 법적 쟁점만을 처리하는 것이다. 학동종회 분쟁에서도 볼 수 있듯이 하나의 소송으로 분쟁이 마무리되지 않는 경우가 많다. 법원은 한 번에 분쟁을 처리하지 않고 치과의사처럼 띄엄띄엄 나누어서 치료할 뿐이다. 이 분쟁은 20년여 년에 걸쳐 진행되고 있다.

법원이 다른 분쟁처리 시스템과 근본적으로 다른 점은 강제적 분쟁처리 기제라는 점이다. 법원의 분쟁처리 방식이 법적 쟁점에 국한해서 부분부분을 나누어서 '치료' 하는 방식이라고 해도 각각의 단계에서 주어진 법적 쟁점에 대해서 강제적이고 종국적으로 분쟁을 처리하여 그 쟁점에 관한 사회관계를 확정시킨다. 분쟁당사자가 이를 토대로 해서 분쟁해결이라는 종국지점을 향해 조금씩 나아가는 것이다. 그런데 이 분쟁에서는 법원이 제공하는 강제적 분쟁처리 기제가 불충분하게 작동하였다. 즉 기판력을 적

---

16) 분쟁의 제삼자에 대한 논의는 황승흠, 앞의 책, 2005, 제3장 분쟁의 제삼자와 권위, pp.93~134 참조. 특히 비공식적 제삼자인 어른과 그 한계에 대해서는 pp.122~134 참조.

절하게 제공하지 못했다. 항소심이 원심판결을 취소하면서 인용판결이 아니라 각하판결을 한 것은 지나치게 형식논리가 아닌가 하는 의문이 있다. 분쟁해결이란 측면에서 보면 가능하면 법원이 강제력을 제공하여 분쟁관계를 안정시키는 것이 더 나을 것이라는 생각을 할 수 있다.[17]

이 분쟁에서 문제되는 사실관계의 쟁점이 역사적 사실에 관한 것이었다. 오랜 시간의 경과로 인해 입증이 매우 곤란하다. 이와 반대로 위증은 용이하게 이루어질 수 있다. 이 점은 이 사건의 법적 해결을 어렵게 만드는 중요한 요인이었다. 현실적으로 보면 이러한 특수한 성격의 사실인정을 전적으로 법원의 기능에만 의존하는 것이 바람직한 것인가에 대한 질문이 가능하다. 이 분쟁을 전체적으로 보면 마을이나 종중 그리고 당사자 간의 비공식적 분쟁해결 시스템은 거의 작동하지 않았다. 분쟁당사자들은 오직 법원에만 매달릴 뿐이다. 법원의 기능이 적절하게 작동하기 위해서도 사실인정을 비롯하여 쟁점의 비공식적 타결과 같은 법원 밖의 분쟁해결 장치가 적정하게 작동될 필요가 있다.

4. 분쟁처리 기제로서의 법원

1) 법원의 표준적 이념형

마틴 샤피로는 법원에 관한 비교연구인 『법원(*Courts*)』에서 법원의 표준적 이념형 또는 원형(prototype)을 다음의 네 가지로 설명했다.[18] 첫째,

17) 조선시대의 재판은 민사재판과 형사재판이 분화되지 않았기 때문이기는 하지만, 한 재판을 통해서 민사와 형사 문제를 한꺼번에 처리할 수 있었다. 조선시대의 재판제도에 대해서는 박병호, 『한국법제사』, 민속원, 2012, pp.145~173 참조.

18) Martin Shapiro, *op. cit.*, 1981, p.1.

법관의 독립성이다. 법관은 공정성을 위해 다른 기관 및 분쟁당사자로부터 독립해 있어야 한다. 법관은 이 독립성으로 인해 분쟁에 대한 충분한 정보를 얻기 어렵다. 둘째, 대립당사자성이다. 법원은 대립당사자들의 경기에 대한 심판의 역할을 한다. 원칙적으로 법원은 당사자가 묻는 것에만 답한다. 이는 당사자 간의 사회적 힘이 균형을 이루고 있다는 점을 전제로 한다. 그런데 현실에는 분쟁당사자 간의 사회적 힘이 불균형한 경우가 더 많다. 셋째, 기존의 규칙에 따른 결정을 한다는 것이다. 미리 정해진 규칙이 예정한 문제를 우리는 법적 쟁점이라 한다. 법원은 기본적으로 법적 쟁점에만 답한다. 그러면 규칙이 미리 정하지 못한 문제인 비법적(非法的) 쟁점에 대해서는 법원이 답을 하지 못한다. 넷째, 법원은 승자독식의 결정을 한다. 법원의 결정은 기본적으로 원고의 질문에 대해서 YES 또는 NO의 형식으로 이루어진다. 따라서 법원은 일방 당사자에게 권리를 주고 다른 당사자의 잘못을 지적하는 이분법의 결정을 한다. 그런데 승자독식의 결정이 오히려 분쟁을 격화시킬 수 있다는 문제가 있다.

마틴 샤피로가 설명한 네 가지의 법원의 표준적 이념형 이외에도 법원의 분쟁해결은 강제적이자 종국적이라는 것을 또 하나의 이념형으로 거론해야 한다. 법원의 표준적 원형이 완벽한 것이 아님에도 불구하고 분쟁해결 기제에서 법원이 가장 핵심적인 자리를 차지하고 있는 것은 그것이 가지는 강제성 또는 종국성이라는 성격 때문이다. 법원의 분쟁해결은 강제적인 분쟁해결이기 때문에 패소한 당사자가 이를 받아들이지 않는다고 해도 그 결과가 실현된다. 또한 최고법원의 판단은 더 이상 다툴 수 없다는 점에서 종국적이다. 법원이 가지는 이러한 성격은 다른 표준적 이념형들이 갖는 한계에도 불구하고 법원의 분쟁해결을 이용할 수밖에 없도록 하는 제도적 동인이다. 학동종회 분쟁사례에서 최철운이 그토록 집요하게 소송을 제기하게 한 것은 바로 이것 때문이었을 것이다. 하지만 때로는 법원의 판단이 불충분한 경우에도 강제성 또는 종국성이 작동하기 때문에 법원의 분쟁처리가 오히려 분쟁을 실질적으로 끝내지 못하고 더 진행되게 하거나 심지어는 격화시켜 버리는 결과를 가져올 수도 있다.

2) 분쟁과 법적 쟁점, 그리고 법원의 분쟁처리

법원은 법적 쟁점에 대해서만 판단한다. 법원의 표준적 이념형에서도 말하고 있듯이 법적 쟁점이란 기존의 규칙에서 주어지는 것이다. 이러한 법적 쟁점이 분쟁관계를 대부분 포괄하는 모델을 생각해 본다면, 법원이 법적 쟁점에 대한 판단을 내리면 분쟁해결이라는 사회적 결과를 낳는다. 이 모델에서 법원의 분쟁처리 기능은 효과적으로 작동하고 있는 셈이다. 대부분의 분쟁과 법원의 분쟁처리는 이러한 모델로 설명할 수 있다.

하지만 학동종회 분쟁사례에서 법원에 제기된 쟁점은 전체의 분쟁에서 보면 일부분에 불과하다. 법원은 그 소송에서 제기된 쟁점만을 처리할 뿐이다. 여기서 우리는 법적 쟁점이 분쟁관계의 일부분만을 포괄하는 모델을 생각해 볼 수 있다. 법원은 오직 제기된 법적 쟁점만을 판단한다. 따라서 강제적 · 종국적 결정이 내려진 것은 전체 분쟁의 일부분일 뿐이다. 법원에 제기되지 않은 다른 법적 쟁점이나 비법적 쟁점은 여전히 해결되지 않은 상태로 남아 있다. 분쟁의 일부분인 법적 쟁점에 대해서만 법원의 판단이 내려진다면 분쟁은 여전히 미해결의 상태로 남아 있을 것이며 일단 법원이 개입하였으므로 분쟁국면은 이전과는 전혀 다른 것으로 전환한다. 학동종회 사례에서와 같이 법원의 분쟁개입을 통해 새로 등장한 분쟁국면은 다시 분쟁의 양상에 영향을 끼치고 분쟁의 생애는 점점 더 길어진다.

[그림 2] 법적 쟁점과 법원의 분쟁처리 모델

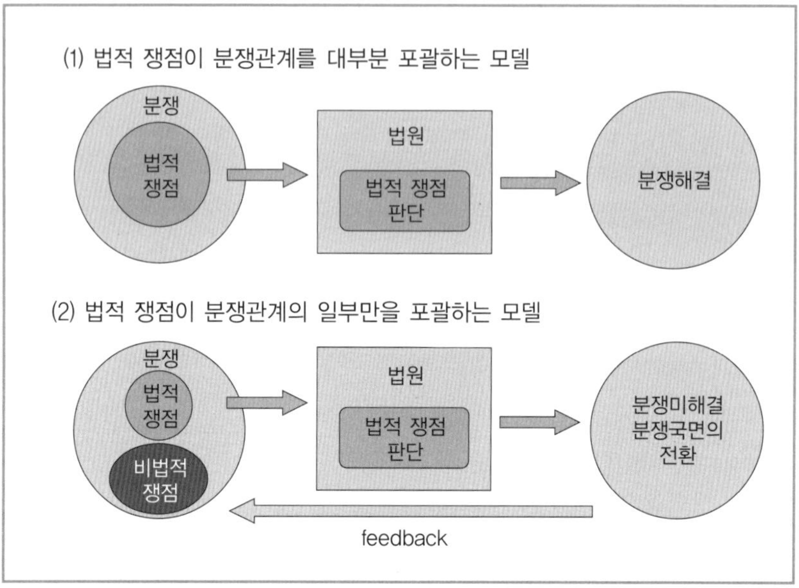

3) 법원 분쟁처리의 삼면구조와 그것의 불안정성

법원의 표준적 이념형은 법원의 분쟁처리 기능과 어떠한 관계를 맺고 있을까? 법원의 분쟁처리는 삼면구조(triad)로 이루어진 심판을 통해 이루어진다. 심판이란 독립된 법관이 기존의 규칙에 따라 일방의 분쟁당사자를 '옳다'고 하고 다른 당사자를 '그르다'고 하는 구조를 말한다. 이 삼면구조는 일반국민에게는 사회적 논리로 받아들여지고 있으며 법원의 객관성이 보편적 · 정치적 현상이 되었을 만큼 설득력을 가진다. 그러나 미시적인 분쟁처리의 국면에서 보면, 법원의 삼면구조는 분쟁당사자가 심판에 의한 분쟁처리에 동의할 때만, 그리고 획득된 결과가 분쟁의 양 당사자에게 대강의 만족을 줄 때만 설득력이 있다.[19]

---

19) Martin Shapiro, *op. cit.* 1981, pp.8-17.

이렇게 보면 법원의 삼면구조는 언제나 설득력이 있는 것은 아니다. 패소한 당사자에게 법원의 분쟁처리는 '타당하다'거나 '상식'에 기초해 있다고 보지 않게 된다. 패소한 당사자에게 삼면구조는 승소한 당사자 더하기 법관 대(對) 패소한 당사자라는 이면구조(dyad)로 비치게 된다. 삼면구조는 패소한 당사자가 얼마든지 이를 받아들이지 않을 수 있기 때문에 본질적으로 불안정한 존재이다.

이와 같은 불안정한 삼면구조는 어떠한 사회-심리적 배경을 갖고 있는 것일까? 이를 알아보기 위해서 몇 가지 사회조사 결과를 살펴보기로 하자.

[그림 3] 법에 대한 연상이미지와 재판경험에 대한 관계

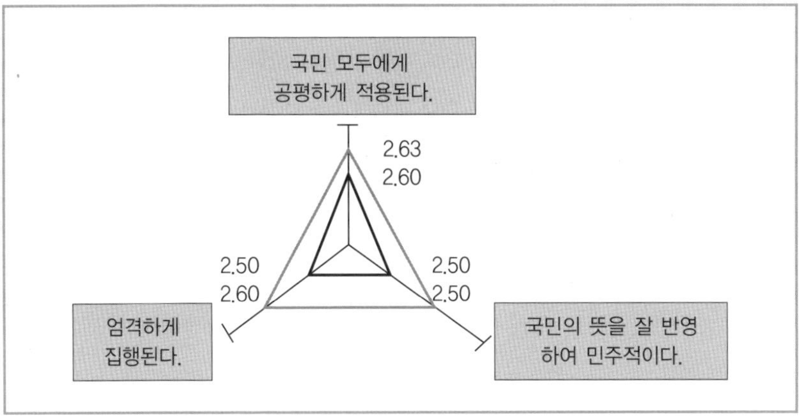

법에 대한 연상 이미지와 재판경험의 관계에 관한 한국학중앙연구원의 2005년 조사결과를 보면, 응답자들은 법에 대해서 보통 이하의 부정적인 평가를 한다('보통'이라는 중간값을 3.0이라 함). 응답자 중에서 19.5%가 재판경험자였다. 그런데 재판경험자는 그렇지 않은 자에 비해서 법에 대해서 더 부정적으로 평가하였다(안쪽의 삼각형이 재판경험자이며 바깥쪽의 삼각형이 재판미경험자이다). "법이 엄격하게 집행된다"에 대해서도 재판경험자와 비경험자라는 두 집단 간에 통계적으로 유의미한 차이가 발생하였다.[20] 이

조사결과는 법원의 재판을 경험한 자는 법에 대해서 보다 더 부정적인 인상을 갖는다는 것을 말해 준다.

2008년에 이루어진 한국법제연구원의 국민법의식조사 결과는 이를 다른 시각에서 볼 수 있게 한다. 이 조사결과에서도 위의 2005년 조사결과와 마찬가지로 응답자의 76.2%가 법에 대한 인상을 불공평, 권위적 등 부정적으로 평가하였다.

[그림 4] 법인상과 소송긍정의 관계

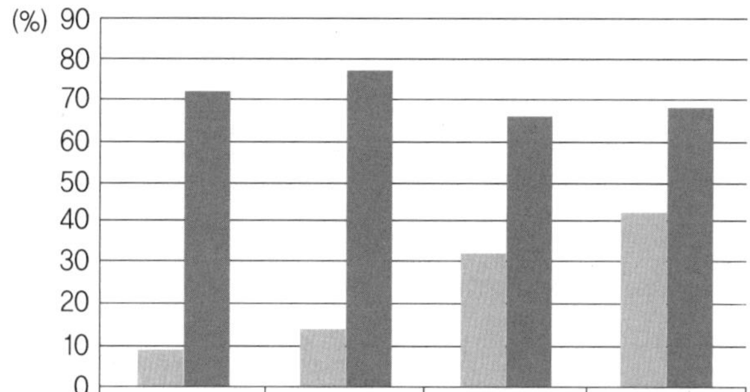

	공평	민주적	불공평	권위적
법인상	8.9	14.2	32.6	42.6
소송긍정	71.9	77.3	66.4	68

그런데 분쟁발생 시 소송을 통한 처리에 대해 응답자의 69.1%가 바람직하다는 평가하였다. 이 두 응답 간의 교차분석 결과는 매우 흥미롭다. 분쟁발생 시 소송제기에 대해서 바람직하다고 응답한 비율은 법에 대한 인상을 부정적으로 평가한 응답자와 긍정적으로 평가한 응답자에 비슷한 유사한 비율을 보여준다.[21] 다시 말해서 법에 대해서 어떠한 인상을 갖고 있건

20) 한도현, "한국인의 법의식과 법치사회의 전망," 한국학중앙연구원 편, 『선진경제 진입과 법치원리 확립』, 백산서당, 2005, pp.66~67.

21) 이세정 · 이상윤, 『2008 국민법의식 조사연구』, 한국법제연구원, 2008, p.103, p.138.

간에 소송제기에 대한 평가는 일정하다는 것이며, 이는 법에 대한 인상과 소송제기에 대한 평가는 상관성이 약함을 시사한다. 이는 법에 대한 부정적 인상 또는 이미지가 불안정한 삼면구조의 사회적 배경이라고 말하기 어렵다는 것을 의미한다.[22]

2008년의 한국법제연구원의 국민법의식조사를 보면, 우리 사회의 법준수 평가와 법준수 자기진단 결과를 비교해 볼 수 있다. 응답자의 37.1%만이 우리 사회에서는 법이 잘 지켜진다고 했는데 자신의 법준수 정도에 대해서는 90.9%가 잘 지킨다고 응답하였다.[23]

[그림 5] 법준수 평가의 이중성

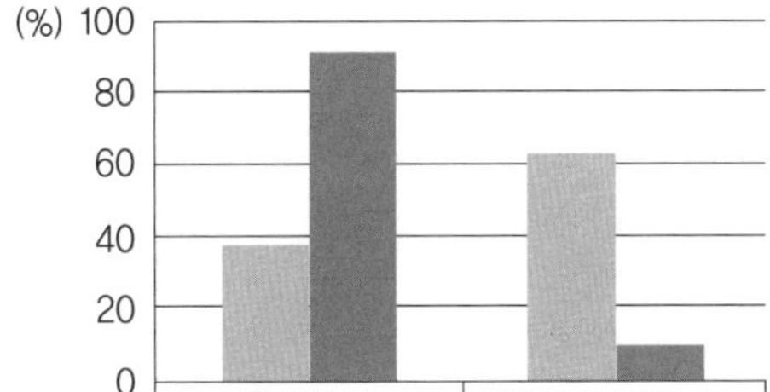

	잘 지킨다	지켜지지 않는다
우리 사회의 법준수 정도	37.1	62.8
자신의 법준수 정도	90.9	9.1

이 조사결과는 준법수준의 평가에 있어서 타인과 자신에 대해 이중잣대를 사용하고 있음을 보여준다. 한국인들은 타인들은 법을 지키지 않는다

22) 같은 조사에서 법률서비스의 이용경험과 소송제기의 평가의 관계를 보면, 응답자의 26.1%가 법률서비스 이용경험이 있다고 하였다. 그런데 법률서비스 이용경험의 유무에 관계없이 소송을 통한 분쟁처리에 대한 응답비율이 비슷하게 나온다. 이 조사결과는 법에 대한 인상 또는 이미지와 마찬가지로 법률서비스 이용경험의 유무가 소송제기에 대한 평가에 영향을 미치지 않음을 시사한다. 이세정 · 이상윤, 위의 책, 2005, p.138.

23) 이세정 · 이상윤, 위의 책, 2005, p.193, p.201.

고 생각하면서 자신은 법을 잘 지킨다고 생각한다는 것이다. 이는 자신에 대해서는 호의적으로 평가하고 타인에 대해서는 엄격하게 평가하는 경향이라 할 수 있는데, 심리학에서는 이를 자기중심 편향(self-serving bias)이라 부른다. 자기중심 편향은 심리학에서 인간의 인지적 오류를 설명하기 위하여 사용되었다. 일반적으로 사람들은 자신을 평균 이상이라고 생각하는 경향이 있다. 예를 들어, 대부분의 사람은 자신이 평균 이상의 운전실력을 가지고 있다고 생각한다. 사람들은 성공은 자신의 능력이나 노력 탓이라고 하지만 실패는 불운 때문이라고 생각한다. 자기중심 편향으로 인해 자신의 능력을 과대평가하는데, 관찰자의 입장에서 볼 때 실패확률이 높은 것도 행위자의 입장에서 볼 때는 성공확률을 높게 느낀다.[24]

2008년 한국법제연구원의 조사결과는 법의식에도 자기중심 편향이 있음을 명확하게 보여주는 것이다. 자기중심 편향을 전제하고 법원의 분쟁해결 작용을 보면 다른 시각에서 접근할 수 있게 해 준다. 법원의 공정성에 관한 분쟁당사자의 판단은 자기중심적일 것이다. 자기중심 편향에 따르면 인간은 비현실적으로 낙관적이며 자신의 판단을 과신한다. 이에 따라 분쟁당사자는 법해석이나 증거가치를 자신에게 유리하게 판단한다. 자신이 제출한 증거는 판결에 결정적인 의미를 갖지만 상대방이 제출한 증거는 의미없는 것으로 평가절하할 가능성이 높다. 법원을 객관적 분쟁해결 제도라기보다는 자신에게 유리한 결론을 내려주는 것으로 일방적으로 생각한다. 따라서 패소한 당사자는 법원의 불공정성 때문에 패소했다고 생각한다. 학동종회 분쟁사례에서 최철운이 지속적으로 승소함에도 불구하고 학동종회 측이 계속 소송을 제기하는 이유도 이러한 관점에서 설명할 수 있을 것이다. 그러나 이러한 분쟁당사자의 자기중심 편향은 법원의 분쟁해결 기능을

24) Linda Babcock and George Loewenstein, "Explaining Bargaining Impasse: The Role of Self-serving Biases," in *Behavioral Law & Economics*, Edited by Cass R. Sunstein, Cambridge University Press, 2000, pp.356-357.

약화시키고 삼면구조의 불안정성을 심화시킨다.

4) 현대 법원의 기원과 분쟁해결 기능의 미래

법원의 분쟁처리 기제가 갖는 삼면구조의 불안정성이 운영상의 문제가 아니라 본질적인 것이라면, 다시 말해서 법원판결의 정당성이 패소한 당사자에 의해 의심받을 수밖에 없는 것이라면 어떻게 해서 오늘날 법원이 보편적인 현상이 되었는가라는 의문이 제기된다. 이와 같이 법원의 분쟁처리에 본질적인 결함이 있는 것이라면 오늘날 법원이 점차적으로 쇠퇴하는 것으로 보여야 할 것이다. 그런데 현실은 그렇지 않다. 법원의 분쟁해결은 다른 분쟁처리 기제에 비하여 압도적이며 법의식조사에서도 약 70%의 국민들이 분쟁발생 시 소송을 통한 처리를 바람직한 것으로 받아들이고 있다. 이와 같이 모순되는 것처럼 보이는 사실의 의미는 무엇일까?

먼저 흔히 생각하는 선입견 중의 하나를 지적한다면 현대 법원의 사회적 기능의 핵심이 분쟁해결 자체에 있다는 것이다. 근대 이전의 법원도 분쟁해결 기능을 수행하였다. 하지만 시민혁명의 산물인 현대 법원은 법전이나 법원의 선례에 엄격하게 구속받는 예측가능한 분쟁해결 기제가 될 것을 요구받았다. 법의 자의적 해석을 막기 위해, 판사의 역할은 가능한 법전이나 선례의 기계적 · 수동적 적용에 그치도록 하였다. 몽테스키외가 『법의 정신』에서 "법관은 법률의 자구를 발음하는 입"이라고 한 것은 이러한 의미였다.[25] 가변적인 요소를 배제하여 안정되고 예측가능한 법원을 만들고자 한 노력이 법원의 표준적 이념형을 낳았다. 현대 법원은 단순한 분쟁해결 제도를 넘어서서 법규범을 통해 사회질서를 유지하는 핵심 기제가 되었다.

---

25) 샤를 루이 드 스콩다 몽테스키외, 고봉만 옮김, 『법의 정신』, 책세상, 2006, p.76.

삼면구조의 불안정성으로 인한 법원의 분쟁해결 기능 약화는 근대 이후 법원의 발전과정의 필연적 산물이다. 예측가능성의 확보와 법적 안정성을 위한 법적 형식성의 강화는 구체적 분쟁해결을 위한 실질적 정의와 맞바꾼 것이다. 로저 코터렐은 법원의 사회적 기능은 분쟁해결 자체에 있는 것이 아니라고 하면서 법원의 진정한 사회적 기여는 규범적 질서를 특정의 사회관계 또는 상황에 적용하는 것이며, 분쟁의 사적 해결에 영향을 미치거나 이를 통제할 수 있는 법규범을 구체화하는 것이라 하였다.[26] 즉 현대 법원의 핵심적 기능은 분쟁의 해결 자체가 아니라 분쟁해결을 위해 적용할 수 있는 구체적인 법규범을 제공하는 것 그리고 이를 통해서 사회질서를 유지해 가는 것이다. 이와 같은 현대 법원의 기능 때문에 다른 분쟁처리 기제와는 달리 법원의 분쟁처리에만 강제성 또는 종국성이 주어지는 것이다. 대부분의 사람들이 삼면구조의 불안정성에도 불구하고 법원을 분쟁해결 수단으로 받아들이는 것도 바로 법원의 분쟁처리가 갖는 강제성 또는 종국성이라는 성격 때문이다.

예측가능한 판결을 위해 그리고 분쟁해결을 위한 법규범적 기준의 제공과 이를 통한 사회질서 유지를 위해 작동하는 현대 법원은 이 한계 내에서 구체적 분쟁처리 기능을 수행한다. 분쟁해결을 통한 실질적 정의의 실현은 법적 안정성과 형식성의 틀 안에서 이루어져야 한다. 정약용이 『목민심서(牧民心書)』의 「형전육조(刑典六條) 청송상(聽訟上)」에서 쓴 일구는 법원의 분쟁해결 기능의 미래를 보여주는 과거의 거울일 수도 있다.

> "청송을 물 흐르는 듯 거침없이 하는 것은 타고난 재능이 있어야만 되는 일이니 위험한 방법이다. 청송을 반드시 하나하나 따져 하는 것은 마음을 다해서 되는 일이니 확실한 방법이다. 그러므로 사송(詞訟)을 줄이고자 하는 자는 그 심리가 반드시 더디게 되기 마련이니, 한번 청단한 후에는 그

---

26) Roger Cotterell, *The Sociology of Law: An Introduction*, London: Butterworths, 1984, pp.223-228.

소송이 다시는 일어나지 않도록 하기 위함에서이다."[27]

생각거리

1. 한국사회의 법문화를 '비법적(alegalistic)' 전통으로 설명하는 법사회학의 경향이 있다. 비법적 문화론에 따르면 한국인은 소송기피의 태도를 보이며 심판보다는 조정을 선호한다고 한다. 그런데 현실은 그러하지 않았다. 1955년의 인구 1,000명당 민사본안사건 수는 0.68건에 불과하였다. 1960~70년대에는 2~3건의 수준을 유지하다가 1980년대에는 8건 이상으로 증가하였고 1990년에는 10건 정도로 증가하였다. IMF 경제위기가 고조되었던 1998년에는 20.58건에 달하였다. 2000년대 이후에도 23~25건을 넘어서고 있다. 약 50년 정도에 인구 1,000명당 민사본안사건의 수가 약 40배가량 증가한 셈이다. 비법적 문화론으로 한국사회를 설명하려 한 것과 민사본안사건의 '폭발적' 증가라는 현상의 사회적 배경에 대해서 토론해 보자.
2. 법원의 소송에는 많은 시간과 비용이 소요된다고 알려져 있다. 소송제도에 대한 보완으로 짧은 기간과 저렴한 비용으로 분쟁을 해결하는 대안적 분쟁해결제도(Alternative Dispute Resolution)가 제안되었다. 우리나라에도 여러 형태의 '분쟁조정위원회'라는 명칭을 갖는 행정기관이 주관하는 ADR이 도입된 바 있다. 하지만 행정기관이 주관하는 ADR은 기대만큼의 성공을 거두지 못하고 있다. 이에 반해 법원이 주관하는 민사조정제도는 상대적으로 성공적이라는 평가를 받고 있다. 이와 같은 사회현상의 배경에 대해서 토론해 보자.

27) 정약용, 다산연구회 譯註,『역주 목민심서 Ⅳ』, 창작과 비평사, 1984, pp.246-247.

제 8 장

법과 사회통제

|안진|

"모든 국민이나 개인의 범죄에 대한 일반적인 감정은, 예나 지금이나 범죄에는 바로 그 범죄자가 저지른 만큼의 죗값에 해당하는 형벌이 내려져야 한다는 것이다."(헤겔, 『법철학』, p.211)

1. 사회통제의 여러 형태들

법을 사회통합의 수단으로 보든 지배계급의 억압수단으로 보든 현대사회에서 법의 사회통제 기능은 중요하다. 근대국가가 형성되면서 도덕이나 관습의 규범적 효력은 약화되는 반면에 국가의 실정법의 규범적 효력은 커져 가고 있기 때문이다. 전통사회에서는 일탈행위를 제재하는 데 있어서 공동체 내의 비공식적 통제가 더 중요했으며 분쟁이나 갈등도 국가의 실정법에 의한 소송에 의해서가 아니라 관습규범에 의해 해결되었다. 이에 반해 현대사회에서는 일탈행위에 대한 제재에 있어서 공식적 통제가 주축이 되며 갈등의 해결도 주로 공식적 법규나 규칙에 의해 해결된다.

18세기 말에서 19세기 초에 유럽을 중심으로 형성된 근대민족국가(nation state)는 전통사회에 분산되어 있었던 공동체의 권력을 중앙집권화된 국가권력과 법체제 속에 통합시켰다. 또, 민족국가는 자국영토인 통치영역 내에서 '정당한 폭력'을 독점하게 되었다. 근대국가에서는 정당방위와 같은 예외적인 경우를 제외하고는 사적인 폭력은 불법화되고 허용되지 않는다. 설령 가혹한 범죄의 피해를 입었다고 할지라도 개인에게 가해자를 처벌할 권리는 없으며 국가만이 형벌권을 행사할 수 있게 되었다. 근대국가의 제정법, 즉 실정법이 사회구성원들에 대한 규율과 통제의 원칙이 되었으며 국가는 출생, 교육, 결혼, 이주, 직업, 범죄, 병력, 사망 등 일상생활의 모든 영역에 깊숙이 침투하여 감시와 통제를 행사하고 있다.

사회통제란 "개인이나 집단이 사회적 규범이나 기대에 일치하는 행동을 하도록 영향을 미치는 것"을 말한다. 한마디로 규점에의 동조를 유도 혹은 강제하려는 과정과 기제를 총칭한다. 사회통제의 형태들은 법률뿐만 아니라 관습, 여론, 교육, 종교, 이데올로기 등 다양하고 광범위하다. 사회통제는 공식적인(formal) 사회통제와 비공식적인(informal) 사회통제로 구분해 볼 수 있다. 국가의 사법체제에 의한 사회통제가 공식적인(formal) 사회통제의 대표적인 예이며, 가족 · 지역사회 · 학교 · 직장 등에서의 법 외적인 사회통제가 비공식적인 사회통제이다. 공식적인 통제는 명문화된 법규 위반에 대하여 주로 적용되며 이 경우 일탈자는 범법자 혹은 범죄자로 지칭된다. 공식적인 통제란 국가로부터 합법적으로 위임받은 권한을 가진 통제전문기관, 즉 경찰, 검찰, 법원, 교도소, 소년원 등이 일탈자에게 일정한 방식으로 제재를 가함으로써 처벌을 통하여 규범의 준수를 강제하는 과정을 말한다. 국공립 정신병원, 재활원, 여러 가지 형태의 보호소 등의 공공기관도 공식적인 통제기관을 보조하는 역할을 하고 있다. 전문적인 국가 사법기관에 의해 범죄를 통제하는 주요한 목적은 더 이상의 범죄를 억제하여 범죄로부터 사회를 보호하는 것과 범죄자들을 재사회화시켜 사회로 돌려보내는 것 두 가지이다. 근대감옥을 교도소라고 칭하게 된 것은 이러한 처벌목적에서 비롯되었다. 공식적인(formal) 사회통제는 비공식적 사회통제와 달리 법과 같은 명시적인 행위규칙, 그 규칙의 집행을 위한 제재수단, 규칙의 집행을 위한 공무직의 존재를 구성요건으로 한다.

사회통제는 개인들의 자발적인 동의(consensus)에 의해 이루어지기도 하고, 강제(coercion)에 의해 이루어지기도 한다. 사회통제의 과정은 두 가지로 이루어진다. 하나는 사회화(socialization)로 사회의 규범과 가치, 이데올로기가 개인들에게 내면화(internalization)되는 것이다. 다른 하나는 규범의 준수나 위반에 대해 가해지는 제재(sanction)를 말한다. 제재에는 적극적인 제재인 보상(reward)과 소극적인 제재인 처벌(punishment)이 있다.

법규범은 여러 가지 사회규범 가운데 하나이며 법적 사회통제는 현대

사회에서 중요성이 커지기는 했지만 여러 가지 사회통제의 방식 중에 하나이다. 법적 사회통제와 법 이외의 사회통제의 관계는 어떠한가? 블랙(D. Black)은 "법은 사회통제와 반비례로 변화한다"고 보았다(D. Black, 1976: 107). 즉 법 이외의 사회통제의 역할이 클수록 법적 사회통제의 역할은 미미하며, 반대로 법 이외의 사회통제의 역할이 줄어들수록 법적 사회통제의 역할은 커진다.

법적 사회통제는 제재의 실정법적 근거에 따라 형사적 제재, 민사적 제재, 행정적 제재로 나누어 볼 수 있는데, 법사회학에서 주로 관심을 갖는 것은 형사적 제재이다. 형사법적 처벌, 즉 형벌의 대상이 되는 범죄는 어떻게 사회적으로 구성되며, 또 형벌은 범죄에 대해 제지효과를 갖는 것인가? 제지(deterrence)라 함은 일정한 행위에 대한 처벌의 위협 때문에 그 행위를 하지 않게 되는 것을 의미한다. 제지이론에 의하면, 인간은 즐거움을 추구하고 고통을 회피하려는 경향이 있기 때문에 처벌을 당하지 않도록 행동할 것이라고 가정한다. 처벌의 제지효과는 두 가지 측면으로 나누어진다. 하나는 일반적 제지로서 처벌의 위협이 일반사람들에게 미치는 제지효과를 말한다. 다른 하나는 특별제지로서 처벌받은 사람의 장래의 행동에 대해 미치는 제지효과를 말한다. 높은 재범률은 특별제지효과가 그다지 크지 않다는 것을 말해 준다.

2. 범죄와 사회통제

1) 사회통제 개념의 사회학적 재구성

법사회학의 주된 분석대상은 비공식적 사회통제보다는 국가의 실정법 체계에 의한 공식적 사회통제이며, 공식적 사회통제와 비공식적 사회통제의 관계, 관습규범과 실정법의 관계, 국가실정법과 시민사회의 규범의 관계 등이다. 사회학적으로 보면 일탈과 범죄가 반드시 사회의 합의된 규범에 대한 위반을 뜻하는 것은 아니며, 범죄의 자연적인 결과로 법적 제재나 사회통제가 이루어지는 것은 아니다. 갈등론의 입장에서 보면 국가권력을 장악한 지배집단은 비록 규범적 정당화를 확보하려고 하기는 하지만, 지배를 유지하는 과정에서 통제해야 할 대상집단을 통제하기 위해 규칙과 법을 제정하고 집행한다. 또 법이 항상 공정하게 집행되는 것도 아니다. 실정법학에서는 법의 집행이나 사회통제는 법의 해석과 적용의 자연적 결과이므로 별개의 독립된 연구대상이 아니지만, 법사회학에서는 사회통제 그 자체가 분석대상이 된다. 법사회학은 다양한 사회통제 가운데 어떤 것이 법적 통제의 대상이 되며, 실정법 위반에 대한 제재인 형벌제도는 어떻게 변화되어 왔는가에 관심을 갖는다. 법사회학은 또, 범죄의 개념을 실정법의 위반으로 당연시하는 것이 아니라 범죄의 개념이 사회적으로 구성되는 과정에 관심을 갖는다. 범죄의 구성과 범죄통제에 대한 사회학적 관심은 독립 학문분야인 범죄학(criminology)의 영역에서 비판적인 관점이 등장하면서 더욱 촉진되었다.

2) 범죄통제를 보는 비판범죄학의 관점

범죄학의 영역에서 비판적 관점이 등장하게 된 데에는 1960년대 말과 1970년대 초 유럽과 미국을 휩쓸었던 사회적 · 정치적 동요가 그 배경을 이루었다. 1960년대에 서구 국가에서는 학생시위 및 소요, 노동자들의 파업 등 엄청난 사회적 동요가 발생하였다. 유럽의 주요 도시들에서는 사회주의자들이 시장으로 선출되었고, 미국에서는 시민권, 언론의 자유, 빈곤문제, 남녀평등, 감옥개혁, 베트남 문제 등에 관한 사회운동의 발생에 의해 1950년대의 침묵이 깨어졌다. 그런데 이러한 사회적 동요에 대한 국가의 반응은 경찰력의 투입이나 억압적인 제재로 나타났고, 그러한 반응은 그동안 사회과학에서 군림해 왔던 기능주의(functionalism) 이론의 사회적 합의모델(consensus model)과 정치적 다원주의(pluralism)에 의문을 제기하게 만들었다. 스스로를 급진범죄학(radical criminology)이라 칭하며 등장하였던 비판범죄학은 범죄통제(crime control)에 대한 비판, 그리고 그것을 지적으로 뒷받침해 주고 있었던 학계의 전문가들, 즉 전통적 범죄학의 이론과 실천의 실증주의적 · 자유주의적 입장에 대한 '부정적인 비판(negative critique)' 을 중요시하였다.

비판적 관점에서 보면 범죄의 개념은 새롭게 규정되어야 한다. 국가의 실정법 위반만을 범죄로 규정하게 되면 시민사회규범에 대한 위반으로서 사회적 해는 범죄학이나 사회학의 연구대상이 되지 못하며, 사회통제에 대한 연구도 국가의 정책학문으로 전락할 뿐 과학적으로 분석할 수 없게 된다.

비판범죄학의 관점에서 보면 기존의 주류 범죄학 이론들은 그 다양성에도 불구하고 기본적으로 실증주의 인식론에 입각한 정책과학의 성격을 갖는다. 주류 범죄학은 일탈 및 범죄연구에서 자연과학 모델을 추종, 일탈 및 범죄원인에 대한 인과법칙을 정립하여 일탈 및 범죄의 예방이나 통제에 필요한 지식을 제공하는 데 그 연구목적을 두었다. 비판범죄학자들에 의하면, 주류범죄학은 지식구성의 관심이 본질적으로 일탈자 및 범죄자에 대한 기술적 통제에 입각해 있기 때문에 그들이 의도하든 그렇지 않든 간에 일탈의 규정과 생성 및 통제를 당연시하고 기존체제를 유지하는 데 기여하게 된다. 비판범죄학자들이 비판하고 있는 주류 범죄학의 문제점들은 다음의 세 가지로 간추려 볼 수 있겠다.

첫째, 범죄통제나 처벌을 일탈에 대한 자연적 반응으로 여김으로써 범죄를 규정하고 만들어 내는 기존의 법규범을 문제시하지 않고 당연시한다(W. Chambliss, 1975: 7). 따라서 실증주의 범죄학에서는 권력관계에 의해 통제의 역학이 성립하고, 통제와 사회반응의 산물로서 일탈이나 범죄가 만들어진다는 점을 인식하지 못함으로써 실제 범죄를 생산해 내는 데 있어 결정적 변수인 법규범의 생성, 법집행의 사회적 · 정치적 측면에 대한 연구가 배제되어 범죄통제의 문제가 적절한 연구영역으로 설정되지 못한다. 실증주의 범죄학이나 법해석학과 달리 비판적 범죄학이나 법사회학은 범죄를 규정하는 실정법 자체를 문제시한다.

또, 비판범죄학은 일상적으로 존재하는 지배계급의 범죄행동과 '숨겨진 제도화된 폭력'에 의한 범죄를 밝혀낼 수 있는 '폭로범죄학(expose criminology)'의 역할을 하며, 범죄학과 형사 사법체계가 노동계급과 실업층의 통제에 초점을 맞추고 있다는 점을 분석하고 있다(Y. Taylor *et al.*, 1974). 미국의 급진범죄론자의 한 사람인 플랫(T. Platt)의 연구에 의하면 탈세, 가격담합(price-fixing), 정부의 부패, 경찰폭력 등은 거의 기소되지 않는다(T. Platt, 1975: 96). 또, 고든(D. Gordon)의 연구는 정부에서 제도적으로 재생산하고 공식적으로 보고하는 지표범죄(index crimes)는 전체 범죄가 초래한 대인적 해(injury against a person)와 재산상의 손실의 극히 적은 부분에 불과하다는 점을 폭로하고 있다(D. Gordon, 1975: 37-38).

미국의 급진 범죄학자 퀴니(R. Quinney)에 의하면, 주류 범죄학은 일탈이나 범죄규정에서 전통적 · 법적 개념을 받아들임으로써 제도화된 억압 등, 중요한 주제들을 연구영역에서 배제했을 뿐만 아니라, 이론가의 의도와는 무관하게 기존체제에 일탈자 및 범죄인을 통제하는 데 유용한 기술적 정보를 제공하고 실정법의 생성과 집행을 장악한 지배계급의 이데올로기를 묵인함으로써 그들의 이해구현에 봉사하고 기존체제를 옹호하는 결과를 낳았다(R. Quinney, 1974: 28-29). 이들의 관점에서 보면, 실증주의 범죄학자들은 일탈이나 범죄가 사회구성원이 동의하고 공유한 법규범에 의해 규정된다는 합의모델을 묵시적으로 전제하고 있다.

둘째, 일탈이나 범죄의 형성과 그 원인을 사회 전체의 구조적 모순과의 관련 속에서 규명하지 않고 일탈자나 범죄자 개인의 병리에 돌린다는 점이다. 실증주의 패러다임에 기반하고 있는 주류 범죄학 이론가들에게 무엇이 일탈이나 범죄를 일으키게 하는가에 대한 해답은 기본적으로 범죄자 개인의 저사회화(under-socialization)로 돌려진다. 대부분의 주류 범죄학자들은 일탈이나 범죄를 행위 자체의 절대적 · 내재적 속성으로 간주하였고 범죄자와 비범죄자 사이에는 근본적인 차이가 존재한다고 보았다. 따라서 주류 범죄학자들에게는 연구의 초점이 특정의 일탈유형이나 범죄유형에 주어지거나 문제인구(problem population)로서의 범죄집단 전체에 두어지는 것이 아니라 일탈자 혹은 범죄인 개인에게 주어진다.

셋째, 범죄원인을 개인적인 병리로 돌리는 것의 당연한 귀결로서 주류 범죄학은 일탈이나 범죄의 해결책을 사회적 모순의 전반적인 해결 속에서가 아니라 개인적인 교정(correction)에서 찾는다. 즉, 주류 범죄학의 병리적 원인론은 필연적으로 범죄통제의 면에서 교정주의(correctionalism)와 관련지어지게 되는 것이다. 비판적 관점에서 보면, 이들의 교정주의적 관점은 일탈이나 범죄가 인간의 자유의지와 합리적 계산에서 나온 행위라는 점을 무시하는 것 이상의 효과를 갖는다. 교정주의는 범죄의 원인을 개인적 요인으로 환원시키는 데 결정적인 역할을 하기 때문이다. 공식적으로는 휴머니즘에 기반을 두고 있는 교정주의가 이전의 전통적인 통제정책과 가장 뚜렷이 구별되는 점은 개인을 교정 · 복원시키기 위해 가혹한 형벌을 피하고 통제 혹은 처벌을 개별화시킨다는 점이다. 그러나 통제 혹은 처벌의 개별화는 교정의 효과에 못지않게 억압의 효과를 증대시킨다. 더구나 개인의 교정 여부를 평가하기 위해 통제기관 및 통제관료에게 더 많은 재량권(discretionary power)을 부여함으로써 통제의 계급적 편파성을 야기하게 된다. 근대국가의 형사정책의 기조는 범죄를 발생시키는 사회환경의 변화를 추구하기보다는 일정한 양의 범죄를 꾸준히 재생산하는 사회체제는 그대로 둔 채 범죄자들에 대한 개인적 교정을 강조한다.

교정주의에서 파생되는 또 다른 결과는 실정법적 범죄개념을 당연시하는 것과 마찬가지로 처벌이나 통제를 일탈에 대한 자연적인 부수물로 여기거나 일탈의 종속변수로서 간주함으로써, 일탈과 범죄를 규정하고 만들어 내는 기존의 법규정을 옹호하게 된다는 것이다.

요컨대, 비판범죄학은 법과 범죄통제 및 사회통제는 범죄의 결과로서 당연시되는 것이 아니라 그 자체로서 분석의 대상이 되어야 한다고 본다. 비판범죄학자들에 의하면 사회통제기관들은 불공평하며 권력층의 이해를 유지하는 데 기여한다. 범죄나 사회문제에 대한 해결책은 개개 범죄인이나 문제집단에 대한 처벌과 통제에 있는 것이 아니라 그것의 구조적 원인을 제거할 수 있도록 사회환경이 개선되어야 한다.

3) 범죄개념의 사회학적 재구성

주류 범죄학의 실정법적인 범죄개념을 부정할 경우 과연 '범죄'를 어떻게 개념 정의할 것인가 하는 문제가 제기된다. 범죄통제나 형벌을 범죄의 자연적인 결과로 보는 실증주의 범죄학을 비판하고 오히려 자본주의 사회의 특정 문제나 집단에 대한 통제의 필요성이 범죄를 구성해 낸다고 본다면, 실정법의 범죄규정과 달리 과연 '범죄'를 어떻게 개념 규정해야 하는가가 중요한 과제로 제기된다.

법의 판결을 받은 범죄만을 연구대상으로 할 것인가, 아니면 실제 일어난 범죄를 연구대상으로 할 것인가의 문제는 오랫동안 범죄학의 딜레마였다. 상식적으로는 일탈이 일반적인 규범이나 규칙의 위반을 의미하는 반면, 범죄는 그러한 일탈 가운데 국가의 형법에 의해 범죄로 규정되고 국가의 통제기구에 의해 제재를 받는 행위를 의미한다. 대부분의 범죄학자들은 범죄와 범죄인을 규정하는 데 있어 법적 정의(legal definition of crime) 혹은 국가의 처벌을 기준으로 한 정의(state definition of crime)를 받아들이게 될 경우, 범죄학의 연구영역이 국가의 통제기관에 의해 제한된다는 점을 문제시하면서도 실제적인 연구의 편의상 국가의 법조문에 의한 규정과 사법기구를 통한 제재를 범죄개념규정의 준거로 택하고 있다. 이러한 딜레마는 비판범죄이론가들 사이에서도 마찬가지로 해결되지 않은 채 남아 있다.

슈벤딩어 등(Herman Schwendinger and Julia Schwendinger)은 실정법적인 범죄개념에 대한 대안으로 인간주의적 범죄개념(humanistic definition of crime)을 주장한다. 슈벤딩어 등은 1940년대부터 30년 동안 범죄학의 영역에서 범죄의 개념규정을 둘러싸고 이루어진 논쟁을 검토하고, 지금까지의 범죄의 개념규정에 대한 치열한 논쟁에도 불구하고 기존의 입장들은 모두 자유주의의 이데올로기의 틀에 묶여 형법의 절차에만 의존하는 조작적 · 명목적 정의를 벗어나지 못하고 있다고 비판하고 새로운 기준을 제시하고 있다(Herman Schwendinger and Julia Schwendinger, 1970: 118). 슈벤딩어 등은 왜 일탈 연구자들이나 범죄학자들이 국가에 의해 규정되고 국가에 의해 제재를 받는 기존의 법적 범죄개념규정(legalistic definition of crime)에 도전하지 않는가 하는 의문을 제기하고 새로운 범죄학은 새로운 범죄개념의 정립에서 출발할 것을 주장한다. 법적 범죄개념은 법을 제정한 권력자들에 의해 통제되며 그들의 이해실현에 봉사하기 때문에 법적 범죄개념을 받아들이는 실증주의 범죄학이 가치자유적(value-free)이라는 것은 허구에 지나지 않는다. 따라서 새로운 범죄학은 범죄의 개념규정에서 가치판단을 분명히 해야 한다. 그들에 의하면 범죄를 규정하는 '사회적 해(social injury)' 혹은 '반사회적 행동' 의 내용은 정치적으로 규정되는 것이 아니라 평등주의(egalitarianism) 가치에 입각한 윤리적 기준에 의해 규정되어야 한다.

그들에 의하면 범죄의 개념규정에 있어서 '사회적 해악(social injury)' 혹은 '반사회적 행위(anti-social act)' 라는 도덕적 기준은 역사적으로 확장되어 온 개인의 기본적 인권(basic human rights)에 기반을 두어야 한다(Schwendinger and Schwendinger, 1970: 133). 이와 같이 범죄개념을 재정의하게 되면 제국주의 전쟁, 인종차별, 경제적 착취 및 불평등, 빈곤, 성차별 등도 인권에 대한 위반이므로 범죄로 간주된다(Schwendinger and Schwendinger, 1970: 136-138). 슈벤딩어 등에 따르면 새로운 범죄학의 영역에서 기존의 법적 범죄개념을 파기하고 새로운 범죄개념을 받아들이게 되면 범죄학자들의 연구영역 및 실천적 역할 또한 재규정되게 되는바, 일탈연구자 및 범죄학자들은 기존 질서의 수호자(defender of order)로서가 아니라 인권의 옹호자(guardian of human rights)로 역할을 할 수 있게 된다.[1]

비판범죄학은 이러한 인간주의적 범죄개념에 근거하여 부르주아 법조문에서 체계적으로 배제된 지배층의 범죄를 다룰 것을 주장하고 있다. 또, 이들은 국가활동으로서 실제 행해지는 범죄통제를 분석하기 위하여 법적인 범죄개념을 일단 받아들이는 한편, 그것을 당연시하지 않고 문제시하며 그에 대한 평가를 범죄학이나 범죄사회학의 연구과제로 설정한다. "오늘날 법의 팽창은 범죄학자로 하여금 사회의 정치경제의 모순에서 나오는 행위들을 범죄화(criminalization)하는 법규범 및 그에 내재한 도덕성을 평가할 것을 요구한다"(Taylor *et al*., 1975: 2).

3. 범죄의 사회적 원인과 범죄인구의 사회적 성격

비판범죄학자들은 자본주의 발전에 따른 불평등과 광범위하게 형성되는 과잉인구(surplus population)가 현대사회에서 범죄를 야기하는 사회적 환경이라고 본다. 그러나 비판범죄학자들이 이론적 근거로 삼고 있는 마르

---

1) Herman Schwendinger and Julia Schwendinger, "Defenders of Order or Guardians of Human Rights?" in I. Taylor *et al*.(eds.), *Critical Criminlolgy*, London: RKP, 1975 참조.

크스(K. Mark)와 엥겔스(F. Engels)는 과잉인구의 형성을 자본주의에 내재적인 현상으로 보면서도 범죄자들의 범죄행동은 허위의식(false-consciousness)과 도덕적 타락(demoralization)에서 비롯된다고 보았다. 마르크스(K. Mark)와 엥겔스(F. Engels)에 의하면 범죄자들은 다른 생산노동자들에게 기생하는 비생산적 기생충으로서 룸펜-프롤레타리아층이나 '위험한 계급(dangerous class)' 이다. 엥겔스(F. Engels)는 자본주의의 내재적인 경쟁과 열악한 조건이 다수의 실업층과 과잉인구를 생산하게 되며, 이들이 도덕적으로 타락하고 야수화되어 범죄가 증가한다고 보았다(Taylor *et al*., 1973: 210).

범죄와 자본주의의 경제적 조건과의 관계를 맨 처음 체계적으로 분석한 학자는 20세기 초 벨기에의 사회학자 봉거(W. Bonger)이다. 봉거에 의하면 자본주의적 생산양식의 경제적 조건은 이윤과 경쟁을 강조함으로써 이기주의(egoism)를 고무하고 이타주의(altruism)를 약화시키는 탐욕적인 '범죄의식(criminal thought)' 을 낳게 되는데, 이러한 범죄의식에 의해 지배층과 피지배층 모두에게서 끊임없이 범죄가 저질러진다(W. Bonger, 1969: 40). 봉거에 따르면, 자본주의의 경제적 조건은 이러한 범죄의식의 생산에 의해 빈곤이나 보복의 범죄뿐만 아니라 경제범죄, 정치범죄, 성범죄 등 모든 유형의 범죄를 낳게 된다.

봉거는 범죄의 해결책에 있어서도 마르크스의 사회이론에 따라 범죄는 인간을 탐욕적인 이기주의자로 만드는 자본주의 경제체제를 타파하고 이타주의적 정서를 회복시켜 주는 사회주의 사회를 건설함에 의해서만 해결될 수 있다고 보았다. 봉거의 관점에서 보면 그러한 사회주의 사회에서는 사법관료가 아니라 의사에 의해 치료되어야 하는, 병리적 인간에 의한 소수의 범죄만 존재하게 된다(Bonger, 1969).

봉거의 분석에서 핵심적인 것은 자본주의의 경제적 조건과 사회환경이 직접적으로 범죄를 낳는다고 보는 것이 아니라, 매개변수로서 '범죄의식

(criminal thought)' 을 설정한다는 점이다(W. Bonger, 1969: 401). 봉거에 의하면, 범죄를 직접 야기하는 이기주의는 빈곤과 착취의 자연적인 산물이라기보다는 도덕적 훈련의 결핍과 타락에서 나온다. 이것은 그가 범죄의 주된 원인으로서 ⅰ) 갈등을 야기하는 자본주의 사회의 구조, ⅱ) 교육과 개화의 결핍, ⅲ) 부도덕한 사회적 환경 등의 제 요인을 들고 있는 데서 잘 드러난다. 봉거는 이기주의와 탐욕의 성향은 모든 계급에 있을 수 있으나 특히 부르주아계급에 강하게 나타난다고 주장함으로써, '범죄의식' 이라는 매개변수에 의해 지배계급의 범죄까지 설명하려고 시도하였다.

4. 근대감옥과 사회통제

1) 형벌체계와 자본주의 사회의 노동시장

근대감옥은 행형개혁가들의 머리 속에서 고안된 것만은 아니다. 순수이론은 범죄와 처벌과의 관계에서 처벌을 범죄의 논리적인 결과로만 다루며, 목적론적 이론은 사회적 욕구만을 강조한 나머지 처벌을 불변적인 것으로 간주한다. 그러나 형벌은 범죄에 자동적으로 뒤따르는 자연적인 결과만은 아니다. 형벌제도는 그것의 법률적 의미와 사회적 목적으로부터 해방된 하나의 사회현상으로서 이해되어야 하며, 전반적인 사회과정 속에서 설명되어야 한다.

근대사회에서 형벌적 통제수단은 아래와 같이 세 가지 측면에서 근본적으로 변화되었다. 첫째, 신체형의 역할이 감소하고 구금형(혹은 자유형)이 지배적인 형벌양식이 되었다. 둘째, 형벌이 비공개화되었다. 셋째, 사형제도의 제한이다. 근대 이전의 사형은 단순한 생명권의 박탈이 아니라 신체적 고통의 극한을 의미했다. 사형은 고통의 정도에 따라 등급화되어 있었고 공개처형식은 군주의 권력을 확인하고 대중에게 공포를 부과하는 자리였다. 그에 비해 근대적인 사형은 단순한 생명권의 박탈을 의미하는 것으로 변화되었다.

구금형의 등장을 사회학적으로 분석한 대표적인 학자는 루쉐(G. Rusche)와 키르하이머(O. Kirchheimer)이다. 루쉐와 키르하이머[2]는 근대적 형벌체계인 감옥과 경제의 관계를 분석하였다. 이들은 『형벌과 사회구조』에서 대부분 중세 초기부터 20세기 중엽 대공황기에 이르기까지 서구의 형벌방법의 발전사를 고찰하였다. 이들의 분석은 한 사회에서 어떤 방식의 형벌이 채택되거나 거부되는 원인을 잘 설명하고 있다.

루쉐 등에 의하면 모든 생산체계는 그 자신의 생산관계와 생산력의 수준에 상응하는 형벌체계를 갖는다(G. Rusche and O. Kirchheimer, 1968: 206).[3] 어떤 주어진 사회 내에서 형벌체계는 단지 그 자신의 특별한 법이나 형벌이론에만 관련되는 고립된 현상이 아니라 전체 사회체계에 통합된 일부분으로 그 사회체계의 욕구에 의해 성립한다.

---

2) 루쉐와 키르하이머의 대표적인 저작, 『형벌과 사회구조』(*Punishment and Social Structure*)는 형벌에 관한 마르크스주의적 해석 가운데 가장 잘 알려지고 영향력 있는 것이다. 이들의 연구는 마르크스주의에 대한 수정주의적 해석을 시도하고 자본주의 사회의 문화적 영역에 특별한 연구의 관심을 두었던 프랑크푸르트 사회조사 연구소(the Frankfurt Institute of Social Research)의 지배적인 분석틀 내에서 고안되었다. 이 연구소의 연구 프로젝트의 일환으로 이루어진 루쉐(G. Rusche)의 1933년 논문 "노동시장과 형벌"은 1970년대를 전후하여 형성된 현대의 마르크스주의 범죄학자들에 의해 밝혀진 원리들, 즉 형벌제도와 경제제도, 계급지배의 관계를 최초로 정식화한 것이었다.

3) 루쉐 등의 연구에 의하면, 형벌제도의 변천 혹은 형벌의 역사적 진화는 중세초기, 중세후기, 17세기 등 세 단계의 시기로 구분될 수 있다.

국가형벌제도가 성립할 수 없었던 중세초기의 봉건적 장원제도하에서는 참회와 벌금형이 형벌의 주된 방법이었다. 중세후기에 이르게 되면 엔클로저운동 등으로 빈곤층이 양적으로 팽창하게 되지만 노예형이 부적절했기 때문에 사형, 체형과 같은 낡은 형벌방법으로 되돌아가게 된다. 16C 사형의 급증은 이것을 잘 보여준다. 그러나 중상주의가 대두하게 됨에 따라 노동력이 필요하게 되자, 형벌개혁운동과 함께 감금형이 출현하고 감옥(prison)제도가 성립하게 된다. 이들에 의하면 한 사회의 형벌제도는 그 사회의 경제체제에 상응하는 바, 노예경제 없이는 노예형(enslavement)은 성립할 수 없으며 화폐경제가 성립하지 않고는 벌금형이란 존재할 수 없다.

그러면, 과연 형벌제도의 변동을 결정짓는 근본적인 사회적 요인은 무엇인가? 이러한 사회학적인 문제에 대답하기 위한 그들 연구의 기본원칙들은 다음과 같은 점에서 뒤르켐 등 다른 사회학자들과 다르다.

첫째, 형벌의 역사성에 대한 강조이다. 그들에 의하면 형벌은 특수하고 구체적인 형태로만 나타나는 역사적으로 특수한 현상이다. 이 원칙은 이들의 분석을 형벌을 보편적이고 불변하는 어떤 것으로 보는 역사학자와 사회학자들과 뚜렷이 구분지어 주는 점이다. 그런데 이들에 의하면 특별한 역사적 시기에 특별한 형벌방법을 규정하는 핵심적 결정인자는 생산양식이다. "오직 생산력의 특별한 발전만이 그에 상응하는 형벌의 채택이나 거부를 허용한다.…… 모든 생산체계는 그것의 생산관계에 상응하는 형벌을 발견하는 경향이 있다"(Rusche and Kirchheimer, 1968: 5-6).

둘째, 이들의 저작 어디에서도 명시적으로 표현되어 있지는 않지만 이들의 분석의 이론적 원칙 중에 하나는 형벌제도를 다른 사회제도들과 사회정책들과의 상호관계 속에서 고찰하는 것이다. 단적으로 말하자면, 형벌정책은 좀 더 광범위한 빈민통제 전략—그 안에서 공장, 노역소, 구빈법, 노동시장 등 모든 요소가 상응하는 역할을 하는—속의 한 요소로 다루어져야 한다는 것이다. 이는 형벌을 계급투쟁 속에서 역할을 하는 하나의 사회현상으로서 간주하는 것이다. 이들에 따르면 "형벌체제의 역사는 부유층과 빈곤층 사이의 관계의 역사이다." 그들의 저작은 어떻게 행형상의 정책들이 부랑자, 거지, 공장 노동자, 빈민구호기금의 수혜자들과 관련되는 정책들과 조화를 이루고 있는가, 또 어떻게 통제의 원리와 기법들이 하나의 일련의 제도들에서 다른 제도들로 전이되어 가는가를 엿볼 수 있다. 루쉐와 키르하이머는 형법과 경제, 계급투쟁의 역사적 관계를 연구하는 것을 주 과제로 삼았으며, 이들 상호관계를 활용하여 현대의 감옥체제를 분석하기도 했다. 루쉐와 키르하이머가 비교적 최근의 다른 마르크스주의 범죄학자들과 다른 점은 계급투쟁에서 형벌이 하는 역할을 노동시장의 내부와 그 주변에서 이루어지는 것으로 보고 있고, 따라서 그들의 연구의 강조점은 정치적이고 이데올로기적인 요소에 있다기보다는 기본적으로 경제적인 요소에 있다.

루쉐와 키르하이머는 중세 초기 이후 형벌의 발전과정을 몇 시기로 나누어 살펴보고 있다. 이들에 따르면 중세 초기에는 참회와 벌금형이, 중세 후기에는 체형과 사형이, 그리고 17세기에 이르러서는 징역, 유형(추방형), 갤리선박 노예형이 지배적인 형벌형태였다. 이러한 형벌의 발전과정에서 근대 초기 기간 동안에 도입된 세 가지 새로운 형태의 형벌은 특히 자본주의의 등장과 노동시장의 변화와 밀접한 관련을 갖는다. 추방형의 도입은 미국과 호주로의 추방형에서 볼 수 있듯이 유럽 열강들이 식민지에서의 노동력 부족을 해결하기 위한 것이었다. 그러나 영국의 경우처럼 미국혁명과 독립으로 인해 미국으로의 형벌통로가 정지됨에 따라 추방형은 사라지게 되었으며 죄수노동력을 다양한 공공노동에 사용하였다. 이 밖에도 추방형이 사라지게 된 데에는 호주와 같은 오지로 추방된 죄수들의 생활이 실질적으로 본국의 비참한 노동자들의 생활보다 나았기 때문에 열등처우의 원칙이 지켜지지 않아, 오히려 형벌이 매력적인 전망을 제공하게 되었다는 점이 작용하였다. 또 값싼 죄수노동으로 이득을 보는 고용주들의 지지에도 불구하고 식민지의 새로운 정착자들과 자유이민들이 자신들의 임금이 값싼 죄수노동이나 해방노예들에 의해 삭감되는 데 반대한 것이 그것의 폐지에 영향을 미쳤다.

근대감옥이 형성되게 된 것은 노동력이 부족한 상태에서 인간노동력이면 무엇이든지 활용하고 착취하기 위해 여러 가지 사회정책들이 고안되었던 중상주의 말기였다. 루쉐와 키르하이머에 따르면 교도소의 본질은 구빈원(the poor house), 노역소(the workhouse), 그리고 형벌제도의 원리들을 조합한 데 있다. 근대감옥의 주된 목적은 게으른 자들을 면밀하게 규율 잡힌 체제 속에서 감시하며 일을 하게 함으로써 일하는 것을 달가워하지 않는 사람들의 노동력을 사회적으로 유용하게 만드는 데 있다(Rusche and Kirchheimer, 1968: 42).

그러나 감옥체제가 형벌정책을 지배하게 되자마자 산업혁명과 기계의 발명으로 과잉인구가 형성되었다. 그러자 이들 사회상황들은 뒤바뀌었고 감옥의 경제적 토대들은 존재하지 않게 되었다. 그러나 체형에 대한 한 세기 동안의 계몽주의적인 비판은 감옥제도 이전에 존재했던 형벌의 방법들로 되돌아가기보다는 그것을 다시 본뜨도록 만들었다. 루쉐와 키르하이머에 의하면 구금형(imprisonment)은 산업혁명 이후 경제적인 노동과 개인적인 개혁보다는 범죄인들에게 공포를 불어넣는 합리적인 제지(deterrence)책이 되었으며, 그 수단으로서 새로운 독거체제(the solitary confinement)를 고안하였다. 유럽에서는 감옥노동은 생산적이고 이윤 획득적인 훈련의 형태에서, 쳇바퀴를 밟고 회선반을 돌리는 비생산적이고 처벌적인 잡역과 고통부과의 형태로 바뀌었다. 죄수들은 엄청난 장시간 동안 침묵과 고독 속에 남겨져 있게 되었고 대개는 개혁적인 효과를 갖기보다는 공포와 박탈감을 높이는 데 성공하였다.

루쉐와 키르하이머는 유럽의 경우와 달리 19세기 동안에도 감옥을 경제적인 생산에 활용했던 미국의 경우를 별도의 경우로 보면서도, 이 또한 마찬가지로 경제적인 변인에 의해 설명하고 있다. 미국 북부지역에서는 여전히 고질적인 노동력의 부족상태가 존재했기 때문에 교화감옥이 생산적으로 기능했다는 것이다. 이러한 경제적인 이유로 인해 미국에서는 엄격한 독거체제인 펜실베니아 감옥체제(Pennsylvanian prisons)보다 죄수들에게 함께 일할 것을 허용했던 오번체제(Auburn system)가 지배적인 것이 되었다. 이와 같이 미국의 어떤 지역들에서는 감옥이 다시 한 번 공장이 되었으며 이윤적인 기초하에서 제품을 생산하기 시작하였다(Rusche and Kirchheimer, 1968: 130).

이처럼 루쉐와 키르하이머는 형벌체계의 변화를 과학의 발전이나 인간주의의 결과로 보는 전통적인 개혁주의 혹은 진화론적 관점을 비판하면서 그들의 분석이 보여준 바처럼 형벌체계는 형벌이론과 독립된 의미를 갖는다고 주장한다. 하나의 제도를 과학적으로 연구하기 위해서는 그것의 공표된 목적들만 보려는 태도를 버려야 한다. 그리고 그것의 '이데올로기적인 베일과 법학적인 외양을 벗겨내고 나면' 형사정책상의 변화는 사회구조의 특별한 발전단계와 관련되어 있음이 드러나게 된다(Rusche and Kirchheimer, 1968: 5). 요컨대, "모든 생산체계는 그것의 생산관계와 상응하는 형벌을 발견하는 경향이 있다."

이들의 분석은 경제결정론이라는 비판을 피할 수 없음에도 불구하고 형벌체계가 범죄에 대한 반응 그 이상의 것으로 발전하였다는 것을 밝히는 데 기여했다고 볼 수 있을 것이다. 확실히 루쉐와 키르하이머의 저작은 형벌정책의 형성에 작용했던 이데올로기적 · 정치적 과정을 거의 무시하고 있으며 형벌이념(penal ideology)을 경제발전의 직접적인 반영이나 노동시장에 대한 기계론적인 반응으로 보고 있다.

현대의 마르크스주의 범죄학은 루쉐와 키르하이머의 경제결정론의 한계를 극복하기 위해 그들의 역사적 연구와 유물론적 해석의 작업에 더하여 마르크스의 원전, 특히 『자본론』에 함축되어 있는 형벌문제에 대한 논의를 검토하였다. 멜로시(D. Melossi)는 마르크스의 전기와 원전을 치밀하게 검토한 후에 루쉐의 논문과 『형벌과 사회구조』에서 그가 쓴 전반부 두 장은 전체로서 그 책이 나타내고 있는 경제결정론, 이른바 '감옥의 경제적 노동착취테제' 에 제한되어 있는 것은 아니라는 점을 지적했다. 그에 따르면 산업자본주의하에서 형벌수단의 직접적인 노동착취를 지나치게 강조한 것은 루쉐의 공동연구자인 키르하이머였다. 멜로시에 의하면 국가의 정책은 감옥을 경제에 보조적인 것으로 만들었지만 그것의 도움은 간접적이었다. 감옥은 생산과정의 외부에서 자유시장경제의 법칙들을 보강하기 위해 운용되었다는 것이다. 감옥노동의 성격이 산업혁명기 동안에 변화하였다는 사실에 비추어 보면 그의 주장이 더 설득력을 갖는다. 루쉐와 키르하이머의 직접적인 노동착취테제는 구빈원과 교도소가 국민경제에 생산적인 노동을 제공해 주었던 상업자본주의 시기에 대해서는 설득력을 갖는다. 그러나 산업혁명기에 출현한 새로운 교화감옥 체제(the penitentiary system)는 감옥노동에 대해 금전적인 보수를 지급하지 않았고 단지 제지(deterrence)책으로서 의미를 가졌다.

멜로시의 분석은 감옥의 직접적인 노동착취 기능 못지않게 그것의 제지 및 훈련의 기능, 즉 규율의 기능이 자본주의의 체제유지에 주요하다는 점을 강조하였다.

자유시장을 원리로 하는 자본주의 경제의 필요조건 중의 하나는 길들여진 노동력이다. 멜로시는 마르크스의 자본론의 원시적 축적기에 대한 분석을 주의 깊게 검토하고 자신의 노동력을 자유로이 팔 수 있는 임금노동자층을 창출하고 그들을 자본주의적 생산에 끌어들이는 데 국가의 법과 형벌체계가 어떻게 기능하였는가를 추출하였다. 국가가 자본축적과 재생산의 과정에서 이용한 주요 방법 속에는 민법과 형법, 구호 혹은 복지정책들이 포함된다. 영국에서 토지와 노동력을 상품화하는 과정은 자연스럽고 평화적으로 이루어진 것이 아니라 이른바 '피의 입법'이라 불릴 정도로 억압적인 국가의 개입이 있었다. 농민들로부터 토지를 무자비하게 강탈할 수 있도록 해 주었던 '엔클로저법(Bills of Enclosure)', 더 높은 임금을 받기 위해 이동하는 사람들을 엄격하게 처벌했던 방랑규제법(the vagrancy law)이 그 대표적인 예이다. 그러나 경제적 유인동기와 형벌은 많은 사람들에게 노동을 강요하기에 불충분했기 때문에 초기 산업에 흡수될 수 있는 사람들에 더하여 임노동과 공장의 가혹한 규율에 적응하지 못했거나 적응하기를 거부했던 사람들이 존재할 수밖에 없었다. 자본주의 초기 노동력이 부족했던 시기에 국가는 수세기 동안 구호시설에 감금시설을 수반하였는데 이것은 노동규범의 유지에 직접적으로 영향을 미쳤다. 가혹한 구빈원에 감금된다는 데 대한 공포는 '열등처우의 원리' 에 더하여 임금노동을 고무하는 구호정책의 실시를 의미한다. 호그의 표현을 빌리자면, "감옥이 사회를 규제한다"는 것이며 이것이 19세기 형벌개혁의 저변의 필수요건이 되었다(R. Hogg, 1979: 12). 생산노동과 형벌, 공장과 감옥을 상호 관련지었던 이들의 분석은 규율을 강조했다는 점에서 푸코(M. Foucault)의 통찰력을 어느 정도 공유한 것처럼 보인다. 그러나 인식론과 과학방법론에 있어서 마르크스주의와는 입장이 다른 푸코는 규율(혹은 감시)을 특정 형태의 근대적 '지식권력' 의 실현으로 이해하였다.

노동에 대한 전반적인 통제와 범죄인구에 대한 통제와의 관련성은 영(J. Young, 1981)의 분석에서 좀 더 명확해진다. 영에 의하면, 봉건적 속박에서 해방된 노동자는 형식상으로는 자유로운 존재이지만 노동시장에서 자신의 노동력을 판매하지 않으면 안 되기 때문에 그 자유는 자발적 강제에 지나지 않는다. 즉, 노동계급은 직접적 · 경제외적 강제로부터 해방되는 대신에 시장의 경제적 · 자발적 강제에 묶이게 되며, 생산조직과 임노동체계에서 요구되는 규율에 얽매이게 된다. 이러한 자발적 강제는 노동자로 하여금 공장의 일상적 규율과 노동의 제 조건을 당연시하게 만든다. 따라서 자본주의 사회에서 실질적인 사회통제의 장은 작업상황 속에 존재한다는 것이다.

영(J. Young, 1979: 22)에 따르면, 생산조직의 외부에 있는 과잉인구나 주변계급에 대해서는 이러한 간접적 통제가 불가능하다. 그러나 이들은 전체 자본주의 체제의 관리에 불안정한 요소로 작용하기 때문에 통제되지 않으면 안 되며, 따라서 이들에 대해서는 범죄화(criminalization)와 형벌을 통한 억압이라는 새로운 형태의 직접적인 강제가 행사된다는 것이다. 영은 작업장 상황에서의 간접적 통제와 직접적 · 억압적인 범죄통제는 형태 면에서는 다를지라도 자본주의 생산체계의 욕구라는 동일한 원리에 입각하고 있다고 본다.

이그나티프(M. Ignatieff)는 루쉐와 키르하이머의 경제와 형벌정책 간의 기계론적 관계설정을 재정식화하려고 했던 멜로시의 노력에서 더 나아가 형벌개혁과 변화의 과정에 작용했던 정치적 · 이데올로기적 과정을 밝히려 시도했다. 1750년과 1850년 사이의 영국에서의 교화감옥의 출현에 대한 연구에서 이그나티프는 교화감옥의 이데올로기적 기원은 감옥개혁가들의 쁘띠부르주아적 기반에 있다고 보고 있다(M. Ignatieff, 1978: 215).

2) 감옥 내의 규율과 통제기법

근대감옥(교도소)은 형벌로서의 구금형을 실현하는 장소이다. 이 점에서 근대감옥은 근대 이전의 사회에 존재했던 일시적 구금시설과는 근본적으로 성격이 다르다. 지배적인 형벌이 체형이었던 근대 이전의 사회에서 감옥(prison)은 형집행을 대기하는 장소에 불과했지만, 근대감옥은 노역소(workhouse)에서 유래한 것으로 세 가지 면에서 형벌의 성격을 갖는다. 첫째, 모든 영역에서 자율성을 박탈하는 자유형이다. 둘째, 강제노동을 부과한다. 셋째, 수형자를 구금시설 속에 격리(segregation)하고 고립(isolation)시키는 데 그치는 것이 아니라 내적 · 외적 규율을 통해 일상생활을 감시함으로써 사회 내 재통합을 위한 교정을 꾀한다.

근대감옥은 푸코(M. Foucault)의 표현을 빌리면, 수형자가 모든 영역에서 자율성을 박탈한 총체적 구금시설(total institution)일 뿐만 아니라 군대 · 공장 · 학교 등과 마찬가지로 근대적 규율권력(disciplinary power)이 작동하는 장소이다. 범죄통제의 방식으로서 근대감옥의 등장과 사회적 기능에 대한 분석은 계몽주의 사상가들이나 공리주의자들의 야만적인 체형에 대한 비판과 형벌개혁의 산물로서만 이해해서는 안 된다. 푸코가 주장하였듯이 감옥에서의 권력작동방식은 근대사회의 권력작동방식의 한 형태로 이해되어야 한다.

근대감옥의 등장을 제대로 이해하려면 다른 사회제도들과 사회정책들과의 상호관계 속에서 고찰해야 한다(Rusch and Kirchheimer, 1968: 5). 형벌은 범죄에 자동적으로 뒤따르는 자연적인 결과만은 아니다. 감옥형이라는 형벌정책은 좀 더 광범위한 빈민통제전략—그 안에서 공장 · 노역소 · 구민법 · 노동시장 등 모든 요소가 상응하는 역할을 하는—속의 한 요소를 이루고 있다.

중세 초기 이후 근대적 감옥이 등장하기까지 형벌의 발전과정은 몇 시기로 구분된다. 중세 초기에는 참회와 벌금형(penance and fines)이, 중세 후기에는 체형과 사형이, 그리고 17세기에 이르러서는 징역(imprisonment)과 유형(추방형) 및 갤리선박 노예형이 지배적인 형벌형태였다.

이러한 형벌의 발전과정에서 근대 초기 기간 동안에 도입된 세 가지 새로운 형태의 형벌은 특히 자본주의의 등장과 노동시장의 변화와 밀접한 관련을 갖는다. '자유형을 집행하기 위한 구금시설' 로서 감옥은 18세기 말에서 19세기 초에 서구에서 등장하였다. 그 이전의 구금시설은 형벌의 일부라기보다는 재판이나 형집행을 대기하기 위한 장소에 불과했다. 우리가 경험하고 있는 형벌로서 감옥은 일정기간 동안 자유를 박탈하면서 강제노역과 적극적인 교화를 통해 범죄자를 교정하기 위한 곳이라는 점에서 근대 이전의 구금시설과 질적으로 다르다.

18세기까지 형벌의 주종은 화형, 교수형, 절단형, 태형 등등으로 신체에 대한 물리적 고통의 부과를 특징으로 한다. 이에 비해 근대적 형벌제도의 전형은 자유박탈과 시설 내 구금으로 특징지어지는 자유형(imprisonment)이다. 자본주의 국가의 어떤 측면이 감옥제도를 주된 형벌제도로 받아들이게 하였는가? 근대감옥은 어떤 사회적 기능을 수행하였는가? 감옥시설의 내부구조와 관리방식을 통해 볼 때 근대감옥은 어떤 인간을 만들어내고자 하였는가?

무엇보다도 감옥제도의 핵심원리는 격리(separation)와 고립화(isolation)

이다. 이 원칙은 감옥건축의 전반적인 골격, 개별 감방의 배치, 수형자의 일정표, 감옥운영의 원칙에 모두 적용된다.[4] 근대감옥은 단순한 징벌장소가 아니라 일정한 인간형을 만들어 내는 양성소이다. 감옥제도는 부정적인 격리전략뿐 아니라 감옥권력의 실현방식을 통해 새로운 인간을 만들어 내는 적극적, 생산적 측면을 갖는다. 총체적 통제, 노동의 강제, 종교적 · 도덕적 감화 등 감옥은 물리적 격리와 정신적 고립화, 사회적 권위에 대한 복종 등 총체적 통제를 가능하게 하는 총체적 구금시설(total institution)이다. 둘째, 감옥은 자본주의 사회에서 무능하고 나태한 인간을 교정시키기 위해 노동과 직업교육을 부과한다. 셋째, 감옥은 참회, 교육, 교화의 장으로 묘사됨으로써 총체적 통제를 정당화한다. 수형자의 사회복귀와 인도적 처우를 강조하는 근대감옥의 형벌이념에 대해 사회학자들은 총체적 통제로 인한 교정의 실패, "리버럴리즘의 겉옷을 걸친 전체주의적 구금장" 등으로 묘사하기도 한다(E. Goffman, 1961; E. O. Wright, 1973).

근대감옥과 다양한 형태의 수용시설들은 등장 초기에는 전통사회의 잔인한 체형 위주의 공개처형에 비해 발전되고 합리화된 통제제도로 간주되었다. 그러나 범죄자의 자유를 박탈하고 격리와 노역을 수행하게 함으로써 범죄자로 하여금 자신의 과오를 반성하게 하고 교화시킬 수 있다는 발상에서 고안된 감옥제도는 그것을 고안해 낸 사람들의 생각과 달리 근대사회의 권력행사의 지배적인 방식으로 출현하였다. 푸코(M. Foucault)는 감옥과 정신병의 탄생에 대한 역사적 연구를 통해 근대적 규율권력은 공장, 군대, 학교 등에서와 마찬가지로 감옥에서도 중앙집권화된 감시와 일상적 통제

---

4) 근대감옥의 등장시기에 고안된 대표적 규율모델로는 다음의 세 가지를 들 수 있다. ① 주야독거와 고립화를 시도했던 펜실베니아 체제, ② 주간침묵 속에서의 공장노동과 야간독거 체제인 뉴욕의 오번제, ③ 격리를 강조하되 도덕적 교화를 위한 교화위원이나 감옥관리자와의 접촉을 보완하여 격리형 감옥모델의 결정판이 된 영국 팬턴빌 모델이 대표적이다. 영국 팬턴빌 모델은 영국 식민지 각처에 세워지고 일제하의 서대문 형무소 모델이 될 만큼 국제적이었다.

[그림 1] N. 아르 로망의 교화감옥의 계획(1840)

자료 : N. Harou-Romain, 『교화감옥의 계획』, 1840. 중앙 감시탑 앞에서 무릎을 꿇은 채, 자신의 감방에 있는 한 죄수. M. Foucault, *Discipline and Punish: The Birth of the Prison*, 1979, p.172에서 재인용.

를 특징으로 한다고 말했다. 사회학적으로 보면 감옥에서의 감시와 훈련은 인간적 구금(혹은 교정, 교화를 위한 교육적 배려)이라기보다는 새로운 권력 기술의 등장을 의미한다. 사회 전반적인 감시와 훈련기제의 확산은 근대권력의 실현방식이다. 푸코에 의하면 구금의 행형화는 18세기 행형개혁가들이 주창한 데서 나왔다기보다는 감시-훈련 메커니즘을 가진 특정 형태의 근대적 권력이 감옥 안에서 전형적으로 실현된 것이다.

[그림 2] 20세기 미국 스테이트빌(Stateville)에 있는 교화감옥의 내부전경

자료 : 구글 검색; M. Foucault, *Discipline and Punish: The Birth of the Prison*, 1979, p.170.

[그림 3] J. 벤담의 교화감옥 파놉티콘(원형 감시시설)의 계획

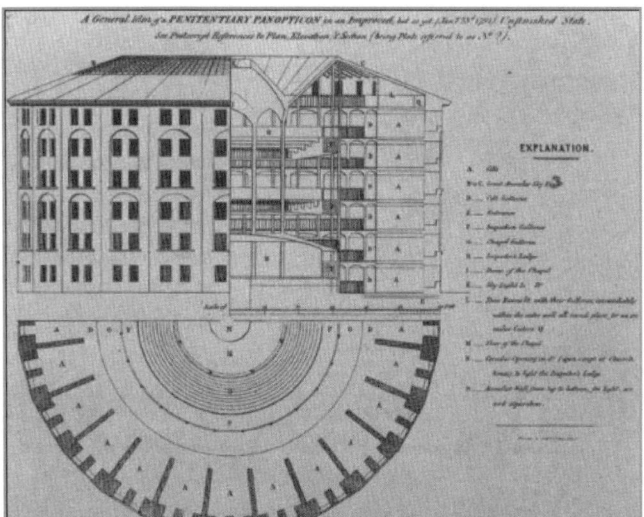

자료 : J. Bentham, Plan of the Panopticon(Bowring(ed.), *The Works of Jeremy Bentham*, 제4권, 1843, p.173); M. Foucault, *Discipline and Punish: The Birth of the Prison*, 1979, p.171에서 재인용.

단적으로 말하면, 공식적 통제방식으로서 오늘날의 구금형은 초창기 형벌개혁가들의 취지와 달리 범죄인을 재사회화시키는 기능을 하기보다는 범죄의 일반적 제지의 기능을 하는 데 불과하다. 따라서 시설구금이 재범 확률을 오히려 높인다는 비판은 어느 정도 타당성을 가지며, 구금형은 범죄통제의 최후수단이 되어야 한다는 의견이 설득력을 갖는다. '감옥의 실패', '교정의 실패'라는 표현이 말하듯이 감옥은 범죄율을 낮추는 데도 실패하였다.

폐쇄적 구금형, 즉 감옥제도는 인간의 사회적 본성에 대한 침해일 뿐 아니라 미시적인 규율권력이 작용하는 전형적인 공간이다. 이러한 문제점은 서구 교도소 내의 폭동에 의해 사회적인 이슈로 제기되었으며, 그에 따라 자유형의 대안에 대한 논의가 활발하게 이루어졌고, 사회복귀이론에 기반을 둔 새로운 제재방식을 모색하게 되었다. 새로운 제재방식으로 처우의 개별화 · 개방화 · 사회화를 지향하게 되었고, 소년법원 · 가석방 · 보호관찰 등이 도입되었다. 20세기 중반 이후에는 사회 내 처우를 강조하면서 개방교정시설, 중간처우시설의 운영, 사회봉사명령 및 수강명령과 같은 다양한 통제방식이 도입되었다(한인섭, 2000: 243).

그러나 감옥의 사회적 기능을 간과할 수는 없다. 무엇보다도 감옥의 사회적 기능은 푸코가 말했던 바와 같이 근대적 권력기법인 감시규율의 확산일 것이다. 구금과 감시하의 통제라는 새로운 권력의 전략은—시설 내 구금전략 혹은 총체적 구금시설(total institution)의 확산—18세기 후반에 이르러 감옥뿐만 아니라 구빈원, 노역소, 나아가서는 학교, 공장, 병원, 군대, 감옥, 요양원 등등 사회 전체 영역으로 확산되어 갔다.

3) 근대적 형벌제도로서 감옥의 문제점

감옥은 자본주의적 산업화, 도시화와 함께 증가하는 범죄문제에 대해 인간적이고 합리적인 통제방식으로 등장한 것으로 인식된다. 이러한 인식은 감옥을 고안하고 설립한 사람들의 목적은 될 수 있을지 모르나 감옥이 범죄에 대한 예방이나 제지효과를 거두었다고 볼 수는 없다. 19세기 중반에 이르러 근대감옥은 자유형의 집행시설로서 확고한 통제제도로서 인정되었지만 감옥규율 및 처우의 향상을 통해 범죄문제를 해결할 수 있다는 행형개혁가들의 꿈은 환상이라는 것이 증명되었다. 폐쇄적 수형시설은 수형자의 인격을 더욱 타락시키고 자발적인 개선의지를 감소시킨다(D. Rothman, 1971). 1955년 "유엔 피구금자의 처우를 위한 최저기준 규칙"의 제정 이래 수형자의 지위를 제고하기 위한 노력이 국제적으로 이루어지게 되었고 각국에서 행형법을 수형자의 권리장전으로 개선하는 작업이 보편화되고 있다. 이에 따라 자유형 자체의 시행에서도 폐쇄적 수용의 폐단을 감소하기 위해 변형된 형집행방법들을 고안하게 되었다. 각국에서 시도되고 있는 주말구금, 야간구금, 휴가구금, 귀휴제, 가석방의 정례화, 수형자에 대한 면접기회의 확대, 부부접견제 등이 그것들이다. 현재의 행형개혁가들은 사회복귀이론에 바탕을 두고 현재의 감옥제도를 개혁하고 여러가지 방식으로 새로운 제재형태를 실험하고 있다.

범죄문제에 대한 해결책은 범죄인 및 비행청소년의 재범방지와 사회적 재활을 위한 교정처우(correction treatment)라고 말할 수 있는데, 시설수용(institution treatment)과 사회 내 처우(community treatment)가 있다. 우리나라에는 수용시설로 교도소 · 소년교도소 · 구치소 · 보호감호소 등이 있다. 교도소 · 소년교도소 · 구치소는 징역형 · 금고형 · 노역장 유치 및 구류형을 받은 자와 미결수용자를 수용하고 있다. 보호감호소는 사회보호법에 의해 보호감호처분을 받은 자를 수용한다. 사회보호법은 형벌만으로는 교화가 불가능한 상습범이나 정신질환자로부터 사회를 보호하기 위한 것으로 형벌과 별도로 부과하여 보호감호 · 치료감소 · 보호관찰 등의 처분이 있다. 2013년 8월 현재 한국의 교정시설은 천안 개방교도소와 청주 여자교도소 및 소망 민영교도소를 포함하여 전국에 교도소 총 36개가 있으며, 소년교도소 1개(김천 소년교도소), 구치소 11개, 지소 3개(평택, 서산, 논산), 치료감호소 1개(공주 치료감호소)가 있다.

오늘날 대부분의 사회에서 범죄통제에서 공통적으로 취하는 조치는 청소년 교정기관을 전문화한다는 점이다. 청소년범죄에 대해 형사법원이 아닌 소년법원(우리나라의 경우 가정법원 소년부 또는 지방법원 소년부)에서 보호처분을 중심으로 사법제도를 운영하는 것을 국가가 부모를 대신하여 양육보호의 역할을 해야 한다는 소년사법의 이념에 기초를 두고 있다. 청소년의 경우는 아직 성장 · 발달단계에 있기 때문에 형벌의 일반예방적 목적보다는 특별예방의 목적을 중요시한다. 따라서 범죄청소년 교화기관들을 청소년을 중심으로 한 교정사회사업의 전문적인 프로그램의 운영과 실천기술들이 더욱 필요한 곳이다. 우리나라에서도 범죄청소년 교정기관은 소년분류심사원 · 소년원 · 보호관찰소 · 갱생보호공단 등으로 전문화되어 있다.

앞에서 고찰한 근대감옥의 문제점은 우리나라에도 똑같이 존재한다. 우리나라는 자유형이 징역 · 금고 · 구류 등으로 세분화되어 있고, 단기자유형이 많아 수형자를 양산해 내고 있는데, 사회적 비용이 많이 들 뿐만 아니라 교정효과가 의문시되고 있다. 더욱이 우리나라의 교정시설의 환경은 열악한 편이다. 선진국에서는 일반교정시설의 수용인원을 500명 규모 이내로 권유하고 있는데, 한국은 1,000명 이상을 수용하고 있는 시설이 전체의 63%인 27개나 된다. 수용시설의 과밀화는 수형자를 교화하기는커녕 수용하기에도 급급하여 교정효과를 거두기 힘들다. 또 우리나라에서 실시하고 있는 수형자 대분류제도는 범행의 횟수에 따라 분류하기 때문에 범죄의 특성이나 교화의 가능성에 따라 과학적으로 분류하여 적절한 교정처우 프로그램을 실시하는 것이 어렵다.

5. 사회 내 처우

1) 사회 내 처우의 등장배경

감옥의 문제점이 드러나면서 등장한 것이 개방처우, 혹은 사회 내 처우이다. 사회 내 처우(community-based treatment, 비시설처우, 사회 내 교정, 지역사회 교정, 보호적 처우 등으로 표현되기도 함)란 범죄인을 일정한 시설 내에 구금수용하지 않고 사회 속에서 정상적인 생활을 영위하게 하면서 일정기간 동안 지도와 통제를 받게 하는 형사정책상의 제도를 말한다. 사회 내 처우 혹은 지역사회 처우는 서구사회에서 1970년대 이후 형사정책과 복지정책의 영역에서 등장한 탈시설화(deinstitutionalization)의 경향 속에서 구금형의 문제점—사회로부터의 고립(isolation)과 격리에서 오는 악영향—을 해결할 수 있는 대안으로 받아들여졌다. 이것은 범죄인의 개별처우를 실현하기 위한 효율적 처우방법의 하나이기도 하다. 사회 내 처우는 시설 내 처우에 대응하는 개념으로서 시설 내 처우의 폐단을 극복하기 위한 형사정책적 관심에서 등장한 것으로 볼 수 있다. 여기에는 종래의 구금형보다 수형자의 사회복귀 · 재범방지라는 행형목적을 더욱 효과적으로 달성할 수 있다는 믿음이 깔려 있다. 오늘날 많은 나라들은 사회 내 처우를 범법자의 사회복귀와 재사회화에 효과적인 사회통제방안으로 평가하여 적극적으로 시행하고 있는 추세이다.

19세기 후반부터 본격적으로 형성되기 시작한 사회 내 처우제도는 격리 · 구금을 위주로 하는 시설 내 처우의 폐단을 극복하기 위한 대안으로 등장하는데 그 배경을 이루는 생각들은 다음과 같다. ① 실증적으로는 재범률이 증가함으로써 구금상태에서 실시하는 교정 · 교화의 효과에 대해 의문이 제기되고, 교도소가 오히려 범죄학습의 기능 내지 낙인찍는 결과만을 초래한다는 고려가 들어 있다. ② 범죄자가 정상적 사회생활을 영위하고 준법태도를 익히기 위해 필요한 기회와 기술은 구금상태에서 주어지기 어렵다는 생각을 반영하고 있다. ③ 구금의 가장 큰 폐해로 지적되는 악풍의 감염과 범죄의 학습은 범죄집단과 접촉을 통해서 생기는 것이기 때문에 이를 차단하기 위해서는 범죄를 하지 않은 정상집단과 접촉이 필요하다는 생각을 담고 있다. ④ 일탈을 사회적 유대관계의 약화 · 차단에 기인하는 것으로 보는 입장에서 일탈을 경험한 범죄자를 사회로부터 격리 · 구금하는 것은 또 다른 일탈가능성을 조장하게 된다는 우려를 반영하고 있다.

이러한 사회 내 처우제도는 최근에 와서 국제적으로도 그 실효성을 인정받아 각종 국제회의의 주된 관심사가 되고 있으며 각국에 그 적용을 권장하고 있는 실정에 있다. 사회 내 처우가 형사정책적 측면에서 시설처우와 다른 점들은 아래와 같다. ① 시설 내 처우에 비해 상대적으로 재사회화 목적 달성에 효과적이다. ② 사회로부터의 고립 · 단절에서 오는 고통과 악영향을 없애고 열악한 교도소 환경으로부터 벗어나서 자유와 책임을 학습함으로써 점진적으로 사회적응력을 향상시킨다는 점에서 상당히 인도적이라는 평가를 받을 수 있다. ③ 낙인효과를 배제할 수 있기 때문에 낙인이 야기하는 재범을 예방하는 데 효과적이다. ④ 시설 내 수용을 할 때 소요되는 운영경비를 절감할 수 있는 부수적인 경제효과도 있다. ⑤ 형사재판절차를 거쳐야 하는 상당수의 알콜중독자 · 마약사용자 · 경범죄자 등에 대해 사법우회절차(diversion)를 적용할 수 있으므로 사법기관의 부담을 경감시킬 수 있는 형사정책적 의미도 있다.

가장 전형적인 사회 내 처우로는 보호관찰제도를 들 수 있으며, 그 밖에도 가석방제도, 사회봉사명령제도, 수강명령제도, 갱생보호제도 등이 있다.

2) 사회 내 처우의 현황

(1) 보호관찰제도

① 보호관찰제도의 개념과 의의

보호관찰제도는 범죄인에 대한 사회 내 처우의 하나로서, 유죄가 인정된 범죄자에 대하여 교도소 또는 소년원 등 교정시설에 수용·처벌하는 대신 일정한 기간을 정하여 사회에서 정상적인 자유활동을 허용한 상태에서 전문지식과 소양을 갖춘 보호관찰관의 지도·감독과 원호를 받게 하여 건전한 사회복귀를 도와줌으로써 재범의 방지와 나아가 범죄로부터 사회를 방위하고자 하는 새로운 형사정책수단이다. 보호관찰제도는 지역사회중심 처우의 핵심이다. 보호관찰제도는 좁은 의미의 보호관찰(probation)과 가석방(parole)의 두 유형이 있다. 보호관찰(probation)은 형의 선고유예제도와 결부되어 활용되는 것으로 보호관찰부 선고유예나 집행유예를 내포한다. 가석방(parole)은 보호시설이나 혹은 교정시설에 수용된 자가 가퇴원이나 가석방 등으로 사회에 복귀하도록 처분하는 것이다.

오늘날의 보호관찰은 구금, 즉 자유형의 본질적 폐해에 대한 광범위한 인식과 구금형에 비하여 상대적으로 월등한 비용효과성에 따른 실용성으로 인하여, 구금형에 대한 대체처분으로서 활발하게 사용되고 있는 형벌수단이라 할 수 있다. 이 제도는 유죄가 인정된 범죄자로 하여금 사회 내에서의 기본적인 자유, 예컨대 건전한 형태라면 직업의 자유, 교육을 받을 권리, 정상적인 가정생활·사회적 교제·종교활동 등의 사회적 관계를 허용하는 처분이면서도, 단순히 형의 유예나 석방이 아니고 일반의 선량한 시민에게 지킬 것이 요구되는 준법의무 이상의 강도 높은 일정한 준수의무가 부과되고, 보호관찰관의 지도·감독을 받게 하거나 무보수의 강제근로 등을 하게 함으로써, 일면 구금형에 내재된 처벌적 요소를 가지게 하여 국가

형벌권을 구현하는 동시에 시민의 법적 정의 관념의 충족을 도모하는 비교적 개혁적이고 보다 전향적인 형사정책수단으로 평가받고 있다. 또한 오늘날의 보호관찰은 세계적으로 그 법적 성격에 있어서도 형벌의 일종 또는 최소한 형벌대체적 처분으로 규정되고 있을 뿐만 아니라 그 기능면에서도 단순히 경미한 범죄자에 대한 우회절차(diversion)로서의 역할 수준을 넘어 상당수의 중범죄자에 대한 형벌수단으로 활용되고 있는 등 구금처우를 능가하는 중추적인 국가 형사정책수단으로 발전하기에 이르렀다.

② 한국의 보호관찰

우리나라에서는 1958년 7월 24일 법률 제489호로 소년법이 제정되어 동법 제32조 제1항에서 소년에 대한 보호관찰을 규정함으로써 입법사상 처음으로 보호관찰이란 용어가 법문에 사용되었다. 그러나 이 규정을 구체화하는 세부규정이 마련되지 못하였기 때문에 현실적으로 비행소년의 재범을 막는 데는 도움이 되지 못하였다. 그러다가 1980년 12월 18일 법률 제3286호로 '사회보호법'이 제정 · 공포되어 보호처분의 종류로서 보호관찰제도를 규정하였고(동법 제3조), 이러한 법 외에도 1978년 광주지방검찰청에서 소년범죄에 대한 선도조건부 기소유예제도를 창설하여 실시한 결과 그 반응이 매우 좋다고 판단되어, 1981년 1월 20일 법무부 훈령 제88호로써 '소년선도보호지침'을 제정하여 전국에 확대 · 실시하게 되었다. 또한 법무부에서는 보호관찰제도를 전면적으로 도입하기 위한 준비단계로서 1983년 2월 4일부터 가석방자와 가퇴원자를 대상으로 보호관찰의 시험실시를 시작하였으며 그 성과를 바탕으로 1988년 12월 1일 '보호관찰법'을 제정하여 1989년 7월 1일부터 우선 소년범죄자에 대해 전면적이고 체계적인 보호관찰제도를 실시하기에 이르렀다.

1983년부터 일부 가석방대상자에게 보호관찰제도를 실시하여 효과를 보게 되자 1988년 12월 31일에는 '보호관찰에 관한 법률'을 제정 · 공포하여 보호관찰소와 보호관찰심사위원회를 개청하고 본격적으로 보호관찰을 실시하기 시작했다. 1994년에는 '성폭력 범죄의 처벌 및 피해자 보호 등에 관한 법률'의 시행으로 성폭력범에 관한 보호관찰을 실시하였으며, 1995년 12월 29일에는 형법개정 시에 전체 형사범에 대한 보호관찰의 확대 실시와 사회봉사명령과 수강명령 조건부 형집행유예제도를 도입하는 보호관찰 관련 조항을 신설하였다. 1996년에는 '보호관찰 등에 관한 법률'로 '보호관찰법'을 전문개정하면서 '갱생보호법'을 흡수하였고, 1997년 1월 1일부터는 성인범에게까지 보호관찰제도를 전면적으로 확대하였다. 또 1998년에는 '가정폭력 방지 및 피해자 보호 등에 관한 법률'의 제정으로 가정폭력사범에 대해서도 보호관찰을 실시하는 등 현재에 이르기까지 광범위하게 적용범위를 확대해 왔다. 보호관찰법은 지역사회의 덕망 있는 사람들을 범죄예방위원으로 위촉하여 민간자원봉사자들의 참여를 활용하고 있으며, 이들이 보호관찰대상자의 생활근거지를 중심으로 보호관찰관을 도와 직접적인 지도와 지원활동을 한다.

보호관찰활동은 보호관찰대상자의 주거지를 관할하는 보호관찰소의 보호관찰관이 담당한다. 보호관찰관은 근접적인 접촉을 통한 지도 · 감독을 위해 수시 가정방문이나 직장방문, 불시점검, 필요 시 소환조사, 전화 등을 이용한 통신지도방법을 사용할 수 있다. 그 밖에도 대상자의 사회적응을 위한 교육과 원호 및 부상질병 시의 응급구호활동이 포함된다.

보호관찰소[5]는 보호관찰의 실시 및 범죄예방활동 등 보호관찰행정실무를 담당하고 있고 그 조직은 보호관찰소마다 약간씩 다르나, 우리나라에

5) 현재 보호관찰소의 규모는 아래와 같다. 보호관찰행정조직은 중앙 감독기관인 법무부 범죄예방정책국 산하에 전국 대도시마다 보호관찰소를 설치하여 2013.8. 현재 18개(서울, 서울동부, 서울남부, 서울북부, 서울서부, 의정부, 인천, 수원, 춘천, 대전, 청주, 대구, 부산, 울산, 창원, 광주, 전주, 제주) 보호관찰소 및 38개의 보호관찰지소(고양, 부천, 인천서부, 성남, 여주, 안산, 평택, 안양, 강릉, 원주, 속초, 영월, 홍성, 공주, 논산, 서산, 천안, 충주, 제천, 영동, 대구서부, 안동, 경주, 포항, 구미, 상주, 영덕, 부산동부, 진주, 통영, 밀양, 거창, 목포, 순천, 해남, 군산, 정읍, 남원)을 운영하고 있다.

서 규모가 제일 큰 서울보호관찰소의 경우 소장 밑에 사무과 · 관호과 및 조사과를 두고 있으며, 관할구역이 넓은 지역의 업무수행을 위해 지소를 두고 있다. 보호관찰 담당은 국가공무원과 민간위원으로 구성되어 있다. 국가공무원인 보호관찰관은 형사정책, 교육학, 사회사업학, 심리학 등 보호관찰에 필요한 전문적 지식과 소양을 갖춘 사람들로 충원되며, 민간위원은 보호관찰관을 도와 보호관찰대상자를 지도 · 원호해 주는 민간봉사자인 범죄예방자원봉사위원[6]을 말한다. 현재 우리나라는 보호관찰대상자 수에 비해 보호관찰관의 수가 현저히 부족하므로 범죄예방위원으로 하여금 보호관찰관을 도와서 대상자에 대한 지도 · 원호 등 보호관찰에 관한 업무를 담당하게 하고 있다.

③ 보호관찰 실시현황

〈표 1〉은 1989년 7월 보호관찰제도를 시행한 이래 실시한 인원에 대한 처분별 현황으로서 그 대상자는 보호관찰 이외에 사회봉사명령 · 수강명령 대상자를 포함한 인원이다.

보호관찰제도 도입 이후 보호관찰 실시현황을 분석해 보면, 제도시행 이후 그 대상자의 수가 지속적으로 증가해 온바, 이는 법원이 형사피고인에 대하여 비교적 혁신적이면서 재범방지 효과가 있고, 자유형에 비하여 국가예산을 큰 폭으로 절감하면서도 동시에 범죄행위자에 대한 응분의 처벌적 요소를 함께 가지고 있는 보호관찰 등의 처분을 선호하고 있기 때문인 것으로 분석된다.

---

6) 범죄예방자원봉사위원은 인격 및 행동에 있어 사회적으로 신망을 받고 사회봉사에 대한 열의를 가지고, 건강하고 활동력 있는 사람으로서 보호관찰소장의 추천으로 법무부 장관이 위촉하며, 그 임기는 3년이고 연임할 수 있다. 범죄예방을 위한 민간자원봉사자로서 보호관찰에는 보호위원, 선도조건부 기소유예에는 소년선도위원, 갱생보호에는 갱생보호위원이 있었으나, 보다 체계적이고 효율적인 범죄예방활동을 위하여 1996년에 이들 자원봉사자들을 범죄예방자원봉사위원(약칭 범죄예방위원)으로 통합하여 법무부 보호과 및 보호관찰소에서 교육훈련 및 업무지도를 하고 있다.

〈표 1〉 보호관찰 처분별 실시인원 (단위: 명)

대상자 / 연도	계	선고유예	집행유예	기소유예	보호관찰처분	가석방	가퇴원	가출소 가종료
1989	4,773	–	31	–	3,607	304	831	–
1995	23,560	37	1,036	–	19,861	203	2,423	–
1999	135,211	15	52,547	2,732	67,858	6,066	4,385	1,608
2005	88,127	20	42,339	3,333	32,372	6,049	820	3,194
2010	101,924	16	43,140	6,751	41,431	7,493	1,696	1,397

자료 : 법무부범죄예방정책국,『범죄예방정책통계연보』, 2011, 2010 재구성.

특히, 〈표 1〉에서 보는 바와 같이 보호관찰제도를 성인범을 포함한 전체 형사범에 대하여 확대 실시한 1997년 이후에는 보호관찰뿐 아니라 사회봉사명령 등 보호관찰 관련 처분이 급격히 증가하는 등 현재 보호관찰제도는 교도소 등 시설 내 구금을 실질적으로 대체하는 중추적인 국가형사정책수단으로 기능하고 있다.

보호관찰 대상인원은 개청 이래 해마다 꾸준히 증가되어 왔으며 특히 1995년을 기점으로 매년 35% 이상씩 큰 폭으로 증가되어 오다가 1999년의 경우에는 132,479명으로 전년도에 비하여 다소 감소한바 이는 IMF 사태 이후 생업상의 어려움을 고려하여 사회봉사명령이나 보호관찰처분이 병과되지 않고 단순히 집행유예만 판결하는 경우가 증가된 것으로 풀이된다.

다음으로 보호관찰 재범 현황을 보자면, 〈표 2〉에서 보는 바와 같이 1995년부터 1999년까지의 보호관찰대상자의 보호관찰기간 중 평균 재범률은 5% 안팎으로 일반형사사범의 평균 재범률 25%에 비하여 1/5 수준에 불과할 정도로 보호관찰제도의 높은 효과성을 나타내고 있다. 이를 연도별로 분석하여 보면 1999년의 경우 전체 보호관찰대상자 111,053명 중 4,432명이 재범하여 4.0%의 재범률을 나타내고 있으며 이는 전년도와 같은 수준으로 보호관찰제도가 전반적으로 정착기에 접어들었음을 볼 수 있다.

〈표 2〉 보호관찰대상자 재범 현황(1995~2010년) (단위 : 명)

연도 \ 대상자별	재범률(%)	대상자	재범자
1995	8.4	26,182	2,190
1999	4.0	111,053	4,432
2006	5.8	87,247	5,061
2008	6.5	93,274	6,027
2010	7.2	101,024	7,332

자료 : 법무부범죄예방정책국, 『범죄예방정책통계연보』, 2011, 2010 재구성.

(2) 사회봉사명령과 수강명령

① 사회봉사명령(Community Service Order)

이 처분은 일반적으로 유죄나 비행성이 인정된 범죄자 · 비행소년에 대하여 독립된 형의 일종으로서 또는 형의 유예의 조건 내지는 보호처분의 조건으로서 일정한 기간 내에 특정한 시간 동안 사회봉사(community service)에 종사하게 하는 제도이다. 원래 영국에서 1972년 형사재판법의 개정에 의하여 창안되었다.

이러한 사회봉사명령제도의 개념은 일정한 기간 내에 특정한 시간 동안 사회봉사를 명하는 제도이다. 즉 사회봉사명령은 사회봉사를 내용으로 하는 제도이다. 사회봉사에 대하여는 명문의 규정이 없으나, 사회봉사적 성격을 지니는 근로에 종사하는 것이라고 할 수 있다. 이는 사회봉사명령이 사회에 대한 범죄로 인한 피해의 배상(reparation)과 범죄자의 사회에의 재통합(reintegration)이라는 요소를 지니고 있는 제도라는 측면에서 당연한 것이다.

또한 이러한 사회봉사적 근로는 무보수의 근로여야 한다. 이는 사회봉사명령이 지니는 형벌적 요소를 반영하는 것이다. 사회봉사는 판결 또는 보호처분 등에서 정해진 일정한 기간 내에 일정한 시간 동안 행해져야 한다. 사회봉사 기간과 시간은 법령에 따라 판결 또는 결정으로 정해진다.

이러한 사회봉사는 강제노역에 해당한다. 이에 따라 영국을 비롯한 유럽 국가에서는 유럽인권규약(The European Convention for Protection of Human Rights and Fundamental Freedoms) 및 국제노동규약(The International Labour Office Convention for the Suppression of Forced or Compulsory Labour)이 시설 외에서의 강제노동을 금지하고 있다는 이유 등을 들어 대상자의 동의를 전제로 한다. 그러나 우리 헌법은 "누구든지 법률에 의하지 아니하고는 체포 · 구속 · 압수 · 수색 또는 심문을 받지 아니 하며, 법률과 적법한 절차에 의하지 아니하고는 처벌 · 보안처분 또는 강제노역을 받지 아니 한다"라고 규정하여(제12조 제1항 후단) 법률에 의한 강제노역을 허용하고 있으므로, 대상자의 동의를 조건으로 하지 않는다 하더라도 문제는 없다.

한국에서는 소년법상 소년부 판사는 보호관찰을 결정할 때 16세 이상의 대상자에게 동시에 부과할 수 있다. 또 형사법원도 집행유예판결을 내릴 때 사회봉사만을 독립적으로 명령하는 경우와 집행유예기간 동안 보호관찰과 사회봉사명령을 병과할 수 있다. 사회봉사의 활동내용으로는 공공기관 업무보조, 근로봉사, 자연보호, 교통정리, 안내, 사회복지시설 봉사, 농어촌 봉사 등이 있다.

② 수강명령(Attendance Order)

우리나라에서의 수강명령제도는 1989년부터 도입되어 시행하고 있다. 처음에 이 제도는 비행청소년에 대한 선도조건부 기소유예처분의 조건으로 실시해 오던 것을 1988년 개정된 '소년법'에서 보호관찰처분을 받는

16세 이상의 소년에게 사회봉사명령과 선택적으로 수강명령을 할 수 있도록 한 후 보호관찰관이 그 집행을 맡아 왔으며, 1997년 1월 1일부터는 집행유예를 받는 성인범죄자에게도 적용할 수 있게 되었다. 그동안 소년범에 대하여 실시한 결과 수강명령제도에 대한 긍정적 평가를 내리게 되었고(한국형사정책연구원, 1995), 이를 기초로 전체 형사범에게까지 확대 실시하게 된 것이다. 소년범에 대한 수강명령의 법적 근거는 '소년법'에 있다.

수강명령은 사회봉사명령과 마찬가지로 법원이 '소년법' 적용대상자에게 보호처분으로 보호관찰을 결정할 때 병과하는 명령으로 16세 이상의 대상자에게 명할 수 있다. 형사법원도 집행유예 판결 시 수강명령만을 독립적으로 명하거나 집행유예기간 동안 보호관찰과 수강명령을 병과할 수 있다.

사회봉사명령과 수강명령 이외에도 지역사회 내 처우과정에는 판결 전 조사와 환경조사가 포함된다. 법원은 보호관찰을 조건으로 하는 형의 선고유예와 집행유예를 선고할 경우, 필요성을 느끼면 해당 법원소재지 또는 피고인의 주소지를 관할하는 보호관찰소장에게 판결 전 조사를 요구할 수 있다. 법원의 요구에 따라 해당 보호관찰소 보호관찰관은 대상피고인의 범행동기, 직업, 생활환경, 교우관계, 가족상황, 피해회복 여부 등을 조사하여 통보해야 한다. 또 가석방 혹은 가퇴원한 소년을 보호관찰자로 전환하기 위해 교도소 · 소년원의 수용시설의 장은 소년수형자의 거주예정지를 관할하는 보호관찰소장에게 신상조사서를 송부하여 환경조사를 의뢰할 수 있다.

(3) 사회 내 처우의 과제들

범법자들을 효과적으로 교정하려면, 그들을 교정가능성에 따라 분류하는 것과 함께 여성 · 노인 · 장애인 · 외국인 등 개별적 여건에 따라 적합한 교정처우와 교정 프로그램을 실시해야 한다. 오랜 기간 동안 사회로부터 격리된 생활을 한 수형자들이 사회에 나오면 전과자로 낙인이 있어 차별을 받기가 쉽기 때문에 교정시설 내에 출소자 지원협력센터를 설치하여 지역사회 내 기관들과 협력하여 출소자들을 지원하는 것도 한 방법으로 등장하고 있다. 최근에 등장하고 있는 다른 한 가지 방법은 경미한 범죄자와 모범수형자들을 위해 중간의 집을 설치하여 범법자의 사회복귀를 지원하는 것이다.

한국에서도 퇴원자 · 출소자들을 위한 중간처우의 보호와 사회복귀를 위해 갱생보호제도가 실시되고 있다. 1961년에 '갱생보호법'이 제정되었으며, 1963년에 중앙에 공법인체인 갱생보호회를 설립하고 각 도청소재지에 지부를 설립했다. 1995년에는 '보호관찰 등에 관한 법률'이 공포되면서 '갱생보호법'이 여기에 통합되었고, 한국갱생보호공단을 설립하여 보호사업을 확대해 오고 있다. 갱생보호공단에서 실시하고 있는 서비스로는 숙식제공 · 직업훈련 · 취업알선 및 기타 피보호자에 대한 자립지원 등이다. 한국갱생보호공단은 서울에 본부가 있으며, 전국의 12개 주요 도시에 생활관이 딸린 지부와 3개 출장소를 두어 갱생보호사업을 실시하고 있는데, 민간인들의 참여라는 점에서 기여한 바가 있지만 아직 체계화된 중간시설이라고 보기는 힘들다. 사회적응 전문시설로 활용하고 범죄자의 성공적인 사회재활을 위해서는 지역사회에서 지원하는 직업훈련과 상담 및 각종 서비스가 필요하므로 지역사회 서비스센터는 중간의 집, 보호관찰관, 마약 및 알코올치료센터, 수형자 가족지원 등 다양한 지역사회자원을 활용하여 범법자들이 사회에 복귀할 수 있도록 지원해야 할 것이다.

앞으로 보호관찰제도가 사회 내 처우의 핵심이자 '교정복지의 꽃'으로 지역사회에서 범죄문제의 해결에 효과를 발휘할 수 있는 이유는 다음과 같다(최옥채, 1998: 136). 첫째, 보호관찰대상자가 지역사회 안에서 자신의 생활을 지속할 수 있다. 둘째, 시설수용보다 더 적은 비용으로 재활에 필요한 서비스를 제공할 수 있다. 셋째, 사회연대원리에 기초하여 범죄인 혹은 비행청소년의 재활에 지역사회주민이 참여할 수 있다. 한 마디로 말하면 사회 내 처우로서의 보호관찰은 범죄인과 사회의 접촉빈도를 증대시킬 수 있기 때문에 범죄인의 사회복귀에 기여할 수 있을 것이다.

보호관찰제도와 함께 우리나라에서 시험해 보아야 할 사회 내 처우방

[그림 4] 천안 개방교도소

자료 : 구글 이미지 검색 (http://blog.daum.net/mojjustice/8704759)

식의 하나는 개방교도소이다. 서구에서 시행되고 있는 개방교도소도 우리나라에서는 본래의 목적대로 운영되고 있는 것이 아니라 도주의 위험이 없는 가석방예정자를 집결수용하여 가석방을 허용해 주기 이전에 2개월의 사회적응훈련을 시키는 가석방예정자 생활적응훈련기관으로 활용되고 있는데, 앞으로는 제대로 된 개방교도소의 도입이 필요하다.

6. 범죄피해자의 구조제도

행형제도의 개혁과 함께 제기된 중요한 주제 가운데 빠뜨릴 수 없는 것은 범죄피해자 구조의 문제이다. 범죄피해자란 범죄에 의해 직접 피해를 당한, 즉 법익을 침해당한 자를 말하는데 범죄피해자에 대한 보상의 역사는 이미 B.C. 2000년의 함무라비 법전에서 비롯된다. 함무라비 법전 제23조는 범죄자가 체포되지 않으면 피해자는 신 앞에서 피해에 관한 공식적인 선언을 요구받게 되고 공동체의 수장은 그 피해를 원상 회복시켜야 할 것으로 되어 있다. 또 성경은 출애굽기나 신명기에서 피해자에 대한 피해회복을 규정하고 있다. 근대에 와서 피해자에 대한 구제제도는 벤담(J. Bentham)에 의해 제기되었는데 그는 피해자의 구제가 잘 되지 않으면서 유해한 형벌만 남용되고 있음을 지적하면서, 범죄자의 갱생을 위한 제도적 보장과 더불어 피해자의 구제도 마땅히 고려되어야 한다고 주장하였다.

우리나라 헌법 제30조는 "타인의 범죄행위로 인하여 생명 · 신체에 대한 피해를 받은 국민은 법률이 정하는 바에 의하여 국가로부터 구조를 받을 수 있다."고 규정하여 국가가 형벌권을 독점하는 한편, 다른 한편으로 국가가 범죄로부터 보호받지 못한 개인시민이 국가에 대해 피해구조를 청구할 수 있는 권리를 규정하고 있다. 그러나 국가의 형벌권이 절대적인 권리인 데 반해, 범죄로부터 시민을 보호해 주어야 할 국가의 의무와 개별 시민이 범죄피해 발생 시 국가를 상대로 구조를 청구할 수 있는 권리는 "국가로부터 구조를 받을 수 있다."고 하여 소극적으로 규정하고 있다.

'범죄피해로부터 보호받을 수 있는 권리'가 우리나라에서 개인시민이 국가에 대해 요구할 수 있는 기본적 인권의 하나로 헌법에 보장된 것은 1987년 6월 항쟁 후 아홉 번째로 헌법이 개정됨으로써 가능해진 일이다. 헌법개정을 통해 범죄피해를 구제할 국가의 의무와 공판정에서의 피해자 진술권이 규정되자 1987년 11월 28일 하위법률로써 '범죄피해자 구조법'이 제정되었고, 이후 1990년, 2005년 두 차례의 개정을 통해 범죄피해구조가 더 발전하였다. 2005년 12월 23일에는 '범죄피해자 구조법'과 별도로 '범죄피해자 보호법'이 제정되어 더욱 광범위한 피해구조를 위한 지원체계를 마련하게 되었다. '범죄피해자 보호법' 제정에 따라 2006년에는 전국 검찰청 산하에 55개의 범죄피해자 지원센터가 설립되었다. '범죄피해자 보호법'은 2010년 5월 14일 전부개정을 통해 '범죄피해자 구조법'의 내용을 통합하였고, 이와 동시에 '범죄피해자 구조법'은 폐지되었다.

현행 '범죄피해자 보호법'은 범죄피해자의 인간존엄성 보장, 범죄피해자의 명예와 사생활 보호, 범죄피해자가 각종 법적 절차에 참여할 권리 등, 세 가지의 권리보장을 기본이념으로 하고 있다('범죄피해자 보호법' 제2조). 이 법률은 범죄피해자를 보호하고 지원해야 할 국가의 책무와 지방자치단체의 책무에 대해 규정하고 있다. 이 법률에 의해 국가는 범죄피해에 대해 일정정도의 구조금을 지급하고 있고, 법무부 장관 산하에 〈범죄피해자 보호위원회〉를 두어 범죄피해자 보호 및 지원에 관한 기본계획과 주요 사항을 심의하고 있다. 또, 법무부는 범죄피해자를 지원하기 위해 법무부 산하에 〈범죄피해자 구조심의회〉 본부를, 각 지방검찰청에 그 지부를 두어 범죄피해자를 지원하고 있으며, 다른 한편으로 비영리 공익법인으로 법무부에 등록하여 활동하고 있는 범죄피해자 지원센터에 보조금을 지급하고 있다.

뿐만 아니라 이 법률에 의해 우리나라는 범죄에 대한 처벌보다는 실질적인 피해구제를 위해 형사조정제도를 운영하고 있다. '범죄피해자 보호법'에 따라 검사는 범죄피해자가 입은 피해를 실질적으로 회복하는 데 필요하다고 인정하면 당사자의 신청 또는 직권으로 수사 중인 형사사건을 형사조정위원회에 회부하여 피의자와 범죄피해자 사이에 조정을 시도할 수도 있다('범죄피해자 보호법' 제41조에서 제45조까지 참조). 민사분쟁과 성격이 다른 범죄행위에 대해 처벌이 아니라 피해구제를 조정이라는 방식으로 해결하는 데 대한 비판이 있는 가운데도 형사조정제도는 범죄피해의 실질적인 구제에 기능하는 바가 있다는 점 때문에 상대적으로 가벼운 범죄의 피해구제에 광범위하게 활용되고 있는 추세이다.

7. 사형제의 존폐를 둘러싼 논쟁

형벌이 범죄에 대해 갖는 제지효과(deterrent effect)는 법사회학에서 중요한 논쟁거리 중 하나이다. 형벌의 제지효과에 대해서는 사형제를 반대했던 베카리아(Cesare Beccaria)에게 거슬러 올라갈 수 있으나, 이에 대해 본격적으로 논의가 이루어진 것은 1950년대 이후의 일이다.

지금까지 이루어진 사형제에 관한 논의들을 정리하자면 사형제 폐지이유들은 다음과 같다. ① 국가가 형벌권을 위임받았다고 하나 생명권 박탈은 불가하다. ② 범죄인의 모든 이익박탈을 의미하는 사형은 존엄과 가치를 인정하는 자유사회에서 허용불가하다. ③ 헌법상의 절대적 기본권인 생명권의 본질적 내용을 침해해서는 안 된다. ④ 오판가능성이 있다. ⑤ 범죄예방 효과가 그다지 없다. ⑥ 형벌의 목적인 교화 및 재사회화의 목적을 포기하는 것이다. ⑦ 정치적 악용가능성이 있다.[7]

7) 이승준, "사형폐지와 '새로운' 상대적 종신형의 채택," 『법학연구』 17, 2007, pp.127-128.

이상의 7개의 항목은 대부분의 사형제 폐지론자들이 제시해 온 논거들을 종합한 것이다.[8] 그러나 이에 대한 반론도 만만치 않은데 반론들은 다음과 같이 요약해 볼 수 있다. ① 반인륜적 잔혹한 범죄를 저지른 자에 대해서까지 국가가 생명권을 보장해 줄 수는 없다. 생명권은 불가침한 것이 아니다.[9] ② 모든 이익을 박탈할 만한 범죄가 있을 수 있다. 또 우리가 어떤 의미의 존엄과 가치를 말하는지 분명히 해야 한다. ③ 생명권 박탈은 합헌이다. ④ 범죄의 확증성을 포함하여 사형언도에 요구되는 조건을 명문화해 놓음으로써 오판을 막을 수 있다. ⑤ 범죄예방효과는 결정적으로 입증되지 않았을지라도 부정하기 어렵다. 더 나아가서 형벌을 예방적 관점에서만 보는 것은 범죄인의 인격을 수단시하는 것이다. ⑥ 형벌의 정당성은 교화와 재사회화보다도 응보에서 찾아져야 한다. ⑦ 정치적 악용을 금지하는 보완적 입법에 의해서 악용가능성을 차단할 수 있다.[10] 그러나 이러한 논의들은 윤리학적 측면을 간과한 채 이루어진 것들이다.

인권의 가치가 지배적인 담론인 21세기에 들어서서 사형제 존치를 주장하는 사람은 아주 드물지만, 사형제 폐지가 지배담론인 가운데서도 아직도 많은 국가들에서 사형이 완전히 폐지되지 못하고 있다. 이는 인권의 가치를 경시해서가 아니라, 정의를 통치의 정당성의 이념으로 내세우는 현대 국가가 다른 사람의 생명권을 침해한 사람의 인간존엄을 윤리적 차원에서

8) 그밖에 다른 이유들이 열거되고 있지만 통상 논의되는 핵심 이유들은 여기에 제시된 것들이다. 유사한 이유들에 대한 제시와 논의에 대해서는 다음 연구들을 참조. 허주욱, "사형제도의 존치론과 폐지론," 『강원법학』, 제20호, 2005, p.247; 김천수, "사형제도에 대한 법학적 접근," 『철학논총』, 제26호, 2001, pp.309-310; 윤종행, "사형제도와 인간의 존엄성," 『법학연구』, 13, 2003, pp.89-90.

9) 김상겸, "생명권과 사형제도," 『헌법학연구』, 제10권 2호, 2004, p.250.

10) 사실 사형반대론의 이유인 오판가능성과 정치적 악용가능성은 사형찬성론을 내포하고 있는 모순적인 이유이다. 오판과 악용 가능성만 제거된다면 좋다는 의미이기도 하기 때문이다. 또 사형존치론자들은 오판가능성과 정치적 악용가능성이라는 부작용을 우려하여 사형제도를 폐지하는 것은 "구더기 무서워서 장 못 담근다"는 속담처럼 본말을 전도시키는 것이라고 주장할 수 있다. 구더기를 못 생기게 하는 방법으로 장을 담글 수 있는 것처럼, 오판가능성과 악용가능성을 배제하는 방법으로 사형제도를 존치시킬 수 있기 때문이다.

어떻게 옹호할 것인가 하는 문제를 해결하지 못했기 때문이다. 범죄자의 생명권을 옹호하는 사형폐지론자가 넘어야 할 가장 높은 산은 보편적인 도덕관념인 황금률을 극복하는 것이다. 사형폐지에 대한 반론들 중에서 응보주의 형벌론(retributive punishment)은 사회학적, 윤리학의 관점에서 보면 원시적이고 비문명적인 보복이 아니라 일종의 정의론으로서 보편적 도덕률을 표현하고 있기 때문이다.[11]

"죄를 범한 자는 범죄에 상응하는 형벌을 받아야 하며 형벌은 그 자체로 정당하다"고 말하는 응보주의 형벌론은 인류역사 이래 공기와도 같이 통용되어 온 보편도덕률을 반영한다. 그것은 '행한 대로 되받는다' 는 윤리학의 응보의 원리(the Principle of Desert)를 범죄처벌의 특수한 경우에 적용한 것이며, 보편도덕률로서의 황금률을 적용한 것이다.

주지하다시피 보편도덕률이자 기본도덕률로서의 황금률은 문화에 따라 다양하게 표현되어 왔다. '착한 행위에는 상이 따르고 악한 행위에는 벌이 따른다(善因善果 惡因惡果)' 라는 보편 술어, '네가 대접받고 싶은 대로 대접해 주라(Treat others as you want others to do for you)' 는 기독교식 표현, '자신이 원치 않는 바를 남에게 베풀지 말라(己所不欲 勿施於人)' 는 유교식 표현, '네가 지은 대로 되받는다(自業自得)' 는 불교식 표현 등이 그것이다. 이러한 황금률의 입장에서 '죄지은 이는 그에 합당하는 죗값을 반드시 받아야 한다' 고 말할 때, 우리는 응보주의 윤리를 염두에 두고 있는 것이다. 예컨대 사람들이 강호순이나 유영철과 같은 극악·잔혹한 범죄자에 대해서 극형으로 처벌해야 한다고 말할 때, 이들은 윤리적 측면에서 황금률을 적용하여 응보주의 형벌을 떠올리는 것이다.

칸트(I. Kant)와 헤겔(G.W.F. Hegel)과 같은 윤리학자들은 생명권 박탈

11) 응보주의 형벌론은 철학과 윤리학에서 오랜 역사를 가지고 있다. 주류 철학자들인 고대의 아리스토텔레스(Aristoteles), 근대의 칸트(Kant)와 헤겔(Hegel) 등은 응보주의 형벌론의 입장을 대변하고 있으며, 이들은 살인범죄에 대해서도 응보주의 입장에서 사형이 마땅하다고 본다.

의 범죄가 있을 수 있으며, 진정한 존엄과 가치는 오히려 사형에 의해서 달성된다고 본다.[12] 이들에 의하면 예방, 혹은 교화와 재사회화를 목적으로 하는 형벌은 범죄자를 수단시하기 때문에 잘못된 것이라고 본다. 이들은 공리주의적 입장에서 형벌의 유용성을 강조하고 형벌의 목적을 예방이나 교화 · 재사회화에 두는 것은 인간을 수단시하는 것이며 정의롭지 못한 것이라고 본다. 사형만이 범죄자를 목적적 존재로 대우해 주고 그의 존엄을 지켜주는 것이라고 본다. 따라서 칸트와 헤겔에게서는 살인을 저지른 범죄자들에게 사형은 인간존엄을 구현하는 형벌이다. 이들의 논의는 인간존엄의 의미에 대해 철학적 · 윤리적 · 사회학적 성찰을 제공해 준다.

"죄를 범한 자는 범죄에 상응하는 형벌을 받아야 하며 형벌은 그 자체로 정당하다"는 응보주의 형벌론은 윤리학의 관점에서 보면 오랜 역사를 가진 보편적 도덕률을 대변한다. 형사정책의 관점과는 달리 그것은 단순히 비이성적인 보복을 의미하는 것이 아니다. 그것은 '대접받고 싶은 대로 행위하라'(타인을 대하는 방식대로 되받는다)는 상식의 보편도덕률 · 황금률의 표현이다. 무고한 약자를 극악 · 잔혹하게 죽인 살인범, 그것도 여러 명을 죽인 살인범에 대해서는 사형(만)이 마땅하다고 생각하는 것은 이러한 보편도덕률의 적용이다. 규범적인 측면에서 보편적인 도덕률을 부정할 수 있는 사회란 존재하기 힘들기 때문에 사형폐지론자가 넘어야 할 가장 높은 산은 바로 이 응보주의 형벌론—보다 정확히 말하면 이 응보주의 형벌론에 내재된 사회의 보편규범, 즉 보편도덕률(황금률)—인 것이다. 칸트와 헤겔은 응보주의 형벌론의 입장에서 살인이라는 예외적 범죄에 대한 형벌로서 사형의 불가피성을 주장했다. 그들은 "인간존엄을 구현하기 위해서는 살인범에 대한 사형이 꼭 필요하다"고 본다.

살인범죄의 피해자의 관점에서도 사형제 폐지에 대한 답은 간단하지

12) 이에 대해서는 안진, "살인범죄자에 대한 인간존엄의 실현방법으로서의 사형 : 사형에 대한 윤리학적 성찰,"『법학논총』, 제29집 2호, pp.389-414 참조.

않다. 법적인 측면에서 보면, 다른 모든 범죄와 달리 살인범죄의 경우에는 피해자라는 용어는 모순적이고 부적절하다. 왜냐하면 실정법 체계 안에서는 사망과 함께 살해된 인간은 권리의 주체로서 존재할 수 없기 때문이다. 사망한 피해자는 사법과정 안에 존재할 수 없기 때문에 모든 사법체계는 실제로 살아남은 가해자인 살인범을 어떻게 적법하게 다룰 것인가, 살인범의 권리를 어떻게 더 잘 보장해 줄 것인가에 초점을 맞추고 있을 뿐이다. 실제로 대부분의 살인피해자의 유족들이 살인범의 처벌을 결정하는 재판과정에서 더욱 분노하고 좌절하는 것은 사법과정 속에는 살해된 피해자의 권리, 그것도 가장 본질적인 인간의 권리인 생명권이 고려조차 되지 않는다는 사실이다. 형사재판이라는 국가형벌체계의 담론 속에서 살인피해자와 그 유족들은 그야말로 '비존재' 로서 범죄자에 대한 처벌과 범죄피해에 대한 보상의 결정에서도 완전히 배제되어 있다. 살인범죄의 경우 범죄에 대한 처벌이나 피해에 대한 보상이 다른 범죄와 달리 예외적으로 취급되어야 하는 것은 바로 생존한 인간의 권리를 전제로 하는 형사사법체계의 한계, 피해자의 비존재성 때문이다.

사회윤리적 · 사회학적 관점에서 보면 황금률과 같은 보편 도덕의식에서 나온 응보주의 형벌론을 완전히 폐기하는 것은 결코 쉬운 일이 아니다. 그것은 원규(Mores)와도 비슷한 보편적 도덕의식의 붕괴를 의미하고 인류공동체를 유지시키는 보편적 규범의 붕괴를 의미하기 때문이다. 무엇보다도 인간으로서 가장 근본적인 인격성의 부정을 의미하기 때문이다. 사형제존폐문제는 법적 측면에서만 접근해서는 안 되며 소수의 극악 · 잔혹한 범죄에 대해서 '보편적 도덕률을 충족시키는 형벌을 찾아가는 방식' 으로 접근해야 할 것이다. 사형에 대한 논의가 총체적으로 이루어지려면 윤리학적인 측면에 대한 성찰과 함께 보편적인 규범의 유지라는 형벌의 사회적 목적이 고려되어야 할 것이다. 추상적인 생명권을 내세워 무조건적으로 사형제폐지를 주장하기보다는 살인피해자의 구체적인 생명권의 관점에서 보편

도덕률을 만족시키는 사형의 대체형벌을 모색하는 것이 사형제 존폐논의의 실질적인 전략일 수 있을 것이다.

형사정책학이나 법학에서 말하는 응보주의 형벌론은 윤리학의 관점에서 보면 보편도덕률 · 황금률의 적용이다. 그것은 인류가 유사 이래 공유해 온 기본적인 도덕의식이다. 극악 · 잔혹한 살인범에 대하여 사람들이 도덕적 공분(公憤)을 일으켜 사형만이 마땅하다고 말하는 것을 사형폐지론자들은 종종 일시적 감정이라고 폄하하지만, 사실 그것은 일시적 기분에 의한 것이 아니다. 그것은 우리 안에 내재하고 있는 '타인을 대한 대로 되받는다' 는 보편도덕률에 근거한 의분(義憤) 혹은 보편적인 도덕적 분노(moral indignation)이다. 예컨대 신체적 · 사회적으로 무력하고 무고한 사람만을 선택하여 21명이나 극악 · 잔혹하게 살해 · 유기한 살인범에 대한 사형요구는 일시적 감정표출이 아니다. 보편도덕률의 발로이다. 칸트가 말한 것처럼, 존엄한 인간의 마음속에 보편적 도덕률이 '하늘에 반짝이는 별처럼' 살아있는 한, 또 아무 이유 없이 사람을 살해한 범죄가 존재하는 한, 사형이라는 형벌은 폐기되기 어려울 것이다. 이 때문에 오·남용을 줄이고 인간적 집행방법을 모색해 오면서 사형제는 오늘날까지 살아남았는지도 모른다.

과연 응보주의 형벌은 교정, 교화와 무관하며 범죄자의 '인간존엄' 과 배치되는 것일까? 사형존폐논쟁의 본질은 '인간존엄' 의 의미에 대한 물음일 것이다. 사형존폐에 대한 논의가 마무리될수 없는 또 다른 이유는 여기에 있다.

인간존엄의 진정한 의미는 무엇일까? 칸트와 헤겔에 의하면 무조건 생명을 보존하는 것만이 인간존엄을 존중해 주는 것은 아니라고 한다. 살인범의 경우에 그의 존엄을 지켜주는 (유일한) 방법은 그의 생명을 보전해 주는 것이 아니라, 그의 생명을 박탈함으로써 살인행위에 내재된 그의 자율을 존중해 주는 것이라고 한다. 살인범의 진정한 존엄은 목숨보전에서가 아니라 자율, 이성, 의지, 도덕성, 인격성 등의 존중에서 찾아져야 한다고 말한다.

인간존엄의 진정한 의미는 칸트나 헤겔 같은 철학자들이 말했던 바와 같이 목숨에서가 아니라 도덕성 · 정신성에서 찾아져야 하는지도 모른다. 사실 인간은 비굴하게 사느니 차라리 죽음을 선택하는 존재이다. 불명예나 수치스러움 앞에서 자결을 선택하는 존재이다. 그러나 인간으로서의 도덕성 · 정신성을 상실한 사람, 곧 비굴하고 비천한 사람은 목숨만을 생각한다.[13] 칸트와 헤겔의 입장에서 보면 극악 · 잔혹한 살인범은 자신의 살인행위에 대하여 인정하고 당당히 사형을 받음으로써 존엄을 회복할 수 있다. 칸트나 헤겔에게 있어 사형은 살인범에게는 그의 인간존엄을 구현해 주는 형벌이다. 사형 자체가 범죄자의 인격성을 존중하는 것이므로 그 절차와 방식은 공적으로 적법절차에 의해 집행되어야 한다는 것이다. 살인행위에 내포된 자율을 존중하기 위해(또 그에 대한 책임을 묻기 위해), 살인범의 인간존엄을 구현하기 위해, 사형은 공적으로 적법절차에 의해 집행되어야 한다는 것이다.

인간존엄과 관련하여 그 의미를 자율(이성, 도덕성, 인격성)과 생명존중에서 찾는다는 점에서 칸트와 헤겔도 사형폐지론을 주장하는 법학자들과 의견을 같이한다. 그러나 살인범의 사형과 관련하여 인간존엄의 가치를 숙고할 때, 칸트와 헤겔은 다른 답변을 내놓는다. 법학의 관점에서 사형폐지론자들은 사형폐지의 이유를 사형이 범죄자의 (자율권과) 생명권을 침해하기 때문이라고 주장하는 데 반해, 칸트와 헤겔은 사형만이 살인범의 자율 · 인격성을 존중한다고 보고 사형의 필연성을 주장한다. 사형폐지론자는 사형이 인간존엄을 훼손한다고 보지만, 칸트와 헤겔은 사형이 오히려 인간존엄을 구현한다고 보는 것이다.

---

13) 예컨대 아동을 강간 · 살해한 살인범(정OO)이 목숨을 부지하기 위해서 사형이 위헌이라고 심판을 신청한 것과 같은 경우는 자신이 더욱 비천한 인간 이하의 존재가 되는 것이다. 신청은 법률적으로는 그의 권리이겠지만 철학적 · 윤리적으로는 자신의 존엄을 완전히 포기한 비천한 행위일 뿐이다.

이러한 까닭에 사형폐지론의 선구자로서 과도한 형벌이 범람하던 근대 사회의 형성기에 사형의 오·남용을 막는 데 기여했던 베카리아(C. Beccaria) 조차도 사형제도를 유지시킬 수밖에 없는 예외적인 경우를 인정했다. 베카리아는 "사형제도의 존속은 절대적 필요가 있을 경우에만"이라고 표현하여 사형의 사용을 제한했다. 그가 말한 사형이 절대적으로 필요한 예외적인 경우란 ⅰ) 그 사람의 존재 자체가 국가안전을 위협할 때, 그리고 ⅱ) 그 사람의 죽음이 타인들의 범죄를 억제하는 유일한 방법일 경우의 두 가지를 말한다(베카리아, 2006: 112-113). 1996년 우리나라 헌법재판소의 결정은 예외적인 경우에 사형을 인정하고 있다.[14] 1976년 미국 연방대법원이 그 이전의 위헌판결을 뒤집어[15] 가장 극단적 범죄(the most extreme crimes)에 대해서는 사형이라는 극단적 제재(an extreme sanction)가 적합하다고 판결한 것도 극악한 방법으로 타인의 생명권을 침해한 경우 일반적인 도덕감정에 부합하는 사형을 인정할 수밖에 없다는 것을 말해 준다.[16]

8. 한국의 사법체계와 범죄통제

한국에서 범죄통제와 관련된 법으로는 형법, 형사소송법, 사회보호법, 보호관찰 등에 관한 법률, 소년법, 소년원법, 기타 특별법 등이 있다. 형법은 범죄통제를 위한 가장 핵심적인 법으로 어떤 행위가 범죄인가를 규정할 뿐만 아니라 범죄에 대한 형벌을 규정하고 있다. '사회보호법'은 재범의 위험성이 있고 특수한 교육과 개선 및 치료가 필요한 범법자에 대해 '보호처분'을 함으로써 사회복귀를 돕고 사회를 보호함을 목적으로 한다. '보호

14) 헌법재판소 전원재판부 1996.11.28. 선고 95헌바1.
15) 김도현, "헌법재판소의 사형제 결정과 사회과학적 논증," 『법과 사회』, 제41호, 2011 참조.
16) 안진, "로크의 사형론과 형사정책적 함의," 『법과 정책연구』, 제10집 1호, 2010 참조.

관찰 등에 관한 법률' 은 사회 내 처우가 필요한 범법자에 대해서 재범을 방지하고 사회재활을 지원하기 위한 것이다. 이 밖에도 범죄피해자를 구제하는 '범죄피해자 보호법' 이 있다.

우리나라의 형사사법절차는 크게 검거 · 수사단계(경찰, 수사 후 사건송치), 공소단계(검찰, 피의자의 기소), 재판단계(법원, 피고인의 형 확정), 형집행(교도소 · 감호소 · 소년원) 등으로 이루어진다. 법원에서 공판절차에 의하여 유죄가 있을 경우에 부과되는 형벌은 자유형으로서 사형 · 무기징역 · 무기금고 · 유기징역 · 유기금고 등이 있고, 자격형으로서 자격상실 · 자격정지가 있으며, 재산형으로서 벌금 · 과료 등이 있다. 검찰단계에서는 행위가 가벼운 경우는 기소유예를 취할 수 있고, 법원단계에서는 1년 이하의 징역이나 금고 · 자격정지 혹은 벌금형의 경우에 선고를 유예할 수 있으며, 3년 이하의 징역이나 금고형을 선고할 경우에는 1년 이상 5년 이하의 기간 동안 형의 집행을 유예할 수 있다. 선고유예는 범행이 가벼운 범법자에 대해서 일정한 기간 동안 형의 선고를 유예하고, 그 유예기간이 경과한 때에는 면소된 것으로 간주하는 제도이다. 집행유예는 형을 선고할 때 일정한 기간 동안 형의 집행을 유예하고, 그 유예기간을 경과한 때에는 형의 선고의 효력을 잃는 것을 말한다. 이 두 가지 처벌은 국가형벌권에 의한 공식적인 처벌과 구금형으로 인한 부작용을 막고, 범법자로 하여금 형의 집행을 받지 않고도 사회에 쉽게 복귀할 수 있도록 하기 위한 것이다. 사회 정책적 개입방법인 사회 내 처우는 우리나라에서 특히 선고유예 · 집행유예 · 가석방의 경우에 활용된다.

형의 집행을 유예하는 경우에는 보호관찰처분을 내리거나 사회봉사 또는 수강명령을 내릴 수 있다. 보호관찰(probation)이란 범법자의 재범을 방지하고 사회복귀를 용이하게 하기 위해 교정시설에 수용하지 않은 상태에서 보호관찰관과 지역사회가 협력하여 자유상태에 있는 범법자를 지도 · 감독하는 제도를 말한다. 사회봉사명령(community service order)은 유죄가 판정되어 자유형을 선고해야 할 범죄자나 비행청소년에 대하여 일정한 기간 동안 무보수로 사회봉사노동에 종사하도록 하는 제도로 21세기에 사회내 처우에서 중요한 위치를 차지할 것으로 예측된다. 이 처우는 범죄인이 사회봉사행위를 통해 교화될 뿐만 아니라 자신의 범죄로 인하여 사회에 끼친 해를 배상한다는 두 가지 의의를 갖는다. 수강명령(attendance order)이란 경미한 범죄행위를 한 범법자들에 대해 심성을 개발하고 올바른 가치관을 가질 수 있도록 일정한 기간 동안 수강센터에 출석하여 강의 · 훈련 · 상담 등을 받도록 하는 처분이다.

9. 범죄문제의 해결, 사회통제의 과제에 대한 법사회학적 전망

사회통제의 유형 가운데서도 공식적 통제는 비공식적 규범과 제재가 약화된 현대사회에서 중요성이 더해 가고 있지만 앞에서 살펴보았듯이 원래 의도했던 통제의 목적을 실현하는 데에도 효과가 없을 뿐만 아니라 여러 가지 문제점을 가지고 있다. 위에서 지적한 바와 같은 감옥제도에 대한 전망 외에도 사회통제의 쟁점들을 간추려 보면 아래와 같다.

첫째, 일탈자들에 대한 통제가 불공평하고 편파적이라는 점이다. 특히 권력층의 범죄에 대해서는 정치적인 목적에 따라 통제가 좌우되는 경향이 많고 공정한 법집행이 제대로 이루어지지 못하고 있다.

둘째, 형벌권을 독점한 국가통제기구의 불법적 권력행사와 권력남용의 가능성이다. 서구사회에서도 경찰의 부패와 권력남용은 널리 알려져 있으며 우리 사회에서도 마찬가지이다. 비민주적인 권위주의 사회체제에서는 공권력에 의한 불법적 통제가 만연되기 쉽다. 제도화된 국가폭력기구의 범죄, 공권력의 범죄는 민주적 통제장치 없이는 언제든지 흉포한 괴물로 변할 수 있고 개인적인 범죄와는 비교할 수 없을 정도로 큰 피해를 가져올 수 있다. 제3세계의 권위주의 국가들에서 볼 수 있듯이 형벌권과 폭력을 독점한 국가기구가 권력을 장악한 집단의 권력유지의 수단으로 악용될 가능성은 근대국가 내에 상존하고 있다. 국가의 불법과잉통제를 막기 위하여 "통제자를 누가 어떻게 통제할 것인가?"는 중요한 문제로 남는다. 민주적 정치체제라 할지라도 형사사법체제의 특성들이 통제권력의 자의적 사용과 권력남용을 야기할 수도 있다. 예컨대, 기소독점주의와 기소편의주의를 검찰권 행사의 원칙으로 하고 있는 한국과 같은 사회에서는 권력남용의 여지가 더욱 크다.

셋째, 교정시설이 범죄에 대한 재사회화 기능을 한 데서 볼 수 있듯이 통제 자체가 일탈의 양과 정도를 확대시킬 수도 있다. 대부분의 감옥이 범죄자의 교정과 사회복귀라고 하는 목적을 제대로 수행하고 있지 못하며 출소자들의 1/3 정도가 재범을 저지르고 있는 것이 현실이다. 감옥을 개혁하고 지역사회 내 처우가 발전되고 있지만 범죄율은 줄어들지 않고 있으며 이러한 시도들이 정상적인 사회복귀라는 목적을 효과적으로 달성할 수 있을 것인가는 여전히 의문이다. 범죄자들에 대한 통제패러다임을 처벌모델에서 교정모델 혹은 치료모델로 전환한 것이 과연 사회통합과 정의실현에 부합한 것인가 또한 의문으로 제기된다. 처벌 없는 교정복지 차원의 프로그램들이 범죄자로 하여금 정상적 사회복귀와 교정에 필수불가결한 윤리적 반성과 규범적 책임성을 회복할 수 있게 해 줄 것인가도 의문으로 남는다.

넷째, 규범적 정당화와 민주적 절차를 거치지 않은 법의 제정과 집행으로 인해 사회통제가 장기적인 관점에서 바람직한 사회변동에의 통로를 막는 경우가 많다.

감옥제도의 등장과 사회적 기능이 개혁가들의 구상과 의도만으로 이해될 수 없듯이 어떤 형벌제도 혹은 사회통제제도도 그것이 자리 잡고 있는 사회체제와 따로 떼어내어 생각할 수 없다. 감옥을 대체할 새로운 형벌제도 혹은 공식적 사회통제방법의 구상은 새로운 사회의 전체적인 미래상 속에서 이루어져야 할 것이다. 이와 함께 어떤 사회체제의 어떤 형벌제도도 인간의 윤리의식의 변화를 가져올 교육적 측면을 배제하고는 성공을 거둘 수 없다는 점이 지적되어야 할 것이다.

생각거리

1. 감옥의 실패에도 불구하고 200여 년 넘게 감옥제도가 사라지지 않는 이유는 무엇인가?
2. 범죄예방의 의무와 형벌권을 위임받은 국가에 대해 범죄로 인해 피해를 입은 시민은 어떻게 처벌에 관여할 수 있으며 피해를 보상받을 수 있는가? 근대국가의 형사사법제도와 절차와 관련하여 토론해 보자.
3. 흉악범이나 연쇄살인범에 대한 처벌로서 사형이 아닌 어떤 형벌이 윤리적 황금률이나 사법적 정의를 충족시킬 수 있는가를 유영철의 경우를 들어 토론해 보자. 사형이 필요한 '예외적 경우'란 무엇을 말하는지에 대하여 토론해 보자.

제 9 장

법과 사회변동

|홍성수|

1. 법과 사회변동의 의의

'법과 사회변동(law and social change)'은 법사회학의 고전적인 주제 중 하나이다.[1] 그 세부주제로 법과 사회변동의 상호관계, 즉 사회의 법에 대한 영향과 법의 사회에 대한 영향, 그리고 그 조건과 한계 등이 논의되는데, 본 장에서는 주로 법과 사회운동에 관련된 쟁점들을 짚어보게 될 것이다.

민주적 법치국가가 본 궤도에 오르게 되면 사회운동은 주로 법과 제도의 개선에 관심을 갖게 된다. 민주적 법치국가에서 공동체의 합의는 '법'을 통해 강제력을 부여받기 때문에, 법을 바꾸는 것이야말로 세상을 원하는 방향으로 변화시킬 수 있는 가장 효과적인 방법이다. 한국의 경우에도 민주화 이후 법을 도구로 한 사회운동이 활성화되기 시작했다. 민주화에 따라 시민이 직접 정치에 영향을 미칠 수 있는 가능성이 커졌고, 제도적인 틀 내에서의 합법적인 운동방식, 예컨대 법을 제정하거나 개정하는 것, 또는 조직적이고 전략적으로 소송을 제기하는 방식이 유의미해졌기 때문이며, 사법부와 검찰의 독립성 강화, 변호사의 사회참여 확대, 시민들의 권리의식 향상 등도 그 배경이 되었다.[2] 이렇게 사회운동이 법을 활용하는 것을 "사회운동의 법동원(legal mobilization)"[3] 또는 "법과 제도의 운동화"[4]라고 부르며, 주로 "법과 사회운동(law and social movements)"[5]이라는 표

---

1) 양건, 『법사회학』, 아르케, 2000, p.309 이하; D.J. Galligan, *Law in Modern Society*, Oxford: Oxford University Press, 2007, pp.331~353; J.N. Drobak, "Social Change and Law," in D.S. Calrk(ed.), *Encyclopedia of Law & Society*, California: Sage Publications, 2007, pp.1379-1384 참조.

2) 황승흠, "공익인권소송의 역사와 쟁점," 한인섭 · 이석태 편, 『한국의 공익인권소송』, 경인문화사, 2010, p.40.

3) 홍일표, "민주화 이후 한국 사회운동과 법의 동원: 운동 레퍼토리로서 '소송'의 가능성과 한계," 『시민사회와 NGO』, 6-2, 2008, pp.33-65.

4) 홍일표, "참여연대 운동 방식의 구성과 변화(5장)," 홍성태 편, 『참여와 연대로 연 민주주의의 새 지평: 참여연대 창설 10주년 기념 논문집』, 아르케, 2004, p.114.

5) M. McCann(ed), *Law and Social Movements*, Aldershot: Ashgate, 2006; M. McCann,

제하에 연구가 진행되어 왔다.[6]

사회운동이 법을 동원하는 방식은 크게 두 가지로 나눌 수 있다. 하나는 '입법을 통한 사회변동전략'이고, 다른 하나는 '소송을 통한 사회변동전략'이다. 전자는 법률의 제정 · 개정 · 폐지를 통해 사회를 변화시키려는 전략으로서 '입법운동'이라고 표현해도 무방할 것이며, 후자는 소송을 제기하여 재판을 통해 사회변화를 모색하는 것으로서 '소송운동'이라고 부를 수 있을 것이다. 아래에서는 입법운동과 소송운동에 관한 일반적인 유용성과 한계를 한국의 여러 사례들을 통해 검토해 보려고 한다.

2. 입법을 통한 사회변동전략과 입법운동

1) 입법운동의 의의와 역사

입법운동은 사회운동의 사회변동전략 중 하나로서 법을 제정하거나 개정 또는 폐지함으로써 사회변화를 이끌어내는 운동방식이다. 구체적으로는 입법청원, 대국회 로비, 공청회 등을 통한 의견개진, 입법에 간접적인 영향을 미치는 집회 · 시위, 의정모니터, 주민투표, 주민소환 등의 활동을 포함한다.[7] 한국사회에서 입법운동이 사회운동의 사회변동전략으로 자리

"Law and Social Movements," in A. Sarat(ed.), *The Blackwell Companion to Law and Society*, Oxford: Blackwell, 2004, pp.506~522; A. Sarat(ed.), *Studies in Law, Politics, and Society, Vol. 54: Special Issue Social Movements/Legal Possibilities*, Bingley: Emerald, 2011 참조.

6) 사회변동도구로서의 법에 대한 일반적 논의는 R. Cotterrell, 김광수 외 역, 『법사회학』, 터, 1992, P.66 이하; W. Evan, "Law as an Instrument of Social Change," in W. Evan(ed.), *The Sociology of Law: A Social-Structural Perspective*, New York: Free Press, 1980 참조.

7) 김기식, "입법운동의 조건 및 성과와 과제," 박은정 편저, 『NGOs와 법의 지배』, 박영사, 2005, p.177(주 1) 참조.

잡게 된 것은 민주화 이후이다. 그 이전에는 사회운동이 합법적인 수단을 통해서 정치적 영향력을 확보하는 것이 사실상 어려웠고, 따라서 입법을 통한 사회변동전략에도 무관심할 수밖에 없었다. 하지만 민주화 이후 정상적인 민주적 법치국가가 자리를 잡은 이후에는 입법절차에 시민들이 직접 참여할 수 있는 다양한 방법이 제도화되었고 현실적으로 입법에 영향력을 행사하는 운동이 유의미해졌다. 법이야말로 세상을 효과적으로 변화시킬 수 있는 가장 중요한 수단으로 간주되었고, 법을 제정하거나 개정하는 과정에 참여하거나 영향을 미치는 것은 사회운동의 가장 주요한 운동방법으로 자리매김되기 시작한 것이다.

1989년 창립된 한국의 대표적인 시민단체인 경제정의실천연합(이하 경실련)은 창립 초기부터 부동산시장을 안정화시키고 투기를 막기 위한 방법으로 토지공개념 관련 입법에 관심을 갖기 시작하여, 이후에도 경제개혁이나 정치개혁을 위해서 금융관련법이나 선거관계법을 개정하는 일에 힘을 쏟았다.[8] 1993년에는 김영삼 정부 초기에 "법률개폐를 위한 제도화의 방식"에 집중하는 것이 필요하다는 판단하에 '시민입법운동'을 주요 사업으로 선정하고, '시민입법위원회'를 출범시켜 본격적인 입법운동을 전개했다.[9] 1994년 설립된 참여연대 역시 입법운동을 활발하게 해 왔다. 권력감시를 핵심과제로 설정한 참여연대는 그 산하기구인 의정감시센터가 의정활동평가와 함께 시민입법운동을 담당했고, 이후에는 사회복지특별위원회를 비롯한 여러 산하기구들이 각자의 이슈를 입법화하는 방식을 발전시켜 나갔으며, 2000년에는 공익법운동을 전담하는 공익법센터를 설립하기에 이르렀다.[10] 2000년대 이후에는 입법운동을 운동방식으로 활용하는 것이

---

8) 경실련의 입법운동에 대해서는 최홍엽, "시민입법운동 1년을 돌이켜보며,"『법과사회』, 제9호, 1994, pp.79-97 참조.

9) 같은 글, pp.81-82.

10) 이동윤, "국회의 입법과정과 시민단체의 역할: 참여연대의 활동을 중심으로,"『한국정당학회보』, 제6권 제1호, 2007, pp.182-183.

시민운동 전반에서 일반화되었으며, 그 대표적인 성과로 성폭력 관련 법, 성평등 관련 법, 특별검사법, 부패방지법, 돈세탁방지법, 주민투표법, 상가건물임대차보호법, 정보공개법, 증권집단소송법, 국민기초생활보장법 등의 제·개정을 들 수 있다.[11]

2) 입법운동의 내용과 방법

사회운동이 수행하는 입법운동은 입법절차에 관여하고 영향을 미치는 것인데, 그 방법으로는 다음과 같은 것들이 있다.[12] 첫째, 입법청원은 시민들의 연명으로 입법청원안 또는 입법을 촉구하는 의견을 국회에 제출하여 국회가 심의하게 하는 방법이다. 시민이 만든 법안을 직접 심의하게 한다는 점에서 가장 직접적인 입법참여방법으로 간주될 수 있을 것이다. 둘째, 의원발의를 촉구하는 방식이 있다. 사회운동에서 발굴된 의제나 구체적인 입법안을 가지고 국회의원들을 설득하여 의원발의를 촉구하는 것이 일반적이다. 개별 국회의원을 대상으로 할 수도 있지만, 정당 차원에서 의원발의가 되도록 로비를 하는 경우도 있다. 셋째, 정부를 상대로 정부발의 법률안을 제출하도록 요구하는 방법이 있다. 마지막으로는 공청회, 청문회 등 입법절차에서의 의견수렴 과정에 직접 참여해서 의견을 진술하는 방법이 있다. 이외에도 입법안이 준비되고 통과되는 과정에서 캠페인, 토론회, 서명운동, 언론기고 등 의회 밖에서 여론을 형성하기 위한 다양한 운동을 수행하는 것도 넓은 의미의 입법운동에 포함된다고 할 수 있다.[13]

---

11) 1980년대 이후 한국의 시민입법운동에 대한 평가와 분석은 홍일표, 『기로에 선 시민 입법』, 후마니타스, 2007, 제2부 참조.

12) 박근용, "시민운동과 입법과정," 『입법학연구』, 제4집, 2007, pp.124-125.

13) 실제로 공식적 입법참여 기제들이 효과적으로 작동하기 위해서는 장외에서 다양한 운동 방법을 동원하는 것은 필수적이라고 할 수 있다. 이동윤, 앞의 글, p.171.

3) 입법운동의 가능성과 유용성

사회운동이 입법을 통해 사회변동을 꾀하는 것은 그 자체로 효과적인 방식이다.[14] 법은 각종 법적 의무를 창출하며 그 효력이 강제적이다. 법을 어기는 행위에 대해서는 공권력이 동원되어 제재가 가해진다. 법이 어떤 행위를 금지하고 그것의 위반에 대해 실질적인 제재를 가할 수 있다는 점은 법이 사회변화를 용이하게 만드는 중요한 요인이다. 이러한 법의 강제성 때문에, 이해관계나 의견이 대립하는 쟁점에 대해서도 일단 법이 제정되면 그 법규범이 정당한 권위를 확보하게 되고, 대중들의 법의식(legal consciousness)의 변화도 가져올 수 있다.[15] 예컨대 공공장소에서의 흡연을 제한하는 각종 규제입법이 도입되면서, 일부 애연가들의 강한 반발에도 불구하고 점점 공공장소에서의 금연은 상식이 되어 버렸다. 만약 시민운동이 공공장소 금연을 캠페인 등을 통해 사회적으로 확산시키려고 했다면 금연이 그렇게 빠른 시기에 효과적으로 정착되기 힘들었을지도 모른다.

법이 제정되면 그 법을 집행하기 위한 국가의 조직과 예산이 배치되기 때문에 효과적이고 안정적인 법집행이 가능해진다. 예컨대, 성희롱근절정책이 법에 의해 제도화되면, 성희롱예방교육의 법적 의무화, 교육지원기관(양성평등교육진흥원)의 설치, 성희롱방지를 위한 정부 차원의 추진계획 수립, 기관별 고충처리기관 설치 및 담당자 지정 의무화 등 체계적인 조치가 마련되고 이에 대한 예산이 집행되면서 안정적이고 효과적인 사회변동을 위한 조건이 마련될 수 있다.

---

14) 이하 설명은 이상수, "입법을 통한 사회변동전략의 유용성과 한계," 『민주법학』, 제15호, 1999, pp.201-203; 이상영, "'열린 법학'을 위하여: 입법에 관한 연구," 『민주법학』, 제7호, 1994, p.177 참조.

15) 특히 법의식의 변화에 대해서는 D.J. Galligan, 앞의 책, pp.335-339 참조.

4) 입법운동의 한계

입법을 통한 사회변동전략이 반드시 효과적인 것은 아니다.[16] 먼저 어떤 운동진영의 경우에는 입법에 영향을 미치는 것 자체가 어려울 수 있다. 입법운동이 성공을 거두기 위해서는 입법청원을 하거나 의견을 제출하는 것을 넘어, 다양한 운동방식이 결부되어야 하는데, 이러한 전략을 종합적으로 수행하는 것이 쉬운 일은 아니다. 실제로 입법운동이 성공하기 위해서는, 국회 내부의 역학관계를 고려한 치밀한 전략의 수립, 영향력 있는 의원이나 관계자를 만나 의견을 제시하고 설득하는 것, 국회 외부에서의 캠페인, 언론홍보 등의 활동 등이 어우러져야 하는데,[17] 이것은 이미 상당한 수준의 물적 역량을 확보한 시민운동세력이 아니면 쉽지 않은 일이다. 즉, 의회 내외부에서 이러한 운동을 전개할 수 있는 역량이 없는 세력에게는 입법운동이 효과적이기 어렵다는 것이다. 이것은 우리의 정치현실의 한계와 연동되어 있다. 정치와 정당구조가 이념과 정책을 중심으로 다양한 시민사회의 요구들이 효과적으로 반영되지 못하고 있는 현실에서는 입법운동이 성과를 거두기가 더욱 어렵다는 것이다.[18]

또한 법이 사회변화를 야기하지 못하는 경우도 있다.[19] 예컨대, 법집행당국이 의지가 없다면 법이 갖는 효과는 제한적일 수밖에 없다. 또한 사회변화를 가져오는 요인들이 다양하기 때문에, 입법만으로는 효과를 거두지 못하는 경우가 있다. 실제로 법이 강제력을 갖고 있어도 행위자들의 '행동양식의 내면화'가 뒤따르지 않으면 일정한 효과를 거두기 어렵다.[20] 예컨

16) 이하의 설명은 이상수, 앞의 글, pp.203-206 참조.

17) 실제 시민입법운동과정에서의 이러한 전략적 고려에 대해서는 박근용, 앞의 글, pp.125-126 참조. 이러한 입법전술을 "시민적 압력의 조직화"로 설명하는 하승수, "시민운동과 법," 조희연 편, 『NGO가이드』, 한겨레신문사, 2001, pp.379-380 참조.

18) 김기식, 앞의 글, p.198.

19) 법을 통한 사회변동이 가능하기 위한 조건에 대해서는 양건, 앞의 책, pp.310-323 참조.

20) 양건, 앞의 책, pp.317-320.

대, "남녀고용평등 및 일 · 가정 양립지원에 관한 법률" 등 각종 성평등 관련 입법을 통해 입법적 수준에서는 선진적인 법제를 마련하는 데 성공했고, 실제로 형식적인 평등의 측면에서는 어느 정도 성과가 있었으나, 실질적인 불평등을 해소하지는 못하고 있다는 지적이 제기되고 있는 것이 현실이다. 이렇게 법이 사회변화를 야기하는 데 제한적임에도 불구하고 사회운동이 '입법'에만 온 힘을 쏟는다면 문제가 아닐 수 없을 것이다. 실제로 운동적 차원에서 각종 여성 관련 입법이 여성정치와 여성운동의 자율적 공간을 제한하고,[21] 입법이 문제가 해결된 듯한 착시효과를 불러일으켜 실질적인 변화에 장애가 된다는 지적이 제기되기도 했다.[22]

3. 소송을 통한 사회변동전략과 소송운동

1) 소송운동의 의의와 역사

사회운동이 법과 관련하여 선택할 수 있는 또 하나의 사회변동전략은 바로 '소송'이다. 공익소송의 효시라고 평가되는 '망원동 수재 손해배상소송'이 제기된 것은 1984년이고 소송이 마무리 된 것은 1990년이었다. 하지만 참여연대, 경실련, 소비자시민모임 등 사회운동 차원에서 전략적인 소송운동이 시작된 것은 대략 1990년대 중반 정도였다고 할 수 있다.[23] 이

21) 김경희, "법제화운동을 중심으로 본 한국여성운동의 제도화와 위기론,"『사회과학연구』, 15-1호, 서강대 사회과학연구소, 2007, p.122 이하; 윤정숙, "진보적 여성운동의 전환을 위한 모색,"『창작과 비평』, 125호, 2004, p.65 이하; 미국의 경우는 B. Epstein, "Feminist Consciousness after the Women's Movement," *Monthly Review*, Spring 2002 참조.

22) 정희진, "법제화 이후의 여성운동을 위하여," 정희진 외,『성폭력을 다시 쓴다: 객관성, 여성운동, 인권』, 한울아카데미, 2003, p.11.

23) 시민단체가 주도하는 공익소송의 효시로는 소비자문제를 연구하는 시민의 모임이 주도

러한 운동들은 대개 공익, 공동선, 정의, 소수자인권보호 등의 가치를 목표로 한다는 점에서 '공익소송운동' 또는 '공익인권소송운동'이라고도 불리며, 좀 더 포괄적 의미에서 '공익법운동'이라는 표현이 사용되기도 한다.[24] 여기서 '공익'의 개념은 대개 기존의 '확립된 이익'이 아닌, "이제까지 역사적으로 소외되어 있던 사회적 이익", 대개는 소수자 · 약자의 인권을 뜻하는 것이며, 공익소송은 바로 이러한 공익을 대변하는 소송을 말한다.[25]

공익소송은 변호사의 개인적 차원에서 수행될 수도 있으나, 소송운동이라고 할 때는 대개 조직화된 운동세력이나 시민운동단체를 중심으로 전략적으로 소송을 기획하고 소를 제기하거나 고발 등의 조치를 취하는 것을 뜻한다. 그런 방식의 공익소송운동은 참여연대 산하의 사회복지특별위원회와 공익법센터,[26] 민주사회를위한변호사모임의 공익소송위원회, 환경운동연합의 공익환경법률센터, 녹색연합의 환경소송센터, 장애우권익문제연구소의 장애인차별금지 및 권리구제를 위한 공익소송지원단 등 시민운동단체들이 주도해 왔다.

공익소송을 변호사의 사회적 책무인 '공익활동(pro bono)'의 차원에서 이해하기도 한다.[27] 한국에서 변호사의 공익활동은 헌법과 변호사법, 대한변호사협회의 회칙과 윤리장전 등을 통해 법제화되어 있다. 특히, 변호사법에는 변호사의 사명을 기본적 인권의 옹호와 사회정의의 실현으로 규정하고(제1조 제1항), "공공성을 지닌 법률전문직"으로서의 직업적 성격을 분

한, '백화점 사기세일 민·형사소송'을 들기도 하지만(황승흠, 앞의 글, p.40), 공익소송과 입법청원운동이 참여연대 사회복지특별위원회가 개발한 새로운 운동방식이라는 주장도 있다. 윤찬영, "사회복지법운동의 전개: 참여연대의 공익소송과 입법청원 운동을 중심으로," 『법학논집(이화여대)』, 제13권 제3호, 2009, p.127 참조.

24) 황승흠, 앞의 글, pp.25-28; 양건, 앞의 책, pp.354-347 참조.

25) 황승흠, 앞의 글, p.25.

26) 1990년대 중반부터 2000년대 후반까지의 참여연대의 소송운동에 대한 자세한 분석과 평가는 홍일표, 앞의 글(주 4) 참조.

27) 이상돈, 『공익소송론』, 세창출판사, 2006, pp.8-9.

명히 하면서(제2조), 변호사가 연간 일정시간 이상 공익활동에 종사할 것을 법적 의무화하고 있다(제27조).[28] 변호사들의 회사인 로펌에서 역시 변호사의 사회적 · 윤리적 책임의 일환으로 공익활동을 강화하고 있으며,[29] 실제로 로펌의 공익활동 중 대표적인 것이 바로 공익소송을 직접 수행하거나 지원하는 것이다. 변호사단체 차원에서 공익소송을 수행하기도 한다. 인천지방변호사회에서는 2000년 인천공익소송지원변호사모임을 결성하여 공익소송에 대한 연구 · 조사 및 변론을 수행하고 있으며, 서울지방변호사회의 소비자보호대책특별위원회에서 '생명보험회사들의 이자율 담합에 대한 손해배상청구'를 공익소송 차원에서 제기하기도 했다. 2010년에는 대한변호사협회에 공익소송특별위원회가 설치되어 기아 카니발 자동차 에어백 허위광고행위에 대해 제기한 손해배상청구소송, SK텔레콤 해외 데이터 로밍 서비스에 대한 집단소송 등을 수행한 바 있다.

2) 소송운동의 내용과 방법

소송운동은 기본적으로 소송을 제기하고 그 소송을 수행하는 것으로 진행된다. 주제별로 크게 나누어 보면, 소수자의 인권보장을 위한 소송(예: 성희롱 소송, 양심적 병역거부 위헌 소송, 교도소 도서반입 거부 취소소송, 생계보호기준 위헌확인 소송, 선거권 하향조정 위헌소송 등), 정부의 잘못된 정책을 시정하고자 하는 소송(예: 새만금소송, 4대강소송 등)으로 양분할 수 있을 것이다. 사안에 따라 행정소송, 민사소송, 위헌소송 등 다양한 형태의 소송이 선택될 수 있다.

운동 차원에서 전개되는 소송운동은 단순히 재판에 대한 대응에 한정

28) 변호사의 공익활동의무에 대한 자세한 것은 황승흠, "변호사의 공익활동의무,"『법과사회』, 제26호, 2004 참조.

29) 자세한 것은 홍성수, "로펌의 성장과 변호사윤리의 변화: 개인윤리에서 조직윤리로, 공익활동에서 사회적 책임으로,"『법과사회』, 제41호, 2011, pp.145-172 참조.

되지 않고, 언론 · 홍보, 캠페인, 서명운동, 집회 · 시위, 토론회 · 설명회, 선언운동 등 기존의 시민운동의 여러 운동방식과 결합되어 나타나며, 소송운동과 입법운동이 함께 전개되기도 한다.[30] 예컨대, 선거권 연령 하향조정을 위한 운동의 경우, 2009년에는 '대한민국청소년의회' 소속 청소년들이 선거권 연령 조정 입법청원을 제출하기도 했고, 2012년에는 '청소년인권행동 아수나로' 가 헌법재판소에 헌법소원을 내고, 국가인권위원회에 진정을 냈으며, '청소년의 정치적 기본권 내놔라 운동본부' 가 결성되어, 토론회, 집회 · 시위, 국회로비 등의 활동을 전개하였다. 2013년 1월 국가인권위원회로부터 선거권 연령을 낮춰야 한다는 의견표명을 이끌어냈지만, 8월 헌법재판소 결정에서는 합헌 결정이 내려졌다. 즉, 선거권 연령 하향조정 운동에서 소송은 여러 운동의 방식 중 하나로 배치되었다고 할 수 있다. 한편, 소송운동에 형사고소나 고발도 포함된다고 보기도 하는데, 이 경우에는 경찰과 검찰이 수사와 기소 이후의 재판과정을 담당하기 때문에 고소 · 고발 이후의 운동은 다소 제한적일 수 있다. 공익소송이 기획에 의해 전략적으로 시작되는 것이 아니라, 피소되거나 수사를 받게 되어서 시작되는 경우도 있다. 예컨대, '국가보안법과 송두율 교수 사건' 의 경우에는 검찰이 송두율 교수에 대해 국가보안법 위반 혐의로 수사하고 기소했기 때문에 벌어진 일이다.[31] 이렇게 소극적이고 방어적인 차원에서 대응을 하는 차원에서 전개되는 경우에도, 그 대응과정에서 국가보안법의 폐해를 폭로한다거나, 검찰의 부당한 권력남용을 비판함으로써 운동의 차원으로 승화된다면 소송운동으로 분류될 수 있을 것이다.

---

30) 시민운동이 선택할 수 있는 다양한 사회운동의 방법에 대해서는 차병직, 『NGO와 법』, 이화여자대학교출판부, 2002, 제5장 참조.

31) 윤영환, "국가보안법과 송두율 교수 사건," 한인섭 · 이석태 편, 『한국의 공익인권소송』, 경인문화사, 2010 참조.

3) 소송운동의 가능성과 유용성

사회변동전략으로서 소송은 판결의 강제적 효력 덕분에 효과성의 측면에서 강점이 있다. 예컨대 소송에서 승소한다면 위헌소송의 경우에는 법률의 효력이 정지되고, 행정소송의 경우에는 행정처분이 취소되는 직접적인 효과를 얻을 수 있다. 이런 직접적인 효과를 넘어 더 큰 파급효과가 있는 경우도 있다. 예를 들어, '서울대 조교 성희롱 사건 손해배상소송'의 경우에는 최종적으로 승소함으로써, 피해자가 손해를 배상받는 직접적인 효과도 있었지만, 재판과정에서 성희롱에 관한 사회적 관심이 높아졌고, 입법적 성과로도 이어졌다. '장애인보험차별 소송'은 5천만 원의 손해배상 청구소송을 제기하여 2백만 원의 손해배상을 받아냈으니 소송의 직접적 효과로서는 아쉬움이 있었지만, 이후에 장애인보험 공통계약 심사기준의 폐지, 국가인권위원회의 권고, 장애인차별금지법 제정, 관련법 개정 논의(상법 732조)로 이어지는 성과를 냈다.[32)]

소송의 효과는 원칙적으로 당해 사건에 한정되지만, 판례가 형성되어 이후 판결에 영향을 주거나, 법원의 후속조치를 통해 사건이 용이하게 처리되는 경우도 있다. 예컨대, '성전환자의 호적상 성별 정정 사건'의 경우에는 2006년 대법원 전원합의체 결정을 이끌어냄으로써, 소송당자사의 성별이 정정되는 실질적인 성과를 얻기도 했지만, 그 후 대법원이 "성전환자의 성별 정정 허가 신청사건 등 사무지침"을 마련하여, 다른 성전환자들도 법원에 성별 정정 허가 신청을 해서 성별 정정을 할 수 있는 기회를 가질 수 있게 되었다.[33)]

---

32) 임성택, "장애인 보험차별 소송," 한인섭 · 이석태 편, 『한국의 공익인권소송』, 경인문화사, 2010, pp.902-905 참조.

33) 자세한 것은 장서연, "성전환자의 호적상 성별 정정 사건," 한인섭 · 이석태 편, 『한국의 공익인권소송』, 경인문화사, 2010, pp.937-992 참조.

승소하지 못한 경우에도 반드시 실패한 것은 아니다. 소송은 사회운동이 택한 하나의 수단일 뿐이기 때문에, 설사 재판결과가 좋지 못했다고 하더라도, 본래 추구했던 가치의 중요성을 사회적으로 확산시키고 국민적 공감대를 넓히고, 차후에 정책이나 제도개선에 영향을 주었다면 일정한 성과를 거둔 것이라고 할 수 있다.[34] 즉, 소송이 사회운동의 의제를 형성하고, 대중들의 의식을 제고하고, 반대자들을 설득하고 대화의 장으로 끌어내어 양보나 타협을 이끌어내는 역할을 할 수 있다는 것이다.[35] 공익소송이 일종의 '시험소송(test case)'의 성격을 갖는다는 설명도 있다.[36] 즉, 당해 사건의 해결에만 소송운동의 목표가 한정되는 것이 아니라, 다른 사회운동과 입법운동 등과 결합하여 문제를 제기하고 사회적 관심을 환기시킴으로써 궁극적으로 제도를 개선하는 일종의 '자기완결형 사업'으로 제시될 수 있다는 것이다.[37] 또한 패소하더라도 대법원 판결이나 헌법재판소 결정의 소수의견으로 수렴되어, 추후의 변화를 기대하는 효과를 거두기도 한다. 예컨대, '양심에 따른 병역거부자 사건'에 대한 공익소송은 결국 위헌결정을 받아내지 못함으로써 소기의 성과를 거두지는 못했지만, 수차례의 재판과정을 통해 양심적 병역거부 문제를 환기시키고 사회에서 이 문제를 지속적으로 쟁점화하는 데 나름의 역할을 했다고 평가할 수 있을 것이다.

소송운동이 입법운동이나 다른 사회운동의 방법에 비해 소수자 · 약자

---

34) 이상돈, 앞의 책, p.9; M. McCann(ed.), *Law and Social Movements*, Aldershot: Ashgate, 2006; M. McCann, "Law and Social Movements," in A. Sarat(ed.), *The Blackwell Companion to Law and Society*, Oxford: Blackwell, 2004, pp.516-518 참조.

35) 이러한 법동원의 기능을 '운동수립(movement building)'과 '정치적 지렛대(political leverage)'로 설명하는 M. McCann, "Legal Mobilization and Social Reform Movements: Notes on Theory and its Application," *Studies in Law and, Politics, and Society*, Vol. 11, 1991, pp.225-254 참조.

36) 황승흠, 앞의 글(주 2), p.41.

37) 이찬진, "사법을 통한 권리구제와 NGO," 박은정 편, 『NGO와 법의 지배』, 박영사, 2006, pp.93-94.

의 관점에서 유리한 경우도 있다. 국민 전체 또는 국회나 행정부를 상대로 영향력을 행사하려면 상당히 조직적이고 체계적인 운동을 전개해야 하지만, 소송운동은 소송을 수행할 변호사가 있고, 법정에서 재판부를 설득할 수 있으면 소기의 목적을 달성할 수 있다. 앞서 언급한 대로 입법운동은 상당한 자원과 조직력을 가진 사회운동세력이 아니면 수행하기 쉽지 않은 전략이지만, 소송운동은 상대적으로 소수세력에게도 보다 용이한 운동방법일 수 있다는 것이다.

그리고 사회의 다수파의 지지를 받기 어려운 소수자 인권에 관련된 주제의 경우에는 소송이 더 효과적인 사회변동수단이 되기도 한다. 의회나 행정부는 아무래도 다수의 뜻에 따라 행동이 제약될 수밖에 없지만, 정치적 책임으로부터 자유로운 사법부는 소수자의 편에서 독립적인 결정을 내릴 수 있는 기관이다. 호주제 폐지와 관련하여 의회가 호주제 옹호세력의 눈치를 보면서 입법을 차일피일 미루고 있는 사이, 헌법재판소가 위헌결정을 내린 것이 대표적인 사례라고 할 수 있다.

4) 소송운동의 한계

위와 같은 소송운동의 유용성에도 불구하고 몇 가지 한계가 지적될 수 있다. 로젠버그는 사법부를 통한 사회변동의 한계를 세 가지로 분류해서 설명하는데, 이것은 소송운동의 한계에도 그대로 적용된다.[38] 첫 번째는 법원은 법리상 사회운동의 여러 가지 주장과 논거들을 충분히 수용할 수 없으며, 이것이 오히려 본래의 사회운동의 목표를 왜곡할 수 있다는 것이다. 시민사회의 요구가 소송을 통해 실현되기 위해서는 기존의 법리에 의존해서 그 변경을 주장해야 한다. 이때 변호사는 바로 시민사회의 요구를

---

38) G.N. Rosenberg, *The Hollow Hope: Can Courts Bring about Social Change?*, Chicago: The University of Chicago Press, 2008 참조.

법정에서 수용될 수 있는 언어와 논리로 전환시켜 주는 역할을 한다. 문제는 이 과정에서 원래의 요구가 왜곡될 수 있다는 것이다. 실제로 사회적으로 중요했던 내용이 법리상 무의미하다는 이유로 변호사에 의해 배제되어 버리는 경우가 있을 수 있다. 여성의 인권보장을 위한 소송이 여성의 고유한 저항의 언어를 사법의 테두리에 가둬놓게 만든다는 지적[39]은 일반적인 소송운동의 한계에 대한 지적으로도 유의미하다. 실제로 법정에서는 법적으로 의미있는 쟁점들이 추려져서 그것을 다투게 되는 것이지, 문제의 전체를 다루는 것이 아니다. 자칫 잘못하면 문제의 초점이 합법성 문제로 옮겨 가면서 본래의 풍부한 논점들이 제거되고 무미건조한 법적 용어와 법리가 그 자리를 차지해 버리는 경우도 있다.[40]

두 번째로, 사법부가 정치권력으로부터 완전히 자유롭기는 어렵다는 점도 문제가 된다. 소송운동이 유효한 운동방법이 되려면, 사법부가 공익인권에 대해서 적극적인 관심을 가져야 하고,[41] 국회나 행정부 등 다른 국가기관이 하지 못하는 일을 과감하게 해 줘야겠지만, 사법부가 실제로 그런 역할을 수행한 경우는 많지 않다. 실제로 소송운동의 성공사례를 보면, 대개 소송 이외의 사회운동을 통해 여론이 충분히 무르익은 상태가 되어야만 사법부가 결단을 내리곤 했다. 예컨대, 호주제 소송은 성공적이었지만, 그것은 단순히 소송 자체의 힘이 아니라, 소송운동을 포함한 호주제폐지운동 자체의 힘이었다고도 할 수 있다.[42] 물론 사법부의 결단으로 문제해결

---

39) C. N. Baker, *The Women's Movement against Sexual Harassment*, Cambridge: Cambridge University Press, p.190; 정인경, "성폭력, 가해자와 피해자의 대립구도를 넘어서," 『민주노동과 대안』, 2003년 10월호 참조.

40) A. Marshall, "Social Movements Strategies and the Participatory Potential of Litigation," in A. Sarat and S.A. Scheingold(ed.), *Cause Lawyers and Social Movements*, Stanford: Stanford University Press, 2006, p.166 참조.

41) 이석태, "공익인권소송의 기획과 수행," 한인섭 · 이석태 편, 『한국의 공익인권소송』, 경인문화사, 2010, p.9.

42) 자세한 것은 진선미, "호주제 위헌소송," 한인섭 · 이석태 편, 『한국의 공익인권소송』, 경인문화사, 2010 참조.

의 종지부를 찍게 되었다는 점은 결코 무시할 수 없지만, 소송운동의 독자적인 운동이기는 어렵다는 것으로 해석될 수도 있는 장면이다.

세 번째로, 법원은 당해 사건에 효력이 있는 판결을 내릴 뿐, 실질적인 사회변화를 이끌어내기 위해 필요한 정책적 과제를 도출하고 그것을 집행하는 기관이 아니라는 점이다. 실제로 소송에서 승소를 하더라도 그 효과는 원칙적으로 당해 사건에만 한정되기 때문에 그 효과가 제한적이다. 한 사건에서 승소를 하더라도 사건마다 매번 소송을 제기해야 하는 경우도 있고, 소송을 통해 문제를 해결해도, 그것보다 조금 덜 나쁜 문제가 새롭게 생기면 또 다시 소송을 제기해야 하는 경우도 있다. 예컨대, 후보자기탁금 2천만 원이 참정권을 과도하게 제한하기 때문에 위헌이라는 결정이 내려져도, 입법자가 기탁금을 1천5백만 원으로 약간 낮추는 식으로 대응하면 그것을 문제삼기 위해서는 또 다시 위헌소송을 제기하여 지난한 과정을 밟는 수밖에 없다.[43] 공익소송의 사례로 흔히 언급되는 미국의 경우 재판과 판결이 차지하는 사회정치적 의미와 실제 효과가 우리와 다르기 때문에 한국의 정치사회적 조건에서 공익소송이 갖는 의미는 그만큼 더욱 제한적일 수 있다.[44] 이러한 문제들은 소송이 하나의 계기를 마련해 주는 것일 뿐 사회운동의 유일한 방법이나 목표가 아니며, 그 기여는 부분적이고 제한적이라는 점을 잘 보여준다.[45]

또한 소송운동이 사회문제해결에 효과적이라고 해도, 그것이 과연 바

43) 공익소송의 실효성을 확보하기 위하여, 헌법재판에서 추상적 규범통제의 도입, 집단소송법제, 당사자적격, 소의 이익 완화, 징벌배상제도 도입 등의 제도개선 등을 제안하는 이찬진, "사회복지에서 공익소송운동의 성과와 과제," 『복지동향』, 제72호, 2004, pp.33-35 참조. 그 외의 공익소송이 활성화되기 위한 제도적 개선책으로는 이상돈, 앞의 책, pp.116-152 참조.

44) 홍일표, 앞의 글(주 3), p.46 참조.

45) M. McCann, "Law and Social Movements," A. Sarat(ed.), *The Blackwell Companion to Law and Society*, Oxford: Blackwell Publishing, 2004, pp.515-516 참조. 비슷한 취지에서 "모든 쟁점을 소송화하는 사회운동"의 한계를 비판하는 차병직, "법이 할 수 없는 일," 『민주사회를 위한 변론』, 제80호, 2009년 1 · 2월호, pp.2-5 참조.

람직한 것인지는 별개의 문제다. 즉, 시민사회의 민주적 요구가 사법부라는 공간을 통해 실현되는 것이 민주주의의 측면에서 바람직하냐의 문제다. 선거와 정치과정을 통해 사회변동이 이루어지는 것이 아니라, 소송을 통해 몇몇 전문가와 변호사의 힘에 의존하여 사법부에 호소하는 방식으로 사회가 변동되는 것을 민주적 의사형성이라는 차원에서 비판적으로 보는 시각이 있을 수 있다.[46] 소송절차는 경직되어 있고, 소송에서의 소통방식은 상호 적대적이며, 법논리는 폐쇄적이고 형식적이라는 점에서, 과연 사법절차가 민주적 의사형성에 적합한 것인지 의문을 제기하는 것이다.[47] 실제로 정치는 다양한 이해가 조정되면서 사회적 합의를 찾아가는 과정으로서 사회를 유지하는 기능을 한다. 하지만 사법부의 결정은 대개 일도양단식일 수밖에 없다. 승자와 패자의 이분논리 속에서 승패를 갈라야 하는 사법부의 결정방식이 민주적 절차를 대체하는 것을 바람직한 현상으로 보기는 어려울 것이다.[48]

사회운동의 관점에서 보면, 소송이 제기되면 소송이 사회운동의 에너지를 모두 흡수하여 법정에서의 싸움으로 환원되어 버리는 문제도 지적된다. 운동주체의 관점에서 보면, 소송을 담당하는 변호사가 사회운동가를 제치고 운동을 주도하게 되는 경우가 있을 수 있다.[49] 소송운동이 사회운

46) 미국에서 소송이 '민주적 동원'을 대체하는 것을 비판하는 M. A. Crenson and B. Ginsberg, 서복경 역, 『다운사이징 데모크라시: 왜 미국 민주주의는 나빠졌는가』, 후마니타스, 2013, 7장 참조. 미국에서 소송이 민주주의와 자유에 부정적인 영향을 끼쳤다는 지적으로는 P. K. Howard, *Life Without Lawyers: Restoring Responsibility in America*, W.W. Norton and Company, 2010; *The Death of Common Sense: How Law is Suffocating America*, Grand Central Publishing, 1996 참조.

47) 인권문제에 있어서 사법부의 적극적 역할에 긍정적인 견해(S. Fredman, 조효제 역, 『인권의 대전환』, 교양인, 2009)와 이에 비판적인 입장(홍성수 "인권실현을 위한 국가의 적극적 의무와 사법부의 역할," 『시민과 세계』, 제17호, 2010, pp.397-400)이 있다.

48) 같은 맥락에서 미국에서 성희롱소송을 통한 성희롱정책의 문제를 지적하는 홍성수, "소송을 통한 사회변동전략의 한계: 미국의 성희롱 소송을 중심으로," 『법과사회』, 제38호, 2010, pp.209-232 참조.

49) 이른바 공익변호사(cause lawyers)들이 소송을 사회운동과 분리시키는 문제에 대해서는 Marshall, 앞의 글, pp.166-168 참조.

동을 대체해 버리는 것이다. 변호사의 법률적 판단에 의해 운동이 주도된다면, 앞서 지적했던 사회운동의 논리가 법리로 대체되는 경향이 더욱 심화될 것이다. 패소했을 경우의 부담도 문제다. 실제로 소송에서의 패소는 문제가 되었던 법적 쟁점에서 패소했다는 것일 뿐이다. 예컨대, 4대강 소송에서의 패소는 4대강 사업의 허가가 합법적이라는 판결이지, 4대강 사업이 정책적으로 적절했다는 내용의 판결은 아니다. 하지만 실제로 판결이 사회에서 소화될 때에는 판결이 마치 해당 사안의 전체적인 정당성을 확인해 준 것 같은 효과를 낳게 된다. 모든 소송은 항상 패소가능성이 있게 마련인데, 이런 위험부담을 지고 소송을 제기하는 것이 바람직한지는 항상 문제가 될 수 있다는 것이다. 이러한 문제들 때문에 입법이나 소송 자체보다는 운동을 기획하고 다른 여러 사회운동의 수단들과 입법 · 소송운동을 서로 연결시키고 적절하게 조정할 수 있는 역량이 중요하다는 지적이 나오는 것이기도 하다.[50]

4. 과제와 전망

입법운동과 소송운동은 사회운동이 택할 수 있는 중요한 수단 중 하나임은 분명하다. 법이 억압적이고 통제하는 기제가 아닌 인권보장을 위해 기능하는 시대가 열렸고,[51] 그동안 이미 법의 승리이자 시민의 승리로 기억될 수 있는 수많은 성과들이 있었다. 하지만 입법이나 승소가 반드시 사회에서 긍정적인 결과로 이어지는 것은 아니며, 그 과정에서 잃을 수 있는 것도 적지 않다는 점도 지적되지 않을 수 없다. 법과 규제, 법과 사회변동 등의 주제를 다루어 온 여러 법사회학 연구들에 따르면 '법'은 사회를 변

50) 홍일표, 앞의 글(주 3), p.56.
51) 윤찬영, 앞의 글, p.139.

화시킬 수 있는 여러 사회적 기제의 하나이며,[52] 따라서 입법운동이나 소송운동은 사회운동이 택할 수 있는 여러 가지 전략적 선택지 중 하나일 뿐이다. 이렇게 입법운동과 소송운동의 한계를 정확하게 진단하는 것은 그 가능성을 가늠해 보기 위해서라도 중요한 일이다. 법을 통한 사회변동전략의 한계를 분석하는 것은 그 무용성의 입증보다는 소기의 목적을 달성하기 위하여 극복되어야 할 과제를 도출하는 데 참고가 될 수 있을 것이다.[53] 여기에서 법을 통한 사회변동전략의 유용성과 한계를 가늠해 보는 여러 법사회학 연구가 갖는 실천적인 의미도 보다 명확해질 수 있다. 이것은 사법부가 사회변동을 위하여 적실한 기구인지에 대한 문제[54] 또는 법원 판결의 사회적 효과에 관한 쟁점들로도 연결될 수 있다.

법을 통한 사회변동전략은 법의 본질적 성격에 대한 재해석이기도 하다. 법이 강자의 이익을 대변한다는 마르크스주의의 전통적 해석과는 달리, 소수자와 약자의 입장에서도 법을 활용할 수 있는 여지를 전제하는 것이기 때문이다. 법은 공동의 보편적 이익을 대변하는 것과 같은 외관을 갖춰야 하고 약자와의 타협도 불가피하기 때문에, 법은 사회변동을 야기하는 독립변수가 될 수 있는 여지가 있다.[55] 법을 통한 사회변동전략의 여러 성공사례들은 법의 이러한 성격을 실증적으로 보여주는 것이기도 하다.

---

52) 이에 대한 개관적인 연구로는, 홍성수, "규제학: 개념, 역사, 전망," 『안암법학』, 제26호, 2008, pp.1-28 참조; 사회가 법에 미치는 영향에 대한 일반적 서술로는 P. Nonet and P. Selznik, 정동호 · 신영호 역, 『법과 사회변동』, 나남, 1986, 특히 제4장 참조.

53) 그런 점에서 법과 사회운동에 관한 문제를 변호사(나 그 변론활동)의 시각을 넘어 정치와 사회운동의 관점에서 고찰하는 것은 더욱 의미가 있을 것이다. A. Sarat and S. Scheingold, "What Cause Lawyers Do for, and To, Social Movements: An Introduction," in A. Sarat and S. A. Scheingold(ed.), *Cause Lawyers and Social Movements*, Stanford: Stanford University Press, 2006, pp.2-4 참조.

54) 미국 법원의 역할을 '동적 관점(dynamic court view)' 과 '제한적 관점(constrained court view)' 으로 구분하여 설명하는 Rosenberg, 앞의 책, pp.9-36 참조.

55) 이 점에 대한 지적은 이상수, pp.194-198 참조.

생각거리

1. 입법운동이나 소송운동에서 법률가의 역할은 매우 중요하다. 변호사는 운동이 전개되는 과정에서 자문을 하는 정도의 역할을 하는 경우도 있지만, 때로는 적극적으로 이슈를 제기하고 운동을 이끌어내는 역할을 담당하기도 한다. 그 결과를 도출하는 역할 역시 법률가가 주도한다. 국회의원의 상당수는 법률가이며, 국회지원조직들의 구성원들도 법률가들이 많다. 사법부는 아예 법률가들로 구성된 조직이다. 사회운동에서 법을 통한 사회변동전략이 차지하는 비중이 커질수록 한 사회는 법률가들이 주도하는 사회가 된다는 얘기다. 그렇다면 이렇게 법률가들의 사회적 역할과 비중이 확대될 때 벌어질 수 있는 문제가 있다면 어떤 것이 있을까? 그리고 법률가들의 적절한 사회적 역할은 무엇인지도 생각해 보자.
2. 법을 통한 사회변동은 법이 사회의 변화에 영향을 준다는 가정에 기초하고 있다. 그 구체적인 방식은 법이 어떤 행위를 금지하고, 그 준수 여부를 국가기구가 감시하고, 강제적인 제재를 통해 집행하는 것이 기본적이다. 그래서 법을 통한 사회변동은 '명령-통제식 규제(Command and Control Regulation)' 라고 부르기도 하고, 국가가 중심적인 역할을 하는 국가중심적 규제일 수밖에 없다. 하지만 법이 강제력을 가지고 있다고 해서 사회변화로 직결되는 것은 아니다. 이른바 '집행결손'의 문제가 생기는 것이다. 최근 한국사회에서 입법에도 불구하고 기대했던 효과가 달성되지 못한 사례들을 나열해 보고, 어떤 요인으로 인해 사회변동에 실패했는지를 검토해 보자.

제 10 장

법문화와 법의식

|양현아|

1. 도 입

법문화(legal culture)에 관한 연구를 빼놓고서 한국 법사회학 연구에 대해 논하기는 어려울 것이다. 법문화 연구는 한국인의 고유한 법에 대한 인식, 태도, 의견 등에 대한 관심에서 출발하고 있고 여러 경험적 조사에 기반을 두고 있다. 그런 만큼 법문화란 법의식, 법감정, 혹은 법인식과 같은 개념들과 밀접하게 연결되고 때로는 혼용되기도 한다. 법문화는 법인류학 연구의 주요 테마이며 법의 효과적 지배를 위하여 법실무자들의 관심사이자 법과 관습의 관계라는 각도에서 법사회학적 · 법사학적 연구대상이 된다. 법문화론은 단순히 현재의 법인식이라는 경험적 차원을 넘어서서 근대화론, 관습법 내지 '살아 있는 법(living law)'과 같은 이론적인 주제들과도 맞닿아 있다.[1)]

한국의 법사회학 연구에서 법문화론이 중심 주제가 된 이유에는 한국에서 발견되는 실정법과 그 적용의 과정이나 사회현실의 원리에서 발견되는 '괴리'에 관한 문제의식이 주요했다. 기실 법과 사회의 괴리는 어느 사회에서나 발견되는 일반적 현상이라고 할 수 있겠지만, 한국에서 이 문제는 외국에서 계수된 근대법과 한국의 자생적 법규 간의 불일치라는 역사적 성격을 가지고 있어 더욱 주목된다. 이러한 불일치에 주목한 법사회학자들은 그 원인을 오랫동안 한국사회를 지배해 온 유교적 규범과 근대법 간의 충돌로 보기도 하고, 그러한 유교적 규범들이 현대사회 속에서 연고주의나 정실주의와 같은 현상으로 변형되고 왜곡된 데서 그 원인을 찾기도 했다. 다른 한편으로는, 서양의 근대법이 농촌사회와 같은 한국의 지역공동체의 실제적 특성을 포섭하지 못하는 데 따르는 한계를 노정하는 것으로서 '살아 있는 법'에 대한 관심으로부터 법문화의 문제에 접근하기도 했다. 이와

---

1) '살아 있는 법'에 관해서는 후술을 참조할 것.

같이 한국의 법문화 연구는 다양한 문제의식에 입각해 있다.

전반적으로, 대다수 한국의 법문화 연구들은 법에 대한, 혹은 법을 통한, 근대사회로의 변화라는 근대화론의 패러다임을 가지고 있었다고 평가한다.[2] 이 장에서는 이렇게 법문화 연구에 내재한 관점과 논쟁점을 살펴보고 법문화와 법인식의 개념을 익히는 것을 목표로 한다. 법문화론에 대한 연구관심은 법의식에 대한 경험적 조사로 구체화되었다. 법의식 조사는 개인 연구자 혹은 국가연구기관에 의해 꾸준히 이루어졌는데,[3] 그 조사대상은 일반인과 법전문가로 나누어 볼 수 있다. 본 장에서는 한국 법사회학 연구의 중심 주제인 법문화론을 법문화 개념, 유교적 법문화론을 둘러싼 논쟁, 법의식 조사의 흐름과 방법론 등을 통해 살펴볼 것이다.

2. 법문화의 개념

1) 법문화의 성격

법문화란 대체로 한 사회에 있어서 법 또는 법체계에 대한 태도, 가치관, 의견을 가리키는 것으로, 한 국가 또는 한 집단 내에서 공통적인 법문화를 발견할 수 있다.[4] 예컨대 법 앞의 평등, 과실(過失), 명예 등과 같은 법률개념은 그 사회에 통용되는 문화 구속적 개념이기도 하다. 이런 개념들을 이해하고 확정하고 판단하는 과정에서 어느 누구도 자신이 속한 문화적

---

2) 법문화 연구에 내재한 문화중심적 태도에 대해 경계하는 의견도 있다. 한국사회의 법현실은 단지 문화적 현실이 아니라 정치 · 경제 등 다양한 하위체계들과 법과의 상호관계에 기인한 것이기에 보다 확대된 전망을 가질 필요가 있다는 것이다. 양건, 『법사회학』, 아르케, 2000, pp.377-379.

3) 한국의 법의식 조사의 계보에서 식민지 시기 꾸준하고 전국적으로 이루어졌던 '관습조사'도 포함될 수 있을 것이다(본서 제6장 참고).

4) 양건, 앞의 책, p.250.

개념이나 규범으로부터 자유롭기 어렵다. 또한, 한 사회의 경계 안에 하나의 문화만이 존재한다고 가정할 수도 없다. 지역, 계층, 직업집단 등에 따라 때로는 상이한 문화들이 존재하므로 판단자가 속한 집단의 문화적 영향을 받는다.[5] 이렇게 법문화에는 국가적 · 지역적 경계가 있고, 나아가 다수자와 소수자의 법문화 등으로 나누어 볼 수 있을 것이다.

법문화란 법과 문화, 사회가 서로 역동적으로 영향을 주고받는 상호작용을 포착하는 개념이라 할 수 있다. 이때에도 사회가 법에 대해 영향을 미치는 측면과 사회에 대해 법이 영향을 미치는 측면 모두에 법문화가 작용한다고 할 수 있다. 법문화와 유사한 개념으로서 독일을 비롯한 유럽에서는 법의식(Rechtbewußtsein) 개념이 있는데, 이는 법문화보다는 법현상의 심리적 측면에 한정된다. 또, 유사한 개념으로 법감정(Rechtgefühl)이라는 개념이 있는데 법의식 개념에는 인지적 요소가 강하다면, 법감정에는 정서적 요소가 강하다고 할 수 있다.[6]

법문화론에서 말하는 문화에 대한 이해는 인류학, 문화연구, 사회과학 연구에서 풍부하게 이루어져 왔다. 일반적으로, 문화란 생산관계의 반영이며 한 사회의 모든 정신적인 산물을 포괄한다는 마르크스(Karl Marx)의 견해가 있고, "인간이 그들의 경험을 해석하고 행위를 방향짓게 하는 의미의 직조물"이라는 기어츠(Clifford Geertz)와 같은 의견도 있다. 후자의 시각에서 문화란 인간의 제 행위에 부착된 의미의 코드로서 그 자체가 해석을 기다리는 의미의 덩어리라는 측면에 강조를 둔다.[7] 인간사회를 구성하는 원리로서 문화에 대한 강조는 고전 사회학자인 베버나 뒤르켐에서도 찾아볼 수 있다.[8]

---

5) Lawrence Friedman, *A History of American Law*, Simon & Schuster, 1985.
6) 양건, 앞의 책, pp.250-251.
7) Clifford Geertz, 문옥표 역, 『문화의 해석』, 서울: 까치, 1998.
8) 마르크스, 베버, 뒤르켐의 문화에 대한 견해는 본서 해당 장을 참고할 것.

한편, 문화란 정치, 경제, 사회의 제 영역과 분리되어 별도로 존재하는 영역이 아니라 모든 영역에 '배여 있는' 의미의 망이라고 할 수 있다. 이철우는 이 점에 대해 아래와 같이 말한다.

> 문화적 요인과 비문화적 요인을 구분하고 있는 것에 당황한다. 비문화적 요인이란 무엇인가? …… 문화는 정치적 · 경제적 실천의 영역을 포함하여 어디에나 존재하는 것이다. …… 문화에 초점을 맞추거나 또는 문화 중심적인 것에 잘못은 없다. 왜냐하면 문화는 사회적 실천의 중심이 되기 때문이다. …… 중요한 것은 문화연구가 지배와 권력배분의 문제에 민감해야 한다는 점이다.[9]

이에 대해 양건 교수는 문화개념이 지나치게 확장되면 아무 것도 설명할 수 없다고 반론한다. 오히려 양건은 법과 사회 연구에서 문화개념은 행동이나 사회관계와는 구별되는 '주관적 관념'에만 한정하여 사용하는 것이 적절하다고 제안한다. 법과 사회의 상호작용에서 법체계라는 개념의 유용성을 설명하면서, 법체계의 세 가지 요소로 구조, 실질(법규범) 그리고 문화로 분류한다.[10] 이렇게 법문화는 법의 제정, 해석, 적용 등 법현상에 관한 의미체계이면서 개인적인 인지나 감정상태가 아니라 사회적이고 집합적인 성격을 지닌 의미의 체계라고 말할 수 있다. 또한 연구자에 따라 문화에 인식차이가 있다고 할지라도, 문화란 여타 사회 · 경제 · 정치적 변화와 상호작용하는 것이어서 법문화도 끊임없이 변화하는 살아 있는 현상이라는 점에는 동의할 수 있을 것이다.

---

9) Chulwoo Lee, "Talking About Korean Legal Culture: A Critical Review of Discursive Production of Legal Culture in Korea," 38 *Korea Journal* 3, 1998, p.70.

10) 양건, "한국과 일본 간의 비교법문화론을 위한 서설: 咸秉春과 川島武宜을 넘어서," 『저스티스』, 제34권 제1호, 2001, p.93.

2) 법문화와 '살아 있는 법'

법문화와 관련하여 살아 있는 법(lebendes Recht)론으로 널리 알려진 오스트리아 법사회학자 에어리히(Eugen Ehrlich: 1862~1922)의 논의를 살펴보고자 한다. 에어리히는 법이란 특정한 사회의 사회관계와 규범에 기반을 두어야만 작동한다는, 근본적으로 사회과학적 법학에 대한 비전을 제시하였다. 규범은 언제나 사회규범이고 그것은 언제나 사회관계의 결과물이다. 법규범 역시 예외가 아니어서 사회규범의 상위질서를 구축하는 것은 아니라고 한다. 왜냐하면 존재의 영역을 반영함에 의해서만 규범이 작동하기 때문에 존재의 영역(sphere of is)이 아닌 의무의 영역(sphere of ought)이란 존재하지 않는다고 한다. 법규범이 작동하려면 존재의 영역을 필요로 한다는 것이다.[11]

이렇게 사람들의 행위의 원칙이 되는 규범을 에어리히는 '살아 있는 법'이라고 부른다. 이와 대비되는 것은 의사결정의 규범으로서의 공식적 법이다. 하지만 양자 모두 사회생활이라고 하는 같은 재질에서 나왔다. 에어리히에 따르면, 살아 있는 법이란 반드시 '관습적 법' 혹은 '사업관행'에만 관련될 필요는 없다. 살아 있는 법의 첫째 원천은 법 문서들(legal documents)이며, 둘째 원천은 삶, 상거래, 관습과 관행—때로는 실정법이 간과하거나 심지어 인정치 않는 것이라 할지라도—에 대한 직접 관찰이라고 한다. 시민들에 의해 실제로 준수되고 수용되는 지점에서 살아 있는 법이 작동한다는 것이다.[12] 실제로 사람들을 규율하는 규범에 대해 말하는

---

11) Klaus A. Ziegert, "On Eugen Ehrlich, Fundamental Principles of Sociology of Law," in A. Javier Treviño(ed.), *Classic Writings in Law and Society*(Transaction Publisher, 2007), p. 113.

12) Eugen Ehrlich, *Fundamental Principles of the Sociology of Law*, W. Moll(Trans.)(Transaction Publisher, 2002), Originally Harvard University Press, 1936, pp.486-506.

살아 있는 법론은 법문화와 관련성이 깊어 보인다. 법문화란 한 사회나 집단이 공유하는 법에 대한 태도나 의미망이라고 할 때, 그것이 실정법이나 법실무자가 의도하는 법규범과 괴리가 있을지라도 '살아 있는 법'의 기초나 실제가 될 수 있을 것이기 때문이다.

연관하여, 최대권의 연구를 살펴보고자 한다.[13] 최대권은 인류학적 참여관찰을 통해서 농촌의 사회규약과 그 구조적 토대를 연구한 바 있다.[14] 그 연구에서는 먼저 경제관계와 공동 사회관계 간의 관련성을 밝히는데, 예컨대 모내기를 위해 전답에 물 대기가 필요하고 물길을 나누어 쓰는 촌락에서는 이를 위해 이웃 간에 서로 가까운 소통과 협동이 필요하다는 것을 설명한다. 이는 마을의 분쟁해결방식에도 영향을 미치는바, 마을 내의 절도나 폭행 같은 사건이 발생했을 때도 형사절차가 아닌 마을 내부에서의 화해와 조정으로 해소되는 문화를 가지고 있다는 것이다. 외부의 공적인 잣대로 판단을 받기보다는 내부적으로 해결하는 것이 촌락민들의 이익에 더 부합할 수 있다는 것이다. 연구자는 농촌의 수치문화, 계와 두레, 관혼상제 등에 대한 공동체 규약도 이러한 맥락에서 형성되어 왔음을 밝히고 있다. 이렇게 최대권의 농촌사회와 법 연구는 농촌의 법문화에 대한 두터운 묘사를 하고 있다는 점에서 주목되고, 법문화를 단지 정신적 구조에 그치지 않고 경제적 관계와의 연동 속에서 분석하고 있어 더욱 주목된다. 촌락민들은 농사를 위해서 상부상조해야 했고 이웃 간 돈독한 관계 유지가 요청된다는 것이다. 이런 사회관계 속에서 분쟁해결 방식도 공동체 내부에서 이루어지는 경향을 나타내며, 결과적으로 개인의 행위의 통제도 공동체 안에서 이루어진다는 점을 알 수 있다. 이렇게 본 연구는 법문화, 살아 있는 법, 그리고 농촌의 경제적 관계 간의 역동성을 포착하고 있다.

---

13) 최대권, "농촌의 사회구조와 법," 『서울대학교 법학』, 제18권 제1호, 1977.

14) 현지조사는 1976년 7월 17일에서 22일까지 동년 12월 5일부터 7일까지, 12월 22일부터 31일에 걸쳐 실시되었다.

연속해서 출간된 최대권의 도시의 법 현상에 대한 연구는 앞서의 농촌의 살아 있는 법 연구의 문제의식이 지속되고, 법과 현실의 이원주의에 대한 우려를 나타낸다.[15] 이원주의란 형식적 법제도에 있어서는 구미사회와 다름이 없지만 대다수 시민들은 전통적 생활양식, 관습, 관행에 얽매여 있다는 것이다. 1960년대 후반과 1970년대 초반의 서울에 대한 참여관찰에 기초한 본 연구는 국가에 매몰되어 공동체로서의 실체를 가지지 못하는 서울의 사회관계를 관찰하고 있다. 서울의 사회적 삶은 여러 측면(가족제도 및 친족관계, 이웃관계, 주택소유태도, 금전관계 등)에서 외형적으로 농촌과 차이가 있지만, 전통적 사회구조가 여전히 지배하고 있으며, 도덕적 · 규범적 의미에서 시민문화(civic culture)가 없다고 한다.[16]

2010년대의 시점에서 근대화를 체험하고 있는 1970년대 한국사회의 법문화 연구는 매우 소중한 것임은 말할 나위도 없다. 살아 있는 법이라는 측면에서 이러한 법문화 연구에 대해 논의하면, 먼저 '농촌의 법문화' 가 가지는 의미를 어떻게 볼 것인가라는 질문이 제기된다. 왜냐하면 국가법이 엄연히 존재하고 있어서 농촌의 법과 국가의 법이 가지는 보편성과 강제력은 매우 상이한 것이고, 다원적 법문화가 존재한다고 말하기는 어렵기 때문이다. 참고로, 하나의 국가 안에 복수의 법질서가 존재한다는 다원적 법체계(plural legal system) 내지 법적 다원성(legal pluralism)에 대한 논의는 다양하게 제시되었다.[17] 앞서 본 에어리히도 국가법, 관습법과 같은 법규

15) 최대권, "도시의 사회구조와 법," 『서울대학교 법학』, 제18권 제2호, 1978.

16) 농촌과 같은 공동체적 법문화가 한 사회에서 지배적일 때, 자신들이 사는 공동체의 경계를 넘어서는 관계에 대해서는 매우 배타적 성격을 가지는 한계가 있다. 또한 개인의 권리 · 의무를 존중하는 문화도 박약해질 수 있다. 이런 집단문화가 우리 사회의 규범문화가 보편성을 갖고 성장할 수 없었던 장애가 되었다는 지적도 있다. 김정오, 『한국의 법문화』, 나남출판, 2006, p.139.

17) 'legal pluralism' 은 일반적으로 법적 다원주의, 법다원주의 또는 법적 다원성으로 번역되는데 그 기본적인 전제는 법규범은 국가가 제정한 실정법(국가법)의 형태로만 존재하는 것이 아니며, 여러 사회 영역과 층위에 걸쳐 다양한 형태의 법규범이 병존하고 있다는 것이다. 이를 바탕으로 하여 국가법 중심주의에서 탈피하여 다양한 법규범의 존재를 인정해

범의 다양한 종류, 그리고 종교법규, 상인법규와 같은 영역별 법규에도 관심을 가졌다.

또한, 도시의 법에서 나타나는 문화 지체현상을 시민문화의 부재에서 그 원인을 찾는 점에 대해서도 의문이 제기된다. 농촌 그리고 도시 사람들의 행위규범과 근대법규 간의 괴리가 한국과 같은 비서구사회에서 보다 심각하게 나타날 수밖에 없는 것이 객관적 현상이라면, 시민문화의 부재에 그 탓을 돌리기는 어렵다고 해석한다. 식민주의와 전쟁을 겪으면서 근대국가를 건설한 한국의 경우, 국가의 법규범의 형성과 집행에 시민적 기반이 취약했을 수밖에 없었다는 것이다. 요컨대, 시민적 기반의 취약은 행위규범과 근대법규 간의 괴리의 원인이 아니라 그 산물로 보는 편이 보다 합당할 것이다. 시민적 기반이 취약한 법으로 국가를 기초해야 했던 상황은 앞서 에어리히가 논한 '살아 있는 법' 으로서의 국가법과도 상당한 거리가 있는 상황임을 웅변한다. 이상과 같이 볼 때, 한국의 법문화와 살아 있는 법을 말하기 위한 역사적 전제가 서구와 매우 다른 것이고, 한국의 법문화를 전통적 태도의 온존과 같은 문화지체 현상으로 해석하는 것은 역사적 현실을 도외시한 단순한 해석이라고 보인다.

야 한다거나, 그러한 다원적인 법규범을 형성하여야 한다는 규범적 주장을 펼치기도 한다. 에어리히의 논의나 독일의 법사회학자 토이브너(G. Teubner)의 논의가 이에 해당한다. 다른 한편, 포시피실(Leopold Pospisil)은 에어리히의 논의와 같이 행위 코드로서의 법규들이 존재한다고 할지라도, 법의 기본적인 속성을 '제도화된 사회통제(institutionalized social control)' 와 속성에서 찾았다. Leopold Pospisil, *Anthropology of Law: A Comparative Study*, Harper & Row Publisher, 1971, pp.39-96; John Griffiths, "What is Legal Pluralism," *Journal of Legal Pluralism* 24, 1986 참조.

3. 유교적 법문화론을 둘러싼 논란

1) 함병춘 테제

함병춘(1932~1983)은 1960~70년대에 많은 활동을 한 법사회학자로서, 영어로 기술된 그의 저술은 당시 한국의 법과 법문화를 외국에 알리는 데 큰 역할을 했다.[18] 특히 그는 1964년 한국의 최초의 법의식 조사를 수행하였다.[19] 함병춘 교수의 한국인의 법문화의 요점을 살펴보자면, i) '소송지향성(litigiousness)' 에 대해서 한국인은 소송을 통해 분쟁의 해결을 꺼리는 경향이 있다. ii) 한국인들이 분쟁의 해결자에게 기대하는 바는 엄격한 합리성이 아니라 실질적 문제의 해결이다. iii) 법과 발전(law and development)에 관해서는 전근대적 경제관계가 지배적일 때, 법은 경제발전에 별로 도움을 주지 못하고, 복지국가보다는 자유방임국가가 보다 적절하다. 그는 "보다 많은 법은 우리에게 해로울 뿐 아니라 오늘 우리에게 필요한 것은 보다 많은 법이 아니라 보다 적은 법이다"라고 하고 있다.[20]

함병춘에 따르면, 한국의 법체계는 상부구조(법규와 조직구조)와 하부구조(문화적 환경)로 이루어져 있는데, 문제는 상부구조가 하부구조보다 앞서면서 서로 괴리되어 있다는 것이다.[21] 서구적이며 형식적인 한국의 법체계는 한국의 토착적인 법문화와 서로 이질적이라는 것이다. 이를 표현해 보면 아래와 같다.

---

18) Pyong-choon Hahm, *The Korean Political Tradition and Law*, Seoul: Hollym, 1967.

19) 함병춘은 1959년 이후 연세대학교 법과대학에서 교수로 재직하던 중 대통령의 정무수석으로 발탁되어 버마 랑군을 방문하던 중 북한의 폭탄테러로 인해 사망하였다.

20) Pyong-choon Hahm, *op. cit.*, p.166.

21) Pyong-choon Hahm, *Korean Jurisprudence*, *Politics and Culture*, Yonsei University Press, 1986, p.118.

$$\frac{\text{상부구조}}{\text{하부구조}} \rightarrow \frac{\text{서구의 법체계}}{\text{토착적 법문화 · 관습}}$$

한국의 공식적 법체계인 상부구조는 일본이 변형한 독일법 체계를 모델로 하고 있지만, 한국의 법문화는 여전히 전통적이고 전근대적이라는 것이다. 이렇게 두 다른 세계관을 가진 법원(法源) 간의 갈등을 해소하는 방안으로서 그는 외국법을 한국의 토착문화에 적응시키는 창조적 방법을 찾는 것이 현실적일 것이라고 제안한다.[22]

2) 문화론과 제도론 간의 논쟁

함병춘 교수의 논의는 많은 논쟁을 불러일으켜 왔다. 먼저, 양건의 논점을 살펴본다.[23] 양건은 함병춘 교수가 규범적 선언과 구별되는 법현실에 대한 고려를 결여하고 있다고 비판한다. 크게 볼 때, 함병춘은 정치 · 경제와 같은 문화 이외의 측면에 대해서는 도외시하고 문화적 요소만을 중시하였다고 지적한다. 특히 문화를 법의 상부구조가 아닌 하부구조에 둔 것은 그의 논리를 일종의 문화주의에 빠지게 했다는 것이다. 양건은 시민들의 법인식이나 태도를 보려면 단지 문화가 아니라 당시 사회의 분화 정도, 소득수준, 사법부 독립과 같은 요소들이 고려되었어야 한다고 한다. 나아가, 조선시대에 대한 일종의 문화 고정적 태도에 대해서도 비판한다. 함병춘은 한국의 전통사회가 비법적(alegalistic)이라고 하면서, 소송이 드문 사회라고 하고 있다. 하지만, 박병호[24]와 이에 동조하는 쇼(William Shaw)에 따르면,[25] 조선사회가 소송(형사소송 포함)을 기피하는 문화를 가졌다는 것은 근

22) "It would be much more practical for Koreans to find a way to adapt the imported system creatively to the indigenous cultural milieu," Hahm, *op. cit.*, 1986, p.252.

23) Kun Yang, "Law and Society in Korea," 23 *Law and Society Review* 5, 1989.

24) 박병호, 『한국법제사고: 근세의 법과 사회』, 법문사, 1974; 박병호, 『한국의 법』, 세종대왕기념사업회, 1974; 박병호, 『한국의 전통사회와 법』, 서울대학교출판부, 1985.

거가 없고 조선사회 법의 운용이 합리성의 요소마저 가지고 있었다고 한다.

양건은 이러한 비판에 더해 중요한 견해를 덧붙인다. 그것은 현대의 한국법에 미친 영향에는 조선시대 못지않게 식민지 지배가 중요하다는 지적이다. 프러시아 버전의 근대 서구법체계는 제국주의 일본에 의해 한 차례 왜곡되었는데, 이러한 왜곡이 식민지 조선에 유입되면서 다시 한번 왜곡되어 두 차례의 왜곡을 겪었고, 이러한 유산이 기본적으로 현대 한국에 지속되었다는 것이다.[26] 양건의 이러한 지적은 '전통'에 녹아 있는 식민주의 영향을 보지 않으려 한다는 점에서 포스트식민주의 법사회학적 비평과 같은 선상에 있다.

다른 한편, 양건의 논의에 대해 이철우가 재논의를 시도하였다.[27] 이철우에 따르면, 함병춘은 법문화의 이데올로기적 차원과 행동적 차원을 구분하지 않았다. 예컨대 일제시대의 자료에서 볼 때 일제하의 한국의 농촌에서는 법적 분쟁을 회피하지 않았다. 또한 함병춘의 논의에서는 동양적 요소를 긍정적으로 보면서 동양에 대한 지나친 일반화 내지 문화의 고정화 경향이 발생하는 역오리엔탈리즘의 경향이 발견된다고 지적한다.[28]

일본의 법사회학에서도 일본의 법문화 내지 일본인의 법의식 연구가 활발하게 진행되어 참고가 된다. 먼저, 제2차 세계대전 이후 일본 법사회학의 창시자로 불리는 가와시마 다께요시(川島武宣: 1909~1992)가 있는데, 그는 막스 베버와 같은 고전적 이론에 그 토대를 두고 있다. 가와시마의 대

25) William Shaw, "Social and Intellectual Aspects of Traditional Korean Law, 1392-1910" in Bong Duck Chun, William Shaw, and Dai-Kwon Choi, *Traditional Korean Legal Attitudes*, Berkeley: Institute for East Asian Studies, University of California, Berkeley, 1980.

26) Yang, *op. cit.*, 1989, p.896.

27) 이철우, "법문화의 담론적 생산: 방법론적 비판," 『법철학연구』, 제4권 제1호, 2001, pp.203-230.

28) 동서양의 이분법적 접근에 대해서 김정오도 유사한 비판적 견해를 피력하였다. 김정오, 앞의 책, pp.41-42.

표적 연구인『日本人の法意識(1967)』을 보면, 소유권에 관하여 일본인들은 소유자가 소유물에 대해 독점적이고 배타적인 지배권을 갖는다는 의식이 없거나 약하고, 계약에 관해서도 그 내용이 불명확하고 불확정적인 경우가 많다. 계약서를 작성하지 않을 경우가 많을 뿐 아니라 그 내용도 지극히 간단하고 계약내용 중 중요한 요소만을 규정하는 경우가 많다고 한다. 분쟁해결의 방법인 민사소송에 관한 법의식에서도 소송보다는 조정이 선호된다고 한다. 이러한 그의 견해는 영어논문으로 발표되어 이른바 일본인의 '소송기피 문화' 라는 명제가 국제적으로 통설이 되기도 하였다.[29]

한편, 미국의 대표적인 일본법 연구자인 존 헤일리(John O. Haley)의 일본 법문화의 '탈신화(脫神話)' 도 주목된다.[30] 헤일리는 그의 저술에서 일본의 법문화에 있어 '소송기피' 란 하나의 '신화' 라고 반박하였다. 인구대비 소송건수를 가리키는 소송률에서 볼 때 제2차 세계대전 이후보다 전쟁 전 1920년대 후반이나 1930년대 전반이 훨씬 높았던 현상은 전통적 법의식으로 설명되지 않는다. 오히려 제2차 세계대전 이후의 소송지연이나 변호사 부족 등 공식적 법체계의 요인으로 재판이 회피되었다고 보아야 한다는 것이다. 헤일리는 문화론을 넘어서서 사회제도나 객관적 상황을 통해 일본의 법현상을 설명하였다.

계속해서, 도쿄대의 로꾸모도 가헤이(六本佳平)[31]는 가와시마 이론의 해석적 계승에 대해 살펴본다. 그는 가와시마의 법의식 개념에 주목하여, 그것은 개개인의 구체적인 법의식의 배후에 존재하는 사회일반의 법에 대한 지배적 관념이라고 한다. 로꾸모도는 이를 '법관념' 이라는 별개의 용어

---

29) Takeyoshi Kawashima, "Dispute Resolution in Contemporary Japan" in Authur Taylor von Mehren(ed.), *Law in Japan*, Harvard University Press, 1963; 川島武宣,『日本人の 法意識』, 岩波新書, 1967.

30) John Owen Haley, *Authority without Power: Law and Japanese Paradox*, Oxford, 1991.

31) 六本佳平,『法社會學』, 有斐閣, 1986.

로 표현하였다. 로꾸모도는 가와시마의 법의식론이 스스로 그 의미를 명확히 인식하거나 표현하지는 못했으나 '법관념론'에 해당한다고 하였다. 일본인의 법관념론에 따르면, 개인들이 서로 독립적 주체로서 상호적으로 대항과 존중을 하는 관계가 아니라 집단 내지 사회관계에의 귀속을 기축으로 하고 그 내부에서 상하적으로 협동체적인 상호 의존관계 속에 있고 화(和)의 존중을 질서유지의 기본원리로 한다는 것이다. 이것이 소송기피 경향뿐 아니라 법의 규범성, 소유권, 계약관념과 같은 여러 면에서 일본의 법제도, 법과정, 법행동의 존재방식을 규정하는 기본요인이 된다. 이에 따라 헤일리를 비롯한 가와시마의 비판은 그리 유효하지 않다. 왜냐하면 비판자들이 제시한 자료들은 현실의 구체적인 법제도에 대한 태도나 행동에 관한 것이지 가와시마가 문제 삼았던 추상적 관념의 차원이 아니기 때문이다. 로꾸모도는 전통적인 법관념 중에서도 의리(義理)와 같은 관념은 일본적인 색채를 가지고 있는 것으로 계속 유지돼야 할 것이라고 주장했다.

다른 한편, 이러한 주장에 대해 미야자와 세츠오(宮澤節生)는 보다 분명하게 비판적 견해를 피력하였다. 무엇보다 미야자와는 법문화론 자체에 대해 회의적이다. 과연 구체적인 행동과는 별개로 그 배후에 존재한다고 가정되는 문화를 측정할 방법이 있는가에 대해 의문을 제기한다. 가와시마나 로꾸모도가 말하는 추상적 법의식을 측정할 방법은 더더욱 없다는 것이다. '법문화'란 법체제에 관한 사람들의 태도 · 가치 · 의견이라고 할 수 있는데, 제도나 행동의 설명요인으로서 문화를 사용하기 위해서는 제도나 행동으로부터 독립하여 측정하지 않으면 안 된다. 나아가, 종래 문화라는 개념은 설명의 도구라기보다는 기존의 제도나 행동을 정당화하기 위한 정치적 무기로 사용되었던 소지가 크다고 한다. 문화론은 현실을 수용하게 하고 그에 따라 행동하게 하는 사회통제의 수단이 되기 쉽다는 것이다. 법문화 연구의 의의는 지배적 문화가 누구의 이익을 정당화하고 어떠한 과정을 거쳐 그러한 문화가 지배적이게 되었는가를 밝히는 데 있으며, 나아가 지배

적 문화와는 다른 문화의 가능성을 제시하는 데에 있다.[32]

다른 한편, 일본 법문화의 핵심인 소송기피문화에 대해 다나세 다까오(棚瀨孝雄)가 보다 정밀한 분석을 내놓아 주목된다.[33] 관리모델(management model) 내지 제도모델이라 불리는 그의 설명에 따르면, 일본인의 비소송적 행태(non-litigious behavior)에 대한 설명으로 그간 가장 지배적이었던 것은 태도모델이라고 한다. 즉, 일본인의 심성 속의 비소송적 태도에서 그 원인을 찾는 설명으로서 가와시마의 견해가 대표적이다.

하지만 제도모델에 따르면 일본인이 소송을 좋아하지 않는 것이 아니라, 일본인이 소송을 흔히 하지 않는 것은 여러 제도들이 소송을 하지 않도록 구조화되어 있기 때문이다. 예컨대 법원의 판사수가 너무 적고 소송제도가 비효율적이기 때문에 사람들이 법원을 통해 권리실현을 하지 않으려 한다. 그 대표적 견해는 헤일리에게서 찾아볼 수 있다. 그러나 이러한 설명에 대해 남는 의문은, 왜 일본의 정부 엘리트들이 그러한 정책을 원했으며, 또 그러한 정책을 성공적으로 수행해 올 수 있었느냐 하는 것이다. 이에 대해 다나세는 일본인이 소송을 드물게 하는 이유는 '분쟁이 관리되고 있기 때문' 이라고 설명한다. 즉 분쟁당사자들에게 그들의 욕구를 충족시킬 수 있는 현실적인 다른 대안이 있기 때문에 소송의 수요가 통제될 수 있다는 것이다. 다나세는 자동차사고 보상에 대한 분쟁에서 법률서비스 수요에 대해 살펴보면서, 일본에 법률서비스를 이용하지 않도록 분쟁관리가 이루어지기 위한 조치가 잘 마련되어 있다는 것을 밝혀냈다. 그것은 피해자가 독자적으로 피해구제 청구를 할 수 있고, 관련법이 단순하며, 법적 분쟁에 대

32) Setuo Miyazawa, "Taking Kawashima Seriously: A Review of Japanese Research on Japanese Legal Consciousness and Dispute Behavior," 21 *Law & Society Review* 2, 1987; 宮澤節生, 『法過程のリアリテイ』, 信山社, 1994, pp.53-67(양건, 앞의 책, p.101에서 재인용).

33) Takao Tanase, "The Management of Dispute: Automobile Accident compensation in Japan," 24 *Law & Society Review* 3, 1990.

한 대안적 수단이 있다는 것 등을 포함한다.

다나세의 설명은 기존의 법문화 연구가 가지는 관념론적 경향을 탈피하여, 문화론에서 제도론으로의 선회를 보여준다. 특히 구체적인 분쟁상황에서 가용한 분쟁해결의 제도적 요소들을 규명했다는 점에서 주목된다. 이상과 같은 일본의 논의는 법문화 연구의 시각과 방법에 대한 논란과 발전을 보여준다는 점에서 한국의 법문화 연구에도 매우 유익한 연구사례가 될 것이다. 한국의 법문화에 대한 논의의 내용과 흐름에서 유사성이 많아서 그 이유에 대해서도 사색하게 만든다.

4. 법의식 조사의 흐름

이제 법문화의 가장 중요한 경험적 지표가 되어 온 법의식 조사의 경과와 내용에 대해 살펴보기로 한다.

1) 함병춘 · 양승두의 법의식 조사(1963~64년)[34]

본 조사연구는 1963년 12월에서 1964년 6월까지 실시된 본격적 의미의 한국 최초의 법의식 조사이다. 이 조사는 20세 이상의 국민을 도시와 농촌의 계층별 무작위 표본 추출하여 실시하였는데, 전체 표본 1,301개를 선정하여 표본의 주소지에 면접자가 방문하여 면접이 이루어졌다. 1960년대라는 당시 시점에서 볼 때, 상당한 과학성과 체계성을 갖춘 연구라고 할 수 있다.[35] 이 연구는 기본적으로 근대화과정에서 '전통적 법의식'이 차지

34) Pyong-choon Hahm, *op. cit.*, 1986; 양승두, "우리나라 전통적 법의식과 그 변화에 관한 연구," 『법학연구』, 제2권, 연세대학교 법학연구소, 1982.

35) 황승흠 "한국 법의식조사의 연혁과 성과," 2009 한국법사회학회 학술대회 미간행 발표문, 2009.6.12.

하는 위상과 영향력을 규명하고자 하는 목표를 가지고 있었다. 이 연구는 앞서 살펴본 함병춘의 법문화론의 기초가 되었다.

2) 임희섭의 법의식 조사(1972년)[36]

1972년 2월~5월에 실시된 본 법의식 조사는 사회학자에 의해 진행되었다는 점에서 관심을 끈다. 본 조사는 전국표본, 대학생표본, 법률직 종사자 표본이라는 3개 집단에 대해 실시되었고, 전국표본은 대도시, 중소도시, 읍부로 층화한 다음, 서울을 대도시 표본지역으로 임의추출하고, 중소도시, 읍부, 농촌의 표본추출 대상지역은 경북과 전북으로 제한하였다. 최종 면접대상자는 주민등록표에서 만 18세 이상의 남녀 가운에 계통적 무작위추출 방법을 사용하여 결정하였으며 표본수는 총 1,993개였다. 또한 대학생 표본에서 787명, 법률 종사자 표본에서 258명이 응답함으로써 총 응답자 수가 3,038명인 대규모 연구였다.

본 연구는 한국사회에서 개인들이 어떠한 수준의 법지식, 법적 동일시감, 그리고 법적 능력을 가지고 있는가 등을 밝히고자 하는 한국인의 '법태도'에 대한 체계적 인식조사라고 한다.[37] 저자는 법을 바라보는 입장으로 '자연법'과 도덕적 정의에 기초한 것으로 보는 '도덕성', 국가권력의 의지로 규정하는 '정치성', 공동체의 전통이나 관습에서 찾는 역사주의 입장 즉 '적절성'으로 나누고, 사회학적 관점은 법을 사회규범 혹은 집합표상의 형태로 본다는 점에서 두 번째와 세 번째 전통을 이어받았다고 진단하고 있다. 본 연구결과에 따르면, 한국인의 법태도는 다음과 같다. i) 인지적 측면에서는 법의 도덕성과 정치성이 사회성 못지않게 중요시되고 있다

---

36) 임희섭, "한국인의 법의식에 관한 사회학적 연구," 『서울대학교 법학』, 제15권 제1호, 1974.

37) 임희섭, 위의 글, p.40.

는 점, ii) 법의 형법적 · 징벌적 측면과 통제기능이 법의 민법적 · 계약적 측면이나 사회개혁적 기능보다 더욱 강조되고 있다는 점, iii) 정서적 측면에서 법적 소외감이 상당히 높고 법의 타당성, 공정성에 대한 신뢰도가 매우 낮다는 점, iv) 행동적 측면에서는 법의 타당성에 대한 심한 회의로 인해 법사용 능력이 비교적 낮은 점 등이다. 또한 본 연구는 한국인의 법행동의 유형을 조사 · 분석하였는데, 그것은 법동일시감(legal identification)과 법사용능력(legal competence)의 높고 낮음에 따라 분류하고, 준수형(observant), 조정형(manipulative), 신민형(subjective), 회피형(avoidance)의 4유형으로 구분되었다. 이러한 분석의 결과를 보면, 남자 · 청장년층 · 교육을 받은 고소득층은 주로 준수형과 조정형에는 속해 있는 반면, 여자 · 노년층 · 저교육층 · 저소득층은 주로 신민형과 회피형에 속해 있음을 알 수 있다.[38] 본 연구는 함병춘 · 양승두의 연구와 달리 '전통적 법의식' 이라는 용어는 거의 사용하지 않고 현실적 법의식을 조사하고자 했다는 점에서 주목된다.[39] 이상과 같은 점에서, 본 연구는 한국의 법의식 실증조사에 있어 기념비가 될 만한 사회학 연구라고 평가한다.

3) 차용석 · 최종일 · 장대주의 법의식 조사(1988년)[40]

1988년에 실시된 본 법의식 조사는 그 대상을 수도권, 지방거점도시,

38) 임희섭, 위의 글, pp.52-54.

39) 본 연구에서 특히 흥미로운 점은 설문문항의 선별 내지 문항의 표현이다. 질문의 내용이 중요한 쟁점을 적절히 포착하고 있고 그 표현에 현실성이 있다고 보인다. 예컨대 다음과 같은 문항: "선생님이 법을 지키는 것은 무엇보다도 1) 옛날부터 그래 왔으니까. 2) 법을 만들고 시행하는 사람들이 애국자니까. 3) 법을 잘 지켜야 사회가 발전하니까. 4) 법은 국민이 뽑은 국회에서 만들어진 것이니까 등인데, 이에 대해 일반국민의 71.00%가 2)를 선택한 반면, 대학생의 72.46%는 3)에, 법조인의 87.98%가 3)을 선택했다. 본 조사는 동년 2월 예비조사(pretest)를 통해 113개의 문항을 확정했다고 한다.

40) 차용석 · 최종일 · 장대주, "한국인의 법의식에 관한 조사연구 및 준법의식의 제고방안," 『법학논총』, 제6집, 한양대학교 법학연구소, 1989.

공단배후도시, 농촌 및 어촌으로 구분하여 수도권에서 450매, 지방거점도시에서 200매, 공단배후도시에서 150매, 농촌지역에서 100매, 어촌지역에서 100매를 조사하였다. 각 대상지역에서 예정된 인원을 무작위 추출하여 인터뷰 방식에 의해 조사하여 총 987매의 응답지를 분석대상으로 하였다. 이 연구의 출발점은 "한국사회에는 전근대적인 법의식이 깔려 있는 기반 위에 서구적인 근대적 법의식이 이식 접목되어 있다"라고 한 것에서 볼 수 있듯이, 전통적 법의식과 근대적 법제도의 괴리라는 전형적인 문제의식을 가지고 있다.[41] 연구자들은 "지금 한국법의 올바른 이해를 위해서는 계수된 서구법이 한국사회에 어떻게 기능하고 있는가", 즉 계수법이 한국에서 살아 있는 법으로서 해석 · 적용되고 있는가를 밝히는 데 연구목표로 두고 있다.[42]

본 연구는 전통적 법의식이 약화되면서 발생하는 가치관의 혼란도 새로운 문제로 나타나고 있다고 한다. 즉 우리 사회의 전통적 문화양식으로 인한 자연법사상의 부재와 과도한 외래문물의 수입으로 인한 사회적 해체현상이 수반되는 가치관의 혼란으로 전통적 법의식이 사라지고 개인주의적 사상에 의한 이기주의적 법의식의 팽배현상을 지적하고 있다.[43] 또한 법을 필요에 따라서만 이용하겠다는 '자기주의적(自己主義的)인 사고' 라는 현상을 새롭게 포착하였다. 연구자들은 이 현상을 법의 공정성에 대한 신뢰도의 문제와 아직도 특권층이 법을 자의로 해석 운영한다는 부정적 관념과 부당하게 국민을 억압하는 법률이 현존한다는 반응과도 일맥상통한다고 해석하였다.[44]

---

41) 황승흠은 본 연구의 방법에 대해 '법에 대해 일반론적, 추상적 질문보다는 구체적인 질문을 많이 던지는 등 진전된 측면이 있다는 것에 동의하면서도, 용어나 상황설정이 지나치게 법학적이어서 일반국민의 법의식이 정확하게 파악되지 않을 가능성도 지적한다(황승흠, 앞의 글).

42) 차용석 외, 앞의 글, p.96.

43) 차용석 외, 앞의 글, p.120.

44) 차용석 외, 앞의 글, p.108.

4) 한국법제연구원의 법의식 조사(1994년)

1990년대부터는 국책연구기관에서 법의식 조사가 이루어졌다. 최초의 국책연구기관에 의한 법의식 조사는 1991년에 이루어진 한국법제연구원의 조사였고, 1994년에도 동 연구원은 일반국민에 대한 법의식 조사를 재실시하였고 1996년에는 법전문가 대상의 법의식 조사를 실시하였다. 여기서는 1994년 조사연구를 중심으로 살펴본다.[45]

한국법제연구원은 1994년 4월, 전국 20세 이상의 남녀 1,200명을 대상으로 법의식 조사를 실시하였는데 표본은 다단계층화집락 표집방법을 사용하여 추출하였으며, 조사원이 개별 가구를 방문하여 조사대상자를 직접 면접하는 방식으로 조사가 진행되었다. 국책연구기관이 수행한 본 법의식 조사의 두드러지는 특징은 '법치주의의 구현'을 위한 법의식의 진단에 그 주된 목적을 두었다는 점이다. 이는 법현실과 법문화를 측정하고자 하는 법사회학적 동기와는 다소 거리가 있다. 또한 법의식이란 단지 법의 준법의식에만 국한되지는 않을 것이기 때문이다.

본 조사연구의 결과를 요약하기는 쉽지 않지만, 1980년대 이후의 흐름인 이기적 권리의식이 강하게 나타나고 있음을 밝혀내고 있다. 무엇보다 본 연구는 한국인의 법의식의 이중성을 명확하게 드러냈다. 이를테면 법에 대해 부정적인 인상을 가지고 있지만, 그럼에도 탈법 행위자에 대한 평가는 매우 부정적이다.[46] 우리나라 사람들이 법을 잘 지키지 않는다고 생각하지만, 동창회나 계와 같은 사적 모임에서 규칙은 잘 준수하는 편이다.[47] 사법권의 독립은 믿지 못하지만, 개인의 권리침해에 대한 권리의식은 매우 높다.[48] 하지만 본 연구는 이러한 이중성보다는 '전통적 법의식'의 지속과

45) 한국법제연구원, 『94 국민법의식조사연구』, 한국법제연구원, 1994.
46) 한국법제연구원, 위의 책, p.74, p.84.
47) 한국법제연구원, 위의 책, p.107, p.110.
48) 한국법제연구원, 위의 책, p.119, p.132.

그로 인한 한국인의 낮은 준법의식에 주목하고 있다.

> 문제는 한국인에게 전반적으로 준법정신이 결여되어 있다는 데 있다. 흔히 한국인은 사회생활을 법 이전의 대인적인 상호신뢰와 정의(情誼)에 기반을 두고 행하려는 습성이 있다고 본다. 법에 신세를 지지 않고 살거나 법이라는 것이 도덕적으로 규제할 수 없는 인간을 다스린다는 인식이 한국인의 법의식에 농후하다는 것이다. 이러한 태도는 분명히 국민법의식의 저하를 가져오고 동시에 법치주의를 실현하려는 시도를 좌절시키고 있다.[49]

이러한 해석은 함병춘 이래로 발견되는 한국 법문화의 근대화론 내지 전근대론의 연속선상에 있다고 할 수 있는데, 앞서 그것이 지닌 여러 문제점에 대해 살펴보았던바, 1990년대 이러한 관점을 그대로 채용한 연구를 수행했다는 점에 대해서 성찰이 필요하다.

5) 형사정책연구원의 법의식 조사(2000년)[50]

2000년에 실시된 한국형사정책연구원의 법의식 조사는 준법의식의 실태와 이의 제고방안을 찾는 데 초점을 두고 있다. 한편, 본 연구에서는 다양한 분석기법이 사용되었다는 점에서 그 의의를 찾을 수 있다. 조사결과에 따르면, 우리 국민들이 갖고 있는 법에 대한 전반적인 인식은 대체로 부정적이며, 법에 대한 인지도도 낮은 편이다. 법집행의 정당성에 대한 인식은 매우 부정적이었는데, 권력이나 금력이 처벌 여부 및 강도에 영향을 미친다고 생각하는 사람들이 전체의 92.5%에 달하였다. 그럼에도 '우리는 법을 지켜야 할 것인가' 라는 물음에 대해 전체 응답자의 약 4분의 3인 74.7%가 반드시 지켜야 한다고 응답했다. 이 부분 역시 법의식의 이중성

---

49) 한국법제연구원, 위의 책, pp.109-110.

50) 한국형사정책연구원, 『준법의식의 실태 및 준법운동의 전개방향에 관한 연구』, 한국형사정책연구원, 2000.

이 여실히 드러나는 대목이다. 한편, 본 연구에서는 준법의식과 사회인구학적 변인 간의 관계를 분석했는데, 자존감과 자기통제력이 높을수록, 인습적 가치를 따르는 사람일수록, 잘못에 대한 수치심을 잘 느끼는 사람일수록, 준법의식이 높은 것으로 나타났고 사회경제적 지위가 높을수록 준법의식이 약한 것으로 나타나서 주목된다.[51)]

6) 한국정신문화연구원의 법의식 조사(2004년)[52)]

2004년에 한국정신문화연구원에서는 한국경제의 선진화와 법치원리 확립에 관한 연구의 일환으로 법의식을 조사하였다. 경제의 선진화와 법치가 연구주제였던 만큼 법의식 조사 역시 경제관계에 대한 의식이 주를 이루었다. 본 의식조사에서는 서울시 거주 20세 이상 1,000명을 할당표본 추출하여 일대일 개별 방문으로 면접조사를 실시하였다. 조사결과에 대한 추론을 보완하기 위해 2004년 3월~4월에 경제관료, 시민단체, 학술연구자 등 전문가 73명에 대한 일대일 개별 방문으로 면접조사를 실시하였다. 본 조사가 이전의 조사와 가지는 차별성은 기존 연구들이 흔히 전제로 했던 근대론적 법담론을 비판하고 역사사회학적 접근을 강조한 점이다. 저자는 "법의식 연구에서 흔히 나타나고 있는 문화유형론을 경계해야 한다. 한국의 문화적 특징, 특히 조선시대의 예치전통 때문에 한국에는 법치가 잘 이루어지지 못하고 있다는 주장 같은 것이 그것이다. 역사사회학의 관점을 택하면 현대사회의 법의식 문제의 원인을 조선시대의 유교문화 탓으로 돌릴 수 없다"고 한다.[53)]

51) 사회경제적 지위와 준법의식 간의 관련성은, 1972년의 임희섭의 연구와 상충된다(임희섭, 앞의 글). 임희섭의 연구에서는 나이가 많아질수록, 고학력일수록, 고소득일수록 법준수 의식이 높아지는 경향이 있었다.

52) 전택수 외 6인, 『선진경제 진입과 법치원리 확립－이상과 현실』, 백산서당, 2005.

53) 한도현, "한국인의 법의식과 법치사회의 전망," 『선진경제 진입과 법치원리 확립－이상과 현실』, 전택수 외 6인, 백산서당, 2005, p.31.

응답자들이 갖고 있는 법에 대한 이미지는 대체적으로 부정적인 것으로 나타났는데, 그 원인에 대해서는 공정한 법집행이 되지 않는다는 점, 권력층이 기득권 유지에 법을 사용하기 때문이라는 응답이 주를 이루었고, 법을 지키면 손해를 본다는 것에 대해 긍정한 응답자도 많았다. 요컨대, 한국의 준법수준 내지 법의 신뢰가 낮은 것은 법에 대한 의식 자체라기보다는 법집행의 공정성과 같이 법 시스템의 작동에 대한 인식에서 비롯된 것임을 시사한다.

7) 한국법제연구원의 법의식 조사(2008년)[54]

한국법제연구원의 2008년 의식조사는 이제까지 실시된 법의식 조사 중 그 규모가 가장 큰 것이다. 설문항목의 대부분이 1994년 조사와 동일하거나 유사하기 때문에 연구결과를 서로 비교할 수 있다는 의의를 지니고 있다. 본 조사는 2008년 5월 주민등록 인구현황에 근거하여 전국 만 19세 이상 성인남녀 3,000명을 대상으로 구조화된 질문지를 사용하여 조사원이 개별 가구를 방문하여 조사대상자를 직접 면접하는 방식으로 이루어졌다.

이 조사에서도 법에 대한 인상은 여전히 부정적인 것으로 평가되었다. 그럼에도 대부분의 응답자들은 법이 필요하다고 응답했고, 또 4분의 3 정도의 응답자는 법이 필요한 이유를 사회질서 유지로 꼽았다. 이는 1994년의 조사와 동일한 결과이다. 하지만 응답자의 대부분은 법지식이 낮다고 하였고, 타인의 법준수 정도에 대해서는 약 3분의 2 정도가 잘 지켜지지 않는다고 응답했다. 그런데도 '스스로가 법을 지키는가' 라는 질문에 대해서는 약 90%의 응답자가 법을 잘 지킨다고 응답했다. 이는 자신과 타인의 법준수에 대해 일종의 이중 잣대가 사용됨을 나타낸다. 이런 내용은 이전

54) 한국법제연구원, 『2008 국민법의식조사연구』, 한국법제연구원, 2008.

연구에서 잘 드러나지 않았던 부분이다.

8) 법의식 조사의 방법론과 시각

이상의 법의식 조사연구를 그 내용의 측면과 방법론이라는 측면으로 나누어 살펴보도록 한다.

(1) 방법론적 문제점

여러 연구들이 수행되었기 때문에 일률적으로 말하기는 어렵지만, 연구방법론에서는 다음과 같은 특성이 나타난다.

첫째, 연구의 대상이 '법의식'으로서 추상성이 높고 연구범위가 지나치게 광범위하다는 점이다. 이에 따라, 구체적으로 어떤 법의 인식에 대해 묻는 것인지, 또 그것이 인식인지 행위인지 구분되지 않는 경우가 많다. 법의식 조사연구에 있어서 구체적 선행연구가 많지 않고 연구역량이 일천한 상황을 감안할 때, 조사대상자의 표집방법에 대해서는 상당한 정도의 과학적 체계성을 가지고 있었던 것으로 높이 평가한다. 이에 비해 설문문항으로 표현되는 연구내용에 대해서는 무엇을 묻는 것인지 막연하거나 잘 정의되지 않는 질문들이 다수 있었던 것으로 평가한다.

이를테면, 1964년에 행해진 함병춘 · 양승두의 조사연구에서, '악법도 지킬 것인가?' 라는 질문에 대해 응답자의 49.8%가 지키지 않는다고 하였고 응답자의 21.1%는 지킨다고 응답했다. 연구자는 이 수치를 근거로 한국인의 준법의식이 박약하다고 진단한다.[55] 하지만, 이때의 '나쁜 법'이 어떤 법인지 준거점이 제공되지 않았고, 실제로 행위자가 그 악법의 적용

55) 양승두, 앞의 글, p.379.

을 받을 때 어떻게 행위할 것인지에 대해 예측하기도 어렵다. 더 나아가, '악법도 법으로서 지켜져야 한다' 는 관념이 1960년대 한국인에게 익숙한 명제였을지도 의문이다. 연결선상에서, 1988년 실시된 차용석 외의 법의식 조사에서 보면, '법은 꼭 지켜야 한다고 보십니까' 라는 설문문항도 비슷한 문제점을 안고 있다. 위 문항과 함께 질문된 '법을 어떻게 보십니까?' 라는 질문에서는 응답자의 78.3%가 법은 국민의 권리와 이익을 위해 있다고 본다고 답하였다고 한다.[56]

이런 추상성이라는 문제점이 있음에도 이런 종류의 포괄적 질문이 우리나라 법의식 조사에서 상당히 선호되었던 것 같다. 1994년 한국법제연구원의 조사에서는, '우리 사회에서 법이 잘 지켜지고 있다고 생각하는가' 의 물음에 대해 78.9%가 그렇지 않다고 답변하였고,[57] 2008년 조사의 동일한 질문에 대해서는 '법이 잘 지켜지지 않는다' 는 답변이 58.2%, '잘 지켜지는 편' 이라는 응답이 35.6% 나왔다.[58]

한편, 위 문항의 연속 문항인 '법이 잘 지켜지지 않는 가장 큰 원인을 무엇이라고 생각하십니까' 라는 질문에 대해서는 응답자들이 과연 이런 판단을 할 능력이나 지식이 있는가라는 물음도 중요할 것이다.[59] 이러한 포괄적인 질문과 지식을 요하는 질문에 대한 일반시민들의 답변을 두고 한국인들의 준법의식이 박약하다고 해석할 것인지 혹은 한국인들이 다른 사람들의 준법행위에 대해 평가하고 있는지도 막연하다. 이렇게 어떤 법에 대한 어떤 상황을 말하는 것인지 구체성과 준거점이 부족하다면, 응답자들도

56) 차용석 · 최종일 · 장대주, "한국인의 법의식에 관한 조사연구 및 준법의식의 제고방안," 『법학논총』, 한양대학교 법학연구소, 제6집, 1989, p.107.

57) 한국법제연구원, 앞의 책, 1994, p.107.

58) 구체적으로 본 설문문항의 내용은 아래와 같다. 문 21) 00님은 우리 사회에서 법이 어느 정도 잘 지켜지고 있다고 생각하십니까? 혹은 그렇지 않다고 생각하십니까? 1. 매우 잘 지켜지고 있다 2. 잘 지켜지는 편이다. 3. 잘 지켜지지 않는 편이다. 4. 전혀 지켜지고 있지 않다(한국법제연구원, 앞의 책, 2008).

59) 염유식, "한국 법의식조사에 대한 연구 방법론 검토," 『법과사회』, 제37권, 2009.

딱히 무엇을 묻는지 모르는 채 '인상적인' 답변을 할 수밖에 없을 것이다. 그렇다면, 이를 두고 사회과학적 해석을 한다는 것이 오히려 잘못된 결과를 가져올 위험성이 있다.

둘째, 연결선상에서 추상적 개념에 대한 인식을 조사하기 위해서는 측정 가능한 '조작적 정의'로 전환해 줄 필요가 있다. 법의식의 각 영역 내지 차원을 나누고 그 차원들에 대한 다양한 지표를 명시하는 것 등이 그 예일 것이다.[60] 예컨대, 2008년 한국법제연구원의 연구주제에서 '준법정신'과 '권리의식'을 측정하기 위한 설문들이 있는데, 앞서 지적한 바와 같이 '우리 사회에서 법이 어느 정도 잘 지켜지고 있다고 생각하십니까? 혹은 그렇지 않다고 생각하십니까?'와 같은 불명료한 질문이 반복되었다.

예컨대, '권리의식'을 측정하기 위하여 2008년 조사는 '뺑소니를 당했을 때의 고발정신,' '불량품 구입 시 대처방법,' '횡단보도 교통사고 발생 시 대처방법,' '집단따돌림' 등의 상황에 대해 질문한다. 이러한 조작화의 노력은 긍정적으로 평가한다. 뺑소니 사고에 대한 고발정신은 '당연히 고발한다'가 79.8%로 높게 나타나 '국민들의 고발정신이 상당히 높은 것'으로 해석하고, 불량품 구매 시의 대처는 '소비자 고발센터에 신고한다'의 응답자가 30.5%(1994년 조사 33.8%), '끝까지 따져 바꿔 온다'에 32.9%(1994년 조사, 48.9%), '한번 산 것이니 어쩔 수 없다'에 31.5%(1994년 조사 16.4%)가 응답한 결과가 나왔는데, 1994년 조사와 비교할 경우 더 권리의식이 약해졌다는 것인지 혹은 위의 설문이 진정 '권리의식'을 나타내는 것인지에 대한 설명이 없다.

이와 같이 위 조사가 밝히고자 한 '권리의식'에 대해 본 조사항목들이 얼마나 적절하게 측정하고 있는가라는 타당도(validity)의 문제가 제기될 수 있다. 위 설문들이 분쟁발생 시, 법을 통하여 분쟁을 공적으로 해소하는

60) 염유식, 위의 글.

것을 선호한다는 것인지, 혹은 '권리의식'을 제대로 표상하는 것인지가 문제된다. 이상과 같은 방법론적 문제는 해당 연구자들이 가지고 있는 '법의식'에 대한 이해, 나아가 한국사회와 법체계에 대한 사회과학적 인식에 기초하는 것이므로 결국 방법론적 문제는 연구시각 및 관련 연구의 고찰과 관련된 문제라고 평가한다.

(2) 조사의 내용과 시각의 문제점

이제 법의식 조사들의 내용과 시각에 내재해 있는 문제점에 대해 살펴본다.

첫째, 앞에서 여러 차례 지적된 바대로, 법의식 조사에는 근대화론의 잔영이 그대로 남아 있다. 한국의 낙후된 법문화와 서구의 진전된 법체계라는 이분법이 채용된 경우가 많은데, 여기에는 서구를 중심으로 놓는 잣대가 존재한다는 것을 부정하기 어렵다. 황승흠은 이를 두고 연구의 프레임이 전통적 법의식의 극복에 있었다고 표현하고 있다.[61] 이러한 근대화론적 프레임에서는 한국과 한국의 법문화는 무언가가 부족한 '결여태'로 남아 있을 것이다. 앞서 논의한 대로, 한국의 법문화가 조선시대, 식민지시대, 혹은 현대사회를 통하여 간단 없는 구성과정에 있었고, 사회경제적 체계와 상호작용하는 산물이라고 할 때 법문화를 역동적으로 다루는 시각이 필요할 것이다. 한국의 법문화가 조선시대 혹은 어떤 불특정 시기에 마치 그 원형태(archtype)를 가지고 있는 것으로 간주하는 오리엔탈리즘적 태도가 있지 않은지 경계해야 할 것이다. 앞서 지적한 대로, 법의식 혹은 법문화 연구에 있어 문화주의적 경도를 극복하고, 법문화에 대한 역사적 태도가 요청된다.

둘째, 1990년 이후 나타나는 한국의 소송 급증현상과 함께 법문화 연

---

61) 황승흠, 앞의 글.

구에도 일정한 패러다임 변화가 필요했다고 보인다. 이 하나만의 현상으로도 한국인은 '소송을 꺼리고' 분쟁을 사적으로 해결하는 전통적 법문화를 더 이상 가지지 않고 있음을 보여주기 때문이다. 그런데 1998년 이후 대다수 소액심판사건으로 이루어진 민사본안사건이 급증한 것은 법에 대한 신뢰가 증가했고 법률 서비스를 받는 것이 용이해져서라기보다는, 분쟁당사자 간의 비공식적 분쟁처리 기제가 거의 작동하지 않아서 기업과 사인들에서 기계적으로 소송이 제기된 결과라고 해석할 수 있다.[62] 이와 같다면, 법의식에 대한 경험적 조사는 한국인의 법의식을 직조하는 제도적 기제들에 대해 분석하는 사회과학적 연구에 의해 보완되고 재설계될 필요가 있다.

셋째, 앞서 권리의식에 대한 설문이 빵소니, 불량품, 교통사고, 집단따돌림과 같은 사례를 들고 있음을 살펴보았다. 여기서 분쟁이란 주로 사인 간에 발생한 것이라고 할 때, 여기서의 이익 추구가 권리의식과 동일시될 수 있을지 의문이다. 아래에서 볼 것처럼, 한국의 법치에서 가장 중요한 문제는 공적 영역, 특히 국가와 시민 간의 관계의 영역에서 나타나는 것으로 보인다면 오히려 국가를 상대로 한 국민의 권리주장, 예컨대 공권력의 인권침해 혹은 공직자 비리에 대한 고발 등과 같은 공법적 쟁점에 대한 인식 조사가 좀 더 필요하지 않았을까 평가한다. 생각건대, 서양에서 유래한 권리의식은 개인주의에 기초한 권리의식을 의미하고, 법을 지킨다는 것에는 일정한 국가와 시민 간의 규약이라는 의미를 지닌다면, '권리의식'의 조사를 위해선 권리의 제도적 기초에 대해 살펴보고 이에 대해 대응하는 설문 문항을 마련해야 했을 것이다.

앞서 법문화론에서 요청되는 주요 과제 중 하나가 한 국가 안에 작동하는 권력의 문제에 민감한 분석이라고 한다면, 법의식 조사에 있어서도 시민의 법의식과 국가법 집행자의 법의식이 나누어 분석되어야 할 것이고,

62) 황승흠, 『분쟁과 질서의 법사회학』, 성신여자대학교 출판부, 2005, p.349.

상호의 권력관계를 드러낼 수 있는 조사문항이 필요하다 하겠다. 이제까지 연구는 오히려 국가 내지 지배자의 입장에서 국민의 법지식, 법행동, 법의식을 측정해 보자라는 관심이 지배적이었던 반면 시민의 입장에서 국가기관의 법집행 및 법해석 태도에 대한 관심은 별반 없었다고 평가한다. 이렇게 볼 때, 법의식 조사와 같은 실증적 조사가 반드시 필요하지만, 단지 실증주의적 태도만으로 훌륭한 조사결과를 얻을 수 있다고 보이지 않는다. 과제는 더 나은 조사문항의 개발 자체가 아니라 한국의 법문화 내지 법의식에 대한 시각과 이론의 탐구에 있다고 보인다.

5. 한국인의 법문화 · 법의식의 특징

앞에서 논의한 법의식 조사 결과의 내용을 토대로 한국인의 법의식 내지 법문화의 현재 상황을 진단해 본다.

먼저, 최근으로 올수록 한국인의 법의식에서 법에 대한 불신과 법행위에 '이중성'이 두드러지게 나타나고 있다. 황승흠은 전통적 법의식의 지속이라는 프레임으로는 이러한 이중성이 설명되지 않는다고 진단한다.[63] 이중성은 여러 방면으로 나타나는데, 앞서 본 대로, 준법정신은 낮은데 권리의식은 높게 나타나는 것이 그 대표적 예이다. 비슷한 경향으로 한국법제연구원은 "'법과 질서는 잘 안 지키면서 자기 이익과 권리를 챙기는 데는 급급한 사회' 라는 최악의 반법치 상태를 보여주는 듯하다"고 한국인의 법문화를 평가한 바 있다.[64] 이러한 태도는 준법의식을 기초로 한 시민적 의식의 부족 내지 다른 시민이나 타인을 배려하는 의식의 결여로서 이기적 권리의식이라고 특징지을 수 있을 것이며 그런 의미에서 권리의식이라고

63) 황승흠, 위의 책.
64) 한국법제연구원, 앞의 책, 1994, p.105.

하기도 어렵다. 나아가, 어떻게 타자를 배려하고 상상하는 법의식을 배양할 수 있는지 한국의 법교육과 사회교육의 견지에서 고민해야 할 것이다.

둘째, 법의식 조사 결과는 한국의 법의식의 현재 상태는 단지 시민교육의 과제가 아니라 입법, 사법, 행정과 같은 국가기능의 정상화라는 과제와 엇물려 있음을 나타낸다고 해석한다. 거의 모든 조사에서 한국인의 법에 대한 불신이란 권력기관의 법의 집행의 공정성에 관한 것이기 때문이다. 이는 한국에서 법을 둘러싼 갈등의 주요 무대가 시민사회 영역이 아니라 시민과 국가 간의 관계영역임을 나타낸다. 예를 들면, 한국법제연구원의 일련의 조사들에서 '가장 시급히 퇴치되어야 할 범죄유형'에서 '부정부패'는 부동의 1위를 차지하고 있다. 시민들의 법의식에서 가장 우려되는 바는 공직자들의 불법행위라는 것이다. 개인의 범죄를 넘어서 국가기관과 공직자들의 부정과 불법행위, 그리고 이에 대한 법의 무력에 대해 국민들이 우려하고 있는 것이다.

〈표 1〉 퇴치되어야 할 범죄유형 (단위: %)

구분	2008년 조사	1994년 조사	1991년 조사
가장 시급히 퇴치해야 할 범죄(1순위)	부정부패 42.7(1순위) 성폭력 20.9(1순위) 아동대상범죄16.9(1순위) 탈세 13.7(2순위) 강·절도사범 8.4(2순위)	부정부패 61.7(1순위) 환경사범 13.2(1순위) 부동산투기사범 11.3(1순위) 성폭행 36.0(2순위) 조직폭력배 26.1(2순위) 강·절도사범 25.0(2순위)	부정부패 56.0(1순위) 부동산투기사범 24.1(1순위) 공해사범 16.0(1순위) 가정파괴범 50.0(2순위) 조직폭력배 21.3(2순위) 성폭행 18.9(2순위)

자료 : 한국법제연구원, 『國民法 意識調査 硏究 : 法治主義의 定着可能性 診斷』, 한국법제연구원, 1991, p.87; 한국법제연구원, 『94 국민법의식조사연구』, 한국법제연구원, 1994, p.115; 한국법제연구원, 『2008 국민법의식조사연구』, 한국법제연구원, 2008, p.206.

국민들이 가지고 있는 법에 대한 우려 내지 불신을 앞에서 지적한 이중성과 연관하여 해석해 본다면, 좀 더 심층적인 법문화의 문법이 드러날 수 있을 것으로 사료된다. 국가권력자들의 법의 준수 혹은 법의 집행에 대해 불신하면서도, 본인이 불리한 상황에서 어떻게든 법에 의존하는 태도에 대해 이렇다할 법사회학적 답변을 내놓지 못하고 있는 상황이다.

이러한 딜레마에 대해 김정오는 한국의 법의식의 현재 상황을 '전통적 의식의 붕괴 후의 근대적 법의식의 미비' 라고 진단한 바 있다.[65] 전통적인 공동체 관계와 그를 지배했던 윤리는 이제 사라졌지만, 현대 법질서 속에서 발생하는 분쟁을 해결할 만한 근대적 의식은 아직 발견되지 않는다는 것이다. 또한, 한국인의 이기적 권리의식에서 걷잡을 수 없이 빠른 속도로 변화했던 사회관계 속에서 이윤추구 식의 권리의식이 형성되었을 소지도 있다고 해석한다. 나아가 이러한 법에 대한 모호한 태도는 일견 식민지 인도사회를 분석했던 구하(Guha)가 말했던 '헤게모니 없는 지배' 상태를 떠오르게 한다.[66]

이렇게 보면, 개인의 권리의식은 신장했으되 자신의 권리주장으로 인해 침해되는 타인의 권리에 대해서는 고려하지 않는 권리의식, 입법 · 사법 · 행정 등을 담당하는 국가권력자들은 국민을 향해서는 법치를 말하되 정작 스스로는 법적 규율로부터 상당히 자유로운 것처럼 착각하는 '이중성' 이야말로 한국의 법문화 연구에서 문제시되어야 할 의제인 것이다. 이렇게 타인을 배려할 줄 아는 시민적 덕성(civic virtue) 그리고 공직자들의 국민에 대한 공복(公僕)의식이야말로 실천적으로 필요한 법문화의 내용이라 할 것이다. 나아가 한국의 법의식 조사연구가 근대화론의 시각을 크게 벗어나지 못했다는 점에서 볼 때 법문화론에 대한 이론적 · 역사적 논의가 더 많이 요청된다. 이러한 노력을 통해서만 법사회학이 법을 위한 사회학

---

65) 김정오, 앞의 책, pp.140-143.

66) 포스트식민주의 연구자인 구하(R. Guha)는 '헤게모니 없는 지배(Dominance without hegemony)' 라는 개념으로 국가와 시민사회의 불일치를 개념화한 바 있다. 여기서 헤게모니란 지배에 대한 동의를 의미하는 것으로 국가법에 대한 준수로 번역될 수 있을 것이다. 식민지 사회에선 이러한 동의 없이 힘으로만 주민들을 지배하여 헤게모니의 공백상태가 있다는 의미로 해석된다(포스트식민주의에 대해서는 제6장 참고).

이 아니라 법을 통한 사회학으로 나아갈 수 있을 것이다.

생각거리

1. 일반시민의 법문화와 법률직 내부의 법문화의 차이에 대해 조사해 본다.
2. 법의식 조사에 내재한 근대화론이 조사문항에 어떻게 표출되었는지 조사한다.
3. 현대 한국인의 '이중적' 법태도에 대해 동의하는가, 그 원인은 무엇일지 생각해 본다.
4. 판례의 언어로서, 건전한 사회통념, 선량한 풍속, 보통인, 공동체의 상식과 같은 용어가 가진 근거와 효과에 대해 생각해 본다. 이러한 용어들이 시민의 법문화를 반영하는 것인가?

제 11 장

법조사회학 : 한국의 법조

| 이상수 |

1. 도 입

한국 법사회학이 가장 많은 연구성과를 낸 분야를 들라고 한다면 단연 한국의 법조에 대한 연구라고 할 수 있다. 그간 법사회학은 한국의 법조현실에 대한 많은 사회학적 기술을 해 왔다. 그것은 대체로 한국의 사법과 법조의 전근대성 내지 후진성을 드러내는 것이었지만, 그에 머물지 않고 그 원인과 대안의 탐구에서도 적지 않은 성과를 내었다. 이런 연구활동은 대개 현실 비판적이었고 현실 참여적이었으며 실제 사법개혁에 큰 영향을 미쳤다. 여기에서는 그간 한국 법사회학의 연구성과에 기반하여 우리나라 법조의 현실과 변화 그리고 도전을 정리해 본다.

2. '회한과 오욕' 의 사법사

1) 사법에 대한 불신

1979년 대법원장에 임명된 이영섭은 1981년 신군부의 압력으로 중도하차하면서 퇴임사에서 다음과 같이 말했다. "과거를 돌아보면 모든 것이 회한과 오욕으로 얼룩진 것 이외에는 아무 것도 아니었다." 그로부터 근 30년이 지난 2008년 사법 60주년 기념식에서 이용훈 대법원장은 이렇게 말했다. "저는 대법원장으로서, 이 자리를 빌려 과거 우리 사법부가 헌법상 책무를 충실히 완수하지 못함으로써 국민에게 실망과 고통을 드린 데 대하여 죄송하다는 말씀을 드리고자 합니다." 이 두 발언은 그간 어두웠던 우리의 사법사를 함축적으로 나타낸다.

이헌환은 우리나라 사법사의 시기구분을 하면서, 1957년부터 1971년까지를 '사법권의 수난기', 1972년부터 1988년까지를 '사법권의 암흑기'로 불렀다. 실로 우리 사법사의 대부분이 우울했다고 본 것이다.[1)]

사법부에 대한 이런 비관적 인식은 일반국민들 사이에서도 발견된다. 1970년대 이래 실시된 각종 법의식 조사나 여론조사는 일관되게 법운영에 대한 강한 불신을 보여준다. 1974년의 국민법의식 조사에 의하면, 82%의 국민이 법이 '빈부의 귀천에 따라' 불평등하게 시행된다고 보았다.[2)] 1994년의 조사에서는 34.6%의 국민이 권력이나 재력이 재판의 결과에 '절대적으로 영향을 미친다' 고 보았으며, 56.98%가 '어느 정도 영향을 미친다' 고 답했다.[3)] 이와 같은 결과는 2000년 이후의 조사에서도 유사하게 등장한다. 한 신문사의 여론조사에 의하면(한국일보, 2007) '사법부를 신뢰하느냐' 는 질문에 49.7%가 '신뢰하지 않는 편이다' 라고 했고, 12.7%가 '전혀 신뢰하지 않는다' 고 답했다.

이처럼 우리나라에서 사법에 대한 부정적 인식은 심각한 수준임이 명백하다. 그렇다면 그러한 불신은 적절한 현실적 근거를 갖고 있는 것일까? 불신의 근원적인 원인은 무엇일까? 이러한 문제는 우리나라의 법사회학자들이 피해갈 수 없는 중요한 문제였고 실제 많은 법사회학자들이 이에 답하기 위해서 노력했다.[4)]

2) 정치사법

사법권독립의 가치를 이론적으로 정초한 몽테스키외는 "재판권이 입법

1) 이헌환, "정치과정에 있어서의 사법권에 관한 연구," 서울대학교대학원 박사학위논문, 1996년.

2) 임희섭, "한국인의 법의식에 관한 사회학적 연구," 『서울대학교 법학』, 제15권 제1호, 1974.6., p.48.

3) 한국법제연구원, 『94 국민법의식조사』, 1994, p.53.

4) 이국운, 『법률가의 탄생－사법불신의 근원을 찾아서』, 후마니타스, 2012; 문준영, 『법원과 검찰의 탄생』, 역사비평사, 2010, p.7,

권과 집행권으로부터 분리되어 있지 않을 때 자유는 없다"고 단언했다.[5] 국민의 자유의 보호야말로 사법권이 존재하는 가장 큰 이유이며, 그것이 가능하기 위해서는 사법권이 입법권 및 집행권으로부터 독립적으로 재판권을 행사할 수 있어야 한다는 것이다. 우리나라 사법부는 바로 이러한 원초적인 요청을 충족하지 못했다는 혐의를 받았다.

우리나라의 사법사에서 정치권력의 영향에 의해서 재판결과가 왜곡되었다는 의혹을 받은 사건은 실로 많다. 이재승은 "정치적 목적에 봉사하는 재판, 특히 권력자의 이익이나 지배이데올로기를 충실히 쫓는 재판"이 현대사에 부지기수로 등장한다는 점을 지적하고 이를 "정치사법"이라고 명명했다.[6] 그러한 의미의 정치사법은 실로 많아서 그는 정치사법의 사례를 여러 유형으로 분류했다. 예컨대, 제주 4·3사건이나 한국전쟁 이후의 민간인 상대 군사재판이나 5·16쿠데타나 이후의 계엄재판과 같이 말로만 재판이지 사실상 공공연한 살해로 볼 수 있는 '즉결처형의 수단으로서의 재판', 진보당의 조봉암 사건이나 김대중 내란음모 사건 재판에서 보이는 '정적사냥의 도구'로서의 재판, 부천 성고문 사건이나 부산 초원복집 사건에서처럼 권력의 부조리를 정당화하는 식의 '자기사면의 도구'로서의 재판, 민청학련 사건(1974), 인혁당 사건(1974), 각종 학생조직 사건, 사노맹 사건(1990) 등에서 보이는 '사상경찰로서의 재판', 강기훈 유서대필 사건에서 보인 '마녀재판' 식 판결, 노동자들의 권익을 짓밟는 유형의 '계급사법', 의회가 제정한 진보적 법률을 사법의 이름으로 폐기한 '반정치로서의 사법' 등을 거론하고 있다.[7]

이러한 재판은 많은 경우 기본적인 절차적 공정성도 갖추지 못한 채 진행되었다. 중앙정보부나 국가안전기획부 등 정치적 정보기관에 의한 수사

5) 몽테스키외, 하재홍 옮김, 『법의 정신』, 동서문화사, 2007, pp.179-180.
6) 이재승, 『국가범죄』, 앨피, 2010, p.277.
7) 이재승, 위의 책, pp.284-299.

가 이루어졌고 법정에서 고문사실이 주장되었지만 법원은 이에 대해서 고려하지 않았다. 법원은 검찰을 견제하기는커녕 '영장담당부서'로 격하되었고, 검찰의 구형을 그대로 따르는 소위 "정찰제 판결"을 양산했다.[8]

이들 사건 중 일부가 민주화 이후에 과거사 관련 법률이나 재심판결 등을 통해서 명예가 회복되고 보상을 받기도 했지만, 당시에 사법부가 정치권력의 도구로 활용되면서 자기역할을 하지 못했다는 역사적 사실은 변화하지 않는다.

3) 비리로 물든 사법부

법원은 단지 정치적 사건에서만 독립성과 공정성을 유지하지 못한 것은 아니었다. 법원은 일반 민·형사 사건의 재판에서도 적지 않은 의혹을 낳았다.

이를 전형적으로 보여주는 것이 '전관예우' 현상이다. 전관예우란 현직 법관이나 검사들이 방금 퇴직한 선배 변호사에게 사실상 우대조치를 취해 주는 관행 또는 그러한 의혹을 말한다.[9] 퇴직법관은 이를 이용하여 큰 돈을 번다고 한다. 세간에는 전관은 개업 첫해에 평생 살 돈을 벌지 못하거나 10억 이상을 벌지 못하면 무능하다는 말이 있다. 그래서 전관예우를 판·검사의 퇴직금이라고 비아냥거리기도 한다. 이것이 실제 존재하는 관행인지 그저 의혹에 불과한지에 관한 논란이 없지 않다. 하지만 몇몇 사회학적 자료들에 의하면 그 존재를 부인하기는 어려워 보인다.

통계적으로 보면 2001년부터 2008년 사이에 퇴직법관 319명 중

8) 홍성우, "법조계와 민주화," 한국변호사협회, 『인권보고서』, 제3집, 역사비평사, 1987/1988, p.429; 한인섭, "회한과 오욕의 과거를 바로 잡으려면—사법부의 과거청산을 위하여—," 『서울대학교 법학』, 제46권 제4호, 2005, p.90에서 재인용.

9) 김도현, 『한국의 소송과 법조』, 동국대학교 출판부, 2007, p.173.

95.61%가 변호사로 개업했으며, 개업 변호사 305명 중 89.84%인 274명이 최종근무지에서 개업했다.[10] 이들은 전관의 수혜를 노리고 있다는 의혹을 받는다. 이들은 개업 직후 '사건브로커'를 고용하여 사건을 독점하는 것으로 알려져 있는데, 1998년의 의정부 법조비리 사건에서 드러난 바에 의하면 한 전관 변호사가 그 지역 형사사건의 70%를 독식했다. 우리나라 상위 10대 변호사의 수임건수는 일반 변호사의 18.5배에 이르고 이들 중 대다수는 전관이라는 통계도 있다.[11] 이들은 일반 변호사보다 사건당 서너 배 많은 수임료를 받으며 경우에 따라서는 수십 배 많이 받기도 하고, 심지어 수임계를 내지 않고(즉, 불법적으로) 전화 등으로 사건을 처리하기도 한다. 그러니 이들이 단기간에 엄청난 수익을 누린다는 것은 명백하다. 이러한 전관효과는 2~3년에 걸치기도 하지만, 최근은 점차 짧아져서 6개월이나 그보다 더 짧아졌다고 한다.

전관들이 실제 재판결과에 어느 정도로 영향을 미치는지는 실증적으로 확인하기 어렵다. 하지만 증거가 없는 것도 아니다. 항고사건의 경우 통상 40% 이상의 사건이 '심리불속행'의 판단을 받는다. 다시 말해 많은 사건의 경우 항고했더라도 대법원에서 본안판단을 받을 기회를 갖지 못한다는 것이다. 하지만 같은 시기에 전관 대법관이 수임한 사건에서는 심리불속행의 판단을 받은 사건이 단 한건도 없었다.[12] 한 보고서는 여러 인터뷰에 근거하여 전관예우는 전관들이 높은 성공률을 보여주는 '실력'에 의해 유지되고 있다고 한다.[13] 말하자면 전관이 실제로 재판에 영향을 미치기 때문에 유지된다는 것이다. 하지만 문제는 그 '실력'이란 것이 전관의 전문성에 기반한 것이 아니고 전관효과에 근거한다는 점이다. 뿐만 아니라 승진에 평판이 큰 영향을 미치는 법원풍토에서 현직 판·검사들의 입장에서 전

10) 참여연대, 『사법감시』, 제21호, 2004.
11) 형사정책연구원, 『법조비리의 연구』, 1998, p.104.
12) 한계레신문, 2003.9.1.자.
13) 형사정책연구원, 앞의 책, p.101.

관 변호사에게 예우를 하지 않을 수 없고, 또 법관 자신 또한 전관예우의 잠재적 수혜자임을 생각한다면 사법과정에서 전관을 예우할 개연성은 충분히 있다고 하겠다.[14] 이처럼 전관뿐만 아니라, 현직 판검사, 의뢰인, 브로커 모두가 이득을 누리는 이 제도가 작동하지 않는다고 말하는 것은 그다지 설득력이 있어 보이지 않는다. 물론 전관예우 관행의 피해는 전관을 이용하지 못하는 수많은 국민들이 부담하게 된다.

1990년대 말에는 연속하여 대규모 법조비리가 폭로되었는데, 여기에서도 전관 법조인의 행태가 적나라하게 드러났다. 대표적인 것으로는 의정부 법조비리, 대전 법조비리 사건이었다. 의정부 법조비리 사건은 법관출신 전관 변호사가 브로커를 이용하여 그 지역의 사건을 독식하고 현직 판·검사에게 지속적으로 금품과 향응을 제공한 사건이었다. 대전 법조비리 사건은 검찰출신 전관 변호사가 현직 판·검사와 법원직원과 경찰관들에게 금품을 제공한 사건이었다. 그 이후에도 서울고등법원 부장판사의 비리사건 등 현직 판사가 연루된 사건들이 폭로되었다. 한인섭은 법조비리의 현상과 원인을 진단하면서, 비리의 상층부에는 전·현직 법조인이, 그 하부에는 전·현직 사법공무원(형사)들이 연계를 맺고 있는 조직적 비리의 성격을 띠고 있다고 보았다.[15] 이처럼 우리나라에서 발견되는 법조비리는 일부 법조인의 일탈이라기보다는 사법부의 구조적인 문제로서 전국적으로 발견되는 현상이라고 할 만하다.

4) 특권집단으로서의 법조계

이러한 참담한 사법현실에도 법조인들은 보통사람과는 질적으로 다른 특권적 삶을 살고 있다는 의혹을 받았다. 서민들이 볼 때 판·검사와 변호

14) 김두식, 『불멸의 신성가족－대한민국 사법 패밀리가 사는 법』, 창비, 2009, pp.166-171.
15) 한인섭, “법조비리－문제와 대안,” 『서울대학교 법학』, 제39권 제1호, 1998, p.168.

사는 결혼할 때 자동차와 아파트 그리고 사무실이라는 열쇠 3개를 요구하는 특권층이었다. 법조인들끼리는 어려운 시험을 통과하고 연수원을 함께 보낸 동류의식을 가지고 있으면서 보통사람과 분리된 특권집단인 '신성가족'[16]을 구성한다. 의정부 법조비리 사건의 경우 어떤 현직 판·검사도 형사처벌을 받지 않았으며 문제된 전관 변호사는 무죄판결을 받았다. 이는 법조인에 대한 특권적 대우의 사례로 인용되곤 한다. 그리고 이들 신성가족의 구성원은 거의 서울대 출신이거나 남성이다. 2003년 전체 고위법관 134명 중 112명이 서울대 출신이었고 여성은 4명에 불과했다.[17]

3. 사법불신의 원인

1) 식민지 잔재

19세기 말 우리나라에서는 자주적으로 근대사법제도를 도입하려는 시도가 있었지만, 이는 일본제국주의의 침략으로 인해 좌절되고 대신 일제에 의한 식민지형 사법제도가 도입되었다. 식민지 사법제도는 천황에 대해서만 책임지는 총독을 통해서 형성되었다. 당시 총독은 군인으로서 조선반도에 적용되는 법을 제정하는 입법권과 행정권 그리고 재판소의 설치와 법관인사에 대한 권한을 모두 가지고 있었다. 총독의 통치목적은 말할 것도 없이 조선의 수탈에 있었기 때문에 사법부도 그에 봉사하는 기능을 담당했다.

> 재판소는 조선총독에 예속된 행정관청 중의 하나로서, 그 안에 검사국이 병설되어 있었다. 그리고 법정에서는 거의 대부분이 일본인인 판사와

16) 김두식은 법관과 판사들이 배타적인 집단을 형성하는 행태를 '신성가족'이라고 꼬집었다. 김두식, 위의 책, pp.146-147.

17) 김도현, 위의 책(2007), p.161, p.163.

> 검사가 한국인을 내려다보며 일본어로 된 법령을 동원하여 일본어로 재판을 진행했다. 하지만 정식재판에 회부되는 사건은 극소수였다. 민사분쟁을 포함한 대부분의 사건은, 태형을 수반하는 즉결처분권이 부여된 경찰과 헌병에 의해 처리되었다. 그리고 태형은 감옥 또는 즉결관서에서 은밀하게 집행되도록 되어 있어서 고문이 합법적으로 행해질 수 있었다.[18]

식민지 시기의 형사법은 형식상으로는 근대법이었지만, 헌병의 제복과 순사의 칼로 인식되는 탄압법 그 자체였고, 민사소송에서 식민지 권력은 공정한 심판자가 아니라 분쟁의 인위적인 억압과 해결을 위한 수탈자의 모습으로 나타났다.[19] 이러한 당시 일제의 사법은 식민지통치를 목적으로 하는 관료사법이라고 요약할 수 있는 것이었다.

해방 이후의 왜곡된 사법행태는 이러한 식민지적 사법행태와 유사성이 있으며 그 잔재라고 해도 과언이 아니다. 이상영 · 김도현은 대체로 우리나라 사법제도는 일제 강점기가 부과한 행정국가적 · 관료주의적 사법체질을 상당부분 상속하고 있다고 평가했다.[20] 물론 해방 직후 탈식민지적 개혁이 불철저한 데는 나름의 이유도 없지 않았을 것이다. 예컨대 부족한 인적 · 물적 자원과 정치적으로 불안정한 상황에서 올바른 사법제도를 도모하기는 어려웠을 것이다.[21] 하지만 그에 못지않게 다른 요인도 작동했다. 이국운은 해방 직후 직업적 이해관계를 앞세운 조선법률가의 활동이 관료사법을 '탄생' 시켰다고 보았다.[22] 문준영은 해방 직후에 일제의 관료사법이 극복되기는커녕 일본에서보다 더 강한 연속성을 가지고 유지되었다고 결론지었다.[23]

---

18) 김창록, "일본의 근현대 천황제에 관한 법사학적 고찰," 『법사학연구』, 제22호, 2000, p.131.
19) 정긍식, 『한국근대법사고』, 박영사, 2002, p.342, p.344.
20) 이상영 · 김도현, 『법과사회』, 방송통신대학교 출판부, 2007, p.136.
21) 문준영, 앞의 책, p.910.
22) 이국운, 앞의 책, pp.59-60.
23) 문준영, 앞의 책, p.909.

이래저래 일제의 행정편의적인 관료사법이 극복되지 못한 채, 또는 더욱 강화된 형태로 우리 주변을 맴돌았다. 심지어 1999년의 사법개혁추진위원회나 2003년의 사법개혁위원회에 이르러서도 식민지적 사법잔재의 청산이 전체 사법개혁을 이끄는 주요 이념으로 제시될 정도였다. 식민지사법의 영향은 그토록 강력했고 지속적이었다.

하지만 사법불신의 기원을 모두 식민지사법으로 환원시키는 것은 정당하지 않다. 이미 해방은 되었고 그 이후에 과거를 극복할 수 있는 충분한 시간이 흘렀기 때문이다. 결국 사법불신의 기원은 식민사법의 잔재에서 못지않게 해방 이후의 역사과정에서 찾을 수밖에 없다.

2) 법원 외부적 요인

법원이 관료주의에 물들어 제 역할을 하지 못한 이유로 정치권력의 압도적인 영향력을 들지 않을 수 없다. 우리나라에서 해방 이후 사법을 통제하려는 정권의 노력은 끊임없이 계속되었다.[24] 정권은 주로 법관에 대한 인사권을 이용하여 판결에 영향을 미쳤다. 시기별로 살펴보자.

이승만이 집권했던 제1공화국에서는 그나마 김병로 대법관이 사법권 독립의 중요성을 강조하고 스스로 법관들을 위한 방패막이 역할을 했기 때문에 법관들의 신분은 상대적으로 안정적이었다. 하지만 당시도 사법작용에 대한 정권의 개입은 적지 않았다. 예컨대, '반민족행위자특별조치법' 에 따른 특별재판부의 활동이 시작되었을 때는 무장경찰들이 반민특위의 사무실을 직접 습격하는 사태가 벌어졌고, 이후 반민특위의 활동이 중지되는 사태에 이르렀다. 김병로 대법관의 퇴임 이후에는 법관에 대한 인사개입이 본격화되었다. 김병로 대법관의 퇴임 후에 이승만 정권은 법관연임법을 제

---

24) 정치권력이 사법부에 미친 영향에 대해서는 이헌환, 앞의 글 참조, 이하 관련 내용도 여기에서 인용하였음.

정한 후, 1958년에 임기만료되는 법관 중 13명, 1959년에 임기만료되는 법관 중 7명의 연임을 거부했다. 여기에는 조봉암 사건에서 일부 무죄를 선고한 유병진 판사가 포함되어 있었다.

법관의 인사에 대한 직접적인 간섭은 박정희 정권이 들어선 제3공화국 및 제4공화국(유신정권)에서 더욱 심해졌다. 5·16군사쿠데타 직후 국가재건최고회의는 대법원 판사에 대한 인사권을 장악하고 47명의 법관을 의원면직시키고 사직원을 내지 않은 5명에 대해서는 재임용하지 않았다. 1971년에 대법원은 정부방침에 반하여 국가배상법에 대한 위헌판결을 내렸는데 이때 위헌의견에 동조했던 사광욱, 양희경, 방순원, 손동욱 등 대법관 9인과 1971년 제1차 사법파동에 연루된 판사, 「다리」지 필화사건에서 편집인 등에게 무죄를 선고한 목요상 판사 등 41명이 재임용에서 탈락되었다. 이처럼 유신시대에는 보복인사를 통해서 판결에 영향을 미쳤다.

12·12쿠데타 직후에는 박정희를 저격한 김재규 등에 대한 재판에서 신군부에 협력하지 않은 대법관 4인이 면직되었다. 5공화국이 성립된 후에 정권의 재판개입은 더욱 노골적이었다.[25] 1981년에 37명이 재임용 탈락했는데, 그 사유 중에는 "국가적 차원에서 부정적인 자세를 가진 법관"이 포함되어 있었다. 당시 정보기구였던 국가안전기획부에는 조정관이 있어서 개별 법관들의 판결성향을 파악하여 관리했으며 재판에 직접 개입했다. 정보기관이 정하는 유·무죄 여부나 양형내용이 기관원에 의해서 검사와 법관에게 전달되었고 재판결과가 '조정' 되었다. 그 결과 양형에서는 유신시대의 정찰제 판결과 유사한 '양형동일화' 가 이루어졌다.[26] 김근태 고문사건, 부천 성고문사건, 박종철 고문치사 사건 등 중요사건에서는 소위 '관계기관대책회의' 에서 주요한 결정이 이루어졌으며, 개인 법관이 이 회

25) 국가정보원은 과거사 정리 차원에서 국가기관에 의한 사법권개입 실태에 관한 보고서를 냈다. 국가정보원, 『과거와의 대화 – 미래의 성찰: 정치 사법편(IV)』, 2007.

26) 국가정보원, 위의 책, 2007, p.224.

의의 결정을 위반할 수는 없었다.[27] 거부하는 법관에게는 재임용 탈락, 좌천, 비위조사, 사표종용 등으로 압박했기 때문이다.

이렇게 본다면, 사실 사법부의 관료화 · 정치화는 외부의 압력에 의해 강요된 측면이 강하다고 하겠다. 권위주의적 군사독재 정권하에서 사법부가 독립적으로 존재한다는 것은 애당초 불가능했는지도 모른다.

3) 법원 내부적 요인

사법권독립을 훼손한 정치적 외압이 개별 법관에게 직접 영향을 미친 경우도 있었지만, 많은 경우 그것은 간접적으로 작동했다. 다시 말해 많은 경우 정치권력의 재판개입은 은밀하게 이루어졌다는 것이다. 이것이 가능했던 것은 법원 자체가 정치권력에 민감하게 반응할 수밖에 없는 취약한 내부구조를 가지고 있었기 때문이었다.

무엇보다 법관의 신분상의 안정성이 보장되지 않았다. 물론 헌법상으로는 법관의 신분이 보장되었지만 현실은 그렇지 못했다. 유신정권하에서 모든 법관에 대한 인사권은 대통령이 가지고 있었고 대통령은 그 권력을 이용하여 법관들에게 보복인사를 실시했다. 그렇지 않은 시기에도 법관에 대한 인사권은 대법원장에게 독점되어 있었다. 특히 대법원장은 '제왕적 대법원장'으로 불리는데 이는 현행 헌법에서도 마찬가지이다.[28] 즉, 대법원장은 대법관 전원, 헌법재판관 3인, 중앙선거관리위원 3인의 임명제청 또는 지명권한과 함께 일반 법관 전체의 인사권 및 사법행정권을 쥐고 있다. 이러한 제도하에서 법관들이 대법원장 1인을 정점으로 하여 일사분란하게 움직일 위험성이 크고, 행정부의 수반은 대법관 임명권을 통해 사법부의 재판에 영향을 미칠 위험성이 상존하게 된다.[29]

---

27) 국가정보원, 위의 책, 2007, p.240.

28) 이국운, "법관의 임용과 인사제도의 개혁방안," 『서강법학』, 제11권 제1호, 2009, p.121.

우리나라 법관의 독특한 승진구조도 재판의 독립을 훼손하는 요인이 되었다. 우리나라의 법관은 전 세계적으로 유래가 없는 견고한 서열구조를 가지고 있다. 즉, 모든 법관은 지방법원 좌배석-지방법원 우배석-지방법원 단독판사-고등법원 좌배석-고등법원 우배석-재판연구관-지방법원 부장판사-고등법원 부장판사-지방법원장-고등법원장-대법관-대법원장의 순으로 서열화되어 있고 그 서열에 따라서 승진한다. 서열의 순서는 사법시험합격 기수, 사법시험성적, 연수원성적에 의해서 정해진다.[30] 법관의 정년보장을 불가능하게 하는 이러한 서열 · 승진제도는 전관을 지속적으로 배출하고 전관예우가 작동하게 하는 구조로서도 비판받지만, 문제는 그에 그치지 않는다. 이러한 서열 · 승진제 자체가 관료주의적일 뿐만 아니라 법관으로 하여금 과도하게 승진에 관심을 갖게 하고 출세주의와 보신주의에 경도되게 한다. 서열구조하에서 합의부는 평등한 법관 간의 협의체가 아니라 소장법관을 순치시키고 통제하며 관료주의 문화를 전수하는 기제로 작동하게 된다. 이런 서열 · 승진제도하에서 법관의 독립적인 판결은 기대하기 어렵다.

법원 내부에서 이러한 질서를 유지시키는 데에 결정적인 역할을 한 기구가 법원행정처이다. 법원행정처는 재판에 대한 행정적 지원을 하는 것이 본연의 역할이겠으나 우리나라의 경우 그 역할과 영향력은 그 이상이다. 우리나라 법원행정처는 전국의 모든 법관에 대한 감시감독기관으로서 기능하면서 그 결과로서 전국의 재판을 평균화 · 획일화하는 거대권력기관이 되었다.[31] 법원행정처는 1070년대 후반 이래 법원 내 막강한 권력기구로 성장했고, 엘리트 법관이 이를 거쳐 승진하는 '로열코스' 로서의 성격도 가지고 있었다.[32]

29) 문흥수, 『사법권의 독립』, 박영사, 2004, p.298.
30) 김도현, 앞의 책, 2007, pp.157-158.
31) 한상희, "법원행정처의 개혁," 『민주법학』, 제29호, 2005, p.58.
32) 김도현, 앞의 책, 2007, p.164.

마지막으로 하나 더 지적한다면 법원의 기능이 비정상적으로 작동한 데에는 법관 개인의 책임도 없지 않다는 점이다. 다시 말해 많은 법관들이 불가항력적 상황에서 부당한 판결을 내렸다기보다, "양심의 갈등을 겪으면서도 현실과 타협했고 권력의 비위를 거스르지 않으려 했기"[33] 때문에 정치권력에 의한 사법권 침탈이 가능했다는 것이다. 더구나 공공연한 비리에 연루된 법관의 개인적 책임은 결코 용납되기 힘든 것이다. 결국 법관은 한편으로 정치권력의 희생자라고 할 수 있겠지만, 그 배후에는 권력과 특권을 향유하려는 그릇된 동기가 있었다는 것도 부인할 수 없다.

4. 변호사

1) 열악한 변호사 서비스

사법서비스의 한 축을 이루는 변호사의 법률서비스에 대해서도 국민의 불만과 불신은 결코 적지 않다. 변호사에 대한 불만은 무엇보다도 변호사의 수와 관련이 있다. 우리나라에서 변호사의 수는 매우 적다는 특징을 지니고 있다. 1960년에 우리나라의 변호사 수는 456명이었다가, 1970년은 719명, 1980년에는 940명이었다. 그 이후 변호사 수가 급증하여 1990년에는 1,983명, 2000년에는 4,228명이 되었고, 2009년 12월 현재 대한변협에 등록된 변호사 수는 9,630명이다. 최근 30년 사이에 10배가량 증가한 것이다. 하지만 그 사이에 법률사건의 수도 엄청나게 증가했다. 김도현에 의하면, 1960년대의 민사본안사건 수와 변호사 수를 각각 100이라고 한다면 2003년의 그것은 각각 3990, 1226이다.[34] 말하자면 사건 수의 증

33) 변정수, 『법조여정』, 관악사, 1997, p.77; 한인섭, 앞의 글, 2005, p.90에서 재인용.
34) 김도현, 앞의 책, 2007, p.54.

가속도가 변호사 수의 증가속도보다 훨씬 앞선다는 것이다. 이렇게 본다면 1980년대 이후의 변호사 수의 급증에도 불구하고 여전히 변호사의 수가 부족하다는 것을 짐작할 수 있다.

우리나라의 변호사 수를 다른 선진국과 비교해 보면 그 심각도를 가늠해 볼 수 있다. 2006년 기준으로 2006년 1만 명당 변호사 수를 보면, 우리나라는 1.57명에 불과한데, 미국은 37.4명, 영국은 25.2명, 프랑스는 7.8명이다.[35] 이는 우리나라에서 법률분쟁이 적기 때문이 아니다. 2006년 기준으로 변호사 1인당 신규로 접수되는 민사소송건수를 보면 우리나라는 359.3건임에 비해, 미국과 영국은 55건 미만이고 프랑스도 150건을 넘지 않는다.[36] 말하자면 우리나라에는 변호사 1인당 사건수가 다른 나라에 비해 압도적으로 많음에도 불구하고 인구 1만 명당 변호사의 수는 다른 나라에 비해 극단적으로 적다는 것을 알 수 있다. 이는 우리나라에서는 변호사 수의 부족으로 법률서비스가 충분히 제공되지 못한다는 것을 의미한다. 이 점은 여러 실증적인 자료에서도 드러나고 있다.

우선, 변호사 수의 부족은 낮은 변호사 선임률로 나타난다. 2008년 현재 민사 제1심의 변호사 선임률은 20.2%(소액사건을 제외할 경우 36.3%)에 불과하며, 소가가 2000만 원에서 1억 원에 이르는 민사단독사건의 경우는 20.2%, 소가가 1억 원 이상인 합의사건의 경우에도 약 62%에 그친다.[37] 심지어 형사사건의 경우도 마찬가지이다. 형사공판사건에서 사선변호인 및 국선변호인이 피고인을 변호한 사건의 비율은 2008년 현재 48.2%에 그친다. 참고로 일본의 형사소송에서 변호사 선임률은 98%이다.

---

35) 한상희, "우리 변호사체계의 문제점－법치와 경쟁력 확보를 위한 실태분석－," 『민주법학』, 제43호, 2010, pp.279-280. 비슷한 접근이지만, 변호사 1인당 인구수를 기준으로 보자면, 2002년에 우리나라에서 변호사 1인당 인구수는 9,391명인데 비해, 미국은 284명, 영국은 593명, 프랑스는 1,829명이다. 김도현, 앞의 책, 2007, p.182.

36) 한상희, 위의 글, p.283.

37) 한상희, 위의 글, p.298.

변호사의 부족은 변호사의 업무가 송무에 한정되는 결과를 낳았다. 2005년 중앙정부 및 광역 지방자치단체에 고용된 법률가 수는 79명에 불과했다. 각 부처의 법무담당관조차 비법률가로 충원되고 있었으며 더욱이 법학전공자가 아닌 경우도 다수였다. 2007년 당시 30대 대기업집단에서 고용하고 있는 법률가 수는 모두 160명에 지나지 않았으며 그나마 삼성그룹이 68명으로 절반 가까이 차지하고 있었다. 노동조합 등 사회단체에 고용된 변호사는 거의 없는 실정이었다. 결국 전체 변호사 가운데 3% 정도만이 정부 및 기업의 사내변호사로서 활동하고 있어 미국의 20%, 독일의 50%에 비해 매우 모자라는 실정이다.[38]

그나마 변호사의 법률서비스는 서울지역에 편중되어 있다. 대략 전체 변호사의 75% 정도가 서울에서 개업하고 있으며, 특히 서울중앙지방법원 관할에 59%가 집중되어 있다. 반면 지방에는 변호사가 절대부족한 상황이다. 전국 232개 시 · 군 · 구 기초지방자치단체 중 변호사가 1명도 없는 곳이 전체의 53%에 이르고, 심지어 법원이 존재함에도 불구하고 그 관할 내에 변호사가 없는 '무변촌' 도 실재한다.[39]

이처럼 변호사 수의 부족은 법률서비스에의 접근 자체를 어렵게 하지만, 그에 그치지 않고 질 낮은 법률서비스, 변호사의 전문화의 지체, 과도한 변호사 수임료 등의 문제를 함께 유발하는 원인이 된다.

그동안 변호사의 수를 통제하는 장치는 '정원제' 사법시험제도였다. 합격자 정원에 대한 인위적 통제는 헌법적으로도 정당화되기 어려운 것일 뿐만 아니라,[40] 사회학적으로 보면 법률가들의 기득권 보호를 위한 효과적 장벽으로 이용됐다는 것을 부인할 수 없다.[41] 그렇기 때문에 합격자의 수

---

38) 김도현, 한국법학교수회 발표문, 2009.11.

39) 김도현, 앞의 책, 2007, pp.184-185, p.190.

40) 이국운, "정원제 사법시험제도의 위헌성," 『법과사회』, 제18권, 2000.

41) 최대권, "변화하는 법조의 세계－한국의 경험을 중심으로－," 『서울대학교 법학』, 제45권 제1호, 2004, p.6.

를 늘리기 위해서는 대결이 불가피했고, 사법시험 합격자 수의 증가는 대체로 사법개혁에 대한 강력한 사회적 압력에 법률가들이 굴복 내지 양보하는 모습을 띠어 왔다.[42]

아무튼 우리나라에서 변호사의 수가 지속적으로 증가해 온 것은 사실이다. 1970년대에는 100명 미만이 매년 합격했지만, 1980년대에는 매년 300명이 합격했고, 2001년부터는 매년 1,000명이 합격했다. 법학전문대학원 학생이 처음 배출된 2012년에는 2,500명가량의 변호사가 사회로 나왔다. 하지만 이 정도면 충분한지에 대한 논란은 끝나지 않았다. 그렇다면 과연 우리나라에서 적정 변호사 수는 어느 정도일까? 그동안 우리나라의 법사회학자들은 서로 다른 방법을 이용했지만, 대체로 변호사 수의 증가를 지지하는 방향에서 그 대답을 제출했다.

2) 적정 변호사 수 논란

앞에서 보았듯이 우리나라의 변호사 수는 외국에 비추어 현저하게 부족하다. 조우현과 신도철은 이 점에 착안하여 적정 변호사 수를 계산했다. 조우현은 1993년의 우리나라와 1970년의 일본의 경제규모가 비슷하다고 보고, 일본의 1970년도의 변호사 일인당 사건수를 준거로 하여 우리나라에서 1993년도의 적정 변호사 수를 도출해 보았다. 그는 1993년의 전체 사건 수에서 일본의 1993년도 변호사 일인당 사건수를 나누는 식으로 적정 변호사 수를 도출했다. 그 결과 1993년 기준으로 19,065명의 변호사가 필요하다고 주장했다.[43] 신도철은 미국을 준거로 우리나라에서 필요한 변호사 수를 도출하였다. 그는 경제학적인 분석을 동원하여 우리나라의 변호사들이 미국의 변호사에 비하여 적어도 6배의 독점이윤을 누리고 있다는

---

42) 최대권, 위의 글, p.7.
43) 조우현, "법조인의 적정수에 대한 소고," 『법과사회』, 제11호, 1995.

점을 보여준 후, 그에 비추어 장래의 변호사 수요를 예측했다. 그에 의하면 2010년에 83,047명, 2015년에 102,236명의 변호사가 필요하다.[44]

이에 비해 한상희는 우리나라에서 법률서비스 시장의 크기를 추산하여 그에 상당하는 변호사 수를 도출하는 보다 직접적인 방법을 채택했다. 그는 사건의 총수와 변호사 1인당 적정 수임사건 수를 추계하여 변호사가 얼마나 필요한지를 계산했다. 그에 의하면 2005년 단계에서 최소 15,500명, 최대 35,831명의 변호사가 필요하다고 보았다.[45] 후에 그는 좀 더 정밀하게 계산하여 2004년을 기준으로 47,596명이 필요하다는 수치를 내놓기도 했다.[46]

김도현은 종래의 연구(특히 조우현과 한상희의 연구)가 지나치게 송무중심으로 계산했다는 점을 지적하고, 직역이 확대되는 것을 전제로 변호사의 사회적 수요가 얼마나 되는지를 계산해 보았다. 그는 송무분야에서 변호사의 적정수 또는 최소한의 필요 변호사 수를 먼저 계산했다. 그는 변호가 필요한 사건수에서 1인당 적정 수임사건 수를 나누어서 계산하는 방식으로 송무분야에서 2005년 현재 36,397명의 변호사 수요가 있다고 보았다. 여기에 비송무분야의 수요는 미국에서와 같은 비율로 각 산업분야에서 변호사가 필요하다는 가설하에, 그와 같은 비율로 우리나라 각 산업현장에서 필요한 변호사 수를 계산했는데, 그 결과는 17,750명이 되었다. 결국 발표시점에서 필요한 법률가의 수는 적어도 54,147명에 이른다고 주장했다.[47]

이러한 학자들의 주장에 비해, 변호사들은 변호사의 수가 충분히 많다는 주장을 해 왔다. 이러한 흐름을 대표하는 것으로는 김호정의 연구가 있다. 그는 변호사 1인당 적정 수임사건 수를 72건으로 보고 1998년에 필요

44) 신도철, "변호사인력수급전망," 2006 경제학공동학술대회 발표문, 2006.2.16.

45) 한상희, "변호사의 적정수,"『법과사회』, 제11호, 1995.

46) 한상희,『로스쿨법 제정 비상대책위 토론회 자료집-특권법조와 국민의 로스쿨』, 2007, p.15.

47) 김도현, "법률가 직역확대에 따른 필요 법률가 수," 2008년 법사회학회 발표문.

한 변호사 수를 산정하였다. 그 결과 5,692명이라는 적정 변호사 수를 도출했다.[48] 그는 이에 의거하여 매년 700명 정도의 인원을 사법시험으로 선발해야 한다고 주장했다. 1998년 당시 사법시험 합격자가 연간 700명 정도에 이르렀고 매년 100명씩 증가시키는 일정으로 확대되고 있었기 때문에, 그의 주장은 사실상 당시 수준에서 정원을 동결하자는 주장에 다름 아니었다. 그러나 이러한 주장에 대해서는 몇 가지 점에서 문제점이 지적되었다. 먼저 변호사의 수익을 출발점으로 삼았다는 것이 문제이다. 즉 변호사가 500만 원 이상의 평균수익을 누리기 위해서 어느 정도의 변호사가 적정한가라는 식으로 접근하였다. 사건 한 건당 250만 원으로 보고, 1달간의 사무실 유지 및 세금 등 비용을 900~1,200만 원으로 전제한 위에서 계산한 것이다. 이는 사건당 수입을 지나치게 낮게 책정했고 비용은 지나치게 높게 책정했다는 문제가 지적되었다.[49] 무엇보다 사회의 법률서비스에 대한 수요가 아니라 변호사의 수익보장을 최우선시한 접근법은 변호사다운 발상이라고 할 만하지만 바람직한 접근법이라고 보기는 어려울 것이다.

한편, 한상희는 '적정' 변호사 수를 찾으려는 시도 자체가 문제라는 점을 지적한다.[50] 사실 우리나라와 일본과 대만 이외의 국가에서는 변호사 수를 국가가 규제하려는 시도 자체가 없다는 점을 고려한다면, '적정' 변호사 수를 산출한 다음에 그에 따라 변호사 수를 규제하겠다는 시도 자체가 문제라는 것이다. 그런 점에서 그는 적정 변호사 수에 관한 논쟁은 이제 접고 변호사의 자격자의 양을 개방하는 것이 타당하다고 주장한다.

48) 김호정, 『적정변호사수에 관한 연구』, 서울지방변호사회, 2004.
49) 한상희, 앞의 자료집, 2007, pp.16-17.
50) 한상희, 앞의 자료집, 2007, p.22.

5. 법조인의 선발 및 양성제도

해방 직후에 법조인 선발제도로서 고등고시 사법과가 있었다. 이 시험의 연간 합격자 수는 평균 39.3명 정도였는데 이들 대부분은 판·검사로 임용되었다. 고등고시 사법과는 1963년에 "사법시험령"에 따른 사법시험제도로 대체되었고 이어 사법대학원제도가 도입되었다. 사법대학원은 종전의 도제식 수습제도를 대체한 공식적 교육제도라는 점에서 의의가 있었다. 1960년대에 사법시험 합격자는 연평균 32.5명 정도였다. 1971년대 들어 사법대학원 대신에 사법연수원제도가 도입되었다. 사법연수원은 대법원 산하에 설치되어 2년의 과정으로 진행되었고 종전에 비해 실무교육과 실무연수를 강화했다. 1970년대에 사법시험 합격자 수는 매년 60~80명 정도였다. 이러한 사법시험과 사법연수원 체제는 최근까지 유지되었다. 다만 앞에서 보았듯이 합격자의 수에서는 상당한 변화가 있었다.

기존의 법조인 선발 및 양성제도의 특징은 무엇보다 법조관료(특히 판사)의 양성을 목표로 했다는 점이다. 변호사의 수가 급격하게 증가된 이후에는 상황에 다소간의 변화가 있긴 했지만, 그 이전에는 고등고시 사법과나 사법시험 합격자는 판·검사로서의 교육을 받았으며 수료 후 대다수가 판·검사로 임용되었다. 변호사는 퇴직한 판검사들로 충원되었다. 기존 선발제도의 또 하나의 특징이라면 합격이 매우 어려웠다는 점이다. 그것은 법학교육을 받은 자나 응시자 중 극소수(1~5%)만이 합격하는 고난도의 시험이었다.

이러한 법조인 선발 및 양성제도는 여러 법사회학자들의 비판의 표적이 되었다. 기존 제도는 관료 법조인을 양성한다는 목적에는 어느 정도 합치했을 수 있지만, 변화된 시대상황에 맞지 않는 요소가 많다는 것이다.

무엇보다 기존 제도는 법학교육을 무력화 · 황폐화시킨다. 법과대학은 균형 있는 법학교육을 실시하지 못하고 수험학원화가 진행되었다.[51] 그나마 법과대학은 고시학원과의 경쟁에서도 밀려 많은 학생들은 학교교육을 포기하고 학원으로 향했다. 이는 법학교수들이 수험용 교과서 법학에 치중하도록 했고 교수의 학문적 수명을 단축시키며 학자적 권위를 상실하게 했다.[52] 게다가 기존 제도는 다른 전공의 학부생들도 사법시험으로 내몲으로써 교육의 황폐화는 다른 학과로 확산되었다. 서울대학교의 경우는 대학교 전체가 "고시학원화"[53]됐다고 할 정도였다.

기존 제도가 낳는 인력의 낭비는 심각한 수준이었다. 사법시험은 우수한 인재들이 도전하지만 그중에 극소수만 법조인으로 선발됨으로써 개인적으로나 사회적으로 엄청난 자원의 낭비를 유발했다.[54] 심지어는 많은 사람이 '고시낭인' 이 되어 사회적으로 무용한 인간으로 전락했다.

법조인 양성의 한 축을 담당하는 사법연수원제도에도 많은 문제가 내재해 있다. 연수원은 수료생의 대다수가 변호사가 되는 현실에 맞지 않게 관료교육을 시키고 있으며, 변호사 수의 증가를 제약하는 제도적 요인이 되고, 법률가의 전문화를 저지하며, 연수원기수를 중심으로 판·검사와 변호사의 인적 네트워크를 형성함으로써 법조부패의 뿌리가 되는 식의 다양한 문제점을 안고 있다.

이러한 문제들은 자연스럽게 대안적 법조인 양성제도를 모색하게 하는 동인이 되었다. 1970년대 이래 많은 대안이 모색되었는데,[55] 1990년대 중

---

51) 최대권, "학부교육과 법학교육," 『서울대학교 법학』, 제37권 제2호, 1996, pp.86-87; 김종철, "법학교육과 법률가 양성제도 개혁방향: 개혁의 하드웨어적 측면," 『법과사회』, 제24호, 2003, p.60.

52) 정종섭, "법학교육과 사법시험," 『법과사회』, 제9호, 1994, p.40.

53) 최대권, 앞의 글, 1996.

54) 300명이 선발되던 시기를 중심으로 보더라도 합격정원은 법학전공자의 5%, 1차 시험 응시자의 2% 내외 수준이다(양건, "법학교육, 그 문제점과 개선방향," 『저스티스』, 제24권 제2호, 1991, p.57). 합격자의 다수가 비법학전공자라는 점을 생각한다면 법학전공자의 2% 내외가 법조인이 되는 셈이다.

55) 당시는 사법시험과 연수원의 근본적 개혁보다는 법과대학의 학제개혁에 관한 논의가 중심이었다. 양건, 위의 글, p.62.

반 이후로는 미국식 로스쿨에 대한 관심이 급증했다.[56] 1995~96년에 활동한 세계화추진위원회는 대안으로 로스쿨제도의 도입을 제안했지만 법조계의 반대로 수용되지 못했다. 다만 논의의 성과로서 기존 제도의 문제가 부각되었고 사법시험의 합격자 수를 늘렸다. 1998년~99년에도 유사한 시도가 있었지만 마찬가지 이유로 실현되지 못했다. 2003년에는 대법원이 주도한 사법개혁위원회가 법조인 양성제도의 개혁방안으로 법학전문대학원(로스쿨)의 설치를 대통령에게 건의함으로써 새로운 국면을 맞이했다. 이 건의안에 입각하여 "법학전문대학원의 설치 및 운영에 관한 법"이 정부법안으로 마련되었고 2007년 7월 3일 국회를 통과했다. 이로써 법조인 선발 및 양성제도의 근본적인 개변이 시작되었다.

6. 법률시장의 변화와 로펌의 성장

우리나라의 경제구조가 고도의 산업사회로 이행함에 따라서 새로운 법률수요가 증가했다. 이에 대응한 것이 '로펌'이다. 우리나라에서 로펌이 본격적으로 형성되기 시작한 것은 1970년대였다. 이때부터 로펌은 기업자문을 업무중심으로 삼고 시간제 수임료를 받는 등 미국식 로펌모델을 수용했다. 1980년대의 경제호황과 1997년의 외환위기는 로펌의 도약의 계기가 되었다. 경제호황은 기업법무의 증가를 낳아서 로펌의 안정적인 발전을 낳았고, 외환위기는 소위 'IMF 특수'를 낳았다. IMF 경제위기를 극복하는 과정에서 시장개방, 노동유연화, 해외자본투자, 민영화, 구조조정, 인수합병 등 다양한 법적 문제들이 등장하게 되었고, 이를 처리하기 위해서는 로펌과 같은 형태의 조직이 필요했고, 로펌은 이를 계기로 크게 성장했던

56) 법학전문대학원 관련 논의의 전개과정에 대해서는 김창록, "한국에서 법학교육제도 개혁의 현황과 전망," 『영남법학』, 제19권 제1호, 2004 참조.

것이다.[57]

로펌의 성장은 이후에도 계속되었다. 1996년에 우리나라 로펌의 수는 100개 이하였는데 2009년 461개로 되었다. 각 로펌은 신규영입과 합병을 통해서 규모와 경쟁력을 키웠다. 김앤장의 경우 1990년대 초반에는 70명 수준이었지만 2011년에는 400명이 넘는 변호사를 보유하게 되었다. 그 외에도 200명을 넘는 변호사를 보유한 로펌이 3~4개에 이른다. 그 결과 2009년에 이미 로펌에 소속된 변호사 수는 4,693명으로 전체 개업변호사 9,621명 중 절반을 차지하게 되었다.[58] 로펌의 인적 구성도 주목할 만하다. 대형 로펌의 설립자들 다수가 하버드, 예일 등 미국의 최고 로스쿨을 거쳤거나 고위직 판·검사 출신이고, 그에 더하여 외국변호사, 고위공직자, 사법연수원 성적우수자, 회계사 · 변리사 등이 로펌에 영입되었다.[59] 이들 로펌은 규모, 정보력, 실력 등을 기반으로 대형사건을 독점했다. 로펌의 독점력은 우려를 낳을 수준인데, 6대 로펌이 전체 법률시장 매출의 절반을 가져갈 정도이다.[60]

우리나라 로펌의 성장이 언제까지 계속될지는 알 수 없다. 특히 2010년 7월 한-EU FTA가 발효했고 2011년 3월에는 한-미 FTA가 발효함으로써 자본 및 상품에 대한 대외개방에 이어 법률시장의 대외개방이 시작되었다. 이에 따라 수천 명의 변호사를 포함하는 영미의 '메가로펌'이 국내에 사무실을 내기 시작했다. 문재완은 독일에서 법률시장의 개방이 영미로펌의 완승으로 귀결되었다는 점을 부각하고 신중한 개방대책을 촉구했다.[61] 법률시장의 개방은 로펌에게 큰 도전이 아닐 수 없다.

---

57) 홍성수, "로펌의 성장과 변호사 윤리의 변화: 개인윤리에서 조직윤리로, 공익활동에서 사회적 책임으로," 『법과사회』, 41호, 2011, p.157.

58) 홍성수, 위의 글, p.158.

59) 우리나라 로펌의 인적 구성에 대해서는 이국운, 앞의 책, pp.200-206.

60) 조선일보, 2007.3.30.자.

61) 문재완, "법의 세계화와 영미 로펌의 세계지배－독일의 사례를 중심으로," 『서울대학교 법학』, 제43권 제4호, p.293, p.315.

또한 로펌은 국내적으로도 도전을 받고 있다. 로펌은 기업의 부도덕한 경영행태에 대한 변호, 해외 투기자본과의 결탁, 공직자 회전문 인사를 통한 국정논단, 전관 변호사의 대거 영입 등과 관련하여 의혹을 받고 있고, 그 외에 과다수임료, 불투명한 운영방식, 세금탈루 의혹, 쌍방대리 문제, 전관예우 문제 등도 제기된다.[62] 홍성수는 이러한 문제의 해결을 위해 로펌에 사회적 책임을 부과하는 방안을 제안하였다.[63] 그리고 기업의 이익옹호에 치중하는 로펌의 성장은 보다 근본적인 문제를 제기하기도 한다. 즉, 로펌의 성장은 사법관료주의적 전통과 법전문직주의의 시도를 종식시키고 자본의 논리에 압도당하는 변호사상을 낳지는 않을까 하는 우려가 생긴다는 것이다.[64] 이는 우리나라 변호사 업계 전체의 향배와 관련하여 중요한 문제가 될 수 있다.

7. 사법개혁과 법조계도전

1) 법조계 내부의 개혁노력과 사법개혁

지난 우리나라의 사법사를 살펴본다면 한편으로 "회한과 오욕의 역사"라는 말이 무색하지 않을 정도로 심각한 문제를 안고 있었지만, 반드시 그렇게 비관적으로 볼 것만은 아니다. 사법의 암흑기에도 사법을 정상화시키려는 노력이 끊임없이 이어졌기 때문이다. 그야말로 암울했던 일제시대에도 김병로, 이인, 허헌 등의 변호사들은 법정을 이용하여 일제에 항거했다.[65] 초대 대법관이었던 김병로는 행정부의 간섭에 맞서 사법권독립을 고

62) 홍성수, 앞의 글, 2011, p.146, pp.159-160.
63) 홍성수, "로펌의 사회적 책임을 위한 시론," 『법과사회』, 제43호, 2012.
64) 이국운, 앞의 책, p.214.
65) 한인섭, 『식민지법정에서 독립을 변론하다』, 경인문화사, 2013.

수함으로써 지금까지도 많은 법관의 귀감이 되고 있다. 1971년과 1988년에는 두 차례의 사법파동이 있었는데, 이는 젊은 법관들이 사법권독립을 요구한 집단행동이었다.

군사정권이 전횡하던 1970년대 이래 인권변호사들이 보여준 노력과 투쟁은 더욱 혁혁하다. 이들은 개인(양심수)의 인권옹호와 지원자로서, 민주주의와 인권의 수호자로서, 사회변화와 진보의 주창자로서, 양심적 법조인 그리고 지식인으로서의 역할을 했다.[66] 1980년대에는 보다 많은 변호사들이 근로자의 권익옹호를 위하여 근로자와 노동조합이 의뢰하는 사건을 전문성과 독점성을 가지고 지속적으로 담당한 소위 '노동변호사'로서 공익적 역할을 수행했다.[67] 여성변호사의 활약도 간과할 수 없다. 1956년 이태영 변호사의 활동으로부터 시작된 여성변호사의 활약은 수십년을 지속하면서 가족법 내의 남녀불평등 조항을 전면 개정 · 폐지하는 개가를 올렸다.[68]

이들은 어두운 사법사에서 빛나는 보석과 같은 존재였다. 이들로 인해 우리나라의 사법사는 회한과 오욕의 사법사가 아니라 투쟁과 승리의 사법사가 되었다고 해도 과언이 아니다. 결국의 이들의 투쟁에 힘입어 연속적인 사법개혁을 이루었기 때문이다. 이러한 흐름에서 법사회학은 우리나라 사법의 문제점을 학술적으로 정리하고 대안을 제시하는 데에서 중대한 역할을 했고 또 많은 것이 일련의 사법개혁 과정에서 구현되었다. 몇 가지 열거해 보자. ① 변호사의 수가 현저히 증가했다. ② 법학전문대학원제도의 도입으로 법조인 양성 및 선발제도의 근본적 개혁이 있었다. ③ 법관을 법조경력자 중에서 선발하여 정년까지 근무하도록 하는 법조일원화가 추진되고 있으며, 법관의 서열승진제도가 약화 · 폐지되는 방향으로 개선되고

66) 박원순, 『역사가 그들을 무죄로 하리라』, 두레, 2003, pp.36-38.
67) 황승흠, "한국사회에서 노동변호사의 성장," 『법과사회』, 제14호, 1997, p.302.
68) 양현아, "호주제 폐지, 여성인권, 이태영 변호사가 남긴 유산," 『공익과인권』, 제3권 제1호, 2006.

있다. ④ 국민참여재판이 도입되었다.[69] ⑤ 전관예우의 철폐를 위한 법제가 도입되었다. ⑥ 군사정권시대의 법률과 사법판결이 위헌판결, 재심, 국가배상 등을 통해 실질적으로 극복되고 있다.[70]

2) 21세기 법조의 도전과 법사회학

해방 이래 지난 60년간 우리나라 역사는 실로 격동의 근대사였다. 전쟁이 있었고 권위주의적 군사독재의 암울한 시기를 보냈고 또 그것을 극복한 민주화의 시대를 맞았다. 경제적으로는 극빈의 국가에서 GDP 기준으로 세계 15위(2012년)의 수준에 이르렀다. 법조계도 그러한 흐름에 앞서거니 뒤서거니 하면서 변화에 동참했다. 그 결과 참담했던 사법현실은 개혁되었고 상당 수준의 법치주의가 실현되었다. 그 과정에서 법사회학이 중요한 역할을 했다는 것은 부인할 수 없다. 법사회학의 역할은 21세기에도 줄어들지 않을 것이다. 다만 대처해야 할 과제가 변화해 갈 뿐이다. 마지막으로 21세기 우리나라 법조와 법사회학이 직면한 과제를 열거해 본다.

우선 대처해야 할 과제는 미완의 사법개혁을 완결지우는 일이다. 적정 변호사 수의 논쟁은 아직도 끝나지 않았다. 국민참여재판은 부분적으로만 실시되고 있으며,[71] 법조일원화는 불완전하며, 전관예우에 관한 법이 제대로 작동한다는 보장은 아직 없다.[72] 과거청산도 불철저하기는 마찬가지이다.[73] 로스쿨제도의 왜곡과 좌초의 가능성은 상존한다.[74] 검찰의 개혁과

---

69) 이호중, "국민참여재판의 성과와 과제," 『법과기업연구』, 제1권 제3호, 2011.

70) 긴급조치 1호, 2호, 9호가 모두 위헌판결을 받았다. 인혁당 사건, 수지 김 사건 등이 재심을 통해서 무죄선고를 받았다. 재심에 관해서는 한인섭 편, 『재심 시효인권』, 경인문화사, 2007 참조.

71) 심희기, "시민의 관점에서 본 국민참여재판의 현황과 전망," 한국사회학회 사회학대회 논문집, 제2호, 2009.

72) 한상희, "전관예우방지법," 『의정연구』, 통권 제34호, 2011.

73) 한인섭, 앞의 글, 2005.

74) 최근 중대한 쟁점은 변호사시험법의 방식, 예비시험제도 등이다. 김창록, "변호사시험을

로펌의 윤리에 대해서는 문제제기만 있었을 뿐 가시적 성과는 거의 없다.[75] 이 각각의 과제는 법사회학의 도움을 받지 않고는 해결되기 힘든 난해한 문제들을 담고 있다. 법사회학은 마땅히 이 과업을 자임해야 할 것이다.

법률시장의 개방에 대한 대응도 중요한 도전거리이다. 개방으로 인해 영미 로펌의 압도적 영향력이 작동한다고 했을 때 어떤 일이 벌어질지는 예측하기 어렵다. 한국의 법조계가 개방과 더불어 외국 변호사들에게 압도당할 수도 있고, 심지어 우리나라 법조계 전체가 상업주의적 법조문화로 경도될 수도 있다. 이러한 상황에서 건전한 법률문화를 정립하기 위해서는 각고의 노력과 연구가 필요할 것이다.

이러한 시대에 법사회학은 당면의 현실문제 해결에 급급하는 이상을 요구받는다. 다시 말해 법사회학은 좀 더 먼 곳을 바라보고 보다 깊은 이론적 차원에서 고민하고 성과를 내어야 하는 과제를 안고 있는 것이다.

무엇보다 법사회학은 방법론의 차원에서 도약이 필요하다. 새로운 도전에 대응하기 위해서는 종전과 같이 "소묘와 주장"[76]의 차원을 넘어서는 각론적이고 세밀한 연구가 더욱 필요하다. 이를 위해서는 법사회학이 더욱 실증적이고 과학적인 방법론으로 무장할 필요가 있다.

아울러 논의의 차원도 즉자적 실용주의를 넘어 이론적 차원으로 이행할 필요가 있다. 예컨대, 사법권독립의 위협요소로서의 경제권력, 사법권독립과 경제민주화의 관계, 법조계의 공공적 성격, 바람직한 법조인 상 등에 관한 이론적 논의가 필요하다. 이러한 이론적 논의가 전제되어야 사법개혁을 제대로 향도할 수 있고 21세기에 걸맞은 2단계 사법개혁을 대비할 수 있을 것이다.

자격시험으로 만들어야 한다," 『법과사회』, 제43권, 2012.

75) 한인섭, "한국 검찰의 정치적 중립성－풀리지 않는 숙제?" 『서울대학교 법학』, 제40권 제3호, 1999.

76) 김도현, 앞의 책, 2007, p.286.

법사회학이 직면한 또 다른 과제는 기존의 법사회학의 연구성과를 이론화하는 과제이다. 돌이켜보면 우리나라에서 사법의 발전과정은 매우 역동적이었고 그에 관한 연구도 많았지만, 이론으로 승화되지 못했다. 다시 말해 그간 표피적으로 법조현실을 기술(describe)하고 설명(explain)했을 뿐, 그것을 깊이 있게 추상화 · 이론화하는 데에는 이르지 못했다는 것이다. 법사회학이 한국의 국지적 법사회학에 머물지 않고 세계 속의 법사회학이 되기 위해서는 우리의 경험을 보편적 학술개념으로 정제하는 작업이 필요하다. 이 과업은 21세기에 넘겨져 있다.

마지막으로 법사회학의 실천영역으로서의 교육도 중대한 도전이다. 실용주의가 판치는 로스쿨시대에 법사회학은 예비 법조인들에게 무엇을 어떻게 가르쳐야 하는가? 이것이 문제이다.

생각거리

1. 법조인, 의사, 성직자는 흔히 전문직(profession)이라고 한다. 이 말이 함의하는 것은 이들이 하는 일은 다른 일반적인 직업과 달리, 고도로 전문적인 지식에 기반하여 인간의 삶에 결정적으로 중요한 것을 다룬다는 것이고, 따라서 이들의 일에 대한 국가나 사회의 통제는 적절하지 못한 것이다. 대한변호사협회가 변호사에 대한 징계권을 갖는 것도 이런 논리에 입각해 있다. 한편, 이런 논리는 독점과 특권을 위한 특정 직업의 직업적 이데올로기에 불과하다는 주장도 있다. 한국의 법조계를 볼 때 어떤 주장이 더 타당한지 생각해 보자.
2. 2009년부터 우리나라에 법학전문대학원 제도가 도입되었다. 이 제도의 도입의 의미에 대해서 토론해 보자. 종전의 사법제도에 비해 더 낫다고 할 수 있는가? 법학전문대학원 제도가 종전의 제도에 비해 단지 부자들에게 법률가가 될 기회를 확대하는 반면, 가난한 사람에게는 기회를 축소시킨다는 주장은 근거가 있는가? 이 제도의 도입이 법률시장의 개방이나 사법개혁에 대해서 갖는 함의에 대해서도 종전 사법시험제도와 대비하면서 토론해 보자.

찾아보기

ㅂ

ㅅ

ㅇ

ㅈ

ㅊ

ㅋ

ㅌ

ㅍ

〔저 자 소 개〕

김명숙(고려대학교 인문대학 사회학과 강사)

안　진(전남대학교 법학전문대학원 교수)

양현아(서울대학교 법학전문대학원 교수)

이상수(서강대학교 법학전문대학원 교수)

홍성수(숙명여자대학교 법과대학 교수)

황승흠(국민대학교 법과대학 교수)

사회학총서 3

법사회학, 법과 사회의 대화

2013년 12월 19일　제1판 1쇄 발행
2017년 7월 25일　제1판 2쇄 발행

저　자　양 현 아 외
발행인　강 희 일 · 박 은 자

발행처　**다 산 출 판 사**

서울특별시 마포구 용강동 494 - 85
등　록　1979. 6. 5.　제 3-86 호(윤)
전　화　717-3661~2,　718-1751~2
FAX　716-9945
조　판　민 하 디 지 탈 아 트

정가 19,000원　　파본은 바꾸어 드립니다.

http://www.dasanbooks.co.kr

ISBN 978-89-7110-415-6 94330

ISBN 978-89-7110-412-5(세트)